歴史の生成

叙述と沈黙のヒストリオグラフィ

京都大学東南アジア
地域研究研究所
地域研究叢書
33

小泉順子 編

京都大学
学術出版会

目　次

序文　　　　　　　　　　　　　　　　　　小泉順子 ── 3

　東南アジア史研究の成立と変容――背景 ── 3
　新たな視座の模索 ── 4
　叙述と沈黙 ── 6
　本書の構成 ── 11

第1章　国家・英雄・ジェンダー
―カルティニ像の変遷
　　　　　　　　　　　　　　　　　　小林寧子 ── 23

1　国家英雄の今昔 ── 25
2　偶像化されたカルティニ ── 30
　2-1　世紀転換期のジャワ ── 30
　2-2　オランダの演出したカルティニ ── 35
　2-3　戦前の日本で紹介されたカルティニ ── 40
3　独立インドネシアにおけるカルティニ ── 45
　3-1　作家の語るカルティニ ── 45
　3-2　国家の語るカルティニ ── 54
4　日本のインドネシア史研究におけるカルティニ ── 58
　4-1　ナショナリズムへの関心 ── 58
　4-2　クロンチョン・カルティニ ── 60
　4-3　カルティニの実像を求めて――富永泰代論文 ── 61
5　結びにかえて――再評価されるカルティニ ── 67

第2章　ベトナムのナショナルヒストリーと女性史
―抗米戦争期の歴史叙述
　　　　　　　　　　　　　　　　　　片山須美子 ── 75

1　抗米戦争と歴史叙述 ── 77
2　ナショナルヒストリーの生成 ── 79
　2-1　民族解放闘争史としての『ベトナム史』第1巻 ── 80
　2-2　雄王伝説の歴史化 ── 81
　2-3　ポストコロニアルの事業としての『ベトナム史』 ── 83

3　ナショナルヒストリーとジェンダー ── 85
　　　3-1　百卵伝説と雄王 ── 86
　　　3-2　兵士の詩 ── 88
　　　3-3　ハイバーチュンと雄王 ── 90
　　　3-4　『ベトナムの女性の伝統』 ── 92
　　4　ベトナム女性史の完成 ── 95
　　　4-1　『各時代を通してのベトナムの女性』誕生の背景 ── 96
　　　4-2　「母権制」と「封建制」 ── 98
　　　4-3　植民地支配から抗米戦争へ ── 99
　　　4-4　ベトナム女性史のその後 ── 101
　　5　ベトナムのナショナルヒストリーと女性史の残したもの ── 103

第3章　植民地史の換骨奪胎
──イブラヒム・ハジ・ヤーコブとマレー史の再構築
　　　　　　　　　　　　　　　　　左右田直規 ── 107

　　1　植民地的知とマレー民族意識の形成 ── 109
　　　1-1　マレー史の語り──植民地的知の受容と再利用 ── 109
　　　1-2　マレー民族意識の形成をどう捉えるか ── 114
　　2　イブラヒム・ハジ・ヤーコブとその時代 ── 116
　　　2-1　生い立ち ── 116
　　　2-2　教員養成カレッジ時代 ── 117
　　　2-3　青年マレー人連盟（KMM）の結成 ── 120
　　　2-4　日本占領期の活動 ── 123
　　　2-5　インドネシアでの日々 ── 125
　　3　イブラヒムのマレー史叙述 ── 127
　　　3-1　マラヤのマレー人に関する現状認識──戦前の著作を中心に ── 127
　　　3-2　植民地的知の伝達──学校教科書の中の「マレー世界」像 ── 132
　　　3-3　イブラヒムの「マレー世界」像──戦後の著作を中心に ── 135
　　4　マレー史の再構築とその帰結 ── 143

第4章　「近代」をめぐるメタナラティブ
──ビルマにおける「民族医学」の確立をめぐって
　　　　　　　　　　　　　　　　　土佐桂子 ── 153

　　1　「近代／伝統」議論の再考 ── 155
　　2　民族医学の確立 ── 159
　　　2-1　公定の歴史としての『民族医学史』 ── 159
　　　2-2　英国植民地時代の民間医療報告書 ── 163
　　　2-3　民族医学の確立 ── 165

        2-4 「民族医学」確立に組み込まれない知と実践——「パヨーガ」とガイン ── 166
    3 「合理」的言説の例——『法輪』 ── 171
        3-1 著者について ── 171
        3-2 書物の構成と論旨 ── 172
    4 ガインの書の例——『パヨーガの病治療法百科』 ── 176
        4-1 著者について ── 176
        4-2 書物の論旨 ── 178
    5 ナラティブにおける「近代」と「伝統」 ── 181
        5-1 語りの技法 ── 181
        5-2 認識の基盤としての西洋的知識，西洋人観 ── 183
    6 おわりに ── 185

第5章 古典「文学」というナラティブ
―ビルマ語仏教散文『ヤタワッダナウットゥ』が「文学」になるまで　　　　　原田正美 ── 191

1 近代ビルマを映す書物としてのビルマ語仏教散文 ── 193
2 『ヤタワッダナウットゥ』の現在 ── 194
    2-1 書物としての『ヤタ』 ── 194
    2-2 文学としての『ヤタ』 ── 196
3 近代期の『ヤタワッダナウットゥ』 ── 198
    3-1 『ヤタ』が書物になるまで ── 198
    3-2 「文学」カテゴリーの創生 ── 203
    3-3 その後の『ヤタ』 ── 206
4 再び成立当時の『ヤタワッダナウットゥ』へ ── 208
    4-1 王師によって説かれた仏陀の教え『ヤタ』 ── 208
    4-2 『ヤタ』の誕生 ── 209
    4-3 近代期に起きた仏教の変化 ── 215
5 近代化の中で聖と俗のはざまに揺れた仏教散文——むすびにかえて ── 218

第6章 出版とオランダ領東インドのイスラーム化
―インドネシア近代史叙述とイスラーム・アイデンティティ　　　　　菅原由美 ── 223

1 インドネシア近代史叙述とイスラーム ── 225
    1-1 インドネシア・ナショナリズム研究 ── 225
    1-2 植民地体制下でのイスラーム化の様相 ── 227
    1-3 新資料が語るイスラームからの視点 ── 228
2 19世紀後半のイスラーム化潮流 ── 230
    2-1 ハッジの増加 ── 230

2-2　プサントレンの増加 —— 232
　3　東南アジア島嶼部におけるキタープの歴史 —— 233
　　3-1　キタープの概要 —— 233
　　3-2　キタープ出版の歴史 —— 234
　4　一般民衆向けキタープの誕生 —— 238
　　4-1　ソレ・ダラットによるジャワ語キタープの執筆 —— 238
　　4-2　一般ムスリム向けの手引き書 —— 239
　5　ジャワ宗教指導者が民衆に望んだ方向性——イスラーム純化と反オランダ —— 244
　　5-1　前イスラーム文化との折り合い —— 244
　　5-2　ムスリムとしての義務行為実践の徹底化 —— 245
　　5-3　形式上のムスリムになることへの警告 —— 246
　　5-4　オランダへの抵抗心 —— 247
　6　寄宿塾から社会へ——キタープという媒介者 —— 248

第7章　自由と不自由の境界
——シャムにおける「奴隷」と「奴隷」制度の廃止

小泉順子 —— 253

　1　タイ近代史研究における「奴隷」制度とその廃止 —— 255
　2　チャクリー改革期以前のタート —— 259
　　2-1　タート法の中のタート —— 259
　　2-2　公文書記録にみるタート —— 262
　3　チャクリー改革期のタート —— 263
　　3-1　タートをめぐる新たなナラティブ —— 263
　　3-2　自由で自立した「雇い人」像 —— 267
　4　タートから雇い人へ —— 269
　　4-1　雇い人に対する暴力 —— 269
　　4-2　雇い人と身分関係 —— 273
　　4-3　雇い人契約法にみるタートと雇い人の境界 —— 274
　5　国際連盟と奴隷廃止 —— 275
　　5-1　チュラーロンコーン王の偉業 —— 275
　　5-2　国際連盟における奴隷禁止の動き —— 278
　　5-3　婦人及児童の売買禁止に関する国際条約と労働者 —— 280
　6　おわりに —— 282

第8章　前近代社会の「民族」
——エーヤーワディー流域コンバウン王国のカレン

伊東利勝 —— 293

　1　民族はいつも歴史のアクターだったか？ —— 295

2	シッターンにみるカレンの分布	299
3	地方における課税方法	304
4	特産物税とカレン	308
5	視線と自覚	314
6	「民主化」圧力と民族問題	319

あとがき —— 327

索　引 —— 331

歴史の生成
叙述と沈黙のヒストリオグラフィ

小 泉 順 子 編

序文
小泉順子

東南アジア史研究の成立と変容――背景

　東南アジアの政治，経済，社会を強く条件づけてきた冷戦が終結し，グローバル化の進展と同時に地域レベルやローカルな反応が活性化される現象を目の当たりにする現在，冷戦の中で学術研究の対象として確立された「東南アジア」をめぐる研究条件も大きく変わりつつある。例えば，各国別に，とくにナショナリズムと近代化や経済開発といったテーマに関心が注がれてきた研究状況を批判的にふりかえりつつ，環境問題，活発化・多様化する人の移動，中間層の台頭や民主化，女性の主張，少子高齢化，歴史解釈や文化表象をめぐる対立など，地域を超える新たな主体の動きや課題領域が提起されている。また，中国およびインドの台頭やイスラームをめぐる研究も興隆し，東南アジアに縛られない枠組みや比較が模索されると同時に，ASEAN共同体，地域化・地域主義等をめぐる議論も活況を呈するようになっている。

　東南アジア史研究もまたこうした動きと無縁ではない。一般に歴史は――いかに綿密に「一次史料」なるものに依拠していようとも――書き記す人によって再構成された過去であり，また往々にして国民のアイデンティティと深く結びつけられ，時の権力や体制を正当化する手段として構築されるため，その様相は政治の影響を強く受ける。東南アジア史および各国史研究の生成と展開をふりかえれば，そこに植民地時代に遡る国際・国内の政治状況が直接，間接に影をおとし続けたさまをみてとることができよう。

　このことは，「東南アジア」という枠組みの成立経緯にすでに織り込まれているということができる。これまでも指摘されてきたように，「東南アジア史」が学術研究の対象として成立したのは，第二次世界大戦後のイギリスそしてアメリカにおいてであった。いわゆる今日の東南アジア地域は，タイ（シャム）を除き，欧米植民地権力の下におかれ，その歴史研究もまた，それぞれの植民地を単位とした検討を中心とし，あるいはまたインドや中国，西欧といった「外文明」の周縁，もしくは影響の所産として描かれてきた。それが，1949年，

ロンドン大学に世界初の東南アジア史の講座が設けられ,その初代教授に就任したD.G.E. ホールが1955年に『東南アジア史 (*A History of Southeast Asia*)』を上梓するに至り,「東南アジア」がようやく「1つのまとまりをもつ歴史学の対象領域として認識されるようになったのである」[池端編 1994：3-4；cf. 弘末 1993；石井 1991]。

　冷戦下の国際情勢のもと植民地が独立していく過程で,現在の「東南アジア」の地理的範囲が確定されていった。並行して歴史世界においても,インド・中国と区別され,漢籍や旧植民地宗主国の文書ではない現地語資料に依拠した研究が強調され,社会文化的領域を中心に国内の視点を重視する自律史や構造的な歴史の把握が提起された [Smail 1961；Benda 1962；池端編 1994：5-7]。また各国の脱植民地化,国民国家形成に並行して,近代化やナショナリズムの展開を中心的テーマとし,社会科学の概念を援用した分析やフィールドワークの手法に特徴づけられる研究が,現代研究,政策研究の色合いが濃い地域研究の枠組みの中で模索され,アメリカを中心に興隆した。それは東南アジアの諸言語によって書かれた史料の制約を乗り越え,固有の歴史文化に根差した新たなるモデルを希求する切実な試みでもあったが,少なくとも「自由主義」陣営においては,「東南アジア」を旧植民地宗主国から切り離し,植民地的知の蓄積を改訂継承しつつ,近代化論や社会科学に特徴づけられるアメリカの知的ヘゲモニーの下に位置づけ直そうとする過程でもあったと思われる [Legge 1992；弘末 1993；小泉 2006b]。

　また,冷戦構造の深まりの中で,独立後の東南アジア諸国は軍事政権のもとにおかれ,もしくは社会主義化し,体制批判につながるような研究は抑圧された。それぞれ植民地化に先立つ歴史遺産と植民地期における考古学や歴史学の成果を選択的に再編・継承しつつ,冷戦構造の中で両陣営が言わば表裏一体的にナショナルヒストリーを生成していったということができよう。

新たな視座の模索

　状況が変わりはじめるのは,ソビエト連邦崩壊・欧州の東西冷戦終焉とともに中国の改革開放路線やベトナムのドイモイなど社会主義圏経済の市場化が急速に進展し,グローバル化が進んだ1990年代に入ってからである。また政治経済体制の変化と並行して,メタヒストリー,オリエンタリズム批判,言説分析や知と権力論など,ポスト構造主義,ポストコロニアル,言語論的転換とい

われる一連の動きが影響を及ぼすようになった［Sears 1993a］。

そして独立後，国民国家や政権の正当性の根拠となるべく紡がれてきたナショナルヒストリーに対する疑義が示され，国民国家の枠組みのもとに生成された歴史像や英雄像の自明性を問い直し，国民国家史からこぼれ落ちた歴史を拓く試みが始まった。自律史や近代化論など，東南アジア史を特徴づけてきた枠組みにも再検討が加えられるようになった。こうした試みは，知と権力との関係も含む方法論をめぐる問題提起を伴い，文学理論との交錯の中で，史料と研究双方において，叙述の物語性やプロットの構築性を分析し，研究史や史料の政治性や修辞性を読みとく試みも展開していった。また権力をめぐる理解が，政治制度的な側面に加えてミクロな場における関係性の中での権力の生成・再生産に着目した議論へと深化するに伴い，植民地権力，国家権力を，文化や知の編成という観点から歴史的に批判的に見直す研究や，ジェンダー関係，身体性などを検討する議論も提起された[1]。

例えば，スペインに継いでアメリカの植民地となり，独立後もアメリカの影響下に置かれ続けたフィリピンでは，1992年の米軍基地の撤収とともに対米関係の見直しが始まり，フィリピン革命100周年を契機に，アメリカ植民地主義の批判的再検討が進められ，歴史論争が展開されたことが知られる[2]。また植民地化されなかったシャム（タイ）では，20世紀初頭に西洋の知を特権的に獲得した王族を中心とするエリートの手により王朝史的色彩の濃いシャム国史が創生され，冷戦期に強化されながら継承されてきたが，1973年の「学生革命」を機に転換した。マルクス主義の影響を受けた政治経済学派の興隆，地方史の展開，国民国家の相対化，史料の編纂性・政治性に関する批判的検討が進展するなかで，強固だった王朝史観の問い直しも始まり，英仏植民地勢力の脅

---

1) 一部の例は参考文献を参照。*Journal of Southeast Asian Studies* の25周年記念号(Vol.26, No.1, March 1995) や Legge [1992] など，さまざまな機会に研究史の批判的検討がなされてきた。例えば Abu Talib Ahmad and Tan [2003] は，グローバル化の中で，国民の過去を単線的な軌跡として描いたナショナルヒストリーに批判を向け，周縁やローカルな場における歴史の検討を提起した。他方，ジェンダーの視点の重要性を指摘した先駆的試みとして Andaya [2000]，Andaya [2006] が挙げられる。またグローバル・ヒストリー等，広域地域の視野からナショナル・ヒストリーを超える試みとして，例えば，Lieberman [2003; 2009] や桃木編 [2008] を参照されたい。なお，主に日本の研究を対象にした東南アジア史研究の展開は東南アジア史学会40周年記念事業委員会編 [2009] の中で，地域別，テーマ別に検討される。
2) 池端 [1998]，永野 [2000]，イレート他 [2004]，内山 [2009]，藤原・永野編著 [2011]，岡田 [2014] などを参照。

威に対抗する賢明なる国王による近代化政策によって独立を維持したとみなす理解に対する疑問も提起された[3]。さらに近年はイスラームの広域ネットワークに光をあてる研究も新たに提起されるが［Bradley 2010］，グローバル化の進展に伴い，歴史解釈をめぐる隣国との相違も顕在化している［Ford 2011］。また軍事政権が復活し，過去の国王にも遡る不敬罪の適用が深刻化し，最南部マレー地域など国民統合や周辺国との境界に関わる史料に対するアクセス制限も続いており，冷戦下，アメリカの強力な支援を得て強化された軍と王権の下に構築された政治・経済・社会構造や歴史の枠組みを乗り越える難しさが示される。「学生革命」と称される政変の背後に，一部権力者間の派閥争いとそれに関与して自らの利を図ろうとしたアメリカと王権の存在も指摘されており［Kullada 2012］，歴史の見直しの可能性と限界を再検討するうえで，冷戦期における教育政策やアメリカの関与の見直しも改めて必要と考えられる。

叙述と沈黙

　こうした東南アジア史研究をめぐる展開も念頭に，本書は，19世紀末以降，東南アジアにおいていわゆる近代歴史学が導入され，学校やアーカイブが成立し，新しい出版技術による歴史書や史料の刊行が始まり，そして国民国家形成に並行して国民史の構築が模索された時代を対象として，ある特定の歴史像・歴史の語りが生成され，継承される過程，そしてその背後にある語られざる前提を検討し，看過されたテーマや史料あるいは議論の視角や枠組みを，時代の文脈と権力の作用に着目しつつ明らかにすることを課題とする。史料についても，特定の時代性をおびた権力関係の中で記され，編纂され，正当化され継承されてきた側面に着目し，その生成，継承，再生産，正典化などの過程を改めて検討する。半世紀の間に長足の進歩を遂げた東南アジア史研究を積極的に受けとめながら，研究自体の位置づけを考える視座から史料と研究史に向き合おうとする試みである。

　研究史の精査と史料の渉猟に基づき，これまで明らかにされてこなかった欠落を見出し，新たな史料の発掘・検討によりその間隙を埋めることが歴史研究の基本であるが，研究史の欠落を埋めていく場合，例えばかつて女性／ジェン

3）　例えば Nithi［1980］, Thongchai［1994］, Gesick［1995］, Saiphin［1995］, Reynolds［2006］を参照。また増田［2009］は，過去40年間の日本のタイ史研究を振り返り，今日的な問題に対して説得力をもつ豊かな洞察を示す必要性を指摘した。

ダー史研究をめぐり議論されたように、一連の研究が前提とする枠組みに則った歴史像をより精緻に描く反面、既存の研究の暗黙の前提となる（男性中心的）枠組みは残される恐れも指摘された。なぜそのような問いが立てられつづけられ、あるナラティブが繰り返され、継承・流布されるのか、なぜ特定の問いが問われぬままに看過されつづけたのかといった研究史や歴史像の背後にある条件を問い、より広い視野から欠落の位置づけを問い直す作業もまた同時に求められると思われる。

こうした課題に取り組むにあたり、本書ではナラティブ／メタナラティブを歴史研究の今後の課題を示唆する一つの切り口として、研究史と史料を架橋しながら、歴史の生成の場における叙述と書かれざるものを表裏一体として検討する[4]。いわば歴史の生成にあたって枠型となるべき母型としての語られざる前提──この暗黙の前提たる認知の枠組みは、特定の歴史解釈や記述に正当性を与えて同じ枠の中でナラティブを生み出す一方、対抗的なナラティブを沈黙させる[5]。このような暗黙の前提を自覚し、それが正当化してきた歴史の存立根拠を問い、無自覚に受け入れてきた視点や分析の枠組みを自覚化し、看過された史料、書かれざる歴史像や解釈を具体的に探っていきたい。

確かに問題は指摘されて久しく、いわゆるポストモダンの潮流の中ですでに幾多の試みがある。しかし研究史を問い、史料をそれがうみだされた文脈において批判的に検討し、時代に向き合いつつ所与とされてきた事柄に対して新たな問いをたてることは、絶えず試みられるべき一つの基本作業であることに変わりない。

アジア太平洋戦争期の経験を踏まえ、また、戦後早くから欧米における研究を視野に入れ、東南アジア研究に関して積極的に発言されてきた山本達郎（1910-2001）の東南アジア史学会30周年記念大会（1996年6月）における特別講演

---

4) 《近代》諸制度を正当化する「大きな物語」「メタナラティブ」（邦訳：メタ物語）あるいは「マスターナラティブ」については、リオタール［1986］を参照。Appleby et al.［1994：231-237］は、より歴史の語りにひきつけた形で、メタナラティブを「歴史の解釈と記述を有機的に編成するためのより高位の認知の枠組み」とする。その他、鈴木［2000］, Jenkins［1991：72-73］, Spalding and Parker［2007：41-43］, Hunt［2014］なども参照。

5) Trouillot［1995：24-26］は、歴史の本質をめぐる抽象論よりも、歴史が生成されるプロセスとそこに関与する諸権力とその作用を、幅広く具体的に明らかにする意義を指摘する。そして歴史の生成過程において沈黙が入り込む契機として、史料の作成、アーカイブの作成、ナラティブの作成、そしてこれらに遡及的意義を与える「歴史」の作成の4つを指摘する［Trouillot 1995：26］。

を振り返れば，このことは，日本の東南アジア史研究においても一般論を超えた重要性をもつように思われる［山本 1997］[6]。東南アジア史像を描く作業に取り掛かる前に，種々の面倒な問題をどう処理し進むかを考えることを述べたこの講演の前半は，東南アジア史をどのようにして描くかを考えるうえで特に大きな問題のある時代区分をとりあげているが，後半で，1992年に刊行された Cambridge History of Southeast Asia の第1巻巻頭に収められた研究史の概観 "The Writing of Southeast Asian History" ［Legge 1992］に言及する。"Deconstructing Southeast Asian History" と題されたその最後の節について，「構成する construct はなくて，反対に deconstruct 脱構造（解体）」となっていることに驚きを示し，「何故そうなるのか。われわれ東南アジア史像を描こうとしているものにとっては，この同氏の悲観的な考え方を検討するのが急務であると思われます」と述べている。そして「同氏の論文を中心に，批判を加えながら歴史像を描く方向を探ってみる」として［山本 1997：7］，歴史民族学の方法論と歴史像と価値の考え方という2つの問題を中心に，今後の研究の方向を検討している。

このうち本書のテーマとも関係する価値の考え方という問題については，まず敗戦後，日本の社会科学の動きが価値の考え方を中心として展開したことを指摘し，東南アジア史を描く場合にも慎重な吟味の必要性があると述べた上で，二つの方向から検討を試みる。一つは，植民地史観とそれに対峙したナショナリスト史観のように政治的な立場や価値観がはっきり示される場合，もう一つは，一見学問的，科学的にみえる概念や説明が実際には価値により左右されている場合である。そして，前者の場合，史実解明の進展とともに異なる価値観間における相互理解が進展し，歩み寄りが実現することに期待を示す一方で，後者については，史料自体がその作成者の価値観を反映しているなど，意識的，無意識的に表れる価値の働きは極めて重要で，文献史学否認にまで進みかねない性格を内蔵することを認めつつ，これは歴史研究一般の問題であり，こうした認識論的考察を心得たうえで文献研究作業の推進を期待すべきであるとした［山本 1997：10］。

ここで山本が前半に示した事実を確認・集積して突き合わせてより普遍的な時代区分を追求しようという関心は，「時代区分の基準をたてる方法に就いて」

---

6) ここでは講演を根幹として補訂を加えた文章に依拠している［山本 1997］。

［山本 1954a］等の論考においても表明されている。また認識論的考察をいかに心得るかという点についても，この論考の主題であった時代区分の問題にはかかわらなかったためか，ここでは歴史一般の問題としての指摘にとどまったが，他所でも繰り返しその重要性が指摘されている。

　一見客観性を保証されているように見えながら，史料の作成と解釈に暗黙の価値基準が及ぼす影響について，いわゆるポストモダンといわれるような学術の潮流とは距離があって当然と思われる位置にいた山本によって早期の段階で自覚されていたことに着目したい。その背景には，敗戦によりそれまでのアジア研究の拠点がほとんど消失した後，社会科学，とりわけマルクス主義的歴史の発展段階論の影響，東南アジアの新興独立国におけるナショナリスト史観の台頭と植民地史観との鋭い対立，アメリカにおける近代化論の興隆と日本を含むアジアへの適用に伴う日本中心史観の再来といった動きの中で，歴史観，価値観の問題は常に対峙せざるをえぬ問題であり，歴史の構築と表裏一体の基本的課題であると考えられていたということがあったと思われる。

　他方，すでに1948年からロックフェラー財団と接触があり，1950年から52年にかけて同財団の助成金を得てハーバード大学イェンチン研究所とパリ大学に滞在した山本は，戦後の日本で最も早く欧米のアジア研究に直接接した一人であり，帰国後は日本において「東南アジア研究」を創設していくことを期待される立場にあった。だが第二次世界大戦中に誕生したばかりで，また現代に重きをおくアメリカの極東研究は，学会の運営方法等に参考にすべき点が多々ありながらも，素人くさく映っていたようであり，地域研究にみられる文献研究の欠如に対しては，すこぶる批判的であるとも述べている［山本 1950b；山本 1951；山本 1966；山本 1974］。1950年代半ば以降，日本においても「東南アジア」に関わる研究教育施設やプロジェクトが設置されつつあったが[7]，その後しばらく山本の歴史を捉える枠組みは（各国史を除けば）世界史や東南アジアも含めたインド史や南方史であり，「東南アジア（史）」という言葉をタイトルに冠した著作が多くなるのは，1960年代半ば以降であった[8]。

　こうした経緯から，一方で日本の東洋研究に厳しい目を注ぎつつも［山本 1974］，「東南アジア史」研究は，同じ東洋史として常に傍らにあった中国史やインド史に比して歴史が浅く，漢籍や植民地文書以外のいわゆる現地語史料にも乏しく，構築途上にあるという思いは偽らざるところであっただろう。また──決して一様ではないけれど──敗戦といった歴史観を含む価値の大転換を

経験した世代であればなおのこと，歴史観とそれを縛る価値の問題は切実かつあたりまえのことだ，という思いは重みをもつ[9]。

　日本の東南アジア史研究において，このような問題がどのように受けとめられてきたのかを振り返れば，日本の視点や植民地史観からの脱却など，価値の問題はあたりまえのことであり，ことさら主張するまでもなく努めて成果を挙げてきたともいえるだろう。その一方で，例えば，かつて1990年代末，南アジア研究と比して「東南アジア史研究においてはジェンダー研究が「興隆」していないという印象を受ける」，「ジェンダー研究がおこなわれていないわけではない」が，「もっぱら人類学（そして経済）の分野に偏っているようだ」という指摘もなされた［粟屋 1999：7］。以来成果は蓄積されているものの，管見の限り，第1章で検討するカルティニの例などを想起すれば，課題も残されているという印象は否めない。しばしば指摘されてきた東南アジア史研究の歴史の浅さやその成り立ちの経緯に遡る研究者層の相対的薄さに加えて，近年の歴史研究者の減少傾向や冷戦後のイデオロギー対立の終焉なども影響しているかもしれないが，史料を積み重ねた緻密な実証を重ねながら特定の価値の問題が暗に後景に退いてきたとすれば，それは自らの問題として重く受けとめざるを

---

7)　例えば長崎大学経済学部は，1955年にその前身であった長崎高等商業学校創立50周年記念事業の1つとして東南アジア地域に関する研究施設の設置を決め，財団法人東南アジア研究助成会を設立し（1958年），東南アジア研究所を設置した（1962年）。また文部省は，1958年からアジア関係図書の集中的購入を中心とする「アジア地域総合研究施設」予算を措置し，同予算を以て一橋大学，立教大学などで東南アジア関係の図書の充実が図られた。また皇至道や杉本直治郎が所属した広島大学では東南アジア研究会が組織され（1962年会員数200），文部省委嘱大学開放講座「東南アジア」を開講した。同時期大阪大学でも文学部内に有志によるインド・東南アジア研究センターが設置されている。他方，コーネル大学のケーヒン（G. Kahin）の発案で，西嶋重忠が1955年からロックフェラー財団の助成金によるインドネシア独立運動に対する日本軍政に関する研究プロジェクトを，早稲田大学を拠点に実施している。数年後の1963年，京都大学東南アジア研究センターがフォード財団の助成を得て学内措置として設立される。

8)　ちなみに『史学雑誌』「回顧と展望」において分類項目が「南アジア・インド」から「東南アジア・インド」に変わるのは第65編5号（1956年5月）からである。その2年後，第67編第5号（1958年5月）から「東南アジア」が独立し，インドは「南アジア・西南アジア」へと変更された。このとき「東南アジア」の冒頭では，岸信介首相の東南アジア諸国訪問，マラヤ連邦独立，インドネシア対日賠償調印のほか，日本民族の源流を探る試みとして新聞に大きく報道された東南アジア稲作民族文化総合調査団の派遣や，ハイネ・ゲルデルンの来日など，1957年の主な動きに言及している［伊東1958］。

9)　逆にこうした経験に乏しければ，価値や歴史観をめぐる問題がとりたてて切実に感じられず看過されたり，あるいは目新しく響くがゆえに流行を追うような形になりがちな可能性も，文献軽視に対する批判とともにくみ取らねばならないのかもしれない。

得ない。

　他方，先のレッグの論考にたち返れば，テクストをめぐる認識論的議論の結果，もはや真なる歴史の可能性を自信をもって語ることはできないことを認めながらも，最後に，歴史研究者は過去のリアリティを捉えることができないかもしれないが，それは捉えるべきリアリティが存在しないということではないとも指摘する。そして，より注意深く自己批判的な姿勢をもって対象に向かうことによって過去を捉える可能性と責任を示して筆をおいており，その趣旨は脱構築自体にあったわけではないように思われる［Legge 1992: 49-50］。また近年「ポストモダン」「ポストコロニアル」「ポストストラクチュラル」といった表現の消尽後，例えば経済に着目した具体的な歴史研究への期待も表明される［Montesano 2009: 428-429］。戦後構築されてきた学術に関する歴史的検討も進む中，歴史の理解や解釈は特定の政治的要請のもとになされることを自覚し，その帰結を考えつつ，「史実」の発掘に努め続ける必要性［本書8章］が引き続き問われている。

本書の構成

　以下，本書では，いわば自明とされてきた時代の大きな語りを摘出する1つの方法的道しるべとして，また自らの足元を見直しつつ歴史に向き合う導きの糸として，ナラティブ／メタナラティブに着目しつつ，歴史の生成過程をたどることとする。

　最初の3章は歴史の編纂と英雄の問題を中心に検討する。女性や左翼知識人，書かれざる英雄，あるいは現在の国家の枠を超える歴史の構想にも光をあてながら，歴史と権力の関係と研究の視座を考える。

　第1章「国家・英雄・ジェンダー――カルティニ像の変遷」（小林寧子）は，インドネシア史に登場する数少ない女性の中で啓蒙，ナショナリズムの英雄として突出して多く言及されるカルティニ（1879-1904）をとりあげる。過去1世紀の間にオランダ，インドネシア，日本において紡ぎだされたカルティニ像の生成と変遷を，時代の文脈と権力との関係の中で丁寧に解きあかすとともに，書簡集の政治性を鋭く穿ち同時代資料を広く精査する中で生まれた最新の成果を積極的に受けとめ，変遷する英雄像の陰に潜在し続けたインドネシア史研究における女性軽視や，インドネシア人自身のカルティニ認識に関する日本のインドネシア史研究における関心の薄さをあぶりだす。また同時に，かつてカル

ティニが感じた痛みや苦しみが今日なお共感をよぶインドネシアの現実に改めて注意を喚起し，カルティニの提起した問いの重みを指摘する。

　植民地権力の下でのテクストの編纂に始まり，日本の東南アジア関与，民族主義の台頭，地域研究の興隆といった動きのなかで重ねられたカルティニ像とその歴史的位置づけを一つ一つ解き明かしながら，そこに通底する暗黙の前提を探るとともに，歴史叙述と史料，ナショナリズムとジェンダーなど多面的な課題を検討し，インドネシアの現在と史料の精査に立ち返る本章はまた全体の総論的な位置づけにもなっている。

　第2章「ベトナムのナショナルヒストリーと女性史——抗米戦争期の歴史叙述」(片山須美子) は，抗米戦争期の最中に生まれた『ベトナム史』第1巻 (1971年) と，同時期に著されながら余り知られることのないベトナム初の「女性史」『ベトナムの女性の伝統』(1972年)，および『各時代を通してのベトナムの女性』(1973年) をとりあげ，ジェンダーの観点を加え歴史の編修を論じる。建国神話や母権制の存在をめぐるナラティブを綿密に検討し，抗米戦争という時代の文脈の下，マルクス主義的進化論の採用を諦めて，民族解放闘争史観を取りいれ，すべてを父系的ナラティブで統一しようとするナショナルヒストリーの大きな流れと，それを攪乱あるいは補完する女性性との力関係に迫る。そして戦争終結後も，両者の対抗，攪乱，補完関係は形を変えて引き継がれていると，その今日的意義を指摘する。

　続く第3章「植民地史の換骨奪胎——イブラヒム・ハジ・ヤーコブのマレー史の再構築」(左右田直規) は，英領マラヤで構想されながらも実現しなかった大マレー・インドネシア国家構想 (「ムラユ・ラヤ」ないし「インドネシア・ラヤ」) に関わった一人の民族運動家，イブラヒム・ハジ・ヤーコブの手で記された歴史に光をあて，共同体，空間，時間という3つの概念を軸に植民地学との関係をさぐる。左右田によれば，イブラヒムの歴史叙述は，実証主義を標榜する一方，マラヤの独立とインドネシアとの統合という構想を正当化するという政治的な目的を持っていた。人種や地理的空間認識においては植民地史の枠組みを大筋で受け入れながらも，没落の時代たる植民地期の後に黄金時代たる古代の復活を予見させる新たな時代を想定する筋書きを採用し，独自の民族史としてのマレー史に仕立て直していった。しかしその政治的活動ゆえに，現代マレーシアの公定国民国家史における英雄としての位置づけは微妙で，いわば過剰なはみ出し者となっていったという。

3章で提起された植民地知と歴史叙述の問題を受けつぎながら，4章以降は，近代における二項対立的枠組みやジャンル・カテゴリーの生成と，それが歴史のナラティブの中に組み込まれ継承される過程を，枠組みからこぼれ落ちた叙述にも着目しながら検討する。

　第4章「「近代」をめぐるメタナラティブ──ビルマにおける「民族医学」確立をめぐって」（土佐桂子）は，19世紀末から20世紀初頭，英領ビルマで起きた農民反乱における民間医療，宗教実践をとりあげ，そのナラティブを検討する。検討の対象は，これまでも独立運動の系譜においてその位置づけが争点となってきた問題であるが，土佐はむしろナショナルヒストリーの主流から除外された局面を注視し，そこに近代的ナラティブが挿入されるさまを読み解き，そのメタナラティブに迫る。植民地権力の下で正統なる「民間（伝統）医学」が確立するプロセスにおいて「呪術」とみなされ「伝統」から弾きだされた知とその伝授集団（ガイン）が生み出した『パヨーガの病治療法百科』と，彼らの信仰に批判的な近代主義者による『法輪』という対照的なテクストの綿密な分析からは，一見非合理な秘技をテーマとしつつも，仏教的ナラティブと近代的ナラティブを効果的に用いたガインの師たちの知の営みと，「近代」と「伝統」，「合理」と「非合理」が，単純な二分法ではとらえきれない多面的な相関関係にあることが指摘される。

　次の第5章「古典「文学」というナラティブ──ビルマ語仏教散文『ヤタワッダナウットウ』が「文学」になるまで」（原田正美）は，宗教と文学というジャンル分けの自明性を問いなおす。具体的には文学史上ビルマの古典文学作品としてよく知られる『称誉増大物語』を取り上げ，この仏教散文を「文学」とするナラティブが19世紀末から20世紀初頭に成立・定着した過程を，イギリスによる植民地化と独立後の政治権力による知の再編・継承というコンテクストに置き，印刷出版や学校教育の導入，ビルマ古典文学なるカノンや「小説」の成立の動きと，王権と王師の喪失，聖典回帰という仏教側の再編過程に位置づける。同時に，「文学」に組み込まれた結果，仏教散文が誕生した17世紀初頭の文脈の中で読みなおすとみえてくる「仏教の実践により繁栄する」というメッセージ自体は，教育の場を通じて広く受けとめられることとなったという逆接も指摘し，時代や地域を隔してテクストに向かう視座と時間の射程をも問いかける。

　続く第6章「出版とオランダ領東インドのイスラーム化──インドネシア近

代史叙述とイスラーム・アイデンティティ」(菅原由美)は,「一つのインドネシア民族」が誕生し,実体化する過程に焦点があてられてきたインドネシア史研究において看過されてきたイスラームという要素に着目し,インドネシア近代史を問い直す。近年開拓された新史料から,19世紀中葉に,イスラーム諸学のテキスト(キターブ)が,写本から出版物に変わり書店で売られるようになり,イスラームに関する知識が一般の人々へと広がっていった様を明らかにする。また日常生活に密着した説明を通じてイスラームの社会化を目指した一般向けキターブの執筆者の一人ソレ・ダラットのテキストから,イスラーム化潮流が,現地社会内部の対立構造を深刻化させる要因を多分に含んでいたことも指摘する。

　最後の2章は19世紀後半以降における人をめぐるカテゴリーの成立過程を再検討し,近代的認識の枠組みとそれを基盤にした歴史のナラティブが成立する過程を考える。第8章「自由と不自由の境界――シャムにおける「奴隷」と「奴隷」制度廃止」(小泉順子)は,シャムにおいて「タート」(債務を負うなどして身価を有する人々)と称された人々の存在と,チュラーロンコーン王(在位1868-1910)による制度廃止のプロセスをとりあげ,「奴隷」の廃止をチャクリー改革の人道的成果として高く評価する王朝史的公定史の成立過程を追う。19世紀末,タートが人格の問題として捉えられるようになる一方,雇い人に対する暴力といった問題も深刻であった様も検討し,タートと雇い人を峻別する二項対立的な枠組みに孕まれる問題とそれが継承されてきた諸条件を考察する。

　最終章「前近代社会の「民族」――エーヤーワディー流域コンバウン王国のカレン」(伊東利勝)は,コンバウン王国時代のカレンを事例に,民族を一つの政治単位と考え,これを所与のアクターとする歴史叙述の相対化を試みる。調書(シッターン)などコンバウン王国の史料によれば,カレンと称された人々の間に地域を横断して共通の意識形成を可能にするネットワークが存在していたとは考えられず,また王国政府も,多様なカレンをひとつのまとまった民族と理解してはいなかったという。ところが植民地期に支配の道具として民族学や言語学,統計学が導入され,これと軌を一にして,ナショナリズムによる国家形成が目指されると,エスニックグループが政治集団として姿を現し,ミャンマーの歴史,政治,国際関係は,ビルマ族対エスニック・マイノリティの緊張関係の中で理解され,問題にされるようになった。伊東はこれを前近代の歴

史が現代のエスニック・マイノリティ問題を投影して描かれる所以であると指摘する。

　繰り返し指摘されてきたが，東南アジアは，歴史を通じて多様な人々が行き交い混在する場であった。戦時捕虜の取得やエリートの一夫多妻制などにより，いわゆる前近代に遡る王の権力基盤や統治制度の中に多様な出自の人材を包摂する契機が埋め込まれ，「朝貢」関係などにより複数の主権が重なりあうことも認めながら支配と秩序が維持されていた。また多くの国々では，植民地期に由来する近代国家の枠組みを部分的であれ引き継ぐ一方で，多様な文化的要素と植民地期以前に盛衰した諸王朝・在地権力の歴史や版図とのずれを抱えこんだ。加えて脱植民地化の過程で武力闘争や厳しいイデオロギー対立を経験し，修史の営みには多くの困難がつきまとうこととなった。それゆえに歴史が如何に書かれるかを，その前提から理解し，看過されてきたものにも目を注ぐことは，過去とともに現在を理解する上でも不可欠であると考えられる。事例は限られるが，複雑な歴史の生成過程と豊かな史料世界を示しつつ，現代にも踏み込んで検討を試みる本書の諸論考が，狭義の史料批判と研究史の検討を超えて，冷戦後の東南アジアで顕在化する国家，宗教，民族，ジェンダーなど諸問題の歴史的位置づけや自明性について認識を新たにする一助となることを願っている。

参考文献

I．日本語

粟屋利江．1999．「南・東南アジア近代史の到達点と課題」『歴史評論』585：2-10．
飯島明子．2009．「貝葉写本のテクスト学――「タム文字写本文化圏」を中心とする若干の考察」齋藤 晃編『テクストと人文学――知の土台を解剖する』人文書院：209-228．
―――．2014．「ラワ―タイ関係をめぐるナラティブとメタ・ナラティブ」クリスチャン・ダニエルス編『東南アジア大陸部――山地民の歴史と文化』言叢社：55-106．
池端雪浦．1998．「〈講演記録〉フィリピン革命から百年――英雄像をめぐる論争」『上智アジア学』16：109-121．
池端雪浦編．1994．『変わる東南アジア史像』山川出版社．
池端雪浦・石井米雄・石澤良昭・加納啓良・後藤乾一・斎藤照子・桜井由躬雄・末廣 昭・山本達郎編集委員．2001-2003．『岩波講座 東南アジア史』全9巻 別巻1 岩波書店．
石井米雄．1991．「総説 東南アジアの史的認識の歩み」石井米雄編『講座東南アジア学第4巻 東南アジアの歴史』弘文堂：1-14．
―――．1997．「東南アジア史像の再構築――タイにおける「公定史観」をめぐって」『ソフィア』46（1）：74-83．

伊東隆夫.1958.「東南アジア」『史学雑誌』(1957年の歴史学界――回顧と展望――) 67 (5)：134-137.
伊東利勝編.2017.『南伝上座仏教と現代』愛知大学人文社会学研究所.
イレート，レイナルド・C，ビセンテ・L．ラファエル，フロロ・C．キブイェン（永野善子編・監訳).2004.『フィリピン歴史研究と植民地言説』めこん.
内山史子.2009.「フィリピン――動態的な歴史世界像の追求」東南アジア史学会40周年記念事業委員会編，『東南アジア史研究の展開』山川出版社：95-109.
岡田泰平.2014.『「恩恵の論理」と植民地――アメリカ植民地期フィリピンの教育とその遺制』法政大学出版局.
菅 英輝編.2011.『東アジアの歴史摩擦と和解可能性――冷戦後の国際秩序と歴史認識をめぐる諸問題』凱風社.
北川香子.2009.『アンコール・ワットが眠る間に――カンボジア 歴史の記憶を訪ねて』連合出版.
小泉順子.1999.「書評・紹介 *Kanmuang nai Anusawari Thao Suranari.*（ターオ・スラナーリー記念像をめぐる政治）Saiphin Kaeu-ngamprasoet 著」『東京外大 東南アジア学』5：142-145.
―――. 2006a.「序 歴史叙述と史料批判」『歴史叙述とナショナリズム――タイ近代史批判序説』東京大学出版会：i-xi.
―――. 2006b.「タイ中国人社会研究の歴史性と地域性――冷戦期アメリカにおける華僑・華人研究と地域研究に関する一考察」『東南アジア研究』43（4）：437-466.
―――. 2010.「『ラタナコーシン王朝年代記』の改訂と史料編纂――「進貢（chim kong）については，まったく記載しないほうがよい」」『歴史学研究』863：22-31.
小泉順子・伊藤正子.「序〈特集〉東南アジアを超えて：ベトナム=韓国関係再考――歴史的・地域的視点から――」『東南アジア研究』48（3）：235-241.
小林寧子.2008.『インドネシア――展開するイスラーム』名古屋大学出版会.
桜井由躬雄.2009.「東南アジア史の40年」東南アジア史学会40周年記念事業委員会編『東南アジア史研究の展開』山川出版社：4-40.
笹川秀夫.2006.『アンコールの近代――植民地カンボジアにおける文化と政治』中央公論新社.
貞好康志.2016.『華人のインドネシア現代史――はるかな国民統合への道』木犀社.
菅原由美.2013.『オランダ植民地体制下ジャワにおける宗教運動――写本に見る19世紀インドネシアのイスラーム潮流』大阪大学出版会.
菅谷成子.2006.「スペイン領フィリピンにおける「中国人」――"Sangley," "Mestizo"および"Indio"のあいだ」『東南アジア研究』43（4）：374-396.
鈴木登美（大内和子・雲和子訳）.2000.『語られた自己――日本近代の私小説言説』岩波書店.
東南アジア史学会40周年記念事業委員会編.2009.『東南アジア史研究の展開』山川出版社.
永野善子.2000.『歴史と英雄――フィリピン革命百年とポストコロニアル』御茶の水書房.
永野善子編著.2013.『植民地近代性の国際比較――アジア・アフリカ・ラテンアメリカの歴史経験』御茶の水書房.
原 貴美恵.2005.『サンフランシスコ平和条約の盲点――アジア太平洋地域の冷戦と「戦後未解決の諸問題」』渓水社.
弘末雅士.1993.「東南アジア像」『交錯するアジア アジアから考える (1)』東京大学出版会：77-104.

藤原帰一・永野善子編著．2011．『アメリカの影のもとで――日本とフィリピン』法政大学出版局．
増田えりか．2009．「タイ――「タイ史」の死角への挑戦」東南アジア史学会 40 周年記念事業委員会編．『東南アジア史研究の展開』山川出版社：67-82．
桃木至朗編．2008．『海域アジア史研究入門』岩波書店．
山口裕子．2011．『歴史語りの人類学――複数の過去を生きるインドネシア東部の小地域社会』世界思想社．
山本達郎．1950a．『安南史研究』山川出版社．
―――．1950b．「アメリカの極東研究」『東洋文化』2：118-125．
―――．1951．「最近のアメリカ東洋学会」『史学雑誌』60（6）：82-89．
―――．1953．「故エンブリー教授著作目録」『民族学研究』17（2）：184-186．
―――．1954a．「時代区分の基準を立てる方法に就いて」『史学雑誌』63（1）：1-16．
―――．1954b．「各国における東洋学研究の現状――フランスの極東研究」『学術月報』7（8）：474-476．
―――．1957．『歴史の見方』三省堂．
―――．1960．「付説 東南アジア史の特質」山本達郎編『インド史』山川出版社：492-502．
―――．1965．「歴史はいかにして書かれるか――変革期の歴史叙述について」『中央公論』80（3）：132-144．
―――．1966．「回顧と展望 1965 年の歴史学界――総説」『史学雑誌』75（5）：1-4．
―――．1971．「東南アジア史研究の課題」『東南アジア―歴史と文化―』1：5-11．
―――．1974．「東南アジア史研究の諸問題」（連載 アジア学の系譜）『アジア』9（8）：124-137．
―――．1979a．「日本におけるアジア研究の特色――その回顧と展望」『日本学士院紀要（特別号）』：9-19．
―――．1979b．「東南アジア史の時代区分」『国際基督教大学学報 II-B，社会科学ジャーナル』17：83-105．
―――．1983．「アジア研究の未来像」『上智アジア学』1：1-8．
―――．1995．「歴史学の未来像」『日本学士院紀要』49（3）：153-165．
―――．1997．「東南アジア史像をどのようにして描くか――東南アジア史学会 30 周年記念大会特別講演」『東南アジア―歴史と文化―』26：3-13．
山本達郎編．1969a．『東南アジアの宗教と政治』日本国際問題研究所．
―――．1969b．『東南アジアにおける権力構造の史的考察』竹内書店．
山本達郎監修．1965．「東南アジア諸国の教科書にみる太平洋戦争」『中央公論』80（10）：84-92．
リオタール，ジャン＝フランソワ（小林康夫訳）．1986．『ポスト・モダンの条件――知・社会・言語ゲーム』星雲社．

II. 外国語
Abu Talib Ahmad and Tan Liok Ee. (ed.) 2003. *New Terrains in Southeast Asian History*. Athens: Ohio University Press.
Andaya, Barbara Watson. 2000. "Introduction," in *Other Pasts: Women, Gender and History in Early Modern Southeast Asia*, edited by Barbara Watson Andaya. Honolulu Center for Southeast Asian Studies, School of Hawaiian, Asian and Pacific Studies, University of Hawai'i at Mânoa, 1-26.

―――. 2006. *The Flaming Womb : Repositioning Women in Early Modern Southeast Asia*. Honolulu : University of Hawai'i Press.

―――. 2007. "Studying Women and Gender in Southeast Asia." *International Journal of Asian Studies* 4 (1) : 113-136.

Anderson, Benedict R.O'G. 1977. "Withdrawal Symptoms : Social and Cultural Aspects of the October 6 Coup." *Bulletin of Concerned Asian Scholars* 9 (3) : 13-30.

―――. 1978. "Studies of the Thai State : The State of Thai Studies," in *The Study of Thailand*, edited by Eliezer B. Ayal. Athens : Ohio University Center for International Studies Southeast Asia Program, 193-247.

―――. 1985. "Introduction," in *In the Mirror : Literature and Politics in Siam in the American Era*, edited by Benedict R.O'G. Anderson and Ruchira Mendiones, Bangkok : Editions Duang Kamol, 9-87.

Appleby, Joyce, Lynn Hunt and Margaret Jacob. 1994. *Telling the Truth about History*. New York and London : W.W. Norton and Company.

Aung-Thwin, Maitrii. 2011. *The Return of the Galon King : History, Law, and Rebellion in Colonial Burma*. Singapore : NUS Press ; Athens : Ohio University Press.

Aung-Thwin, Michael A. 1998. *Myth and History in the Historiography of Early Burma : Paradigms, Primary Sources, and Prejudices*. Athens : Ohio University Center for International Studies.

―――. 2013. "Continuing, Re-Emerging, and Emerging Trends in the Field of Southeast Asian History." *TRaNS : Trans-Regional and -National Studies of Southeast Asia* 1 (1) : 87-104.

Aung-Thwin, Michael Arthur and Kenneth R. Hall. (ed.) 2011. *New Perspectives on the History and Historiography of Southeast Asia : Continuing Explorations*. Abingdon : Routledge.

Barns, Trevor J. and Matthew Farish. 2006. "Between Regions : Science, Militarism, and American Geography from World War to Cold War." *Annals of the Association of American Geographers* 96 (4) : 807-826.

Beemer, Bryce. 2016. "Bangkok, Creole City : War Slaves, Refugees, and the Transformation of Culture in Urban Southeast Asia." *Literature Compass* 13 (5) : 266-276.

Benda, Harry J. 1962. "The Structure of Southeast Asian History : Some Preliminary Observations." *Journal of Southeast Asian History* 3 (1) : 106-138.

Bentley, Michael. 2006. "Past and 'Presence' : Revisiting Historical Ontology." *History and Theory* 45 (3) : 349-361.

Bradley, Francis R. 2010. "The Social Dynamics of Islamic Revivalism in Southeast Asia : The Rise of the Patani School, 1785-1909." Ph.D. dissertation. University of Wisconsin-Madison.

Burke, Peter. (ed.) 1991. *New Perspectives on Historical Writing*. Cambridge : Polity Press.

Creak, Simon. 2015. *Embodied Nation : Sport, Masculinity, and the Making of Modern Laos*. Honolulu : University of Hawai'i Press.

Day, Tony. 2002. *Fluid Iron : State Formation in Southeast Asia*. Honolulu : University of Hawai'i Press.

Ford, Ryan. 2011. "Memories of Chao Anou : New History and Post-Socialist Ideology." *The Journal of Lao Studies* 2 (2) : 104-126.

Gesick, Lorraine M. 1995. *In the Land of Lady White Blood : Southern Thailand and the Meaning of History*. Ithaca: Southeast Asia Program, Cornell University.

Gilman, Nils. 2003. *Mandarins of the Future : Modernization Theory in Cold War America*. Baltimore and London: The Johns Hopkins University Press.

Hau, Caroline S. 2014. *The Chinese Question : Ethnicity, Nation, and Region in and beyond the Philippines*. NUS Press.

Hong, Lysa. 1998. "Ideology and Oral History Institutions in Southeast Asia," in *Oral History in Southeast Asia : Theory and Method*, edited by P. Lim Pui Huen, James K. Morrison, and Kwa Chong Guan. Singapore: National Archives of Singapore and Institute of Southeast Asian Studies, 33–43.

Hong, Lysa and Huang Jianli. 2003. "The Scripting of Singapore's National Heroes : Toying with Pandora's Box," in *New Terrains in Southeast Asian History*, edited by Abu Talib Ahmad and Tan Liok Ee. Athens: Ohio University Press, 219–246.

Hunt, Lynn. 2014. *Writing History in the Global Era*. New York: W. W. Norton and Company.

Ileto, Reynaldo C. 1999. *Knowing America's Colony : A Hundred Years from the Philippine War*. Honolulu: Center for Philippines Studies, University of Hawai'i at Mânoa.

Jenkins, Keith. 1991. *Re-thinking History*. London and New York: Routledge.

―――. 1995. *On "What is History?" : From Carr and Elton to Rorty and White*. London and New York: Routledge.

Jory, Patrick. (ed.) 2013. *Ghosts of the Past in Southern Thailand : Essays on the History and Histiography of Patani*. Singapore: NUS Press.

Kullada Kesboonchoo Meed. 2012. "The Cold War and Thai Democratization," in *Southeast Asia and the Cold War*, edited by Albert Lau. Abingdon: Routledge, 215–240.

Legge, John D. 1992. "The Writing of Southeast Asian History," in *The Cambridge History of Southeast Asia*. Vol.1, edited by Nicholas Tarling. Cambridge: Cambridge University Press, 1–50.

Lieberman, Victor. 2003 and 2009. *Strange Parallels : Southeast Asia in Global Context, c. 800–1830*, 2 Vols. Cambridge, New York, and Tokyo: Cambridge University Press.

Lieberman, Victor. and Brendan Buckley. 2012. "The Impact of Climate on Southeast Asia, circa 950–1820: New Findings." *Modern Asian Studies* 46 (5) : 1049–1096.

Loos, Tamara. 2016. *Bones around My Neck : The Life and Exile of a Prince Provocateur*. Ithaca: Cornell University Press.

McGregor, Katharine E. 2007. *History in Uniform : Military Ideology and the Construction of Indonesia's Past*. Honolulu: University of Hawai'i Press.

McVey, Ruth. 1995. "Change and Continuity in Southeast Asian Studies." *Journal of Southeast Asian Studies* 26 (1) : 1–9.

Mendras, Henri. 2002. "The Invention of the Peasantry : A Moment in the History of Post-World War II French Sociology." *Revue Française de Sociologie* 43, supplément. An Annual English Selection: 157–171.

Montesano, Michael J. 2009. "Revisiting the Rice Deltas and Reconsidering Modern Southeast Asia's Economic History." *Journal of Southeast Asian Studies* 40 (2) : 417–429.

Montesano, Michael J. and Patrick Jory. (ed.) 2008. *Thai South and Malay North : Ethnic*

Interactions on a Plural Peninsula. Singapore: NUS Press.

Ngoun, Kimly. 2016. "Narrating the National Border: Cambodian State Rhetoric vs Popular Discourse on the Preah Vihear Conflict." *Journal of Southeast Asian Studies* 47 (2): 210–233.

Nguyên Thê Anh. 1995. "Historical Research in Vietnam: A Tentative Survey." *Journal of Southeast Asian Studies* 26 (1): 121–132.

Nithi Ieosiwong. 1980. *Prawattisat rattanakosin nai phraratchaphongsawadan ayutthaya.* Bangkok: Bannakit.

Phillips, Matthew. 2016. *Thailand in the Cold War.* Abingdon: Routledge.

Reid, Anthony. 2015. *A History of Southeast Asia: Critical Crossroads.* Chichester: John Wiley & Sons.

Reynolds, Craig J. 2006. *Seditious Histories: Contesting Thai and Southeast Asian Pasts.* Seattle: University of Washington Press.

Reynolds, Craig J. and Hong Lysa. 1983. "Marxism in Thai Historical Studies." *Journal of Asian Studies* 43 (1): 77–104.

Rohde, Joy. 2013. *Armed with Expertise: The Militarization of American Social Research during the Cold War.* Ithaca and London: Cornell University Press.

Roustan, Frédéric. 2011. "From Oriental Studies to South Pacific Studies: The Multiple Origins of Vietnamese Studies in Japan, 1881 to 1951." *Journal of Vietnamese Studies* 6 (1): 1–42.

Saiphin Kaeo-ngamprasoet. 1995. *Kanmuang nai anusawari thao suranari.* Bangkok: Matichon.

Scott, James C. 2009. *The Art of not Being Governed: An Anarchist History of Upland Southeast Asia.* New Haven: Yale University Press. （佐藤仁監訳，池田一人他共訳．2013．『ゾミア――脱国家の世界史』みすず書房）

Sears, Laurie J. 1993a. "The Contingency of Autonomous History," in *Autonomous Histories, Particular Truths: Essays in Honor of John R.W. Smail,* edited by Laurie J. Sears. Madison: Center for Southeast Asian Studies, University of Wisconsin-Madison, 3–35.

Sears, Laurie J. (ed.) 1993b. *Autonomous Histories, Particular Truths: Essays in Honor of John R.W. Smail.* Madison: Center for Southeast Asian Studies, University of Wisconsin-Madison.

Simpson, Bradley R. 2008. *Economists with Guns: Authoritarian Development and U.S.-Indonesian Relations, 1960–1968.* Stanford: Stanford University Press.

Smail, John R.W. 1961. "On the Possibility of an Autonomous History of Modern Southeast Asia." *Journal of Southeast Asian History* 2 (2): 72–102.

Somkiat Wanthana. 1986. "The Politics of Modern Thai Historiography." Ph.D. dissertation, Monash University.

Spalding, Roger and Christopher Parker. 2007. *Historiography: An Introduction.* Manchester and New York: Manchester University Press.

Stoler, Ann Laura. 2009. *Along the Archival Grain: Epistemic Anxieties and Colonial Common Sense.* Princeton: Princeton University Press.

Streckfuss, David. 2011. *Truth on Trial in Thailand: Defamation, Treason, and Lèse-majesté.* Abingdon: Routledge.

Subrahmanyam, Sanjay. 1997. "Connected Histories: Notes towards a Reconfiguration of Early Modern Eurasia." *Modern Asian Studies* 31 (3): 735–762.

Thongchai Winichakul. 1994. *Siam Mapped: A History of the Geo-body of a Nation*. Honolulu: University of Hawai'i Press. (石井米雄訳. 2003. 『地図がつくったタイ——国民国家誕生の歴史』明石書店)

―――. 1995. "Changing Landscape of the Past: New Histories in Thailand Since 1973." *Journal of Southeast Asian Studies* 26 (1): 99–120.

―――. 2008. "Nationalism and the Radical Intelligentsia in Thailand." *Third World Quarterly* 29 (3): 575–591.

―――. 2014. "Asian Studies across Academies." *Journal of Asian Studies* 73 (4): 879–897.

Trouillot, Michel-Rolph. 1995. *Silencing the Past: Power and the Production of History*. Boston: Beacon Press.

Vatthana Pholsena. 2006. *Post-war Laos: The Politics of Culture, History, and Identity*. Singapore: Institute of Southeast Asian Studies.

Vatthana Pholsena and Bruce Lockhart. (ed.) 2006. "Special Issue: The Politics of History and National Identity in Contemporary Laos." *South East Asia Research* 14(3).

Waterson, Roxana and Kwok Kian-Woon. (ed.) 2012. *Contestation of Memory in Southeast Asia*. Singapore: NUS Press.

Wolfson-Ford, Ryan. 2016. "Sons of Khun Bulom: The Discovery by Modern Lao Historians of the 'Birth of the Lao Race'." *Journal of Southeast Asian Studies* 47 (2): 168–188.

第1章 国家・英雄・ジェンダー
――カルティニ像の変遷

1　国家英雄の今昔

2　偶像化されたカルティニ

3　独立インドネシアにおけるカルティニ

4　日本のインドネシア史研究におけるカルティニ

5　結びにかえて――再評価されるカルティニ

小林寧子

図　ジャワ島（カルディニが訪問した場所）

1　国家英雄の今昔

　ひとつの国家が誕生したり，あるいは国家の政治体制が大きく変わると，往々にしてそのシンボルとなるような偉人，国民的英雄に関する言説が流布する。また，新しい国家／政権もその理念を体現するような人物を顕彰して，国民の模範とすることが多い。国民国家においては，国家を支える国民をつくり出すのが大きな作業であり，そこでは「統合」が強調される。国の象徴となる人物は国家の求心力を高めると考えられるのである。また，国家には国民を保護する「力強さ」や「父権性」が求められる。そのために，社会的にマイナーな存在とされるマイノリティや女性は，「弱い」，統合にあまり貢献しないとして，軽視されがちである。一方，「英雄」はそれを認定した時代の政権の意向を反映するため，状況が変わるとその評価もまた揺らぐことになる。

　世界で有数の多民族国家であるインドネシアでも，国民統合をはかる手段のひとつとして，国家に大いに貢献した人物を「英雄」に認定して国民の崇敬の対象とする制度がある[1]。初代大統領スカルノ（1901-1970）の「指導される民主主義」の時代に入った1959年から認定が始まり，「国家独立英雄（Pahlawan Kemerdekaan Nasional）」などの称号が贈られた。当初認定対象になったのは，民族独立運動に貢献したとされる人物であったが[2]，すぐにスカルノを支える

---

[1] インドネシアのエスニック集団は言語で大別すると27，数え方によっては200とも400とも推定される。インドネシアの小学生が使用する教科書には約300と記されている。なお，この英雄顕彰制度についてはSchreiner [1997] が詳しい。また津田 [2007 ; 2016] も華人問題との関連でこの制度の現代的意義を論じている。

[2] 最初に顕彰されたAbdoel Moeis（1883-1959）は，スカルノが高校生時代に寄宿していたイスラーム同盟（Sarekat Islam）の指導者Tjokroaminoto（1883-1934）のもとをよく訪れており，思想形成期のスカルノに影響を与えたとされる [Hering 2002 : 85]。1925年バンドンで当時まだ学生であったスカルノが始めた一般研究会（Algemeene Studie Club）の設立に参加した [Hering 2002 : 111]。このグループが中心となって27年にインドネシア国民同盟（28年にインドネシア国民党Partai Nasional Indonesiaに改称）が結成された。59年には他にも，インドネシア教育の父とされるKi Hadjar Dewantro（1889-1959），また，その兄でイスラーム同盟指導者のSurjopranoto（1871-1959）も顕彰された。いずれもスカルノの先輩格の民族運動指導者であり，1959年に没したが，このような人々のインドネシア独立誕生への貢献を讃えることが国家英雄顕彰制度のきっかけであろう。現在に至るまで一貫しているのは，没後に顕彰されるということである。

ナサコム NASAKOM 体制[3]を正当化するのに有用な人物が顕彰されるようになった。独立インドネシアの分水嶺となる1965年の9・30事件を経てナサコム体制は崩壊し[4]，スカルノに代わってスハルト（1921-2009）が政権を担当する「新秩序」期（1966-1998）となった。この時代には「英雄」の意味が拡大され，オランダ植民地支配に対する抵抗の先駆者的な人物も対象となった。「指導される民主主義」期に認定された46人の英雄のうち約4分の3の35人がジャワ人であったのに対し，新秩序体制期にはジャワ島以外の地域に配慮した人選が行われ，認定された58人のうちジャワ人は半数の29人に留まった。やはり人選には政治性，恣意性がつきまとった[5]。（写真1）

スハルトが退陣して民主化が始まった1998年5月以降も，この制度は継続された。手続きや形式が整えられて，毎年11月10日の「英雄の日」[6]前後に顕彰者が決定されるようになった。さらに2009年には，それまでに公布され

---

3) スカルノは1959年に，大統領に強い権限を与えている「一九四五年憲法」への復帰を宣言し，議会を解散した。政党の簡素化をめざし，3つの政治潮流，ナショナリズム（Nasionalisme），宗教（Agama），共産主義（Komunisme）を代表する政党に活動を制限した。NASAKOMはそのそれぞれの頭文字を組み合わせた造語である。実際にはナサコム体制においては共産党が勢力を拡大し，国軍と対立した。

4) 9・30事件では陸軍の指導者が惨殺されたが，国軍によって共産党はその首謀者と規定され，事件後各地で共産党関係者は軍や一般市民から攻撃された。なお9・30事件に関連して殺害された軍人10人は65年10月半ばには「革命英雄（Pahlawan Revolusi）」に認定された。

5) 特にスハルト政権成立当初は政治的意味合いが強いケースが目立った。スカルノに疎んじられた政治家や政権成立に功績のあった陸軍幹部，また，「マレーシア対決政策」の工作員としてシンガポールで逮捕・処刑された軍人がそうである。その後政治色はうすくなったが，スハルトの妻であった Siti Hartinah Soeharto（通称ティエン Tien：1923-1996）は死後すぐに顕彰された。
なお，Schreinerは，2名の共産党関係者，Tan Malaka（1897-1949, 1963年顕彰）と Alimin Prawirodirjo（1864-1964, 1964年顕彰）がスハルト政権期の出版物でははずされていると指摘している［Schreiner 1997：290］。確かに，子供向けに出版された英雄列伝 Arya［2009］にはこの2名は記載されていない。しかし，まだ顕彰されていない西スマトラ出身のジャーナリスト Roehana Koedoes（1884-1972）が記載されている。また，同様の Lia Nuraila dan Iim Imadudin［2010］には，Tan Malakaは記載されており，また Roehana Koedoes も記載されているが，Aliminは記載されていない。政治的に配慮した可能性もあるが，編集上の杜撰さが原因かもしれない。なお，現在インドネシア共和国社会省のホームページに掲載された国家英雄リスト（2010年1月）にはこの二人のコミュニストの名前は記されている（http://www.depsos.go.id/modules.php?name=Pahlawan&opsi）。民主化時代の政治的開放を感じさせるが，このリストはその後更新されていない（2017年2月9日現在）。

6) 1945年8月17日インドネシアは独立宣言をしたが，独立を認めないオランダが連合軍とともに上陸し，両者は戦闘状態に入った。中でも1945年11月10日に東部ジャワのスラバヤでインドネシア軍と連合軍との間に激しい戦闘が行われた。この日が「英雄の日」として記念されることになった。

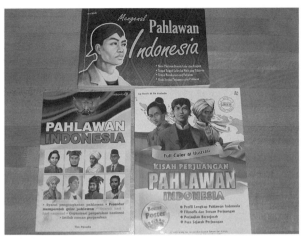

写真1　インドネシアで出版された子供向けの英雄列伝本。

ていた英雄顕彰に関する17の法律と1つの国民協議会決定が統合され，称号も「国家英雄（Pahlawan Nasional）」に統一された[7]。スハルト以後に顕彰された65人を加えると，2016年11月までに合計169人が顕彰されたことになる[8]。これほど多いと，知名度にはかなりのばらつきがあり，英雄の「格付け」が必要という議論も出てきたりする[9]。現在は特に地方社会の側から政府に対して「この人を国家英雄に」という推挙が相次いでいる。

このように量産された国家英雄ではあるが，それでも，その中で女性はわずか12人であり，1割にも満たない。しかも，国家英雄が増えるほど，女性が占める比率は低くなる傾向にある。皮肉なことに，ジェンダー公正が叫ばれる

---

7) 新しく定められた法律は，Undang-Undang Republik Indonesia Nomor 22 Tahun 2009 tentang Gelar, Tanda Jasa, dan Tanda Kehormatan（称号，褒章，勲章に関するインドネシア共和国法律2009年第20号）である。第1条第4項に，「国家英雄とは，現在インドネシア共和国領域になっている地域で，植民地支配に抵抗して民族と国家を擁護するために戦場に斃れるか殉死した，あるいは生前インドネシア共和国の民族と国家の建設および進歩のために，英雄的な活動を行ったか，あるいは多大な実績・業績をあげたインドネシア国籍者およびその他の人に与えられる称号である」と定められている。

8) 169番目の国家英雄に顕彰されたのは，独立闘争期に植民地化に抵抗する部隊を率いたとされる東部ジャワのイスラーム指導者であった［*Tempo*, 20 Nov. 2016: 12］。

9) 初代正副大統領のスカルノとハッタ（1902-1980）は，1986年に「独立宣言英雄（Pahlawan Proklamator）」という称号で，別格と理解されてきた。しかし，2012年11月に改めてPahlawan Nasionalの称号が贈られ，「やっと国家英雄になった」と見る向きと，並みの国家英雄に「格下げられた」という議論があった。

写真 2　ジュパラの町に立つカルティニ像。少女を導いている。
（2009 年，筆者撮影）

民主化時代に，インドネシア社会で指導的立場につく女性が極めて少ないことや女性の社会的貢献が評価されていないことなどが，以前にも増して明らかになってきているとも言える。

　そのような中，何かを成し遂げるにはあまりに若くこの世を去ったカルティニ（Kartini, 1879-1904）は，インドネシア史では突出して多く取り上げられる女性である。カルティニは，植民地支配下のジャワでオランダ式初等教育を享受し，生前からオランダ語で自らの考えを発信するプリブミ（pribumi 土着の人，土地の子）女性として関心を集めた。没後には書簡集が出版され，戦前の日本も含めて 20 数カ国で翻訳されて世界的にその名が知られることになった。独立後の 1964 年に国家独立英雄に列せられ，生誕日（4 月 21 日）は「カルティニの日（Hari Kartini）」と呼ばれて，各種の行事が催される。多くの国家英雄がせいぜい道の名前で名をとどめるか，あるいは限られた地域の地方英雄として知られるに過ぎないのに対し，カルティニは破格の扱いを受けてきた[10]。（写真 2）

　カルティニは「女子教育の先駆者」「女性解放唱導者」「民族覚醒の母」として知られてきたが，この従来のカルティニ像に対して，2013 年，インドネシアで最もよく読まれる週刊誌のひとつである『テンポ（Tempo）』が疑義をはさんだ。『テンポ』誌は歴史上の人物を短絡的に理解する傾向を批判し，あまり知られざるカルティニの側面を浮かび上がらせる約 70 頁の特集を組んだ。

「カルティニの卓越性は，悩める思想家であったことにある」[*Tempo*, 28 April 2013：29] として，カルティニの思索の軌跡を辿り直した。現実と理想の世界の間で揺れながら思想が形成されるという視点からカルティニやインドネシア史を再検討する必要性が強調された。

特集の巻頭では編集の意図が次のように述べられた。

> 学校で教えられるカルティニ関する知識は，すでに決まり文句（Klise クリシェ）やありきたりになったことをあまり越えない。……カルティニが何の問題を考えたのか，またそれをどのように判断したのかは見えてこなかった，自ら知ろうとした者以外には。事実，この国の歴史上の人物の多く，中でも国家英雄の隊列に入っている人物には，同じことが起きている。[*Tempo*, 28 April 2013：36]

従来の歴史観に対する問い直しが試みられたのである。

漫然と理解されてきた感のあるカルティニだが，語り手によって異なるカルティニ像がつくられることはすでに指摘されていた。ルーサーフォードは，インドネシアの二人の作家（2-2で述べる）を比較して「語り手」の恣意性を政治状況とも関連付け，それぞれが自分の関心に引きつけてカルティニをシンボル化させたと結論した[Rutherford 1993]。また，ティウォンは，新秩序期に，カルティニは結婚や家庭の足枷に抵抗する若い女性から「母（Ibu）」へと，イメージが転換され，開発に参加する女性のモデルとして理想化された，と主張した [Tiwon 1996]。時代の政治的要請が母としてのカルティニ像を強く押し出したとする見方を提示したのである。

このような議論を踏まえて，本章では，この一世紀の間にインドネシアではカルティニはどのように理解されてきたのか，既存のカルティニ像は誰によってどのようにして編み出されたのかを検討する。特に，「語り手」の時代およ

---

10) 社会学者のハルシャ・バフティアルは，すでに30年以上も前に，インドネシアの歴史的人物とされる女性は女子教育への貢献あるいは反植民地武力抵抗運動で活躍し，いずれもオランダの文献で知られる女性であることを指摘した。それ以外の分野で貢献した女性の発掘作業をインドネシア人自身で行うことも提唱した [Harsja W. Bachtiar 1979]。なお，2013年までは恐らく世界で最もインドネシア関係の文献を揃えていたと思われるオランダの王立言語地理民族学研究所（KITLV）の蔵書目録を，Kartini で検索すると，論文・単行本・資料など200件以上がヒットした（書簡資料を除く）。これを上回るインドネシア史上の人物は，スカルノ，スハルトなどに限られ，他の女性国家英雄はいずれも数件，多くて20件程度であった（2013年7月）。

び「語り手」と権力との関係に着目して，カルティニ像の変遷を追う。それぞれのカルティニ像誕生の時代背景をさぐり，そこでカルティニに関する史料がどのように扱われたかを検証することは，なぜ書かれた歴史では思考し行動する主体としての女性は不在とされてしまうのかを，探り当てる手がかりとなるであろう。それまでの研究者の思い込みや先入観をあぶり出すには，やはり史料を批判的に読み直すことが何よりも重要であろう。

なお，先述した通り，カルティニは早くから日本でも紹介された。日本の「語り手」についても同様に，その関心によって異なるカルティニが登場したことを明らかにしたい。そうすることにより，今までのインドネシア史研究の「暗黙の前提としている枠組み」（本書序文）を問い直したい。

2　偶像化されたカルティニ

2-1　世紀転換期のジャワ

まず，カルティニはどのような環境の中で生きたのか，カルティニを語る上でおさえておくべき時代の風景を見ておこう。

オランダは，17世紀初頭に東インド会社を通して現在のインドネシア地域に進出したが，ジャワで本格的な植民地経営に乗り出したのは，1830年の強制栽培制度導入以降である。ジャワは，宗主国オランダが世界市場で売る商品作物の供給地と位置づけられた。旧来の封建制度は農産物収奪のための行政機構として再編強化され，土着エリートのプリヤイ（priyaiジャワ貴族）は住民の保護者から植民地官僚，オランダの従僕へと堕した。カルティニはそのような寄生貴族の家庭に生を享けた。

カルティニの生地ジュパラ（Jepara）は，中部ジャワ州の州都スマランから海岸沿いに約90キロ東に行ったムルヤ半島にある。現在では，「カルティニの生地」として知られる他にも，木彫工芸で名高い。かつては商港として栄えたが，その歴史については多くは知られていない。16世紀にはジャワで最初のイスラーム王国デマク（Demak）の港市であったが，のちに内陸農業立国マタラム（Mataram）の外港にもなった。しかし，継承戦争でマタラム王室がオラ

ンダ東インド会社に援助を求めた1677年以降，ジュパラの商業活動は衰退し，商業の中心はスマランに移った。また，周辺には豊かなチーク林があることでも知られていたが，木彫工芸はその名残である。今，かつてのジュパラの栄光を思い起こさせるのは，ポルトガル撃退を試みた女王ラトゥ・カリニャマット (Ratu Kalinyamat) の墓と，「ベンテン・ポルトギス (Benteng Portugis)」(オランダに対抗するためにマタラムが構築してポルトガル軍を召致したとされる) と呼ばれる要塞跡くらいのものである。

　カルティニが生まれたのは，世界史的に見れば「帝国主義の時代」である。列強は植民地再分割の脅威に対して，植民地との紐帯を強めるために，植民地支配体制の整備，軍備増強に余念がなかった。また，コミュニケーション手段が発達し，情報の入りやすくなった時代でもある。列強の中では相対的に弱小であったオランダの時代への対応はやや遅れ，原住民官吏養成の必要から西洋式の近代教育がプリヤイの子弟に対して始められたばかりであった。オランダ人官吏の間でも，植民地住民に教育を与えようとする進歩派とそれに反対する保守派が鋭く対立していた。従来の植民地行政のあり方に変化が求められていたものの，その成り行きがまだ定まらない頃である。1901年には植民地住民の福祉も視野に入れた新しい植民地政策「倫理政策」が宣言されるが，カルティニが育ったのはそれに先立つ時代である。

　植民地行政機構の中で，ジャワ人官吏の最高位はブパティ (bupati 県長) であるが，カルティニの祖父チョンドロヌゴロ (Tjondoronegoro) 四世 (1811?-1866) は，19世紀半ばのデマク (ジュパラの隣県) のブパティで，飢饉を収拾した手腕で名高く，オランダの信頼を得ていた。また，先見の明もあり，自分の子どもに男女を問わず西洋教育を授けるために，オランダ本国から専門の家庭教師を招聘し，その息子4人はすべてブパティになった。20世紀初頭にオランダ語をこなすジャワ人のブパティはわずかに4人に過ぎなかったと伝えられている [Sutherland 1979 : 48-49]。その4人のうち2人がチョンドロヌゴロの息子で，カルティニの父親であるジュパラ県ブパティのソスロニングラット (Sosroningrat, ?-1905) と，叔父にあたるデマク県ブパティのハディニングラット (Hadiningrat) である。カルティニは6歳の頃からオランダ人の子弟に混じってヨーロッパ人小学校 (Europeesche Lagere School, ELS) に通ったが，特別な家庭環境にあればこそできたことである[11]。(写真3)

　そうであっても，カルティニが女であるがゆえに大きくのしかかってくる慣

写真3 ジュパラで，左から，スマストリ，ルクミニ，アリオ・ソスロニングラット（父），カルティニ，カルティナ。撮影年不明。KITLV 所蔵。

習上の問題があった。ひとつは行動の制限である。12歳のとき，未婚の貴族女性の慣習に従ってピンギタン（pingitan 閉居）[12]を強制されて小学校へ通えなくなり，カブパテン（kabupaten 県長公邸）の奥の部屋で大半の時間を過ごさざるを得なかった[13]。しかし，父親がオランダ人の友人たちの説得を受け入れたために，5年後に閉居が緩和され，その2年後には閉居を解かれた。カルティニは勉学の続行を切望し，当初バタビア（現在のジャカルタ）で医学を学ぼうとした。それが叶わないとオランダへの留学を望んだが，これも断念した。代わりに再度バタビアで教員資格取得をめざしたが，突然の結婚でやはり果たせなかった。

さらに，少女期からカルティニを脅かしたものに，ポリガミ（poligami 多妻婚）の問題がある。カルティニは，ソスロニングラットが二人の妻との間にも

---

11) カルティニが ELS に入った15年後の1898年で，ジャワ全体では11人のジャワ人子女が ELS で学んでいただけだったという［Tashadi 1982：75］。プリヤイが読者であったジャワ語誌 *Bramartani* は，アメリカの女子教育を称賛したが（1883年），プリヤイは女子教育には熱意を示さなかったという［Ricklefs 2007：165］。

12) 結婚適齢期（初潮を迎えたあとの）女性が，婚礼の日まで家で閉居すること。

13) 2004年9月，2009年3月に筆者はジュパラを訪問した。カルティニが育ったカブパテンは現在も県知事公邸として使用されており，閉居させられた部屋も保存されている。カブパテンは幅30メートル，奥行き30メートルくらいの広さのつくりで，カルティニの部屋は一番奥に近くにあり，6畳ほどの広さである。

写真4 ジュパラのカブパテンの最奥のベランダで着物姿のカルティニ姉妹。左からスマストリ（妹），ルクミニ（妹），カルティニ，カルティナ（妹）。ここで，最初の「私塾」を開いた。撮影年不明。KITLV所蔵。この写真は，後述する加藤朝鳥もルクミニから見せられたと述べている［加藤 1922：135］。

うけた11人の子どもの中では5番目で，最初の妻ンガシラ（Ngasira）との間に誕生した。しかし，カルティニの生母は令夫人（garwa padmi, Raden Ayu の称号を冠される）ではなく副妻（selir）であった。生母は父親の正妻よりも先に結婚していたが，母屋に住むことを許されず，カルティニは乳母の手で育てられた。生母の出自に関しては，その父親は砂糖工場労働者［Pramoedya 1997：23-24］，もしくは宗教教師［シティスマンダリ 1982：15］というふたつの説があるが，いずれにしろ，ブパティたる父親の職位に「相応しい」出自ではなかった。カルティニが「イブ（Ibu 母，お母様）」と呼ぶ人物は父親の正妻である。ソスロニングラット家では，子どもたちはこの副妻を「おばさま（Yu）」と呼び，話し言葉には平語のジャワ語を用いた。一方，生母の方はかれらを「坊ちゃん，嬢ちゃん（Ndoro）」と呼び，敬語のジャワ語[14]で話しかけたという［シティスマンダリ 1982：27-28；Sitisoemandari 2001：24］。（写真4）

カルティニは貴族の子女として，ブパティの令夫人になることが期待されていた。当時ブパティが複数の副妻をもつのはきわめて普通であったが，この多

---

14) ジャワ語は身分秩序と結びついて発達した言語で，話し手と話しかける相手の身分関係によって用いる言葉が異なる。

写真5　ジュパラ知事公邸（カブパテン）（2009年，筆者撮影）

妻婚問題はカルティニの人生に大きな影を落としている。カルティニは多妻婚を憎み，結婚を避けようとしたが，周囲の圧力に屈する形で，3人の副妻と7人の子供がいるブパティの求婚を受け入れた。ジュパラで始めたいくつかの活動を，夫の協力を得て嫁ぎ先で実行する道を選んだかのように見えた。しかし，結婚して1年も経たないうちに，男児を出産した後4日でこの世を去った。

　カルティニの実績としてよく挙げられるのは学校をつくったことである。しかしこれは，1903年カブパテンの裏手に黒板，机，椅子を置いた私塾のようなものであり，5ヵ月後に嫁ぐためにここを去った。嫁ぎ先のレンバンでも教室を開いたが，ほどなく他界したわけで，実際の教育活動はわずかである。それにもかかわらず，カルティニはまず「女子教育の先駆者」として一般に認識されることになる。

　25年という短い生涯の中で，カルティニが自分の目で確かめた世界は限られている。自宅のカブパテン（写真5）を離れたのは，先述の小学校の他に，近所にあるオランダ人の知人宅，父親に連れられて訪れたジュパラ近郊の農村，ピクニックに行った海岸や参詣したスルタン廟などである。そして後述するジュパラの木彫り職人の集落にも頻繁に足を運んだが，カブパテンからはせいぜい2キロほどである。遠出はきわめて少ない。汽車に乗ってジュパラ近郊のクドゥン・プンジャリン（Kedung Penjalin）へ行き，教会の献堂式を見学し，ウィルヘルミナ女王戴冠祝賀会（1898年）やローセボーム（Rooseboom）総督歓迎会（1900年）に出席するためなどにスマランへ行った。さらにバタビア旅

行（帰途バンドンなどに寄る）も一度経験している。また、姉や妹の嫁ぎ先（クンダル Kendal、プマラン Pemalang）を訪れた。そのほかは結婚してルンバン（Rembang 東部ジャワ西端の県）に移動したくらいである。オランダのイスラーム研究者スヌック・フルフローニェ（C. Snouck Hurgronje, 1857-1936）は、1880年代初めにメッカで西部ジャワのバンテン（Banten）からの女性巡礼者の写真を撮影しており[15]、女性もすでに巡礼のような海外渡航が可能であった。ただ、女性の行動範囲はきわめて限られていた時代であり、カルティニはジャワでさえ一部しか見ていない。

しかしカルティニは、カブパテンを訪れるヨーロッパ人との交流のみならず、オランダ語の書物を通じて、ジャワ社会、また広い世界を知ることができた。19世紀末は出版物の流通事情がかなり便利になっており、ヨーロッパで出版された書物をジュパラでそれほど時差なく読むことも可能であり、またジャワでもオランダ語の印刷物の発行が始まっていた。カルティニの得た知識もまたヨーロッパ社会経由の情報であり、それが彼女の世界観を形成した［富永 1991］。

19世紀後半は、オランダ領東インドからメッカへの巡礼者が増加し、ジャワでは「再イスラーム化」が進行する時期である。カルティニは、当時のジャワで著名なキヤイ（宗教学者）、サレ・ダラット（Saleh Darat, 第6章ではソレ・ダラット（編者注））に教えを受けたとも言われるが、信憑性は低い［Ricklefs 2007：167］。父親の正妻はマドゥラのイスラームに熱心な家庭の出身だったようであるが、カルティニの言葉からイスラームの深い影響は感じられない。カルティニの思考に深く浸透したのは、やはりヨーロッパ世界からの知識であった。

わずか5年余りの間にカルティニは猛烈に手紙を書いた。これが、彼女がオランダ語で思索し表現した証拠として、残されたのである。

2-2 オランダの演出したカルティニ

それでは、カルティニはどのようにして世に知られるようになったのだろうか。カルティニの書いたオランダ語が初めて公の目に触れたのは、1898年オ

---

15) Snouck［1970］に掲載された写真。

ランダのハーグで行われた「全国婦人技芸展覧会」に協力出品したバティック (batik ジャワ更紗)の説明書[16]であったという。また，16歳のときに執筆したと思われる「コジャの人々の結婚（Het Huwelijk bij de Kodja's）」がオランダ語の学術雑誌『論考集（*Bijdragen*）』に掲載されたのは1899年である[17]。さらに続けて，「ティガ・サウダリ（Tiga Saudari 三姉妹）」[18]の名で執筆した，スマランでの総督歓迎会やジュパラに入港したオランダ軍艦にまつわる騒動のルポも，ジョクジャカルタで発行された女性向け週刊誌『デ・エホー（*De Echo* こだま）』（1900年）に掲載された［富永 1992：131-134］。後にカルティニの書簡集を編集出版するオランダ人官僚アベンダノン（J. H. Abendanon, 1856-1925）とカルティニが最初に会ったのは1900年8月8日であるが，その時点でカルティニはすでにオランダ側の関心を引いていた。1902年4月にオランダ社会党の党首ファン・コル（Van Kol, 1852-1925）がジュパラを訪れてカルティニと会ったことが『デ・ロコモティーフ（*De Locomotief* 機関車）』紙にも報道されている。当時のジャワ女性の中では特別に名を知られていたことになる。

　それでもやはりカルティニの名を不朽のものにしたのは，アベンダノンの編集になる書簡集『闇を越えて光へ（*Door Duisternis tot Licht*）』（1911年出版，本章では1976年版を使用）である。書簡集に収められた手紙はすべてオランダ人の友人宛てである。親交のあったオーフィンク（M. C. E. Ovink-Soer）副理事官夫人（1892年から1899年までジュパラ滞在，作家）の勧めもあり，婚前閉居

---

16) 当時のプリヤイの子女の嗜みとして，カルティニも12歳の時からバティックを習い，自ら製作したバティックを着用していた。カルティニは，バティックの製作について詳しく記したが，それはのちにオランダ人の研究者のバティックに関する文献において参考にされた［Kartini 1976：18］［Pramoedya 1997：158-160］。

17) カルティニはこの論文の執筆者として記されておらず，「ソスロニングラットによって送られて来た」とだけ記されている。「コジャ」とはもともとインド系ムスリムを指すが，ここではアラブ系である。ジャワ北海岸の都市にはコジャあるいはプコジャン（Pekojan，コジャのいる場所という意味）と呼ばれるのはアラブ系住民が住む地区がある。この論考は結婚儀礼のルポルタージュであるが，19世紀末のジャワのアラブ人社会の貴重な記録となっている。また，このルポは当事者と親しく接しないと書けない内容で，カルティニがプコジャンに何度も通ってアラブ系の人々と交流していた証拠にもなっている。なお，*Bijdragen*は現在に至るまで，主にインドネシア関係の論考を掲載する学術誌として，出版されている。

18) カルティニは兄弟姉妹の中でも，同じ母親から生まれた妹カルディナ（Kardinah）および異母妹のルクミニ（Roekmini）と強い絆で結ばれ，三姉妹はよく行動をともにした。カルティニは雑誌に投稿するときは通常このペンネーム「三姉妹」を用いたところにも，3人の親しさがわかる。特にルクミニは，カルティ亡き後にその遺志をついで，女性運動で活躍した。

から解放された1898年に，オランダ本国発行の女性向け雑誌『デ・ホランセ・レリー（*De Hollandsche Lelie* オランダの百合）』に，ペンフレンドを求める手紙を送り，5歳年上のユダヤ系オランダ女性エステレ・ゼーハンデラール（E. H. Zeehandelaar，愛称ステラ）と親交を結ぶことになる。そのステラに宛てた1899年5月25日付けの手紙が書簡集の冒頭に掲載されている。20歳のときのものである。「私をカルティニとだけ呼んでください（Noem mij maar Kartini.）」[Kartini 1976：9] という有名な一文がある[19]。なお，カルティニの文通相手は，ステラ，前出のオーフィンク夫人，アベンダノン夫妻とその子息，ファン・コル夫妻，その他2人の研究者（オランダ人とドイツ人），計10人である。とりわけアベンダノン夫人宛が多い。同じインドネシア人，プリブミ宛の手紙は収録されていない。

　カルティニと親交を結んだアベンダノンの意図は何だろう。当時アベンダノンは原住民向けの近代西洋教育を推進する教育・宗教・産業局長官という要職にあり，新しい植民地政策（倫理政策）に反対する同僚のオランダ人官僚を説得しなければならない立場にあった。アベンダノンに対してカルティニに会うように勧めたのは，同じく倫理政策推進派のスヌック・フルフローニェ（当時は東インド政庁の原住民問題顧問官）だという [Kartini 2005：64]。*Bijdragen* や *De Echo* のエッセイ掲載から考えれば十分に考えられることであり，特に「コジャの人々の結婚」はスヌックの強い関心を引いたであろう。スヌック自身は，やはりバンテンの名門プリヤイの子弟であるフセイン・ジャヤディニングラット（Hoesein Djadiningrat, 1886-1960）を支援し，フセインはライデン大学で東洋学博士号を取得し歴史学者となった。プリブミでも教育を施せばオランダ人のようになるという「実験」を行ったのである。同様に，アベンダノンにとっては，オランダ語を使いこなすカルティニは，西洋教育の成果を体現する存在であったと言える。

　書簡集の出版は，原住民首長の子女のための学校設立に協力を得ることがその目的であるとアベンダノンは述べている [Kartini 1976：XXIV]。そのタイ

---

19)　ステラがカルティニの名前について尋ねたのに対して，カルティニが答えたもの。ジャワ人は通常姓を持たない。カルティニの名前の前によく付される Raden Ajeng は，貴族女性の称号である。貴族の間で年上の人が年下の女性を呼ぶ場合は，Diajeng（妹の敬称）をつけるのが普通であるが，カルティニはそのような称号を避けて名前だけで呼び合うことを提案したのであろう。なお，カルティニのステラ宛の書簡は，Coté による編集・翻訳がある [Kartini 2005]。

第1章　国家・英雄・ジェンダー

トル『闇を越えて光へ』はカルティニの書簡からの引用ではあるが、かなり恣意的に用いられている。このタイトルは、プリブミは西洋教育によって、非文明の闇の中にあるジャワから光あふれる西洋文明の世界へと導かれるという理解を示している。しかしこれは、カルティニが、ひとりのジャワ人老女が口ずさんだシャイール（syair 韻文）を解釈した箇所にある。自分に花を届けてくれる老女に、どうやってお礼をしたらよいかを尋ねたとき、老女は次のように断食の心得を諭したのである。

> 彼女の口からは次のような厳かな響きの声がしました。「一日一夜断食をしなさい、そしてその時を、目を覚ましたまま、静かに過ごしなさい」。
> 「夜を通って光へ、
> 嵐を通って平穏へ、
> 闘いを通して栄光へ、
> 苦しみを通して楽しみへ」、
> 私の耳にはまるで鎮魂歌のように聞こえました。
> この老女の言葉にある意味、考えはこうです。断食と徹夜は、「欠乏、苦しみ、考えぬくことによって光に至る」ということのシンボルなのです。暗闇がなければ光はない、素晴らしいと思いません？ 禁欲は物質に対する精神の勝利なのです、孤独は瞑想の学校です。[Kartini 1976：256][20]

いくつかの解釈が可能かもしれないが、カルティニは老女の言葉から自制や忍耐の努力をすることを諭されたと理解したように思える。しかし、「夜」は「闇」に置き換えられ、全く異なる意味のメッセージを載せてカルティニの書簡集は出版された。

遅れたアジアを文明化した西洋人が導くというメッセージは、同時代のヨーロッパ人にも共有されていた。カルティニの名は、戦前のヨーロッパのアジア研究者にはすでに何人にも言及されている。たとえば、イギリス人経済学者のファーニヴァル（J. S. Furnivall）は、1939年出版の著作で「（引用者注：ジャワの）民族主義の端緒は、一人の有名なる少女の出現に、その源を発している」[ファーニヴァル 1942：341] と、カルティニを民族主義の先駆者と位置づけている。さらに、「彼女の功績の重要性は、彼女が行ったことや書いたことにあるばかりでなく、それ以上に、民族主義が既に社会秩序の内にあり、十分に

---

20) カルティニの書簡からの引用・翻訳については、逐次原文との突き合わせを行った。

写真6　1935年4月25日，ライデン（オランダ）のインドネシア・クラブ・ハウスで，カルティニの生誕日（実際は4月21日）を祝うインドネシア人留学生。オランダ人の姿も見える。KITLV所蔵。

溶解せられ，刺激さえ与えれば，具体化するという状態にあったということを示している点にある」［ファーニヴァル 1942：341］とも述べている。オランダの進歩的な植民地政策が民族の覚醒を促したという理解であり，まさに，アベンダノンが売り出そうとした，「原住民を覚醒させたオランダの教育の産物」としてのカルティニ像がそこにある。

　こういう経緯からすれば，オランダ人がすでに知られ始めていたカルティニに注目して自分たちの期待するカルティニ像をつくり出し，その名が広まっていったことがわかる。カルティニは自ら語った文書を遺したこと，それがオランダ語であったこと，そしてそのような作品が植民地支配側に必要とされていた時代であったことのゆえに，特別な関心を集めた存在となった。（写真6）

　一方，肝心のインドネシアの人々も，早くから民族運動や女性運動の関係者がカルティニに言及した。1922年にマレー語訳が出版され，ジャワ語やスンダ語の地方語による翻訳も出たが，定番はスマトラ出身の作家アルメイン・パネ（Armijne Pane, 1908-1970）の翻訳による1938年のインドネシア語版であり[21]，現在でも入手できる。しかし，訳者自身がだいぶ短縮したと語る通り，オランダ語版の抄訳版であり，アベンダノン編集版のインドネシア語訳が出版されたのは独立の約4半世紀後であった［Kartini 1979］。多くのインドネシア人にとってはパネの抄訳版で理解されたことになる。しかし，後述するよう

に，そもそもアベンダノンの編集に問題があったうえに，パネ版には翻訳上の問題もあった。

このようにして，カルティニは植民地期に「女子教育の先駆者」「民族意識覚醒の母」となっていった。

2-3 戦前の日本で紹介されたカルティニ

日本でも比較的早い時期にカルティニは紹介された。しかも，かなり異なるカルティニ像が示された。そこから見えるものは何だろうか。

(1) 「爪哇」の新しい女

日本でカルティニの書簡を最初に翻訳したのは詩人の加藤朝鳥（1886-1938）のようである。アメリカの雑誌 *Atlantic Monthly* に掲載されたステラへの最初の手紙（1898年5月25日付け）の英訳をさらに日本語訳したものが，『爪哇日報』の創刊号（1920年10月）に掲載されたという［加藤 2002：96, 113-114］。朝鳥は1920年8月に『爪哇日報』の主筆としてジャワへ渡航し，翌年にはジュパラを訪ねている。書簡集が出版されて10年も経たない時期の朝鳥の記述は，書簡集のインパクトを知る上では興味深い資料なので，やや長いが翻訳の動機をここに引用する。

> 新しい女はジャワのヤパラの貴族の娘でカルチニ姫と云ふ。そして此の姫は爪哇で受け得べき最高の教育を受けた淑女である。爪哇での最も進むだ教育は和蘭の文献に通ずることである。姫の和蘭語における素養は茲に訳して見やうとする彼女の数通の書簡によって遺憾なく現れて居る。私は爪哇の新婦人のなかにかくの如きすぐれた新思想家のあることをうれしく思ふ一人である。
>
> 姫は西欧文明の自由をかぎりなく憧憬した。しかも姫は貴族の家に育つただけ厳かな家憲の桎梏によつて，何処までも東洋的箱入り娘であらねばならなかつた。此の間の煩悶を覗ひ知るべき好材料として姫が和蘭人なる一友人に送つ

21）マレー語は，民族運動の中で民族統一の言語となり，1920年代後半から「インドネシア語」と呼ばれるようになった。なお，アルメイン・パネの縮刷翻訳版出版当時は，イスラーム系雑誌にもカルティニに関する記事がいくつも出た。例えば，Rohana Djamil, "R.A. Kartini dan Agama Islam," *Pandji Islam*（17 April 1939），6054-6055；"Pemandangan R. A. Kartini: Terhadap Agama Islam," *Pedoman Masjarakat*（8 Juni 1938），442-443. 折しも，婚姻登録法案論議（24-25頁参照）が起きたときで，カルティニの宗教理解に関心が向けられた。

た手紙を成るべく忠実に訳して見たいと思ふ。［加藤 2002：96-97］

カルティニを「新しい女」「新思想家」と評した朝鳥は、「死せる才女に対する空しい追慕の夢を追」［加藤 2002：125］い、ジュパラへ向かうが、途中のスマランでいくつかの発見をする。「一般に読書ぎらいな爪哇の和蘭人はカルチニ姫の事などは余り頓着して居ない。(中略) ただ、土人側の学校教師などが姫を教育界の先覚者として認め、姫の遺著を狂熱的に読むで居る事と姫の名に因むだカルチニ婦人会なるものが去年あたりから出来て、爪哇婦人の教育上の覚醒を促しつつあるとに過ぎない」［加藤 2002：114］。

ジュパラ到着後にカルティニ学校へと足を運んだが、「……姫をどう云ふ風に記念してあるかと問ふてみたが、何もない。ただ、カルチニと云ふ名前を喰附けて居るだけであ」［加藤 2002：119］り、「しかもその教科は要するに裁縫と料理ばかり」［加藤 2002：121］であることに失望する。さらに、案内役のオランダ人役人に薦められてオランダ原住民学校（Hollandsche Inlandsch School）[22]へと向かう。そこでやっとカルティニの名に熱い反応をする混血女性のオランダ語教師に会うが、カルティニの墓はクドゥス（Kudus、ジュパラから南東へ30キロ程にある町）にあると誤った情報を与えられる［加藤 2002：130］。クドゥスにも足を向けるが、そこでは幸いカルティニの妹ルクミニとその母（父親の正妻）と会うことができた。そこで、何よりも知りたかったカルティニの遺した愛読書を目にし、カルティニの読書が文学の広い範囲に渡るだけでなく、科学にも及んでいることを知る［加藤 2002：134］。また、「父親の方は姫がバタバア（引用者注：バタビア）に遊学することも許し、姫の自由にまかすと云ふ事になつて居たのを、姫をレンバン（引用者注：ルンバン）の官吏に嫁がせてしまつたのは全く此の母親であつた」［加藤 2002：136］ことを聞く。

朝鳥は「カルチニ姫の噂」についても触れている。さるオランダ人ジャーナリストがカルティニの小学校の成績を調べたところ、それが芳しいものではなく、カルティニのオランダ語能力には疑問があり、書簡集はオランダ人の手によってかなり修正された可能性があると報じたのである。これに反論するオランダ語紙もあり、議論になっていた。朝鳥自身は、女性の学才が疑問視される

---

22) 20世紀になって作られた西洋式の初等学校。先述のELSが基本的にヨーロッパ人の子弟を対象としたものであるのに対し、植民地支配されるプリブミ住民のための教育を行うことを目的とした。

ことは日本でもあるし，天才は往々にして良い学校成績を残さないとして，カルティニをジャワの天才女性として傷つけたくないと吐露している［加藤2002：122, 138］。

朝鳥の経験は，カルティニの書簡集がオランダ人によって出版されたにもかかわらず，必ずしもオランダ人社会で好意的に受け止められたわけではないことを示すエピソードとして興味深い。プリブミへの西洋教育の効果を認めるオランダ人は決して多くはなかったことがわかる。さらに，朝鳥は「姫の欧化主義を讃してしかも姫の反抗的精神を見ざらむとするものは即ち蘭人のベルベット・グローブ・ポリシ（引用者注：うわべだけの優しさ，外柔内剛政策）で」ある［加藤 2002：121］と看破する。西洋教育を受けたプリブミは，西洋文明の賞賛者になることは期待されても，それを批判することをオランダは許さない，その矛盾を突いた。鋭い感性を有する朝鳥には，オランダの作り出した神話は通用しなかった。

朝鳥はカルティニを日本の「新婦人」と同列に置いて尊重し，独身主義者であったにもかかわらず意に沿わぬ結婚をしたことに同情を寄せている。また，カルティニ学校についても「真に姫を記念する為めとならば，女流思想家女流文学家を養生すべき一学園を創設すべきである」［加藤 2002：121］と，文学者らしい不満を綴っている。人道主義の色彩の濃い大正デモクラシーのリベラリズムを感じさせる見聞録でもある。

(2) 「軍国の母」あるいは「銃後の女性」

朝鳥から15年以上経ち，満州事変で国際社会の非難を浴びた日本が国連を脱退して「アジア回帰」を指向するようになると，日本のアジアの民族主義に対する関心は高まる。1936年の五相会議による「国策の基準」で，政策として「南進」が打ち出された後，雑誌『回教圏』（当時日本のイスラーム研究の中心であった回教圏研究所発行）には，下記のような記述が見られる。

> 全インドネシア婦人から，聖らかな神のごとく崇められてゐる一人の女性がある。その名は馥郁たる香にラディン・アユ・カルティニと呼ばれ，彼女の理想は永しへに女性の味方と仰がれてゐるのである。インドネシアの女性団体は，彼女の誕生日，4月21日を『カルティニの日』として讃へ，崇め，記念してゐるのである。(中略)
> 彼女は両親のどんな言ひつけにも服従し，両親の心を傷けるやうなことはで

きなかった。(中略)
　カルティニの考へ方はかうであった。——『後日彼女等の子供達に授け得るやう，娘達には知識を授けねばならぬ。』
　（カルティニは）理想的な結婚をした。はじめ彼女は，中流階級の婦女子に教育を授けることの熱心な一貴族の妻であった。(中略) 彼女はまた他面家庭の指導者としての義務を忘れなかった。一切の家事を切り回すこと十ヶ月にして，彼女は一人の男児を生んだ。(「インドネシアの母」『回教圏』3巻6号（1939年12月))

　ここに描かれたカルティニは，20年前に朝鳥が憧憬を抱いたところの，慣習の桎梏に煩悶する若き処女（おとめ）ではなく，子の将来を思う「母」として位置づけられている。紋切り型の「女子教育推進者」としてのカルティニ像がここにある。体制に順応し，協力する女性としてのイメージで新たに紹介されたが，強調されたのは母親であることに注目すべきである。これは，カルティニを語る側，当時の日本の社会的要請を如実に示したものとも言える。「軍国の母」と重なりあうイメージで描かれている。奇しくもこの母親としてのカルティニ像は，後述するインドネシアの新秩序体制下につくられたカルティニ像ときわめてよく一致するのである。意に沿わぬ結婚は理想的な結婚と正反対に解釈され，結婚すれば女性は幸福になるという命題で押し切られている。
　日本占領下で出版された宣伝誌『ジャワ・バル *Djawa Baroe*』[23]には，ジャカルタ特別市婦人会幹事アブ・ハニフア夫人による「闇去りて光は来ぬ—カルティニ女史を偲ぶ—」が掲載された。カルティニは「非解放的」な環境の中，「同胞女性をして，解放の野に向はしめんとする理想」のために理解ある夫の援助を得て努力したと，述べられている。しかし，この記事はカルティニを枕詞にしただけであり，「今や私達女性はカルティニの掲げた理想を具現することに努める以外に，郷土防衛確立のために銃後強化に携はるべく，重要な任務を新たに擔つてゐるのである」[Aboe Hanifa 1944 : 9]と日本軍からの伝達事項が述べられる。この雑誌は全編を通して，女性が戦争のために動員される様子を撮影した写真が多く掲載されている。戦局が逼迫する中，なりふり構わず女性を戦争へ動員せざるをえない状況であったことが窺われる。（写真7）

---

23) この雑誌はインドネシア語と日本語の両方で同じ記事を掲載しているが，両者を比較すると内容は必ずしも同じでない。日本語版はインドネシア語版の翻訳で分量も半分程度に縮められている。

写真7 独立後間もない1951年4月21日に，ジャカルタのガーデン・ホールの女性会合で演説するアブハニファ。KITLV所蔵。

　こうして，日本側からは，体制批判をする若き女性闘士と体制を支える良妻賢母的女性と，かなり異質なカルティニ像が提示された。しかし，戦前の日本側の資料からは共通して，インドネシアの女性団体が早くからカルティニの功績を称えていたことが見えてくる。軍国主義的な立場の日本人も現地の動向に関心を払っていたのであろう。近代的組織形態を整えた民族運動や宗教社会運動の登場に伴い，インドネシアでは早くから女性団体も活動を展開していたが，カルティニは女性運動の先駆者と位置づけられていた[24]。

　なお，戦後1963年に友好関係を新たに構築しようと秋田県知事らがインドネシアにカルティニの銅像を寄贈した。この経緯については定かではないが，まだ戦後のインドネシア研究が本格的に発進する前のことであり，戦前の日本で強く印象づけられていたカルティニがまだそのまま残っていたことを示すものであろう。(写真8・9)

---

[24] 加藤が言及した「カルチニ婦人会」については，同名の組織は確認できなかったが，年代からすれば，1921年にジョクジャカルタで結成されたWanito Utomoの可能性が高い［Marwati Djoened Poesponegoro dan Nuguroho Notosusanto 2008：416］。諸女性団体が会同した第一回女性会議（Kongres Wanita Indonesia）は1928年に開催された。その初日の12月22日は独立インドネシアでは「母の日」として記念されているが，カルティニの日ほど大きな行事はない。

写真8　1963年に，日本の3県知事がインドネシアに贈呈したカルティニ像。現在はジャカルタの独立記念公園に立つ。(2010年，筆者撮影)

写真9　日本が贈呈したカルティニ像の前には踊る女性像，後ろには母子像がある。当時の日本人のカルティニ・イメージか。(2010年，筆者撮影)

3　独立インドネシアにおけるカルティニ

3-1　作家の語るカルティニ

(1)　プラムディヤとシティスマンダリ

　独立後，インドネシア人自身はカルティニをどのように評価したのだろうか。「再評価」の試論は，対照的な二人の作家によって始まり，それぞれ評伝が出版された。ひとつはインドネシアを代表する作家プラムディヤ・アナンタ・トゥール（Pramoedya Ananta Toer, 1925-2006）の手になる『私をカルティニとだけ呼びなさい（*Panggil aku Kartini saja*）』(1962年)である。プラムディヤは，先述した1965年の9・30事件で，共産党関係者として逮捕されて流刑に

なり、その著書も長い間発禁処分を受けた。ここでは1997年の復刻版を用いた。もう一冊はジャーナリストのシティスマンダリ・スロト(Sitisoemandari Soeroto, 1908-1994)の手になる『カルティニ、ひとつの伝記(Kartini, Sebuah Biografi)』(1977年)であり、日本でも1982年に翻訳が出された。本論ではこの日本語版を用いる[25]。ここでは、この二人のインドネシア人作家の描き出したカルティニ像を対比させながら、なぜ同じくカルティニの書簡集を用いたにもかかわらず異なるカルティニ像が生まれたのかを考えたい。先述したようにこのふたつのカルティニ像に関してはすでにルーサーフォードが論述しているが、ここでは特に何が両者のカルティニ像を分けたかに絞って論じたい。

先に評伝を書いたプラムディヤは、中部ジャワの小都市ブロラ(Blora)に生まれ、父親は教育者であったが、経済的には恵まれなかったという。独立戦争に参加したいわゆる「1945年世代」で、オランダ側に捕らえられた獄中で小説を書き始めたという。独立インドネシアを代表する文学者で、社会主義リアリズムの作品を書き続けてきた。1950年代末から共産党系の文化団体で指導的な地位にあったときに本書を執筆した。「民衆にとっての社会変革」という視点からカルティニを描く姿勢は、名もない庶民を主人公にして独立革命の栄光と悲惨を描いたそれ以前の作品から貫かれている。さらにもうひとつ注目すべきことは、歴史家としての視点であろう。流刑中に執筆した歴史大河小説では、19世紀から20世紀への世紀転換期がインドネシア史にとって決定的な意味を持っているという歴史観のもとに、その時代に生きた人間像が描かれている。カルティニはまさにその時代を体現した人物の一人として描かれた[26]。

一方、シティスマンダリは中部ジャワの古都ジョクジャカルタ生まれで、カルティニと同じようにジャワ貴族出身である。スカルノよりは若いが、同じく西洋近代教育を享受し、ジャーナリストとして健筆を振るった。1937～1938年の婚姻登録法案問題では、複婚(多妻婚)を批判する論陣を張り、イスラーム勢力から非難の的となった[27]。民族主義を信奉し、また、多妻婚問題は彼女にとってはライフワークとも言える問題であった。プラムディヤとは世代が異

---

25) 筆者は初版(1977年)が入手できなかった。また入手した復刻版(2001年)は、初版と比較すると少なからざる部分が省略、編集されていることが判明した。そのため、本論においては日本語版(1982年)に依拠し、復刻版は参照程度に用いた。なお、文中で引用されたカルティニの書簡についてはアベンダノン編集のオランダ語版との突き合わせを行った。

26) 流刑中にプラムディヤが執筆した歴史大河小説は日本でも押川典昭による翻訳がめこんから出版されている。カルティニは第三部『足跡』(1998年)に「ジュパラの娘」として登場する。

なるだけでなく，育った環境も対照的である。

(2) プラムディヤのカルティニ——民衆の擁護者

　プラムディヤは，序文で新しいインドネシア史の必要性を強調し，この時点 (1960年代初頭) でカルティニについては評価が分かれていることを指摘する。オランダ側からすれば「インドネシア民族を文明化した証拠」であり，他方インドネシア側からは「オランダ側の人」である。今までのカルティニ像への不満を明言し，カルティニに対する誤解，シニカルな見方に対抗する決意を表明する。カルティニを，インドネシア民族史上，中世（土着の封建主義）を閉じた最初の人，最初のインドネシア近代思想家と位置づけ，カルティニにとっては「めざすところは民衆である (Tujuan adalah rakyat)」[Pramoedya 1997：xiii][28]とする。以下，プラムディヤがカルティニをそのように描いた論法を見てみよう。

　プラムディヤは，カルティニを生み出した時代背景として，オランダ本国での産業の発展と連動した近代精神，植民地での新しい統治法をあげる。カルティニが進歩的ブパティの家系出身であると同時に，母方から労働者，民衆の血を受け継いでいることを強調した[29]。進歩の気性と民主主義の要素（民衆性）という，カルティニの中に流れるこのふたつの血が，彼女を「闘う女」に成長させていくとする。

　カルティニが闘いを挑むのはジャワ貴族の封建主義であり，その慣行が民衆との交流を阻み，女性にも多妻婚をはじめとする数々の屈従を強いる。また，「この封建階級を通して植民者はプリブミ民衆を支配する」[Pramoedya 1997：69]。カルティニの人生において最も影響力を持つのは父親である。「封建主義様式に対する抵抗では，父は敵からカルティニを守る要塞である，多妻

---

27) 当時，原住民ムスリムの婚姻の手続，要件等を定める法がなかったところに，東インド政庁は複婚を禁止した条項を盛り込んだ法案を示した。しかし，イスラーム諸団体からは猛烈な反対の声があがり，結局廃案となった。
28) この原文は，"Het doel is ons volk."[Kartini 1976：138]。volk は，国民，民族，民衆を意味する。
29) 先述した通り，シティスマンダリは，カルティニの生母は庶民の出で，テルカウル村で知られた宗教の先生であるキヤイ・ハジ・モディロノの娘である［シティスマンダリ 1982：15］として，プラムディヤの説明そのものを退けている。キヤイとはイスラームを教える者に対する尊称であり，ハジはメッカに巡礼した者に対する称号である。なお，他のカルティニ評伝もすべて母方の祖父はキヤイ，ハジであるとしている。

婚に対する拒絶では，父は敵を守る要塞ともなる」[Pramoedya 1997：70]。この父への敬愛と反感，封建主義的慣行への反発と封建的特権階層にいるという葛藤の中で，カルティニは煩悶し続けることとなる。

　プラムディヤは，カルティニについての不公平な見方を是正しようとする。まず，カルティニは小学校しか経験しておらず決して高くない学歴の持ち主であること，それにもかかわらず，閉居の間に書物を通じて世界を知ろうとした独学の人であることを強調する。カルティニの読んだ文献は文学，哲学，学術書，女性誌と多岐にわたる。プラムディヤの目ではカルティニの読書は指導されたものでなく，重要なオランダ文学文献が見当たらないという。主だった文献のそれぞれを解説しているが，博学な知識人としてのプラムディヤがよくわかる部分でもある。中でも愛読書としてムルタトゥリ (Multatuli 本名 Dowes Dekker) の『マックス・ハーフェラール (*Max Havelaar*)』(1860 年) と，『ヒルダ・ファン・サイレンブルフ (*Hilda van Suylenburg*)』(Goekoop, de Jong van Beek en Donk 著, 1897 年) をあげる。前者はオランダのジャワでの植民地搾取の告発本であり，後者はオランダが舞台で，自立をめざして旧態依然とした社会に挑む若い母親の物語である。特に後者は，カルティニが初めて読んだ女性解放に関する本で，よほど気に入ったのか 3 回も読破したという。

　このように社会変革の精神に共感を覚えたカルティニは，無自覚的に「オランダ側に利用された」のではない。それどころか，オランダ人との交流においては，カルティニはプリブミの擁護者として立ち現れる。プラムディヤは，カルティニは自分が恰好の宣伝材料になることを十分に自覚していたことを示す箇所を引用する。

　　お母様は，なぜ『デ・エホー』が，私たちがまだこんなに愚かにもかかわらず私たちの書いたものを掲載したがるのか，知らないとでも思っていらっしゃるの。その出版は雑誌の良い宣伝になるからですよ。『オランダの百合』が私にコラム欄を用意して，前の編集長が何度も私の書簡を掲載させてくれと頼んできたのも，なぜかって，宣伝のためですよ！　生粋の東洋の娘，"本物のジャワ人少女"からの手紙，半野蛮人の考えがヨーロッパ語のひとつで書かれてあるなんて，ああ，なんて魅力的ではありませんか。私たちがオランダ語で，絶望して惨めさを嘆いたなら，さらにとっても魅力的。そして，絶対あってほしくないのですけれども——もし私たちが圧殺された私たちの理想ゆえに失望して死ぬようなことがあったら，それは本当にとてつもなく魅力的でしょう。(アベ

写真 10　カルティニ制作のバティック（ジャカルタの国立博物館で 2015 年筆者撮影）。

ンダノン夫人宛, 1902 年 10 月 27 日付け）[Pramoedya 1997：76；Kartini 1976：303-304]

　また, カルティニがオランダ語を闘争用語としたのは, 正当な理由があることを述べる。それは, 第 1 にマレー語そのものを拒否したのではなく, 当時「下女のマレー語（Bahasa Malay babu, 市場マレー語）」がオランダ人によってジャワ人プリブミを貶めるために使用されていたためである。第 2 に, オランダ人がこのマレー語を使用するのは, プリブミが高学歴となりオランダ語をマスターして高学歴になるのを防げたいからである。第 3 にオランダ人は自らの知性をプリブミに評価させまいとしているからである [Pramoedya 1997：95-96], とする。要するに, カルティニがオランダかぶれではないと主張する。

　その証拠としてカルティニのバティック（写真 10）, ガムラン等ジャワ文化への関心を詳しく紹介する。とりわけ, ジュパラの木彫工芸を芸術として高く評価し, これを製作する職人たちがその専門性に相応しからぬ状況にあることを憂い, 彼らを支援したことを述べる（写真 11）。カルティニは彼らの作品を紹介し, オランダの文化団体「東西協会」の東インド支部を通してその展示を提案するなどの働きかけをオランダ側に行う一方, 職人が工芸品の材料購入で搾取されないように前貸し制度をつくり, 直接救済に乗り出している。この成功を喜んだカルティニは以下のように記している。

写真11　カルティニが通ったジュパラの木彫職人の集住するブラカン・グヌン（2009年，筆者撮影）。

プリブミの芸術と民芸に万歳！　彼等はきっと美しい未来を迎えるでしょう！このことで私がどんなに喜び，神に感謝し，幸福なのかを語ることができません。民衆を讃え，誇りに思うのが大好きです。私達の民衆はわずかしか知られていませんし，（中略）あまりにも認められていません。（中略）ジュパラの芸術家の将来は約束されています。（アベンダノン夫人宛，1902年8月15日付け）
［Pramoedya 1997：170；Kartini 1976：254］

　プラムディヤが重視するのはカルティニの人民主義者的側面である。貴族出身でありながら，民衆の苦難に関心を向け，その文化への愛がパトリオティズムの発露であるとする。

　カルティニの書簡集の収益はハーグに設立されたカルティニ基金に収められたが，そこには，オランダ女王のみならず，元オランダ総督や植民大臣も寄付をした。しかし，それは，オランダは植民地ではインドよりもプリブミに進歩をもたらしたという証拠を示すために，カルティニ基金を，インドの女性牧師ラーマーバーイを記念してアメリカに設立された協会（the Ramabai Association）[30]に比肩させることも目的であったと見る。オランダ人植民地官僚の改革派は，カルティニを西洋教育とプリブミが混じり合った美しい産物として誇示したのである。また，アベンダノン編集の書簡集の恣意性を疑い，カルティニ

30）英領インドでプロテスタントの牧師となった女性ラーマーバーイがアメリカに設立した基金。ラーマーバーイは，社会活動家として足跡を残した。

を女性の自由とプリブミの教育という狭い枠組の中に押し込め，矮小化したと推測した［Pramoedya 1997：211］。ただし，この時点では編集の恣意性はまだ実証できなかった。後述するように，アベンダノンの恣意的編集を証明する史料が世に出る1987年まで待たなければならなかったのである。

　全体に，プラムディヤのカルティニ伝には，反封建主義，階級闘争史観が強くにじみ出ている。また，周囲の反発に遭い，孤独に闘うカルティニへの共感に満ちている。一方，プラムディヤはカルティニのナイーヴさも指摘している。カルティニが小説の主人公ヒルダの闘争に共感を寄せたにもかかわらず，「西洋女性の男性との権利平等闘争は，資本主義搾取に対する闘争にほかならない。資本主義は最も弱い集団を最も激しく搾取する」［Pramoedya 1997：144-145］というこの小説の社会主義的な色調はカルティニの見方に影響を与えていないとする。しかし，そうではあっても，「民衆がめざすところ」「民衆がすべて」という言葉は，社会主義を信奉する社会の最も崇高な原則である［Pramoedya 1997：261］と結論する。プラムディヤがカルティニに見たのは，発展の可能性を大きく秘めた自覚したジャワ人（インドネシア人）だったのではないだろうか。

　プラムディヤは，カルティニを多面的にとらえて闘う姿を力強く描き出し，アベンダノンがつくったカルティニ像に大きな修正を迫った。しかし，新秩序時代にプラムディヤの著作は一般の目には触れにくく，プラムディヤのカルティニ像はあまり知られないままであった。

（3）　シティスマンダリのカルティニ——**民族主義思想家**

　シティスマンダリのカルティニ伝は，国家英雄をインドネシア人の手で書きたいという動機に基づいている。カルティニの近親者からの証言も盛り込まれているため，情報量は豊富で，大部の著作である。そのせいか，主題の焦点はいささかぼける。先行のプラムディヤのカルティニ論は参考文献にはあげているものの，本文中では全く触れていない。当時の政治状況との関係であろう[31]。しかし，カルティニの読書に関する叙述部分は明らかにプラムディヤの作品からアイデアを借用していると感じさせる。プラムディヤのカルティニを意識しながらの執筆であったと考えられる。以下，プラムディヤのカルティニ像と比

---

31)　シティスマンダリがこのカルティニ伝を執筆した頃は，プラムディヤは政治犯として流刑中であった。

較して，シティスマンダリのカルティニ像を抽出してみよう。

　シティスマンダリが描くカルティニは，民族主義者としての側面がより前面に出される。カルティニは「民族主義的精神を持って，全生命を自民族の発展に捧げていた」［シティスマンダリ 1982：167］，と評価する。倫理政策の構築者と同様に，ジャワ人の進歩を願うが，それは彼らが想定したジャワ人がヨーロッパ化するという意味での「連合」をめざすのではない。ジャワ人はジャワ人らしさを失ってはならないのである。

　　私達は生徒達を半ヨーロッパ人，またはヨーロッパかぶれのジャワ人にしようと考えたことは一度もありません。（中略）彼女達にヨーロッパ文化の中の美しいものをすべて伝えたいのです。自国の文化の美しさを排除したり，入れ替えたりするのではなく，それを完全なものにする（洗練させる：引用者注）ために！（アベンダノン夫人宛，1902年6月10日付け）［シティスマンダリ 1982：170；Kartini 1976：223-224］

　カルティニの理念はのちに民族主義者の指針となった，とシティスマンダリは主張する。オランダでの留学生組織東インド協会（Indische Vereniging, 1908年発足）が，書簡集に示されたカルティニの民族主義を讃えたが，この協会からはのちに多くの民族運動指導者が輩出した。また，1911年に東インド党を設立した欧亜混血の民族主義者チプト・マングンクスモ（Tjipto Mangoenkoesoemo）（1885-1943）が，書簡集が出版された翌年の『デ・エクスプレッセ（De Expresse 速達便）』紙上でカルティニに触れたことにも，言及する。チプトはこのコラムで，カルティニの主題は女性運動ではないと述べ，（書簡集には）「自民族が何百年も捉えられていた深い眠りから覚めて，起ちあがるのを見たい」という熱望が表れていると指摘した［シティスマンダリ 1982：348］。

　一方，プラムディヤと同じく，シティスマンダリのカルティニも民衆の困窮に心を痛める。しかし，それは何よりも父親の教導によるところが大きい，とする。父親は常にカルティニを守り導く存在であり，カルティニは常にそれに従い，ジャワ人女性のエトスを体現している。プラムディヤのカルティニのような父との確執はなく，カルティニの留学を父親は支持していたとする。また，アベンダノンがオランダ留学を阻止したのは，カルティニが留学したら，ファン・コル，ステラといった社会主義者に利用されて東インド政庁を攻撃するようになるのを恐れたためという，プラムディヤと同様の推測をしている。さら

に, アベンダノンの巧みな説得に屈したのはカルティニの過ちであったと言い切る。

カルティニの結婚については, 冷めた見方をしている。留学を断念したカルティニは拒んでいた結婚を受諾したが, 「彼女の心臓は高鳴っていたが, それは夫となる人への愛情が湧き出してではなく, 進歩的な理解ある知事の傍らで, その奥方として掌握できる広い領域と機会を生かし, 成果を挙げようとする期待からであった」[シティスマンダリ 1982：290] と, 愛情よりもキャリアのための結婚であったことを強調する。さらに, カルティニが, 夫に副妻がいることを嘆くどころか, 友人達に繰り返し夫をほめていることに関しても, 額面通りには受け取らない。シティスマンダリは, 「結婚によってカルティニは, まさに最も敵視していた一夫多妻の世界の真っ只中へのめりこまされたのであ」り, それがカルティニの若死という悲劇に直結したと結論づけている [シティスマンダリ 1982：314-315]。

シティスマンダリは, 「カルティニに歴史的事実にふさわしい場所を与えなければならない。(中略) ブディ・ウトモ[32]創立よりはるか以前に民族主義を目覚めさせた最初のインドネシアの娘であると心から認めることが望まれる」[シティスマンダリ 1982：356] と, カルティニを位置づける。民族の覚醒を強調するが, ジャワ貴族の封建主義を批判する論調は極めて弱い。ましてや, 父を封建主義の支持者として「最大の敵」と見なし, 強い自立志向を見せるプラムディヤのカルティニとは, だいぶ異なる。そこにはシティスマンダリの, 西洋近代的価値観への特権的な接触を通じて社会を導く立場にあることへの自負が反映されている。カルティニはそうした立場を結婚によって失ってしまったと言いたいのであろう。そのせいか, ジャワ社会への批判は多妻婚問題に収斂される。シティスマンダリは, 独立後もインドネシアで容認されている多妻婚に対する批判を展開する。

> インドネシアの女性がぜひ勝ち取られねばならない問題がある。すなわち婚姻における女性の地位である。今でも女性は男性と同等でなく, 不公正に扱われているのである。[シティスマンダリ 1982：366]

1974 年に成立した婚姻法では, 多妻婚は条件付で認められている。当初の

---

32) ブディ・ウトモ (Budi Utomo, 優れた徳) は, 1908 年に結成された民族主義団体で, 結成日の 5 月 20 日はインドネシアでは「民族覚醒の日」とされている。注 24) で触れた Wanito Utomo はその女性部である。

政府案では禁じられていたが，法案審議でイスラーム勢力から猛烈な反発を受けて政府は妥協を余儀なくされたという経緯がある。しかし，1983年の公務員の結婚・離婚に関する政令では多妻婚には厳しい歯止めをかけており，多妻婚禁止は政府の潜在的意向でもある[33]。シティスマンダリの描いたカルティニはキャリアウーマン志向だが，父親に導かれる。多妻婚を批判する，父親に背かない女性というイメージは，後述する開発政策の中に女性の参加を求めるスハルト政権にとっては，都合がいいとも言えよう。

　結局，同じテキストに異なる政治思想が吹き込まれたために，異なるカルティニ像が登場することになった。ただ，両者とも，カルティニのオランダを批判する精神を強調しており，ここがアベンダノンの作りだしたカルティニ像と異なる。また，同じ作家という立場からすれば，加藤朝鳥の視点とも共通する点である。この二人の作家の描いたカルティニは，書き手の体験，社会観を色濃く反映しており，それぞれが理想とする人物像に近いものとなっている。ルーサーフォードが言うように評伝を書いた時代が異なる，というだけの問題ではないと言える。

3-2　国家の語るカルティニ

(1)　開発政策下のジェンダー

　カルティニの名前は，新秩序期になると政府によって頻繁に利用されるようになる。陸軍指導者が暗殺された1965年の「9.30事件」を，共産党の仕業と規定したスハルトは，共産党系の女性団体ゲルワニ（Gerwani: Gerakan Wanita Indonesia インドネシア女性運動）を「狂気」の集団とする宣伝を行い[34]，その対極にある，女性の「モデル」としての役割をカルティニに与えた［Tiwon 1996；Wieringa 2002］。その結果，カルティニが母であったことが強調され，イメージは大きく変えられた。

　開発を最優先課題として登場したスハルト政権は，女性も開発に動員しようとした。同じく1978年から始まる第3次開発5カ年計画で女性に家庭でも社

---

33)　婚姻法問題に関しては小林［2008：第6章］を参照。
34)　しかし，ゲルワニはその機関誌を *Api Kartini*（カルティニの炎）と名付けている。プラムディヤと同様，カルティニを闘う人として捉えたからであろう。ゲルワニに関してはWieringa［2002］を参照。

会でも活躍することを求め，これは後に「二重役割（peran ganda）」と呼ばれるようになる。先述の婚姻法は，社会の安定はまず家庭の安定からという家族観が強く現れている法律である。離婚のハードルは高く，しかも夫婦は「夫は家長，妻は主婦（ibu rumah tangga）」と定められた。女性は家庭運営の責任者であり，家族が社会で活動するのを支えると同時に，社会とのかかわりをもって活動することが期待された。

女性（結婚した妻）は家庭運営においては，保健・衛生・栄養の知識を習得することが求められ，また政府の人口抑制政策を理解して「家族計画」に協力することが要請された。このような活動は「主婦」を動員した「家族福祉向上運動」（Pembinaan Kesejahteraan Keluarga, PKK）を通して全国津々浦々でなされたが，女性は地域社会レベルでの活動の奉仕者とさせられた。

また，公務員の妻は有無を言わさず「ダルマワニタ（Dharma Wanita）」と呼ばれる団体に加入させられ，各種の行事に動員させられた。このダルマワニタの綱領には，女性の5つの義務が定められている。それは，夫の伴侶であること，国を生み出す人であること，子どもの母親であり教育者であること，家庭を運営する人であること，インドネシア社会の一員であることであり，この順序で重視されている。これが政府の言う「イブ」であり，本来の母親という意味をさらに広げて用いられている。子どもがなくても，尊敬されるべき女性は「イブ」と呼ばれた［Julia 1996：101-102］。

確かにカルティニは，意に沿わない結婚でも夫を立て，夫の連れ子の面倒を見た。さらに女子教育のための学校をつくり，「民族意識」の覚醒を促した女性であった。しかも出産後4日にして他界したカルティニは，子どものために自己を犠牲にした母親として崇められるにふさわしかったかもしれない。スハルト政権期には，毎年4月21日の「カルティニの日」やその前後には全国的に多くの行事が催された。

ティウォンは，今では普通に使われている「主婦」を意味するibu rumah tanggaがもともとジャワ語にはなく，オランダ語のhuisvrouwに由来したのではないかと推測している［Tiwon 1996：57-58］。カルティニは，社会の不正に抵抗するよりも，母であり妻である主婦として，家事を完璧にこなし，その上で，夫を助けるために社会的活動もこなす女性に仕立て上げられていた。まさに，「二重役割」を果たす，開発政策においては理想的な女性像であった。

一方，スハルト政権は，外圧（国連女性の十年，1975-1985）に応えるかのよ

うに，1978年には女性問題を特に扱う官庁として女性役割庁を創設し，1983年には女性役割省（Departemen Peranan Wanita 通称女性省）に昇格させた。女性の権利向上や女性が置かれた状況の改善に取り組む姿勢を見せざるを得ない時代ともなっていた。1998年の民主化後に女性省は，「女性エンパワメント省」と改称され，さらに現在は「女性エンパワメント及び児童保護省（Kementerian Pemberdayaan Perempuan dan Perlindungan Anak)」となっている。また，1998年10月には「女性の暴力に反対する国家委員会」(通称女性人権委員会 Komnas Perempuan）が発足し，NGOのベテラン活動家が多く参加して活発に活動を展開している。同時に，「児童保護国家委員会（Komisi Perlindungan Anak Indonesia)」も創設され，女性省を補強する役割を担っている。お飾りにつくった機関だったかもしれないが，この3つは相互補完的に機能しており，今後の発展が見込まれる。

(2) オフィシャル・ヒストリー

スハルト政権期には，国家英雄授与は称号だけでなく，その「功績」を確定する作業も行われた。当然この作業には歴史家も巻き込まれることとなる。1975年から教育文化省によって国家英雄の評伝が編纂され [Schreiner 1997：273-275]，カルティニのそれも1982年に出版された [Tashadi 1982]。しかし，この評伝は一次史料に基づくものでもなく，特に新しい人物像を提出したわけでもなく，先述した二人のインドネシア人作家の作品に多くを負っている[35]。しかし，カルティニの結婚に関しては，社会に奉仕するには夫という「付き添う人（pendamping)」が必要だと考えを変えて結婚に踏み切ったことが強調されており[Tashadi 1982：66]，自立を志向する女性としては描かれていない。

インドネシアの国家公認の歴史(オフィシャル・ヒストリー)におけるカルティニの位置づけを知るには，1976年に刊行された *Sejarah Nasional Indonesia*(『インドネシア国史』6巻本）の方がより有用であろう。カルティニは第5巻第4章「社会コミュニケーションと教育」のA節「民族自身を教育する」第1項「女

---

35) ひとつの例をあげると，この評伝には，カルティニの顔は貴族の特徴（目，顔の形）を受け継いでいるが，鼻の形は人民出身の母から受け継いだとある [Tashadi 1982：20]。この部分はプラムディヤの評伝からの丸写しに等しく，プラムディヤは，この貴族の特徴を持たないことが，やがてカルティニが祖先と異なり民主主義的な要素で世界観を豊かにすることにつながると，述べている [Pramoedya 1997：26-29]。

性教育」に登場する。女子教育のパイオニアとして紹介されているが，必ずしも大きな扱いではなく，民族主義とも関連づけられていない。記述は複数の執筆者による，調整のないやや杜撰なものであり，これをインドネシアの歴史家による代表的な叙述とするのは考えものである。

『インドネシア国史』はスハルト政権終焉後に「修正」作業がなされ，2008年に改訂版が出版された。カルティニに関して改訂はないものの，第5巻第5章「民族運動」に，「女性・青年運動」という節が追加され，カルティニに触発された形で女性運動が立ち上がってきたことが述べられる。初版から30年を経て，女性問題，ジェンダー公正への関心が高まったことへの配慮や，その分野の研究に進展があったことに鑑みたうえでの追加であろう。女性運動が取り組んできた女子教育，幼児婚，多妻婚，選挙権の問題がとりあげられている。しかし，すでに1994年のカリキュラムに基づく高校生向けの歴史教科書［石井2008］では，女性運動に関してはそれなりのスペースが割かれている。これを考えると，ジェンダー問題への関心は民主化以降のものではなく，もっと早くから醸成されてきたことがわかる。

このようなオフィシャル・ヒストリーとは別に，民間からは生誕100年に合わせて『カルティニの一世紀』［Bondan Winarno 1979］が出版され，従来のカルティニ理解を問い直そうとする動きはあった。政府のお仕着せのカルティニに対する反発はあったものの[36]，踏み込んだ再検討はなされなかった。それを端的に示すものとして，カルティニ研究には重要な資料が1980年代にオランダで公刊されたにもかかわらず，内外のインドネシア研究でもあまり話題にならなかったことがあげられる。故アベンダノンの遺族が所蔵していたカルティニの書簡をオランダの王立言語・地理・民族学研究所KITLVに寄贈したことから，ヤケット（F. G. P. Jaqet）の編集で，少なくともそのアベンダノン夫妻宛の書簡が省略なしで，また，『闇を越えて光へ』（1911年）に未収録であった分も含めて刊行された［Kartini 1987］。このインドネシア語版は1911年版

36）筆者は1980年代前半にインドネシアのジョクジャカルタ（中部ジャワ）に滞在していたが，テレビの報道でカルティニの日に「生花コンテスト」，「料理コンテスト」，ファッションショーなど所謂「女性性」が強調される行事が多いことを知った。しかし，華やかな行事に参加しない人々は一般に冷ややかな態度で，カルティニの日を迎えていたようである。実際，筆者のホームステイ先の若主人にカルティニの日にこういう行事があるのはなぜかを尋ねたことがあった。「イブ・カルティニはこんなのは嫌いなはずだ」という不機嫌な答えで，官製のカルティニ像への強い反発が感じられた。

写真 12　近年出版されたカルティニ関係の本。

と同じく，スラスティン・ストリスノ（Sulastin Sutrisno）によって翻訳されて 1989 年に出版されたが，当時インドネシアの歴史研究者の関心を引いた形跡はなかった。（写真 12）

4　日本のインドネシア史研究におけるカルティニ

4-1　ナショナリズムへの関心

　戦後日本ではカルティニはどのように扱われただろうか。戦前から東南アジア研究に従事した別技篤彦［1963］は，アベンダノン編集版をもとにカルティニの思想をあぶり出した。カルティニが「民族覚醒の契機を作った」とする位置づけは戦前からの流れと変わらないが，カルティニのジャワの自然（風土，海，モンスーン）への関心が祖国愛を形成したという地理学者らしい視点を提示している。また，カルティニの読書，木彫職人への賛辞，オランダ批判を特筆する点は，ほぼ同時期にやはりこの書簡集をもとにカルティニの評伝を著したプラムディヤと共通する[37]。

　新しい世代の東南アジア研究の草分け的存在の谷川栄彦は，まだ組織化され

ない萌芽期の民族運動の思想家としてカルティニをとらえた［谷川 1969：15］。また，インドネシア現代史研究を本格化させた増田与は，倫理政策の枠内でカルティニをとらえた［増田 1971：31］。谷川や増田よりも一世代若い研究者も増田の見解をほぼ踏襲している［和田・森・鈴木 1977：166（執筆担当：鈴木恒之）］。

　オランダ語史料に基づいて民族運動を描いた永積昭は，「倫理政策時代初期のジャワ族プリヤイの希望と幻滅を映し出している鏡として，ラデン・アジュン・カルティニの書簡ほど貴重な史料は少ないであろう」［永積 1980：77］と述べ，書簡の記録としての価値を強調した。カルティニ自身の言葉をたどってカルティニ理解を深める試みのように見えたが，カルティニの思索をさぐろうとする踏み込みはなかった。カルティニを「ジャワ族のめざめの先達」［永積 1980：95］と評価しているが，植民地支配者側の発想の域を出ない。

　永積から約20年を経て，深見純生は，民族意識の覚醒，倫理政策とカルティニとの関係を次のように総括する。

　　民族運動が組織的に展開される前に，西洋式学校教育によって新しい世界観をえた個人の思想的あるいは社会的営為があった。なかでもジュパラの進歩的ブパティの娘で，ジャワ人としての民族的自覚や女性教育を説いたカルティニ，『ビンタン・ヒンディア』（1902〜06年）という新聞でエリートの教育による原住民の向上を説いたミナンカバウ人医師アブドゥル・リファイ[38]は有名である。彼らの思想は当然ながら倫理政策の枠内にあった。なかでもカルティニがオランダ人の友人に書いた手紙が，その死の七年後の1911年に『闇を超えて光へ』と題して出版され，人々の感動を呼び多くの言語に訳され，倫理政策のかっこうの宣伝媒体となった。［池端編 1999：295（執筆担当：深見純生）］

　カルティニをジャワ人の民族主義者の先駆としながらも，その思考がオランダの想定する枠内におさまっていた，もしくはその手のうちにあったとし，カ

37）　ただ，別技の引用翻訳は，かなりの意訳になっている点に注意する必要がある。例えば，1901年6月10日付けの手紙の一部を翻訳しているが［別技 1963：10］，そこにある「ああ，美しいこの国土」は，原文にはない。なお他にも，早くからアジア・アフリカ問題に関心を示した国際政治学者上原専禄［1955］がカルティニに言及した。また，戸田金一［1966］が教育史の視点からカルティニを論じたが，専らアルメイン・パネに依拠した限られた視野の論考となっている。

38）　アブドゥル・リファイ（Abdul Rivai, 1871-1933）。西スマトラ出身で，医師，ジャーナリスト。オランダ留学を果たし，オランダ語で民族主義的新聞に執筆，のちにフォルクスラート（Volksraad 植民地議会）議員に選出された。

ルティニの役割を過大に評価することを避けている。

4-2 クロンチョン・カルティニ

　一方，インドネシア・ナショナリズム研究で名高い土屋健治は，『カルティニの風景』(1991年)の中で，文化史的にカルティニを考察した。
　土屋は「これからもこの書簡はさまざまな読まれ方がされているであろうし，引用者によってそれぞれの意味付けが与えられていくであろう」[土屋 1991：77]と，引用されるとそれはすでにカルティニではなく引用者のものになってしまうことを認めている。その上で，土屋自身は，カルティニの自然描写・風景描写に関心があることを明言し，カルティニがそれまでのジャワ人と異なり，自然を対象化して書いていることに注目する。「決り文句（クリシェ）」を積み重ね，「ありうべき風景」を描くが，それは未来にあって希求すべき風景であると共に，すでに喪失されたがゆえにノスタルジアとしてある風景でもある。それを回復させようとすることがやがてナショナリズムのひとつの原動力になっていく，という。
　土屋は，カルティニの歩んだ時代は，多様な文化が混じり合い，それぞれの文化集団が共有しうるような，新しいクロンチョン文化（無国籍文化）の誕生しつつあったことを指摘する。それは同時に，オランダ人が植民地を「うるわしの東インド」と懐古して「テンポ・ドゥル（Tempo Doeloe, むかし，あの頃）」と呼ぶ古き良き時代でもある。「カルティニは，時代のエリート層の変化だけでなく，新しい大衆文化をうみつつあった社会のありようとも文化的に共鳴しあっていた。カルティニはいままさに生まれつつある"テンポ・ドゥル"の時代の心象風景を自らのうちに表現していた，否，その化身であった」[土屋 1991：125]。土屋はカルティニを，「メスティソ的文化状況」を言語化したすぐれた語り部であり，ジャワ社会を対象化したジャワ思想史上最初の「近代的個」であり，風景を文化的に規定した民族意識の先駆者であると位置づける。
　ここにも語り手，土屋が議論の前提としているものがある。土屋は19世紀末から20世紀初頭にクロンチョン文化が成立，インドネシアという帰属性が与えられたとするが，何よりもそこには"インドネシア"という生命体への確信がある。土屋はカルティニに二重言語（ジャワ語とオランダ語）状況の中から生まれてくる植民地知識人の原像を見る。また，ナショナリズムが生み出し

た「崇高の生」,「永遠の死」の化身として, カルティニはナショナリストに引用され続けた。

こうして, 土屋は, インドネシアのナショナリズムを崇高なものとして扱う反面, それを書くことによって, 逆に「開発の時代」の国民国家への失望を示している。「"うるわしのインドネシア"はいまや, 国定の封印が押され, 国家謹製の定型としてだけ生きていくのであろうか」[土屋 1991：258] と,「うるわしのインドネシア」の過剰なありようへの戸惑いも見える。

しかし, 繰り返される「クリシェ」「テンポ・ドゥル」「ノスタルジア」という決まり文句の語りの鋳型の中にはめられて, カルティニは土屋の描いたナショナリズム誕生の風景の一部と化した。そのため, カルティニが実際に見た社会（風景）の問題にどのような考えをめぐらせたのか, その思索はほとんど見えなくなっている。

4-3　カルティニの実像を求めて——富永泰代論文

結局, 1990年代までの日本のインドネシア近現代史研究文献では, カルティニは必ず触れられるが, そこで語られるカルティニ理解はほぼ同じであった。戦前にオランダによってつくられたカルティニ像を超えることはなく, カルティニはすでに聞きあきた話題となってしまった。しかし, 長年カルティニ研究に取り組んできた富永泰代が2011年に完成させた博士論文「カルティニの虚像と実像——1987年編カルティニ書簡集の研究——」は, 従来のカルティニ像に対して大きな異議申し立てをすることになった。富永は,「カルティニ研究における問題の原点は史料にある」[富永 2011：2] として, 先述の新たに出版された書簡集（以下1987年版）と『闇を越えて光へ』（以下, 1911年版）を比較精査し, アベンダノンの編集が「改ざん」に等しいものであることを明らかにした。

富永の検証によると, アベンダノンは, カルティニの書簡の一部または大半を削除したり,「切り貼り」による合成書簡を作成したりするなどして, アベンダノン夫人宛書簡とアベンダノン氏宛書簡に関してオリジナルを3分の1程度に短縮している。そうすることによって, カルティニとアベンダノンとの関係性は女子教育問題に偏重し [富永 2011：123], カルティニの最大の関心が女子教育にあったように見せている。これは, アベンダノンが植民地官僚とし

てオランダ本国人の関心を植民地原住民の女子教育振興に引き寄せる必要があったからだ。「1911 年版には倫理政策を語るアベンダノンが表出している」[富永 2011：3]と言える。この編集の恣意性に対する疑いは出版直後にオーフィンク夫人が指摘していたことを示し[富永 2011：176-177]，また，東インド協会会長ノト・スロト（R. M. Noto Soeroto, 1888-1951）[39]もカルティニが偶像化されることへの懸念を表明していたとする[富永 2011：197-198]。さらに，先述のパネによるインドネシア語版は，何とアベンダノン夫人宛書簡とアベンダノン氏宛書簡に関して原文の 9 割が削除されているだけでなく，過度の意訳が行われており，もはや「もう一人のカルティニ」をつくりだしたとする[富永 2011：203-206]。富永の労作は刊行が待たれるが，以下に論点を整理する。

富永は，カルティニの思想形成の土台となった読書については，プラムディヤの分析をさらに発展させている。カルティニが言及した 58 冊もの出版物のリストを付して，定期刊行物（新聞，雑誌，学術誌），オランダ文学，オランダ語に翻訳された外国語文学，学術書などに分類し，カルティニとって重要な文献を解説し，カルティニが読んだ形跡を書簡の中から探し出して検証した[富永 2011：第 3 章]。中でも，カルティニが狭い民族主義よりもコスモポリタン的志向性を強くしていることを示すものとして，オーストリアの作家スットナーの『武器を捨てよ』に感銘したことをあげる。カルティニの読書はこの 58 冊をかなり越えると考えられ，10 代半ばからの大人びた読書経験に驚嘆させられる。さらに，当時のオランダ語文献の出版・流通状況，ジャワでの読書環境（巡回文庫 leestrommel[40]の存在）も明らかにされていて，興味深い。

「カルティニは自身の思いを代筆するオランダ人作家を必要とし，何よりも自身の考えを肯定してくれる作家とその作品を探し求め」[富永 2011：68]，「読むことは自己のうちへの探求と同時に，外への表現でもあった」[富永 2011：85]。従来，カルティニが文通相手を求めて女性誌『オランダの百合』に投稿したことは知られているが，その前にカルティニが「アングレック（蘭の花）」のペンネームで編集部にジャワの慣習について長文の手紙を書いていたことも

39） ジョクジャカルタ出身の貴族で，当時はライデン大学法学部生，のちに詩人となる。協会はのちに急進化して名称を「インドネシア協会」に変え，独立を要求する政治団体へと変貌した。

40） ここでいう巡回文庫とは，書店と契約して，本・雑誌の入った箱を一定期間貸し出すサービスのことである[富永 2011：52]。

示される［富永 2011：78-79］。1898年年末よりも一月くらい前のようであるが，読書で自分を突き詰めると同時に表現する方法を会得したカルティニが，自らの考えを発信し始めたのである。カルティニ19歳のときである。

　先述したプラムディヤの指摘通り，カルティニの読書は，体系的なものではなくて手当たり次第に読んだ感があり，文学，経済学，古代史，芸術，地理学，宗教学と幅広い分野に及ぶ。しかし，富永によるカルティニの読書の分析は，その思想・世界観の形成過程を明らかにするだけでなく，近代西洋の「知」が植民地に与えたインパクトを検証するという意味で，従来なかった事例研究となっている。

　1911年版で特に大幅に削除されたのは，第一にジュパラの木彫職人への支援活動に関する部分である。富永は，カルティニがタブーを破って木彫職人の集落に通い続け，東西協会を通じての製品販売，品質管理，会計管理，商品開発，さらに職人の福利厚生に従事した木彫工芸振興活動記録がほぼ完全に削除されていることを示した。それはシティスマンダリが描いた「お邸の嬢様」が職人たちを励ました程度の関与ではなかった。カルティニは自らをジュパラの民の一員と認識し，職人との共同性を実践していたとする［富永 2011：105］。こうして，アベンダノンとカルティニの関係が教育問題をめぐって親交を深めたというよりも，木彫工芸産業振興をめざしてアベンダノンがカルティニを利用し，カルティニはパトロンのアベンダノンに書簡を送らざるをえなかったとする。一方，カルティニは，ジュパラの美術工芸振興活動への貢献を使命として，オランダ人を市場として利用していたと見る。現在ではふんだんに見られる工芸品のワヤン人形の装飾もカルティニの発案であったという［富永 2011：第4章］。当時の地場産業のあり方を描いた有用な記録である。

　次に大きく削除されたのは，カルティニが慣習（特に幼児婚や多妻婚）に悩む女性たちの声を記録した部分である［富永 2011：125-146］。1911年版でも多妻婚については触れられているが[41]，削除されたり，激しいトーンが和らぐような「工夫」がなされたりしているという。カルティニは多妻婚に抵抗した女性たちの騒動の顛末を記しているが，これは女性の声が聞こえる生々しい記録であり，多妻婚事情を知る手がかりになる。富永が重視するのは，カルティニが女子教育を考えざるをえなかったのはこの女たちの苦しみゆえであるのに対して，1911年版は，オランダに好意的で西洋教育を望む若い女性を読者に紹介したにすぎないものになっている点である。

興味深いのは，カルティニが多妻婚について，アベンダノン夫人を通してスヌック・フルフローニェに質問したことに関する記述である［富永 2011：137-143］。スヌックからはカルティニの考えに賛同しない旨の返答が来たらしいが，スヌックの原文がないために正確なところはわからない[42]。カルティニは，スヌックが多妻婚に苦しむ女性たちを見ることなく，彼女の唱導する多妻婚廃止に反対したと結論付けて，何度もスヌックを批判している。しかし，この問題ではカルティニがややナイーブであったことは否めない。スヌックは，ムスリムの多妻婚問題については，非ムスリムのヨーロッパ人が軽々に干渉することで引き起こされる混乱について，早くからアベンダノンに助言している[43]。植民地官僚としての冷徹さで，スヌックはムスリムの宗教問題への「不干渉」を貫いたのである。アベンダノンもカルティニの多妻婚批判を一部掲載するにとどめる「安全策」をとったのであろう。

　ここまで嫌悪する多妻婚を自分自身で再生産していく運命を受け入れざるをえなかったカルティニの深い無念が表出した部分も，1911 年版では削除され

---

41) 女性の苦悩を示すためか，カルティニは，古い伝承として，次のように記している。預言者が娘のファーティマに，彼女の夫が新しい妻を娶ったことについて尋ねたところ，ファーティマは「お父様，何でもありません」と答えたが，彼女がよりかかったバナナの木は，新鮮だった葉が枯れて，幹は焦げてしまった。（中略）その胸に生卵をあてると（中略）ゆで卵になった［Kartini 1976：128］。この話は，ジャワでの「創作」であろう。実際は，ファーティマの夫は預言者が許可しなかったので新しい妻を迎えていない。しかし，このような逸話がジャワでは預言者の伝承として流布していたとすると，貴重な記録と言える。また，ステラ宛の書簡（1900 年 8 月 23 日付け）では，スヌックがバンドンでプンフル（宗教官吏）の娘と結婚したことにも触れている［富永 2011：138］［Kartini 2005：64］が，これも 1911 年版では省略されている。スヌックのこの「結婚」は，のちにスヌックの不道徳性を示すものとして批判されたが，このようにカルティニの耳に入っていたこと自体は興味深い。

42) カルティニに伝えられたのは「彼女たち（ジャワ人女性）がそれ（多妻婚）を良いと思って満足している（ze hebben 't heel goed)」という文であるが，富永が言うように，1911 年版はそれがスヌックの言葉かわからないようになっている［Kartini 1976：204；Kartini 1987：153］。

43) スヌックは，当時バタビア裁判所員であったアベンダノンに宛てた 1887 年 11 月 27 日付け文書［Snouck 1927：67-71］で，フランス植民地支配下のアルジェリアの対ムスリム政策を批判した。1881 年フランスはアルジェリアに「原住民身分法」を導入したが，同法は国籍変更（フランス臣民になること）のために，ムスリムにはその信仰放棄に等しい条件（イスラーム法に従って婚姻・離婚・相続する権利を放棄すること）をつけた［松沼 2012：97-124］。また，同じくアベンダノンに宛てた 1904 年 1 月 5 日付け文書［Snouck 1959：1059-1060］では，原住民官吏の間に一夫一婦制へ向けた動きがあることも記している。多妻婚を常態と見ていたとは考えられない。なお，プラムディヤは，多妻婚はイスラーム到来以前からの封建主義の慣習だと述べているが［Pramoedya 1997：70］，これは傾聴に値する。そもそも正妻と副妻の区別があること自体がイスラーム法とは相いれず，カルティニが告発する多妻婚問題には身分制の影響が色濃い。

ている。カルティニは自らの結婚式を「仮装大会（maskeradepak）」と呼び，妹のルクミニはカルティニの衣装を「死装束（doodskleed）」と捉えた［富永 2011：141；Kartini 1987：335］。

　こうして，アベンダノンの恣意的編集によって，カルティニを倫理政策の文脈で女子教育の唱導者とするイメージが作られた。しかも，これに異議を申したてる民族主義者チプト・マングンクスモらによって，カルティニの普遍志向，地球志向はすでに民族の枠組みを越えていたにもかかわらず，今度は「民族の覚醒を待ち望む民族主義者のホープ」に誤解されていった［富永 2011：198-199］。カルティニがアラブ系の人々と交流があったことは述べたが，東インドに暮らす華人にも共感を示していた。しかし，それも 1911 年版では削除されている。「アベンダノンの編集は，多文化共生をめざすカルティニの志を削除し，外来東洋人へ開かれた心は無視され，オランダ好きでジャワしか知らない女性という偏見を作り出した」［富永 2011：186］[44]。

　しかし，富永のいう「地球志向」「多文化共生」は，現代に引き付け過ぎた解釈の感は免れない。カルティニは他者の価値を認めない偏狭な考えを嫌ったのではないか。例えば，オランダ人の教会活動の一環で行われている教育・支援活動についても，宣教活動から引き起こされる弊害を述べ，中立的であって布教絡みにならないことを強く要望している［Kartini 1976：329, 403-404］（富永［1987］を参照）。1910 年代のイスラーム近代改革運動はこの教会活動への対抗意識がひとつの動機になったことを考えると，慧眼というべきであろう。

　総じて，富永の描くカルティニは，プラムディヤのカルティニ像と大きく共鳴する。カルティニは，1898 年に閉居を破った頃から自分が周囲のジャワ人からは「バケモノ（monster）」と呼ばれたことについて，たびたび触れた。家族はそれに巻き込まれ，それがカルティニの勉学続行の夢を断ち切らせる圧力となった。オランダ語でモノを書くこと，留学したいと考えること，木彫職人と交流すること，さらにこうして多妻婚問題を率直に語ることは，やはり当時のジャワ社会では大きな「逸脱行為」であった。

　富永の論考には，ときにはやや強引な解釈が見られるものの，従来のカルティニ理解を大きく変えることになった。その手法の強みは，二つの書簡集を比較

44）このほか，富永は従来の説にいくつも異議を唱えているが，中でも，土屋がカルティニの自然描写に触れた点について，アベンダノンの「切り貼り」により，カルティニが描写したのは自然ではなく人物だったことが見えなくなったとの指摘［富永 2011：180-184］は，重要である。

精査しただけでなく，カルティニと関わったオランダ人の証言，ならびにそれにまつわるオランダ語メディア情報も丁寧にあたって傍証を固めたことである。史料批判を行い，傍証資料を整えるのは，歴史学の基本でもある。それでは，それまでのインドネシア史研究がそのような重要なことを疎かにしていたかというと，そうとも言えないであろう。しかし，オランダ人がつくりあげた「女子教育の先駆者」というありきたりの人物像に，一片の疑問も抱かない「迂闊さ」があったのは否めない。そのような迂闊さを引き起こす背景には，潜在的女性軽視がなかったとは言えまい。

　日本においてインドネシア史研究は，いわゆる「地域研究」の手法を取り込み，その地域の人々の主体性を重視して行われてきた。その中でナショナリズムは高い評価を得，植民者オランダ人の意図に注意を払いながら植民地文書を扱った。しかし，『闇を越えて光に』に関しては，早くからアベンダノンの編集に疑義が表明されていたことに関心が払われなかった。カルティニの思索については検討がなされず，女性の主体性は考察外に置かれた。また，インドネシアでカルティニがどのように論じられているか，あるいは捉えられてきたかという，インドネシア人自身の認識についても無頓着だったとの感は免れない。そこからカルティニの実像に迫るなにがしかのヒントは得られるからだ。ただ，日本でインドネシア研究が大きく発展する時期が新秩序期と重なったことは，カルティニを再考しようとする努力を喚起しなかった一因のようにも思える。民族解放を謳ったナショナリズムが国家への服従を強制することを正当化するようになり，政治的抑圧や人権侵害が研究者を失望させた。「開発権威主義体制」への批判が，カルティニを「権力者の好む国家英雄」「権力に利用された女」にし，踏み込んで考察する価値のない存在として片付けてしまったのではないだろうか。

　富永の研究が明らかにしたのは，従来の研究では，カルティニそのものに関する情報が検証されていなかったということだけにとどまらない。カルティニを考察することからわかる出版物事情，地場産業育成事情，宗教間問題など，当時のジャワ社会を知るための情報も見落とされてきたことを突きつけた。カルティニにまつわりつく「女子教育の先駆者」「民族覚醒の母」というような決まり文句は，我々を思い込みに対して鈍感にさせ，思考停止に陥らせていたのではないだろうか。

5　結びにかえて——再評価されるカルティニ

　1998年，32年間続いたスハルト政権が瓦解すると，多くの変化が現れた。膨大なエネルギーを費やして行われていた公務員へのイデオロギー教育は行われなくなった。「カルティニの日」に以前のように官製の行事が賑やかに行われることもなくなった。せいぜい女性が伝統的衣装を身に纏って職場に出たり，地域文化の振興をアピールしたりする程度である。かわって，民間の発意からなる女性の地位向上や権利回復を求める集会やデモが行われるようになったが，良妻賢母的な姿はほとんど語られなくなった。新秩序時代，女性が担う役割は国家によって規定され，「二重役割」は重い負担となった。その役割に女性が意義を見出すかという発想に欠け，女性をそのような意志ある存在として尊重しなかった。結局，そのような政府から押し付けられたカルティニ像は定着しなかった。非民主的体制下で権力者による政策的イメージ作りはなくなったが，カルティニは以前にも増して語られるようになった。
　女性解放の闘士というイメージは，女子教育だけでなく女性にまつわる多彩な問題が語られるときに表出し，「女性のエンパワメント先駆者（pelopor pemberdayaan perempuan）」という表現がよく用いられるようになった。これは，1990年前後から登場した女性問題を扱うNGOの隆盛ともかかわりがある。家庭内暴力，出稼ぎ労働者，宗教とジェンダーなどの問題と取り組む活動家の間では，カルティニは以前よりも冷静に評価されている。表現の自由を取り戻した人々は，百年も前に女性に対する不当な束縛から自らを解放しようとしたカルティニの生き方やまた弱き者や虐げられた者を慈しんだ姿勢に共感を示している。2013年4月21日，女性人権委員会は，「カルティニの構想を実現せよ——多様性に留意し，自由を擁護し，女性に対する暴力をなくせ」という声明を発表した。宗教上の少数派が攻撃されたり，宗教冒涜や国家転覆を理由に言論の自由を再び制限しようとする刑法案が上程されたり，宗教や道徳の名のもとに282もの差別的政策が施行され，そのうち207は女性を標的にしていると告発した[45]。
　「1. 国家英雄の今昔」で述べた2013年4月の『テンポ』誌の特集では，「国家英雄」顕彰については附録の年表に一行触れられるのみで，紋切型で語られ

る英雄像に辟易している感がある。そのためか，カルティニのあまり知られていない側面に光が当てられた。華人文化への関心，「ブッダの子」と自認してベジタリアンだったこと，ルポルタージュを執筆したこと，木彫職人の支援活動などがとりあげられた。とりわけ，その思索が重視された。カルティニの書簡の中にアベンダノンの検閲によって，伝えられなかった部分があることにも触れている。この特集で語られたカルティニ像は，数あるカルティニ評伝の中でも，民主化直前に復刻されたプラムディヤが描き出したカルティニ像と大きく重なる。プラムディヤは，カルティニの痛みと苦しみに共感を抱き，カルティニを時代と社会体制のなかで葛藤し頸木から逃れようと闘う人として描いた。現代のインドネシア人はそこに自らが求める人物像を見るのであろう。

歴史研究では，華人史を専門とするディディ・クワルタナダがスラスティン訳を用いて1911年版と1989年版の違いを指摘し，カルティニが慈善活動を推進する中国人一家を称賛し，中国人に対する差別を批判したことを取り上げた [Didi Kwartanada 2011]。しかし，さらにカルティニを深く再考しようとする動きはまだ見えない。

一方，あまり根拠のないカルティニ伝説やカルティニ像も流布し始めた。今述べたテンポ誌には，カルティニが自ら木彫のモチーフをつくったとされる「囲われた虎（macan kurung）」が登場する [*Tempo*, 28 April 2013：58]。筆者自身もジュパラのカルティニ博物館を見学したときに，この木彫の飾り物を見たことがある。博物館員からは，カルティニは自らを囲いの中に閉じ込められた虎に喩え，その囲いの上にいるガルーダ（カラスのような姿の鳥）は解放のシンボルとして表現したという説明を受けた（2004年9月）。5年後にその写真を持って，木彫職人の集落へ行った際，それを実際に制作した老人に会ったが，彼はカルティニがモチーフを考案したかどうかは知らないと答えた。私を案内したジュパラ出身の友人は，「カルティニを神話化したかったんじゃないか」とそっけなかった。やはり，額面通りは受け取れない説明である。（写真13）

また，2000年代半ば以降，インターネットのイスラーム系サイトで，カルティニが実はムスリムとしての自覚が高かった，「闇を通って光へ」の「光」とはクルアーンの雌牛章第257節に出てくる「アッラーこそは信仰ある人々の

---

45) 筆者はこの声明を個人メールで同日に受信したが，次のサイトで確認できる。http://www.komnasperempuan.or.id/2013/04/siaran-pers-komnas-perempuan-wujudkan-visi-kartini-rawat-kebhinnekaan-pertahankan-kemerdekaan-dan-hapus-kekerasan/

保護者。彼らを暗闇から連れ出して光明へと導き給う」からの引用であるという言説が多く見られた[46]。カルティニを護教目的に再解釈したいという意図が見えるが，逆に，カルティニが社会で抜群の知名度を有する歴史上の女性であることの裏返しでもあろう。

　民主化の時代，人々は自分たちで「英雄」を選び出すとともに，自分たちの理解する「英雄」像を表現するようになったと言えよう。カルティニはその中では「社会変革をめざす人」として描かれ，民族主義の覚醒との関連で語られることは少なくなった。オフィシャル・ヒストリーとのギャップは広がっており，先述の『テンポ』誌の問題提起から見ても，インドネシア側でもカルティニ論を再検討する研究が必要とされている。

写真13　「囲われた虎」の木彫。(2004年，筆者撮影)

　カルティニがこれほど語られるのは，カルティニが国家英雄だからではなく，カルティニが提起した問題が依然としてインドネシアに重くのしかかる課題となっているからではないだろうか。加えて，国家英雄や歴史上の偉人とされる女性が極めて少ない限り，また女性の社会における役割がそれに相応しい評価を受けない間は，カルティニは今後も多く語られ続けることであろう。

---

46)　例えば，次のサイト。http://muslim.multiply.com/journal/item/235/SIAPA-KARTINI（2012年7月22日アクセス）。ここには2006年4月30日に投稿されたと記録されているので，すでにそれ以前にこのような言説があったと考えられる。しかし，この言説は大きくなり，『テンポ』誌でも取り上げられた［Tempo, 5 Aug. 2012：70-71］。ただしカルティニにはイスラーム回帰があったとする見解はすでにAhmad Zahro Al-Hasary［1996］でも指摘されているが，そこでは恣意的なクルアーンの明文の引用は間違いだとも述べられている。

参考文献

I. 雑誌
『回教圏』（ビブリオ，1986年復刻版）
　「インドネシアの母」3 (6)（1939年12月）：25.
Tempo
　　"Edisi Khusus Gelap-Terang Kartini"（特集：カルティニの光と闇）(23 April 2013)：34–97.
　　"Edisi Khusus Hari Kartini――Perempuan Perempuan Penembus Batas"（特集カルティニの日，境を越える女たち）(24 April 2016)：44-128.
　　"Kisah Kartini dan Kiai Sholeh Darat"（カルティニとキヤイ・ショレ・ダラットの物語）(5 Aug. 2012)：70-71.
　　"Raden As'ad Syamsul Arifin"（ラデン・アサアド・シャムスル・アリフィン）(20 Nov. 2016)：12.

II. 著書・論文
1. 日本語
青木恵理子．2012．「蘭領東インドにおけるロマンチック・ラブと近代家族――ジャワ女性の解放を希求したカルティニの視点から」『国際社会文化研究所紀要』14：65-84.
池端雪浦．1993．「書評：土屋健治著『カルティニの風景』」『アジア研究』40 (1)：153-164.
池端雪浦編．1999．『東南アジア史II　島嶼部』山川出版社．
イ・ワヤン・バドリカ（石井和子監訳）．2008．『世界の教科書シリーズ20　インドネシアの歴史――インドネシア高校歴史教科書』明石書店．
上原専祿．1998．「アジア独立の淵源は遠い――インドネシアの場合」上原弘江編『上原専祿選集9 アジア人のこころ，現代を築くこころ』評論社：193-197.（『週刊読売』1955年12月25日掲載の再録）．
加藤朝鳥．2002．『爪哇の旅』ゆまに書房（復刻版，1922年初版）．
カルティニー（牛江清名訳）．1940．『暗黒を超えて（若き蘭印女性の書簡集）』日新書院．
カルティニ（早坂四郎訳）．1955．『光は暗黒を越えて――カルティニの手紙』河出新書．
カルティニ（富永泰代訳）．1987．「ジャワ人に教育を」『南方文化』14：199-212.
小林寧子．2008．『インドネシア　展開するイスラーム』名古屋大学出版会．
坂本徳松．1942．「カルティニの生涯」坂本徳松著『南方文化論』：125-149.（『婦人画報』1940年10月掲載）
シティスマンダリ・スロト（舟知恵・松田まゆみ訳）．1982．『民族意識の母　カルティニ伝』井村文化事業社．（原典はGunung Agung社から1977年に出版されたが，本論では次の復刻版参照．Sitisoemandari Soeroto. 2001. *Kartini, Sebuah Biografi*. Jakarta: Penerbit Djamabatan.）
タウフィック・アブドゥラ編（渋沢雅英・土屋健治訳）．1979．『真実のインドネシア――建国の指導者たち』サイマル出版会．
谷川栄彦．1969．『東南アジア民族解放運動史――太平洋戦争まで』勁草書房．
多和田裕司．1992．「書評　土屋健治著『カルティニの風景』」『民族学研究』57 (2)：260-262.
津田浩司．2007．「「華人国家英雄」の誕生？：ポスト・スハルト期インドネシアにおける華人性をめぐるダイナミズム」『アジア・アフリカ言語文化研究』73：27-71.
――――．2016．「インドネシアの国家英雄ジョン・リー――「華人」という「主体」の物

語を問う」津田浩司・櫻田涼子・伏木香織編.『「華人」という描線――行為実践の場からの人類学的アプローチ』風響社：275-373.
土屋健治. 1990.「知識人論」土屋健治編.『東南アジアの思想』. 弘文堂：308-334.
――――. 1984.「カルティニの心象風景」『東南アジア研究』22（1）：53-74.
――――. 1986.「カルティニ再論」日蘭学会編『オランダとインドネシア』：山川出版社：217-272.
――――. 1991.『カルティニの風景』めこん.
戸田金一. 1966.「カルティニ R. A.――そのインドネシア教育史上の地位について」『日本の教育史学：教育史学紀要』第 9 集：49-72.
富永泰代. 1991.「カルティニの『世界認識』の形成過程――カルティニの読書体験についての一考察」『南方文化』18：33-55.
――――. 1993.「カルティニ――あまりにも清純に生きて」『英雄たちのアジア』（別冊宝島 EX）：48-52.
――――. 1992.「書評『カルティニの風景』（めこん選書）」『史学雑誌』101（10）：93-101.
――――. 1993.「カルティニの著作と追悼記事について」『史林』76（4）：124-142.
――――. 2011.「カルティニの虚像と実像――1987 年編カルティニ書簡集の研究」（博士論文, 東京大学）.
――――. 2015.「アベンダノン編カルティニ書簡編集の考察――1911 年編と 1987 年編を比較して」『国際社会文化研究所紀要』17：33-50.
永積 昭. 1980.『インドネシア民族意識の形成』東京大学出版会.
ファーニヴァル, J. S.（南太平洋研究会訳）. 1942.『蘭印経済史』実業之日本社.
プラムディヤ・アナンタ・トゥール（押川典昭訳）. 1998.『プラムディヤ選集 6　足跡』めこん.
別技篤彦. 1963.「ラーデン・アジェン・カルティニの思想における国土と民族――インドネシア民族運動史の序章」『史苑』24（2）：87-109.
堀田（土佐）桂子. 1994.「書評・紹介　土屋健治著『カルティニの風景』」『東南アジア―歴史と文化―』23：113-115.
増田 与. 1971.『インドネシア現代史』中央公論社.
松沼美穂. 2012.『植民地の〈フランス人〉――第三共和政の国籍・市民権・参政権』法政大学出版局.
和田久徳・森 弘之・鈴木恒之. 1977.『東南アジア現代史Ⅰ　総説・インドネシア』山川出版社.

2. 外国語

Aboe Hanifah（アブハニファ）. 1944. "R. Adjeng Kartini: Habis Gelap Terbitlah Terang「闇去りて光は来ぬ：カルティニ女子を偲ぶ」". *Djawa Baroe* 9：8-9.（復刻版『ジャワ・バル　*Djawa Baroe*』3, 1992 年, 龍渓書舎）

Ahmad Zahro Al-Hasany, MA. 1996. "Islam dan Perempuan (Diskursus Islam, RA. Kartini dan Feminisme"（イスラームと女性（イスラーム, カルティニ, フェミニズムの言説）), in *Membincang Feminisme: Diskursus Gender Perspektif Islam*, edited by Mansour Fakih et al. Surabaya: Risalah Gusti, 251-264.

Alisa Thomson Zainu'ddin. 1980. "Kartini: Her Life, Work and Influence," in *Kartini Centenary Indonesian Women Then and Now*, edited by Alisa Thomson Zainu'ddin. et al. Melbourne: Monash University, 1-29.

Anten, Jaap. 2005. "Ontbrekende brief van Kartini"(欠落したカルティニの手紙), *Indische Letteren: Tijdschrift van de Werkgroep Indishc-Nederlandse Letterkunde* 20: 24-33.
Arya Ajisaka. 2009. *Mnegenal Pahlawan Indonesia*(インドネシアの英雄を知る). Jakarta: Kawan Pustaka.
Bondan Winarno (ed.) 1979. *Satu Abad Kartini, 1879-1979: Bunga Rampai Karangan mengenai Kartini*(カルティニの一世紀, 1879-1979：カルティニ論集). Jakarta: Sinar Harapan.
Didi Kwartanada. 2011. "Kartini: Pelopor Pluralism"(カルティニ：多元主義の先駆). *Journal Pendidikan Sejarah*, Juli-Agustus- September 2011, 5-6.
Harsja W. Bahctiar. 1979. "Kartini dan Peranan Wanita dalam Masyarakat Kita"(カルティニと我々の社会における女性の役割), in *Satu Abad Kartini, 1879-1979*, edited by Bondan Winarno. Jakarta: Sinar Harapan, 58-71.
Hering, Bob. 2002. *Soekarno, Founding Father of Indonesia 1901-1945*. Leiden: KITLV Press.
Julia I. Suryakusuma. 1996. "The State and Sexuality in New Order Indonesia," in *Fantasizing the Feminine in Indonesia*, edited by Sears, Laurie J. Durham and London: Duke University Press, 92-119.
(Kartini). 1899. "Het Huwelijk bij de Kodja"(コジャの人々の結婚). *Bijdragen tot de Taal-, Land- en Volkenkunde van Nederlandsch-Indie* 6 (6): 695-702.
Kartini, R. A. 1976. *Door Duisternis tot Licht*(闇から光へ), compiled by J. H. Abendanon. Amsterdam: Ge Nabrink & Zn. (*Surat-surat Kartini: Renungan tentang dan untuk Bangsanya*, diterjemahkan oleh Sulastin Sutrisno. Jakarta: Penerbit Djamatan. 1979)
―――. 1987. *Brieven aan Mevrouw R. M. Abendanon-Mandri en Haar Echtgenoot*(アベンダノン夫人とその夫への書簡), edited by F. G. P. Jaquet. Dordrecht: Foris Publication. (*Kartini: Surat-surat Kepada Ny. R. M. Abendanon-Mandri dan Suaminya*, diterjemahkan oleh Sulastin Sutrisno. Jakarta: Penerbit Djamatan, 1989)
―――. 2002. *Habis Gelap Terbitlah Terang*(闇から光へ), translated by Armijn Pane. Jakarta: Balai Pustaka. (Cetakan Pertama 1938).
―――. 2005. *On Feminism and Nationalism: Kartini's Lettrs to Stella Zeehandelaar 1899-1903*, translated by J. Coté. Clayton: Monash University Press.
Lia Nuralia dan Iim Imadudin. 2010. *Kisah Perjuangan Pahlawan Indonesia*(インドネシアの英雄の闘争物語). Bandung: Penerbit Ruang Kata.
Marwati Djoened Poesponegoro dan Nuguroho Notosusanto. 2008. *Sejarah Nasional Indonesia V Zaman Kebangkitan Nasional dan Masa Akhir Hindia Belanda*(1900-1942)(インドネシア国史V　民族覚醒の時代とオランダ領東インド末期 (1900-1942)). Jakarta: Balai Pustaka.
Pramoedya Ananta Toer. 1997. *Panggil Aku Kartini Saja*(私をカルティニとだけ呼んで). Jakarta: Hasta Mitra. (Cetak Pertama, 1962).
Ricklefs, M. C. 2007. *Polarizing Javanese Society: Islamic and Other Visions*(c.1830-1930). Honolulu: University of Hawai'i Press.
Rutherford, Danilyn. 1993. "Unpacking a National Heroine: Two Kartinis and Their People." *Indonesia* 55: 23-40.
Sartono Karitodirdjo, Marwati Djoened Poesponegoro dan Nugroho Notosusanto. 1977. *Sejarah Nasional Indonesia V Jaman Kebangkitan Nasional dan Masa Akhir Hindia*

Belanda（インドネシア国史V　民族覚醒の時代とオランダ領東インド末期(1900-1942)）. Jakarta: Balai Pustaka.
Schreiner, Klaus H. 1997. "The Making of National Heroes: Guided Democracy to New Order, 1959-1992," in *Outward Appearances: Dressing State and Society in Indonesia*, edited by Henk Schulte Nordholt. Leiden: KITLV Press, 259-290.
Snouck Hurgronje, C. 1927. *Verspreide Geshcriften van C. Snouck Hurgronje*（スヌック・フルフローニェ著作集）, Deel VI, Leiden: Brill.
―――. 1959. *Ambtelijke Adviezen van C. Snouck Hurgronje 1889-1936*（スヌック・フルフローニェの公的助言1889-1936年）. Vol. II, edited by E. Gobee en C. Adriaanse. 's-Gravenhage: Martinus Nijhoff.
―――. 1970. *Mekka in the Latter Part of the 19th Century: Daily Life, Customs and Learning, the Moslims of the East-Indian-Archipelago*, translated by J. H. Monahan. Leiden: E. J. Brill.
Sutherland, Heather. 1979. *The Making of a Bureaucratic Elite*. Kuala Lumpur and Hong Kong: Heinemann Educational Books（Asia）LTD.
Tashadi. 1982. *R. A. Kartini*. Proyek Inventarisasi dan Dokumentasi Sejarah Nasional. Jakarta: Departemen Pendidikan dan Kebudayaan.
Tiwon, Sylvia. 1996. "Models and Maniacs: Articulating the Female in Indonesia," in *Fantasizing the Feminine in Indonesia*, edited by Laurie J. Sears. Durham and London: Duke University Press, 47-70.
Wieringa, Saskia. 2002. *Sexual Politics in Indonesia*. The Hague: Institute of Social Studies.

第2章 ベトナムのナショナルヒストリーと女性史
—抗米戦争期の歴史叙述

1　抗米戦争と歴史叙述

2　ナショナルヒストリーの生成

3　ナショナルヒストリーとジェンダー

4　ベトナム女性史の完成

5　ベトナムのナショナルヒストリーと女性史の残したもの

片山須美子

ギア山の山腹，雄（フン）王廟の屋根の下で，山河にとどろくディエンビエンフーの戦勝のあと，首都解放への進軍に備える人民軍の戦士たちと会って，ホー主席は語った。「代々の雄王は国を建てる功績があった。我々はともに国を守らなければならない」（『ベトナム史』第1巻序文）[Ủy ban khoa học xã hội Việt Nam 1971：9]。

ヴァンラン国を建てた18代にわたる雄王たちも，母，つまり仙種である嫗姫（アウコ）に従った50人の子どもの中から生まれた。（中略）そのような婚姻と家族の領域に属する出来事や逸話は，「女性の統治権」を特徴とする遠い昔の歴史の1時期の，容易に目につく痕跡である（『各時代を通してのベトナムの女性』第1章）[Lê 1975：27-28]。

1　抗米戦争と歴史叙述

　ベトナム民族4000年の歴史を謳い，国を建て国を守り外国侵略者と闘ってきた歴史を称えるベトナムのナショナルヒストリーは，抗米戦争（いわゆるベトナム戦争）の最中に，それも米軍の直接介入が始まり，戦争が激化の一途をたどった1960年代後半から，北ベトナムの歴史家たちによって作られたものである。1971年には，政府機関である社会科学委員会によって『ベトナム史』第1巻が刊行され，4000年前の雄王による建国から19世紀の半ばまで，ベトナムの前近代史についての叙述は一応の完成を見た[Ủy ban khoa học xã hội Việt Nam 1971]。北ベトナムの歴史研究の特徴は，1930年に設立されて以来革命運動を指導し，ベトナム民主共和国成立後は政権も担ってきたベトナム共産党[1]の歴史叙述への介入を始めとして，社会主義と深く関わっていることである。それにもかかわらず，成立したナショナルヒストリーは，きわめて民族主義的なものであった。それは党指導部や歴史家たちが一貫して民族主義を重視してきたからではなく，1960年代後半になって確立した「民族解放闘争史観」によって，あるいは新しい歴史像を模索しながらも結局は古い歴史観を採

---

[1]　1930年初頭に設立されたベトナム共産党は，同年秋にコミンテルンの意向を受けてインドシナ共産党に改称した。その後1945年の形式的な解散のあと，1951年からはベトナム労働党という名称で公然化し，1954年の南北分断後は北ベトナムの政権政党となって抗米戦争を指導した。南北が統一した1976年にベトナム共産党に改称されて，現在にいたっている。

用して，歴史を書き直した結果であった。

　一方，同じこの抗米戦争の時期に，ベトナム女性史と呼ばれるものもまた生成したことはあまり知られていない。1972年には，男性史家チャン・クオック・ヴオンによる『ベトナムの女性の伝統』が書かれた［Trần 1972］。1973年には，女性民族学者レ・ティ・ニャム・トゥエットによる『各時代を通してのベトナムの女性』が出版され，戦争が終結した1975年にはその第2版が刊行された［Lê 1975］[2]。特に『各時代を通してのベトナムの女性』は，358ページにも及ぶ大作であり，原始時代の母権制から，抗米戦争の最中の1968年までのベトナムの女性の，生産を担い，侵略者と闘い，家庭や文化を守る姿を詳述した[3]。その執筆当時にはすでにその存在が疑われていたはずの「母権制」がキーワードとなっているため，現在では顧みられることの少ない歴史叙述である[4]。しかしこのような原始時代から近現代までのベトナムの女性についての通史は，その後再び書かれることはなく，これらはベトナム唯一の女性史となっているのである。「母権制」を理由にその価値を否定するのではなく，「母権制」がどのような意味で論じられていたかを問い，抗米戦争期になぜ女性史が生まれ，その後同様のものが書かれなくなったかを，ナショナルヒストリーとも関連づけて考察する必要がある。

　本章は，これら抗米戦争期に書かれたベトナムのナショナルヒストリーや女性史と呼ばれる歴史叙述を取り上げ，それらのナラティブの背後にあるもの，

---

2) 『各時代を通してのベトナムの女性』の第1版は，諸般の事情により入手困難とされている。なお第2版の近現代史の部分には日本語訳がある［レ 2010］。

3) 著者は，原始時代にはベトナムの女性はまだ存在せず，のちにベトナムとなる地域に住む女性たちがいただけであるから，正しくは『各時代を通してのベトナムに居住する女性』というタイトルにしなければならないと注をつけている［Lê 1975：18］。

4) 19世紀末にエンゲルスが『家族・私有財産・国家の起源』の中で，原始共産制では女性に権力が集中していたとして描いた母権制は，20世紀になって実際の親族制度の調査が進むにつれて欧米の人類学者たちによって存在が否定された。1960年代後半には，母権制の教条を守ってきたソ連の学界でもすでに否定的であった［山崎1987；Semenov 1979］。ベトナムの歴史学界では，エンゲルスへの信奉と，ベトナムの独自性の追求の中で，母権制の概念はソ連より長く存在していたと思われる。一方1970年代からさかんになった第2波フェミニズムにおいて女性の歴史を再考する中で，女性が力を持っていた制度や時代として母権制を再び取り上げる傾向もあり，フェミニズム人類学において母権制をめぐる論争もあった［Fluehr-Lobban 1979］。母権制の概念を鋭く批判した上野［1986］もその延長上に挙げられる。その後ベトナムの学界でも母権制という言葉は使われなくなった。今日ではベトナムの多数民族であるベト族の親族制度は双系制であったとする見解が多い。ベトナムに居住する各少数民族には父系制，母系制，双系制などのさまざまな親族組織があるとされている。

あるいはそれらのナラティブの相互の関連性を探る中で見えてくるものを，研究史を検討しつつ明らかにすることを目的とする。2では，ナショナルヒストリーの成立にいたるプロセスや変化を解明しようとしたこれまでの研究の検討を中心に，ベトナムのナショナルヒストリーの生成を再考する。3では，研究史で十分に取り上げられてこなかった歴史叙述におけるジェンダーを検討し，男性史家の描いたベトナム女性史などの持つ，ナショナルヒストリーに対抗する攪乱性を分析する。4では，女性民族学者の手になるベトナム女性史を取り上げ，女性史が成立した背景やその叙述が示す意味を，抗米戦争期のコンテクストから明らかにする。最後に，それらの歴史叙述の現代における意味を考えてみたい。

2　ナショナルヒストリーの生成

　1945年の8月革命によって政権を奪取し，9月2日にホー・チ・ミンが独立宣言を読み上げて成立したベトナム民主共和国は，再植民地化をはかるフランスとの全面抗戦に翌年突入し，みずからのナショナルヒストリーの作成に取りかかったのは，フランスに対する勝利が見えてきた1953年からであった。前述したように，ナショナルヒストリーに向けてのベトナムの歴史研究は，ベトナム共産党の歴史研究への介入や，中国やソ連との関係，中ソ対立の影響といった，社会主義との関わりが強いという特徴を持つ。しかし抗米戦争の最中の1971年に北ベトナムで完成された『ベトナム史』第1巻は，きわめて民族主義的な内容を持っていた。それは，アジアの社会主義の特徴にすぎないといった単純な問題ではなく，紆余曲折を経てできあがった結果であった。それを古田元夫は，1960年代中頃に民族解放闘争史観が初めて確立されるまでの変遷として論じ［古田 1988：23-24］，米国の研究者パトリシア・ペリーは，新しい歴史叙述を求めながらも，結局はコンヴェンショナルなナラティブを採用するにいたったベトナムのポストコロニアルの過程として論じる［Pelley 2002：2］。本節ではこれらの研究を検討しつつ，ベトナムのナショナルヒストリーの生成の過程を再考する。

2-1 民族解放闘争史としての『ベトナム史』第1巻

　1953年，抗仏戦争の最終局面に入るころ，やがて南北が分断されることを予想もしないままに，ベトナムのナショナルヒストリー編纂の事業が開始された。事業は1953年12月に，ベトナム労働党直属の機関として設立された史地文［歴史・地理・文学］研究班（翌年文史地研究班と改称）が担い，翌1954年6月に『文史地研究』誌が創刊された。その後同年7月のジュネーブ協定によって，ベトナムは北緯17度の軍事境界線で南北に二分されたが，北ベトナムの歴史家たちは公定史作成のための研究を続けた。1959年には政府直属の国家科学委員会[5]のもとに史学院が設置され，同年3月から『歴史研究』誌が刊行された。『歴史研究』は1965年以降の戦争の激化，特に北ベトナムに対する米軍機による激しい北爆にもかかわらず，ほぼ毎月発行され続け，北ベトナムの歴史研究の中心となった。日本では早くも1976年に，古田・吉沢［1976］が戦争期の『歴史研究』の諸論文を分析している[6]。論考は，戦時にかかわらず活発に研究を続けた北ベトナムの歴史家たちを称賛するという面も強いが，事例として1945年の8月革命に関する論争が1963年から64年にかけて集中したことを取り上げ，当時の南ベトナムにおける解放闘争を見通しながら，8月革命の性格規定を試みたとしているのは注目すべき視点といえよう［古田・吉沢 1976：31-32］。

　ナショナルヒストリー作成の事業開始から20年近くを経て，ようやく1971年に『ベトナム史』第1巻が，前近代史の通史として完成した。それは，雄王の建国に始まるベトナム民族4000年の歴史，外国侵略者に抗して国を建て国を守る歴史という際立って民族主義的な叙述を特徴としていた。社会主義を掲げつつ，民族解放の旗手でもあった北ベトナムがそういった歴史観を持つのは

---

5) 1965年に国家科学委員会から分かれてベトナム社会科学院が設立され，1967年にベトナム社会科学委員会に改称された。1990年に再びベトナム社会科学院，1993年に国家人文社会科学センター，2003年ベトナム社会科学院と改称をくりかえし，2012年12月にベトナム社会科学アカデミーに改称された。

6) 古田・吉沢［1976］は，『歴史研究』第1号（1959年3月）から第159号（1974年12月）までに掲載された全論文を分野別に，その中の近現代史関係の論文を対象時期別に分類し，比率の変化を分析している。また『ベトナム史』第1巻と結びついた，前近代史に関するより多くの個別的・実証的な論文が発表されるようになったとしている［古田・吉沢 1976：29-31］。

当然であり，共産党はフランス植民地期から一貫して民族解放や愛国主義を掲げていたと思われがちであるが，古田［1988］はそれが1960年代の中ごろから起こった歴史観の転換であったことを明らかにする。1950年代から60年代初頭までは，北ベトナムの歴史研究はいわば「世界史の基本法則」の時代であり，史的唯物論に立脚した新しいベトナム史像の構築をめざしていた［古田1988：17-23］。その中で，たとえばチャンパー王国と闘ったベトナム王朝に「わが国」「わが軍」という表現を使用したダオ・ズイ・アインの通史は，封建時代の史書同様の「大越史観」であるとして厳しく批判されたという［古田1988：20-21］。

しかし，1960年代中ごろから，北ベトナムの歴史家や党指導者の歴史観は，「民族解放闘争史観」へと大きく変化した。その転換の要因として古田は，第1に戦争の激化が民族的な動員をより深く求めるようになったこと，第2に中ソ対立の激化の中で，ベトナム労働党が自主路線を強化し，「世界史の基本法則」よりもベトナム史の特殊性を強調するようになったことがあるとしている［古田1988：23］。その議論はまず党の指導部から提起された。ベトナム労働党第1書記レ・ズアンが1966年5月におこなった，ベトナム人の強力な「愛国主義」の伝統が抗米救国闘争の勝利を導くであろうという演説を機に，史学院は1967年と68年の研究の重点を，人民戦争，農民運動，歴史的伝統と革命的英雄主義に置いた。またそれに先立ち，それまで「民族主義的偏向」があるとして選集や党文献に収録されていなかった，ホー・チ・ミンの1927年の著作『革命の道』を再評価する論文が，1965年に『歴史研究』に掲載された[7]。歴史研究の成果は，逆に党文献に影響を与えるようになり，1970年に発表された労働党40年史では，党史で初めて「愛国主義の伝統」の継承と発展が革命の勝利の要因であるとされた［古田1988：23-24］。

2-2 雄王伝説の歴史化

その「民族解放闘争史観」を定着させたのは，考古学の成果であった。精巧な銅鼓に代表されるドンソン文化に先行する文化の存在が発掘調査で確認され

---

[7] ホー・チ・ミンは共産党指導部の中でも例外的に民族主義的な要素を重視し続け，階級対立路線を取るインドシナ共産党の主流派からも，ベトナム民主共和国成立後の労働党内部でも疎外される傾向にあったといわれる［栗原2005：254-265；古田1996：65-95, 180-183］。

たことにより，ドンソン文化は外部からもたらされたもので，ベトナム人の祖
先は北方から移住してきたというそれまでの見方が，1960年代半ばにくつが
えされた。そして15世紀の『大越史記全書』などに記された伝説上の雄王の
王朝が，歴史的に実在したとする説が有力になり，1968年に史学院から独立
した考古学院が主催した1968年から71年にかけての「雄王時代研究会議」で，
雄王時代が北ベトナムの初期金属器時代に実在したベトナム史の最初の段階で
あるという見解が確立された［古田 1988：25；俵 2014：74-76］。それにと
もなって，民族形成は資本主義の発展と関連するというスターリンの定義が否
定され，ベトナム民族の形成は雄王の時代に始まり，遅くとも15世紀までに
は民族形成が基本的に達成されたとする「ベトナム民族4000年の歴史」とい
う歴史観が成立した［古田 1988：26］。古田は1971年の『ベトナム史』第1
巻は，「民族解放闘争史観」によるベトナム史の一貫した著述がなされている
という点で，「ベトナム史研究に一時期を画するもの」であり，そのベトナム
史像は，「統一的なベトナム民族の内在的発展を強調する，きわめて自己完結
的性格の強いもの」であり，「国民国家史観ともいえる性格をもったものでも
あった」としている［古田 1988：27-28］。

　『ベトナム史』第1巻の序章「ベトナムの国土―ベトナム民族」は，南北統
一をめざした抗米戦争の最中の1969年に死去したホー・チ・ミンの，「ベトナ
ムの国は1つ，ベトナム民族は1つ」という言葉に捧げられたものである。本
文は2部8章の構成になっており，第1部は「国を建て国を守り始めた時代」
として，第1章「ヴァンラン国」と，第2章「アウラク国。ハイバーチュン，
起義の旗を挙げる」からなる。ヴァンラン（文郎）国は雄王の建てたとされる
国であり，代々雄王を名乗る王が18代にわたって統治していたとされる。第
1章では旧・新石器時代について，豊富な発掘物の写真とともに詳述されてい
るにもかかわらず，章名には現れないため，目次だけを見るとベトナムの歴史
がヴァンラン国から始まるかのようである。ヴァンラン国を滅ぼしてアウラク
（甌貉）国が生まれたが，南越に滅ぼされ，紀元前2世紀には漢の版図となっ
た。後漢の支配に対して反旗を翻したのが，2人の女性英雄姉妹であるハイバー
チュン[8]である。これまでは，外国侵略者と最初に闘った英雄としてベトナム
前近代史の冒頭に書かれることが多かった彼女たちの名が，本書では目立たな

8）チュン姉妹とも徴姉妹ともいわれるが，ここではハノイの通りの名前にもなっているハイバー
　　チュン（2人のチュン夫人）を使う。

いところに収まっている。ハイバーチュンについては3で検討する。

『ベトナム史』第1巻第2部は「民族解放闘争，独立封建国家の建設と防衛の時期」として，第3章「ハイバーチュンの起義後からリ・ビの起義までのアウラク国。独立ヴァンスアン国の成立」[9] から始まり，第4章「外国封建統治制度を終わらせ，完全な独立を取り戻すための人民の闘争（7世紀から10世紀まで）」，第5章「10世紀から12世紀までの独立と民族主権の強化，統一封建国家の建設。宋の侵略軍に対する抗戦」，第6章「13世紀から15世紀までの独立と民族主権の強化，統一封建国家の建設。元・明の侵略軍に対する抗戦」，第7章「中央集権的封建制度の繁栄から衰退まで（15世紀から17世紀まで）」と続いて，第8章「18世紀と19世紀半ばの封建制度の衰退段階。タイソン農民革命運動と国土を統一し民族の独立を防衛する闘争」で終わる。18世紀末に起こったタイソン農民革命運動を滅ぼして，19世紀初めにベトナム最後の王朝である阮朝が成立するが，その阮朝はここではタイソン革命運動が滅ぼした18世紀の黎朝とともに封建制度の衰退段階と呼ばれ，阮朝下の農民戦争や民族文化がタイソン革命を受け継いだものとして描かれて，『ベトナム史』第1巻の叙述が終わる。そのレトリックは，阮朝を南ベトナム政府に見たて，滅ぼされたタイソン農民革命を北ベトナムと南部解放勢力としてよみがえらせ，この前近代史を現代史のメタファーとして完結させている。

2-3　ポストコロニアルの事業としての『ベトナム史』

19世紀半ばから1945年8月革命までを扱った『ベトナム史』第2巻を完成させる作業は非常に遅れ，実にドイモイ開始直前の1985年にいたってやっと刊行された［Ủy ban khoa học xã hội Việt Nam 1985］。古田［1988］は第2巻について言及していないが，『ベトナム史』第1巻刊行後の情勢の変化と，それにともなう歴史観の変遷を挙げる。すなわち「民族解放闘争史観」は基本的にその後も維持されてはいるものの，1976年の南北統一，カンボジア問題，中越の対立という新たな事態の中で，党指導部や史学界の歴史観は大きな変化をとげ，ベトナム史の多元性を再認識し，その「東南アジア性」とでもいうべきものを重視するようになったとしている［古田　1988：28-29］。一方ペリー

---

9)　上述したようにアウラク国はすでに滅ぼされているが，『ベトナム史』では独立を失った国の名としてアウラク国を使っている。

［2002］は，『ベトナム史』第1巻と第2巻を一体のものと見て，公定のナショナルヒストリーとして考察する。そして書かれたナショナルヒストリーの内容そのものよりも，それが書かれるまでのプロセスや，書かれなかったことに注目している。すなわち，そのナラティブがコンヴェンショナルなものになってしまったプロセスを重視し［Pelley 2002：2］，一刻も早くナショナルヒストリーを書き上げるようにという1953年からの要請にもかかわらず，第1巻には20年近く，第2巻には30年以上も要したという遅延を問題にする［Pelley 2002：8］。

　ペリーによれば，北ベトナムの公定史家たちは，時代区分論争や，ベトナムとは何か，ベトナム文化とは何かということを追求するのに延々と時間をついやした。時代区分では，原始共産制・奴隷制・封建制・資本主義・共産主義というスターリンの5段階モデルをベトナムに適用することをついに放棄して，ネーションの過去を，一方では抵抗運動と反乱と革命の連続，他方では紀元前2879年のヴァンラン王国の起源に始まり，1945年のベトナム民主共和国の成立によって完成する国家形成という2つの力学に従って構築し［Pelley 2002：47］，1945年の8月革命を歴史の究極目標とする，継ぎ目のないナラティブを作ってしまったとする［Pelley 2002：66］。今日当然のように，ベトナムの歴史が8月革命から新しく始まったと語られるのは，実際は混沌としていた1945年の状況を，断絶と明確さの点から再構築しようとした公定史家たちの努力が成功したからである［Pelley 2002：2］。しかし，歴史の再構築という，現在と過去との絶えざる対話の中で，公定史家たちは1度は批判した王朝史の見方をそのまま取り入れ，しかも紀元前2879年という建国の年は，15世紀の史家呉士連が，ベトナム文明の長寿を示唆して比喩的に設定したと思われるのに，公定史家たちは実際の年として採用したとする［Pelley 2002：65-66；151］。それは，ベトナムのポストコロニアルの苦渋のプロセスであった。

　脱植民地化のプロセスであるポストコロニアルについて，ペリーが「コロニアルなパラダイムと構造からベトナムを救出し，権威の新しい概念と新しい源泉とを制定しようとすること」［Pelley 2002：6］であると定義しているのは至言であろう。歴史叙述の面では，植民地史観に対抗し，オルタナティブな近代をマルクス主義を通して取り入れようとしたが，マルクス主義的な時代区分ができずにその進化論的アプローチをあきらめ，結局は前近代的な王朝史の叙述に頼ったというプロセスとして現れる。植民地主義との闘争の悲惨な生活に

耐え，危険を冒して闘ってきた人々が，なぜこんな「つまらない」歴史を書いてしまったのかという，想定される疑問に対して，ペリーはそれが書かれるまでに積み重ねられてきた議論の驚くべき迂回性や結論のなさを指摘し，そこには，ベトナムのマルクス主義の洗練されたハイブリディティや豊かな異端性も見られるとしている［Pelley 2002：66-67］。ペリーは，独立以降のベトナムの歴史叙述を，ポストコロニアルの概念を取り入れて分析し，歴史家たちの苦闘のプロセスを明らかにし，ポストコロニアルにおいて近代と前近代が入り組むさまを示すのに成功しているといえよう。

　ペリー［2002］は『ベトナム史』第1巻と第2巻を一体化して，雄王建国から8月革命までの継ぎ目のないナラティブととらえた上で，抗米戦争終結後も続くベトナムのポストコロニアルの状況を，少数民族を創出して同化し，南部を否定し，ハノイを文化と権力の中心としていく，王朝国家の再現とも読めるプロセスとして描いている。それは2010年の「ハノイ建都1000年」が，国を挙げての事業として，多くの外国人観光客も呼びよせて盛大に祝賀されたことを予言していた。しかしそういった抗米戦争後も続く連続性だけでなく，すでに見たように，『ベトナム史』が第1巻だけの未完の状態で，現代をも語る完結性をもっていたこと，逆に2巻そろったときには，新しい歴史観の中ですでに時代遅れになってしまったというパラドックスにも注意すべきであろう。すなわち，古田［1988］が述べているような，戦争の激化の中で民族的な動員を求め，中ソ対立の中でベトナム史の特殊性を求めたという，抗米戦争中の歴史叙述のみが持つ意味，その後2度と書かれることのなかった歴史叙述の持つ意味は何だったのかということである。視点を変えれば，それは何よりも北ベトナムの「男性」の心に訴え，動員しようとしたものであった。

3　ナショナルヒストリーとジェンダー

　伝説の雄王たちを4000年の時を経てよみがえらせ，『ベトナム史』第1巻として1971年に成立したベトナムのナショナルヒストリーは，北ベトナムの男性たちの心に深く訴えるものであった。それまでは，紀元40年に後漢の支配に抵抗して反乱を起こしたハイバーチュンの2姉妹が，ベトナムの歴史で最初

の民族英雄であると言われてきたが，それは男性たちにとっては複雑な心情を喚起したであろう。それに対して，雄王の単純で壮大なナラティブは，男性たちを鼓舞し戦場へと動員する力があったのである。しかし戦争当時の北ベトナムの男性たちのジェンダー観には，実は曖昧な面があり，父系的なナラティブに対抗する声さえ見られた。本節ではベトナムの建国神話と女性英雄ハイバーチュンの事例を取り上げ，すべてを父系的な流れに統一して語ろうとするナショナルヒストリーの男性性と，それに対する男性たちの曖昧なジェンダー観の存在を検討する。またそういった状況から生まれた，男性史家チャン・クオック・ヴオンによるベトナム初の女性史『ベトナムの女性の伝統』を取り上げ，男性性をおびたナショナルヒストリーへの撹乱や対抗性を検討する。

3-1　百卵伝説と雄王

　歴史叙述に取り入れられた雄王伝説は，社会主義建設をめざしているはずの国に，神話をも父系的なナラティブとしてよみがえらせた。今日定説となっているベトナムの建国神話，いわゆる百卵伝説は概ね次のように語られる。炎帝神農氏の子孫と洞庭君の娘の神龍の間に生まれた貉龍君（ラクロンクアン）は仙女の嫗姫（アウコ）と結婚した。嫗姫は100個の卵を生み，そこから100人の男の子が孵った。しかし貉龍君が「自分は龍種，あなたは仙種であり，水と火は相容れない」と言い，2人は別れたが，50人の息子は父に従って海岸の平野に行き，50人の息子は母に従って山地に行き，父に従った息子のうちの長子が雄王となってヴァンラン国を建てた［古田　1991：51；小倉　1997：15］[10]。この神話は15世紀の『大越史記全書』などに記されているが，より古い記述や伝承では，母に従った息子のうちの1人が雄王になったとしている。本節の後半で取り上げるチャン・クオック・ヴオンや次節で述べるレ・ティ・ニャム・トゥエットは，後者の説の方を当然のように採用している。なお『ベトナム史』第1巻では，歴史叙述に「山精と水精」や「英雄ゾン」などの神話を最大限に利用していながら，百卵伝説にはなぜか触れていない[11]。しかし雄王が実在したということが「実証」されるにつれ，父に従った男の子のうちの長子が雄王となったということも，歴史的事実のように語られ始めた。

---

10)　古田はこの建国神話の前半部分は中華世界的な論理を示し，後半は「同胞」の論理と「すみわけ」の論理という東南アジア的な論理を提示していると分析する［古田 1991：51-52］。

15世紀の史家呉士連は,『大越史記全書』において,百卵伝説についてのそれまでの叙述や伝承を転換させて,黎朝大越国を支えるための父系的な神話を作り上げた [桃木 2011：161]。同じプロセスが抗米戦争期の北ベトナムでも再び起こり,『大越史記全書』という正史の記述と並行して伝えられてきた「母に従った息子の1人が雄王になった」というナラティブが最終的に否定されていった。今日では,雄王や雄王時代の文明の象徴である銅鼓が,ベトナム人のアイデンティティになる [Pelley 2002：156] とともに,雄王の父系的ナラティブは人々の間に完全に定着している。ハノイにあるベトナム女性博物館においてさえ,

図1　「芸術作品　母アウコ」と題したベトナム女性博物館の展示（部分）。[ベトナム女性博物館パンフレット（*Bao tang Phu nu Viet Nam.* 1997）表紙]

アウコと多数の幼い子どもたちを描いた美しいレリーフ作品の展示に「ラクロン王は長男を王位につけ,雄王と名乗らせた」という解説がつけられていた [2004年2月現在。図1参照][12]。しかし,抗米戦争期の建国神話の語られ方をふりかえると,そのジェンダー性は現在よりも曖昧であったことがわかる。
　雄王への関心は1967年から異常といってよいほどに高まり,歴史家たちは雄王時代の社会や階級関係について,また青銅器文化との関係について次々に論文を発表した。そして1968年から71年という戦況のもっとも厳しい時期に,

---

11)　ベトナムの伝承で百卵伝説と同様に有名な「山精と水精」は,第18代雄王の娘の1人に山の精と水の精が求婚し,戦いに勝った山精が王女を得たが,怒った水精が洪水を起こしたというもの。「英雄ゾン」は「殷」が侵略してきたとき,生まれてから3年間寝たきりであったゾン村の男児が,急に成長して大男となり,侵略者を打ち破ったというものである。

12)　その後女性博物館は4年にわたる改修ののち2010年10月にリニューアルオープンし,建国神話とハイバーチュンで始まっていた展示を大幅に刷新して,ベトナム女性の近現代史や家族,習俗をメインテーマにした。詳しくは京樂 [2014：29-46] 参照。

4回にわたって雄王時代研究会議が開かれた。それに呼応するかのように，雄王への関心を詩に表した投稿が，ベトナム労働党機関紙『ニャンザン』に1970年以降掲載されるようになった。それは労働党機関紙という枠組みの中ではあるが，他に娯楽メディアもない状況での，アカデミズムの外に拡大するポピュラーヒストリー的な動きであったといえるであろう。「国を守る」人民軍の兵士や元兵士によって書かれることが多いそれらの詩には，必ずといってよいほどホー・チ・ミンの名が出てくる。1969年9月に死去したホー・チ・ミンと伝説の雄王が，国の父として重なりあい，ホー・チ・ミンをなつかしむ思いが，雄王へのなつかしさという虚構を生み出したのである。しかしそこに表れるジェンダー観は，女性を排除しない曖昧さを保持していた。

3-2　兵士の詩

　1970年の『ニャンザン』紙上に掲載された2つの詩を例に挙げてみたい。「兵士の詩」という見出しの下に「国土に敬礼する」というタイトルがついた，15連からなる長編の詩の最初の3連は以下のようである［ND1970.11.2］。

　　秋の朝，雄王廟を訪ねる。
　　熟したギンバイカの実の房が目の前に垂れる。
　　4000年―昔の人の姿はもはやない。
　　誓いの石柱はまだもとのままここにある……

　　無数に重なる木々の間に地平線が輝き，
　　キツツキが松の枝を震わせて歌う。
　　プルメリアの花は廟の広い金色の屋根に散らばり，
　　昔の墓は寂しく時間を過ごす。

　　どの井戸がティエンズンの顔を映すのか。
　　アウコが100個の卵を生んだところはどこであろうか。
　　ホー伯父さんは訪ねてきて，上の廟に登り，
　　子孫たちがこの山河を守るようにと諭した。

アウコの行には，脚注をつけて，「伝説によればラクロンクアンの妻のアウコは，下の廟で100個の卵を生んだ」としている。なおティエンズンにも脚注がついており，「第18代雄王の娘で，ギアクオン山のふもとの東側の井戸によく

やってきて，顔を映し，髪を梳いた」としている。ティエンズン（僊容）は雄王の王女たちの中でも自由で自立した女性として語られることが多い。詩は以下のように結ばれている。

> 秋の朝ごとに人の心は奮い立つ。
> 国を建てた雄王の時代を不意に思い出す。
> 盛衰の4000年は数え切れない。
> 国は何度失われ，また戻ってきたことか。
>
> 25年の時間が過ぎていき，
> 紅河の水は止むことなく激しく流れる。
> 不滅の雄王の国土に敬礼する！
>   1970年秋ラムタオにて。グエン・ディン・アイン

この詩でアウコは100個の卵を生んだとされてはいるが，「父に従った50人の息子」云々は語られず，ラクロンクアンとアウコが別れたことすら言及されていない。詩の中ほどには，握り飯を作って送り出してくれた母や，背嚢を肩にかけてくれた妹のことが描かれており，伝説のように母親や兄弟と別れさせられることは，この兵士には忍びがたかったのであろうか。

やはり「兵士の詩」である「ホー伯父さんと建国の雄王たちの物語」と題されたグエン・グエン・バイ作の詩の前書きには，「1954年9月ホー伯父さんが雄王廟に立ち寄ったとき，伯父さんは同行した戦士たちにこう語った。雄王たちは国を建てる功績があった。我々はともに国を守らなければならない」とある。それ自体はよく言及されるホー・チ・ミンについての言説であり，『ベトナム史』第1巻の序文にも同様の記述がある［本章冒頭参照］。しかし詩の本文には，

> ここ下の廟でアウコは白鶴神を招き，
> 集まった100人の子どもたちのきょうだいの順位をつけた。
> 頭上の雲は仙女の羽衣を思い起こさせ，
> 足元の山は竜が舞うように起伏する。
> 50人の男の子は父に従って海に下り，
> 50人の女の子は母に従って森に上る。
> 紅河で稲を植え，メコンで漁をする。
> わが同胞たち，南の人も北の人も，

ランソンの頂からフークオック島にいたるまで
肉親の情をともにしないものがあろうか。

と書かれている［ND1970.5.10］。百卵伝説に50人の女の子が出てくるというのは奇想天外ともいえるが，詩ではホー・チ・ミンが兵士たちに話して聞かせたことになっている[13]。また雄王に言及しながら，誰が雄王になったのかも不明である。北から南までのベトナム全土の人々が，男性も女性もともに助けあうというイメージは，この奇妙なナラティブが労働党機関紙上に堂々と掲載されるのを可能にしている。

3-3　ハイバーチュンと雄王

雄王から始まる新しいナショナルヒストリーの叙述において，それまでは外国侵略者と闘ったベトナム史上最初の民族英雄とされていた2人の女性，ハイバーチュンの位置づけも変わっていった。ハイバーチュンについては無数のナラティブがあるが，紀元40年にチュン・チャックとチュン・ニの2人の姉妹が，後漢の支配に対して反乱を起こし，太守蘇定を放逐して，姉が女王を名乗り統治したが，光武帝の遣わした馬援将軍との戦闘に敗れて命を落とし，43年には現在のベトナム北部はふたたび後漢の統治下に入ったというのが，共通した語りであろう［図2参照］。『ベトナム史』第1巻においては，2-2で述べたように，彼女たちの起義は構成上目立たないところに収められ，それまでのハイバーチュンに始まる闘争の歴史叙述とは様相を異にした。ナショナルヒストリーを，雄王から始まる国を建て国を守る歴史と定義してしまったためである。雄王の位置づけは，雄王が国を建て，その後の者が国を守るという，ホー・チ・ミンがよく言ったとされる語り方から，しだいに雄王が外国侵略者から国を守ったというナラティブに変わり，それが『ベトナム史』第1巻で定着し，

---

[13]　ただしベトナムの多数民族であるキン族にもっとも近く，キン族の古い文化を伝えるといわれている少数民族ムオン族の間にも，やはり百卵伝説があり，そこでは50人の女の子と50人の男の子が生まれたとなっている。仏領期にムオン族の調査を行ったキュイジニエによると，鹿の王女グコ（Ngu Kơ キン族のアウコに相当する）と魚の王子ルオンウォン（Lương Wong）が結婚し，グコは100個の卵を生んで，そこから50人の女の子と50人の男の子が出てきたという。夫婦はけんか別れして，それぞれ50人の子どもを連れていったとあるが，その50人の性別は書かれていない。それぞれが王家を建てたが，グコは賢明な政治を行って家臣と民に称えられたという［Cuisinier 1946：xii-xiii；松本1969：11-12］。

図2 ハイバーチュンを描いた木版画。[*Outstanding Vietnamese Women before the 20th Century*（The gioi Publishers. 2006）：43]

その例証として雄王のもとで「殷」の侵略から国を守った英雄ゾンの伝説が引かれた [Ủy ban khoa học xã hội Việt Nam 1971：61]。

そして『ベトナム史』第1巻では，ハイバーチュンは雄王の子孫であるという叙述が唐突に出現する。

> チュン・チャックとチュン・ニは実の姉妹であり，メリン県（旧ソンタイ地方で現在のヴィンフー省）の貉将の娘であり，雄王の子孫であった。チュン・チャックは有能で勇敢で聡明な女性であり，チュージエン県（ハタイ地方，ナムハ省）の貉将の息子である夫のティ・サックも，国を愛し強い意志を持った人であった。
>
> ソンタイの神跡と伝説によれば，ハイバーチュンの母マン・ティエンは，雄王の母方の子孫であり，早くから寡婦であったが，2人の娘を愛国・尚武の精神でよく育てた [Ủy ban khoa học xã hội Việt Nam 1971：80]。

抗米戦争期の理想の女性像を髣髴させる叙述ではあるが，雄王の子孫であるということは伝承にもとづいているだけで，しかも母系をたどっているのである。ここにも曖昧さが見られるが，子孫と明言することによって，ベトナム史最初の民族英雄でありながら，女性という攪乱性を持つ危険な存在であった彼女たちを，雄王の一貫したナラティブに組み入れることで，ナショナルヒストリーの一体性が保持された。そしてハイバーチュンの起義が「失敗した」と明記す

ることで [Ủy ban khoa học xã hội Việt Nam 1971：91]，ホー・チ・ミンと労働党が彼女たちのなしえなかったことを完成させるという，目的論的叙述が成立した。

　ペリー [2002] は，ハイバーチュンの評価の変遷をたどり，13世紀の『大越史記』の著者黎文休は，姉妹は武勇と力の不滅の範例となったが，男子にとっては恥であったと言い，15世紀の呉士連は死後もその霊が災いを防ぐとして，特に姉のチュン・チャックの儀礼的な力を称えたとしている[14]。1962年3月には『歴史研究』がハイバーチュンを記念し，姉妹たちが女性の能力を証明したことを称えたが，それはちょうどその数か月前に南ベトナム解放女性連合会が結成され，抗米戦争中も戦後も高い地位を得た数少ない女性の1人であるグエン・ティ・ディンが，南ベトナム解放民族戦線において卓越した役割を担い始めたときだったとしている。そして「雄王たちのカノン化とすべてのベトナム人が生まれた「原初の子宮」の暗示とを頂点とする，ポストコロニアルの祖先統合の試み」の中で，その系図が雄王にまでさかのぼることによって，ハイバーチュンは現在のベトナム人と伝説の祖先たちとを歴史的につなぐものになったとする [Pelley 2002：179-182]。しかし，ペリーのいう統合の試みは成功したのであろうか。ハイバーチュンが雄王の子孫であるとする見方は戦後定着せず，ハイバーチュンの起義の記念日は，奇しくも国際女性デーと同じ3月8日であることから，その日は女性の日として，ベトナム女性連合会[15]を中心に毎年華々しく祝われており，現在では姉妹を雄王と結びつけて考えることはもはやない。

3-4　『ベトナムの女性の伝統』

　すべてを雄王という1つの流れに巻きこもうとする大きな動きの中で，「女

---

14)　黎文休や呉士連によるハイバーチュンの評価について，ほぼ同様の分析を日本では早川 [1989] が行なっている。ただし早川 [1989] は，起義に参加した将軍たち，特に女性将軍たちの伝承の分析がテーマである。Womack [1996] は，ハイバーチュンについてのいくつかの代表的なナラティブを植民地化以前から1993年の歴史教科書までたどり，フェミニズムという点では，民族主義者ファン・ボイ・チャウの1911年の戯曲で後退がみられるものの，進化していっていると述べる。ただし抗米戦争中のナラティブについては触れていない。また後藤 [1969] は，姉のチュン・チャックの夫のティ・サックが蘇定に殺されたことで姉妹が決起したという『大越史記全書』の記述に対して，より古い『水経注』では夫は死んでいないということを示す。

性」そのものに焦点を当てて歴史を叙述したのが,『ベトナム史』第1巻完成の翌年の1972年に男性歴史家チャン・クオック・ヴオンが著した,ベトナム初の女性史といえる『ベトナムの女性の伝統』である[Trần 1972]。序章「わが人民は元来女性を尊重する伝統があった」,第1章「経済・文化・社会生活における担当」,第2章「侵略に対する闘争と階級闘争を勇敢に闘う」の3章からなる100ページの小冊子であるが,次節で述べる『各時代を通してのベトナムの女性』の著者のレ・ティ・ニャム・トゥエットが歴史家ではなく民族学者であり,またチャンが人気のある著名な歴史家であったということもあって,本書が唯一のベトナム女性史であるとする歴史家も多い[16]。ただし,本書は実際には1975年に出版されたという。20年以上のちに,チャンは,「わが人民は元来女性を尊重する伝統があった」という序章のタイトルを理由に,女性連合会付属の女性出版社が数年間原稿を「しまいこんだ」と書いている。宣伝幹部の女性に,もし元来女性を尊重する伝統があるのなら,女性連合会が「女性解放」を問題にするのは何のためなのか,階級的抑圧,民族的抑圧,性差の抑圧がベトナム女性に重くのしかかっていると言われ,黙って耐えるしかなかったという[Trần 1996：43][17]。

『ベトナムの女性の伝統』の序章は,「歴史の黎明期,原始社会の発達段階において,どの民族も母系の時期と母権制とを経ている。そこで女性は家族と一族の主人であり,経済活動,社会生活,また精神文化生活においても,大きな役割を持っていた」[Trần 1972：9]という文で始まる。それに続けて,すべ

---

15) ベトナム女性連合会は,2011年12月現在15,342,302人の会員を擁する,世界でも最大の女性組織である[会のホームページ http://www.hoilhpn.org.vn（2016年9月21日アクセス）]。1930年にインドシナ共産党の女性大衆組織として発足した女性協会を前身とし,一貫して女性解放と男女平等を掲げた運動を展開してきたとされている。ベトミン戦線下で救国女性団として他の多くの女性組織を糾合し,独立後の1946年,ベトナム女性連合会として発足した。抗米戦争時には,南ベトナム解放女性連合会が解放民族戦線下に結成されて,ベトナム女性連合会は北部の女性組織となったが,南北統一後にはふたたび統一された。ドイモイ後,女性の地位向上や起業の支援をはかり,積極的な活動を続けている。なお本文中のグエン・ティ・ディンは南ベトナム解放女性連合会会長であり,その後解放軍副司令官も兼任し,南北統一後にはベトナム女性連合会会長も務めた。
16) チャン・クオック・ヴオンは,ファン・フイ・レーやハー・ヴァン・タンらとともにハノイ大学史学科に属しており,史学院の公定史家たちとはしばしば意見を異にし,論争になっていたという[Pelley 2002：50]。
17) それが事実であるなら,抗米戦争の最中に,女性解放を第1に考え,しかもグローバルなフェミニズムの言語で語る女性幹部がいたということであり,ベトナムの女性運動を考える上で興味深い。

てのベトナム人が知っている母のアウ（嫗姫）と父のラク（貉龍君）は民族の歴史の創始者であり，母は1つの袋に入った100個の卵を生んだが，母と父は子どもを2等分して山と海に行き，今日の山地の人々と平野の人々を作り出したとして，定説とは異なる語り方をしており，母アウの長男が王になったと明記している［Trần 1972：10］。ヴァンラン国の描き方は，部落の連合がしだいに国になったとしており，母権制はしだいに父権制に変わっていったとする。エンゲルスの『家族・私有財産・国家の起源』を引用しているが，父権制への移行はベトナムではより「おだやか」であったとして，伝説や漢文史料，ことわざに見える女性の主体性を簡潔に示している［Trần 1972：10-13］。

次に第1章「経済・文化・社会生活における担当」の第1節「家の仕事と生産における担当」では，農業生産における女性の重要な役割を史料に沿って述べ，女性の商業活動にも触れる。第2節「民族文化の精華を守り，発展させる」では，北属期から阮朝までの時期の史料に残る女性の文化活動を挙げる。封建制のもとでの女性への抑圧にも言及するが，旧社会において女性は，毎日の生活でも，物質的生産や民族精神の生産においても，重要な役割を担っていたとしめくくる。第2章「侵略に対する闘争と階級闘争を勇敢に闘う」は，この小冊子全体の3分の2近くを占めるが，ハイバーチュンから始めて，3世紀の女性英雄バーチエウ，北属期末期の女性英雄，李朝の倚蘭元妃，元の侵攻と闘った女性たち，明を放逐したラムソン起義における女性，タイソンの乱の女性，阮朝の農民反乱の女性，そして18世紀末から19世紀初頭にフランス軍と闘った女性たちまで，侵略者と闘った代表的な女性たちの事例を9話にわたって叙述する。

『ベトナムの女性の伝統』でのハイバーチュンについての語り方は，雄王との関係を，直接子孫であるとは記さず，その母が雄王の母方の子孫であることだけを述べる［Trần 1972：39］。その母は，チュン・チャックがティ・サックとみずからの意志で結婚するようにさせたなど，史料は『ベトナム史』と同じものを使いながら，女性の主体性と母親の強さを強調するナラティブになっている。また，レ・チャンやバット・ナンなど女性将軍の記述が多い。そして『ベトナム史』のように蜂起が失敗したとは言わず，のちの民族解放闘争への道を開き，方向を定めたとし，「民族の強く生きる力の1つの表現である」としている［Trần 1972：47-48］。チャンの女性史の叙述は，1930年にベトナム共産党が成立する前の時期で終わっており，未完の歴史ということもできる

が，共産党が成立する以前にすでに女性の自主性と戦闘性の伝統が完成していたと読むこともできる。ただし序文やあとがきには，ホー・チ・ミンや労働党指導部の言葉の引用が満載されている。

『ベトナム史』として成立したナショナルヒストリーは，抗米戦争の最中に太古の伝説と神話をよみがえらせた。父系的な雄王の伝説や建国神話が今日も広く信じられ，ベトナム人のアイデンティティとして定着する原型が作り上げられたが，抗米戦争期には，それらのナラティブをめぐるジェンダー観はむしろ曖昧であり，混沌としていた。ナショナルヒストリーにおいてハイバーチュンは雄王の子孫という位置づけを与えられ，その蜂起が失敗したと明示することで，ホー・チ・ミンと労働党指導部による事業の完成を期する男性性をもった枠組みを与えられたが，ハイバーチュンを雄王の子孫とする見方は，戦後定着することはなかった。ナショナルヒストリー完成の翌年に書かれたチャン・クオック・ヴオンの著書は，ベトナム初の女性史として，明確に百卵神話の父系性を否定し，母権制の存在を明示することで，ナショナルヒストリーとは別の歴史を示した。その流れの中で，女性の手になる，より大部のベトナム女性史が登場することになる。

4　ベトナム女性史の完成

ナショナルヒストリーを作成した公定史家たちのように，国家や党から要請されたわけでもなく，何らかのプロジェクトがあったわけでもなく，史学院という研究機関や『歴史研究』という研究発表の場からも離れたところで，女性民族学者レ・ティ・ニャム・トゥエットは1973年，1人で『各時代を通してのベトナムの女性』を書き上げた[18]。チャン・クオック・ヴオンも1人で女性史を書いたが，レの著書は358ページにも及ぶ大作であった。そして男性史家たちが20年近い年月をかけて，ベトナム民族4000年の歴史というナラティブ

---

18) 『各時代を通してのベトナムの女性』の中では著者をさして「私たち」という表現を使っているが，著者表示はレ・ティ・ニャム・トゥエット1人である。「私たち」という人称は，多くの協力者をさすということもあろうが，集団としての女性を表しているとも思われる。その点ではチャン・クオック・ヴオンが個人の研究者として女性史を記したのとは異なる。

にたどりついたのに対し，レは1960年代後半の短い期間に調査と研究を集中して，原始時代の母権制から封建制，フランス植民地期，8月革命，抗仏戦争を経て，抗米戦争の最中の1968年にいたるまでの女性の歴史を一気に書き上げた。彼女を動かしたものは，抗米戦争時の南北ベトナムの無数の女性たちの生きざまであった。その意味で本書はまさに女性史であった[19]。本節ではその内容を分析し，その成立の背景と叙述の特徴を明らかにする。

4-1 『各時代を通してのベトナムの女性』誕生の背景

『各時代を通してのベトナムの女性』の1975年の第2版に書かれた序文の冒頭には，

> 抗米救国と社会主義建設の初めの時期の，わが女性運動の驚異的な発展の歩みを目撃した私たちは，ベトナム労働党中央書記局の152号決議と153号決議の光のもとで，1967年から69年にかけて，『各時代を通してのベトナムの女性』を著し，原始時代から1968年までのわが国の女性に関する諸問題について，主にその肯定的な面を鼓舞し称揚して叙述した［Lê 1975：7］。

と記されている。そして遠近の女性たちや読者から多くの意見を与えられたこと，1968年から72年までの大きな変化について補足する必要に駆り立てられながらも，「活動が忙しくて」［Lê 1975：7-8］実現できないまま，小さな修正と加筆をするだけにしたことを述べている。レは民族学者であるが，この序文はまさにベトナムの女性運動家のものである。

この序文で述べられている152号決議と153号決議とは，1967年1月10日付けのベトナム労働党中央書記局の「女性動員工作の組織と指導のいくつかの

[19) 女性史の出現を促した，抗米戦争期の北ベトナムの女性運動について，筆者は「戦争の女性化」という概念を用い，1960年代以降の「労働力の女性化」「雇用の女性化」「移民の女性化」「貧困の女性化」などの全世界的な社会の変容を，抗米戦争期の北ベトナムも共有していたと論じた［片山2007］。後出のバーダムダン運動は，出征する男性に代わって，女性が生産・家庭・戦闘の3つを担当するという運動で，「後方の女性化」といえるものである。その中でも女性が集団農業の中核的役割を果たすようになった「農業の女性化」，大量の若い女性が青年突撃隊に志願してホーチミンルートの建設などを担った「青年運動の女性化」，女性が北爆に対抗する主要な勢力になった「民兵の女性化」などが顕著であった。ベトナム女性史の出現は，男性的なナショナルヒストリーに対抗して，女性たちがみずからの活動にふさわしい歴史を欲し，「歴史の女性化」をめざした表れであるといえるであろう。バーダムダン運動については片山［2008］参照。

問題について」,「女性幹部工作について」の2つの決議である。のちにレは女性連合会機関紙『ベトナム女性』のインタビューに答えて,「自分がこの本を書いたのは,「3つの決議」がきっかけであった」と述べている［PNVN 1975.11.16］。「3つの決議」とは,上述の152号決議と153号決議に,同年3月8日付けの政府閣僚評議会31号決議「国家の各機関・企業の女性労働力を増強する決議」を加えたものである。153号決議は,労働党の女性幹部の数を増やし,質を高めることを決定したものであり,31号決議は,「1968年末までに国家の労働者・職員の女性比率を35％以上にし,教育・医療・軽工業・商業部門では50％から70％,あるいはそれ以上の比率をめざす」とするものであった。1965年からすでに北ベトナムでは,バーダムダン運動という何百万人もの女性をまきこんだ女性大衆運動が展開されていたが,レにとっては,労働党と政府が女性の地位向上を,口先だけではなく決議によって保証したことが,女性運動にとっての大きな転回点と思えたのであろう[20]。

『各時代を通してのベトナムの女性』の序文では,今日ベトナムの女性が地球上のすべての人類の知恵と心を引きつける中心となっていること,世界の人々がベトナムの女性を「全世界の女性解放事業を推進している」と評価していること,そして自分たちベトナムの女性自身も,「どこから,なぜ,そして何によって,現在のようなベトナムの女性運動が作り出されたのかを知りたい」［Lê 1975：16］と思っていることを述べる。考察対象は,多数の普通の勤労女性大衆であり,また歴史の中で傑出した女性たちであるとしている。そして歴史民族学の考察と叙述方法により,異なる歴史段階に沿ったベトナムの女性についての,多面的で豊富な総合的叙述を試みるが,南部の女性や少数民族の女性については,資料がまだ不十分であり,十分な叙述ができなかったとする［Lê 1975：17-18；22-23］。主な読者として想定した女性運動の幹部たちに役立つように,説明的な叙述方法にしたと述べているが［Lê 1975：23］,本書は1次資料からの大量の引用を含む,かなり高度な内容を持った大部の著書であり,抗戦時のベトナムの女性運動の知的水準の高さがうかがわれる。

---

[20]「3つの決議」は固有名称のように使われ,1967年7月から,その学習運動が北部各地の党支部を中心に展開され,女性の昇進を促し,各組織での女性比率を上げることをめざしたが,同時に妻を殴る夫や,妻の昇進を喜ばない夫を批判する「封建制の残滓の一掃」をめざす運動もさかんにおこなわれた［片山2008：73］。

4-2 「母権制」と「封建制」

　『各時代を通してのベトナムの女性』の第 1 章「ベトナムの歴史の始まりにおける女性」では，第 1 節「ベトナムの母権制時代における女性」において，「母権制の痕跡」を，神話や伝説，漢籍，少数民族の習慣や伝承，ベトナム語のことわざ，そして貝塚や土器などの考古学的発見の中に求め，母権制がベトナムの地に存在したことを証明しようと試みている。妻方居住制，擬娩やレビレート婚，母方オジ権[21]など，民族学者ならではの豊富な例は，チャン・クオック・ヴオンの文献や伝承のみに頼った母権制の証明よりはるかに複雑で詳細な叙述になっているが，漢籍史料も漏らさず列挙している。第 2 節「ベトナムにおける母権氏族制度から父権制社会への移行における女性」では，雄王時代に父権制社会への移行があったが，エンゲルスのいう「女性の世界史的敗北」がベトナムでは「おだやかな形態」で起こったため，原始時代に発生した女性の能力と徳性が続けて存在し発展する条件ができて，ベトナムの女性のとぎれることのない伝統となったと論じる［Lê 1975：68-69］。

　続く第 2 章の「封建制の時代のベトナムの女性」は第 1 節「女性の役割と伝統的徳性の形成過程」のみからなり，「女性と農業経済」「女性と家庭」「女性と民族的文化の形成と維持」「女性と反侵略・反封建闘争」の 4 項に分けて，「封建時代」の女性が農業と家庭と文化を担ったことを述べる。最後の項では，外国侵略者や封建制度に対して武器を取って闘った女性たちについて述べ，ハイバーチュンはここに置かれている。闘う女性たちは，ハイバーチュンを始め，チャン・クオック・ヴオンが取り上げた女性たちとほとんど同じであるが，叙述はさらに詳細である。ハイバーチュンについては，雄王の子孫であることは全く述べず，女性の胸を躍らせるレトリックを並べる。「それはまた，民族の独立と自主を勝ち取る事業を確固として肯定し，のちの世紀に勝利へといたる道を開いた。そしてそれは女性たちによって指導された蜂起であった」［Lê

21）　妻方居住制とは，結婚後夫が妻の両親の家，またはその付近に住むこと。擬娩とは，妻が出産するとき，その夫も床につき，産みの苦しみをまねたり，食物を制限したりすること。レビレート婚とは，夫の死後，妻が夫の兄弟の 1 人と再婚すること。母方オジ権とは，母系社会において子どもに対して生物学的父親ではなく，母方のオジが権力を持つことをいう。いずれもレは母権制の残滓を示すものとしているが，現在はそれ以外の解釈が優勢である。

1975：107]。そして何人もの傑出した女性たちが多くの場所でハイバーチュンとともに立ち上がって救国の奇跡を起こしたと記す [Lê 1975：108]。

第3章は「封建制の時代のベトナムの女性（続）」となっており，この章は第2章の第1節に続く第2節「封建制とベトナムの女性」だけであり，三従，四徳，七出など，女性に対する儒教的な抑圧を列挙している。レは「封建制」をテーマ別に2章に分けて叙述するという変則的な方法で，「封建制」になおも認められる「母権制」の残存による女性の強さや重要な役割と，法律や慣習として定まった前近代的な抑圧とを分けて描き，女性に対する抑圧を女性の強さの伝統と同等の重みで述べる。前節で述べた，チャン・クオック・ヴオンが女性幹部から批判された問題に対する，1つの解決である。「封建制」も，現代の視点では「母権制」と同じぐらい疑わしい概念である。公定史家たちがその定義や時代区分をめぐって延々と論争したのに対して，レは女性のアンビヴァレンスを特徴とする前近代として使用しているといえる。女性史は女性の強さや主体性を叙述すべきなのか，女性に対する抑圧や差別を描くべきなのかという，1970年代から世界的に女性史が書かれるようになって以来の問題を，同時代のレも共有しており，その解決を提示しているかのようである。

4-3　植民地支配から抗米戦争へ

『各時代を通してのベトナム女性』の第4章「民族を解放し，半封建植民地制度を打倒する闘争の時期のベトナムの女性」の第1節「フランス統治期における女性の境遇」では，フランス植民地時代の抑圧が，封建時代よりもはるかに苛酷であったとしており，農村で身売り奉公する女性たちや，鉱山や工場の女性労働者たちの性的な虐待も含めた悲惨な状況を，当時の資料を使って詳細に描写している。第2節「封建的植民地主義に抵抗する時期の最初の段階の女性」では，従来男性の闘争として描かれるだけであった反仏闘争の「文紳の乱」に関わる女性など，ベトナム共産党成立以前からの女性の闘争の存在に光を当てる。第3節「党の指導のもとでの民族解放革命運動における女性(1930年-1945年)」では，共産党の成立と党の女性問題への理解によって，女性解放の道が明らかになったという決まり文句を述べ，党に対する女性の献身を伝統的な女性の美徳としているが，集会，デモ，演説など「女性たちにとって全く新しい闘争形式」[Lê 1975：188]に没頭し，秘密の連絡活動に創意工夫を発揮し，

獄中で助けあう姿は生き生きと描かれている。第4節「8月総蜂起における女性」はそのしめくくりである。1945年の8月革命が歴史の目標であったという，2-3で述べたペリーの議論の枠組みに収まっているようであるが，レは8月革命を超えて，ベトナムの女性が歴史の目標に向かう叙述を続ける。

第5章「現代革命運動におけるベトナムの女性」の第1節「民主共和制元年におけるベトナムの女性」は，1945年の独立後から翌年の抗仏戦開始までの短い期間を扱うが，その1年あまりの間に，女性議員が選出された第1回国会が開かれ，男女平等を謳った憲法が制定され，女性連合会が成立している。それは歴史的な輝かしい日々であり，抗米戦争の中で生きている著者の目には幸福そのものとして映る。「幸福は女性の解放と結びつき，女性解放の事業は民族解放の事業と結びついている」[Lê 1975：218]。第2節「フランス植民地主義に対する抗戦におけるベトナムの女性（1946年-1954年）」では抗仏戦への女性の参加を，後方活動と戦闘に分けて叙述する。そこでは抗米戦争との類似点が強調され，抗米戦争は勝利した抗仏戦の再演となる。第3節「社会主義建設事業と国土統一の闘争におけるベトナムの女性（1955年-1965年）」では，南北に分断された女性たちが，北部では社会主義建設に参加し，南部ではゴ・ディン・ジエムの圧政下での苦闘から南部解放の闘争に参加するという，南北で全く異なる生き方を始めたことが描かれる。

最後の第6章「現代革命運動におけるベトナムの女性（続）」は，第4節「抗米救国事業におけるベトナムの女性（1965年-1968年）」だけであるが，大前線の女性（南部）と大後方の女性（北部）に分けて，抗米戦争下の女性たちの闘争を描く。「大後方の女性」は，「「生産と活動を担当する運動」における北部の女性」，「北部の女性と「家庭を担当する」運動」，「北部の女性と「戦闘奉仕を担当し，戦闘に備える」運動」として，無数の女性たちが勇敢さや聡明さ，創意工夫を発揮しているバーダムダン運動の叙述に終始している。「現代革命の時代」を第5章と第6章の2章に分けているのは，「封建制の時代」と同じであるが，こちらは時系列に沿っており，第6章は執筆当事は未完の抗米戦争の時期であり，第5章の歴史叙述の示す幸福と勝利と分断に対して，勝利を再演し，分断を統一する希望を表すとともに，北部の女性たちのバーダムダン運動の中での自立した姿は，1968年という時点で唐突に叙述を終えているにかかわらず，女性解放運動の未来を表象して終わっている。

4-4　ベトナム女性史のその後

　『各時代を通してのベトナムの女性』の第1章で「母権制」の例証として挙げられている母方オジ権や妻方居住制や擬娩は，現代の視点で見れば，単なる母系制や双系制，あるいは父系の確認の例ですらある。レの「母権制」は「歴史的事実」ではなく，生産しつつ家族や一族の長として生活を守る女性の主体性と強さのメタファーであり，ナショナルヒストリーにおける雄王の建国と同様に，歴史を動かす始原の動力である。「封建制」はレにとっては，女性の強さと女性に対する抑圧が共存するアンビヴァレントな時代であり，侵略者と封建制に対する女性の闘争が始まる時代である。封建制の時代の女性を農業，家族，闘争との関わりで描写しているのは，まさに抗米戦争下のバーダムダン運動の生産と家庭と戦闘の担当そのものである。そして封建制よりさらに苛酷なフランス植民地期，フランスとアメリカを相手にした戦争の時期を経て，何百万人もの北部の女性が展開するバーダムダン運動の高潮期で叙述は終わり，ベトナムの女性の歴史叙述が完成する。1973年の初版ののち，1968年から戦争終結までの時代を補足する第2版が書かれなかったこと，そして原始時代から現代までを通したこのような女性史がその後2度と書かれなかったことの理由は，完結した物語のようなこの叙述にあるのではないだろうか。しかも戦争終結の前後から，現実の女性の地位は逆に後退していったのである[22]。

　抗米戦争が終結し，南北が統一して5年が過ぎた1980年から81年にかけて，南部出身の著名な活動家で，抗米戦争中からベトナム女性連合会の会長を務めていたグエン・ティ・タップが編集した『ベトナム女性運動史』全2巻が完成した［Nguyễn 1980-81］。「女性幹部集団が研究し，編纂し」［Nguyễn 1980：7］，女性運動家や各省の女性連合会支部が協力して作成した本書は，まさに女性連合会の書いた女性史であったといえるが，社会科学院や民族学院の協力も

---

[22]　1973年1月のパリ協定調印後，北ベトナムの女性運動は大きく変化した。1974年の第4回女性大会でバーダムダンの内容から戦闘の担当がなくなり，「国のことを上手におこない，家のことを引き受け，男女平等を実現する」というスローガンに変わった。実際は，帰還してきた男性たちに生産での指導的な役割を譲りわたし，女性の地位は後退した。バーダムダン運動は1976年以降の全土社会主義化のもとで，男女平等の実現のために女性の政治参加を促すという内容を加えたが，実際は国会の女性議員比率の減少など，女性の政治参加も後退し，バーダムダン運動はその後立ち消えになった［片山 2008：74］。

得て，学問的な標準もめざした。序章の最初の部分でベトナム女性の前近代史を簡単に叙述してはいるが，運動史という位置づけの通り，1930年から1976年までのベトナムの女性運動を叙述したものである。序章の冒頭で「雄王たちの時代からホー・チ・ミンの時代にいたるまで，ベトナム民族の国を建て国を守る限りなく輝かしい道を経て，ベトナムの女性は，聡明，創造，勤勉な労働，勇敢な戦闘の伝統を示してきた」［Nguyễn 1980：9］と述べる本書には，母権制の叙述は全くなく，党とナショナルヒストリーに強く規定されており，チャンやレの女性史とは鋭く対立する「公定女性史」といえるであろう。しかし個々の事例の内容には，統一後の社会主義の時代を生き延び，ドイモイ後発展していく女性連合会につながるハイブリッドな豊かさが感じられるが，抗米戦争期の歴史叙述という本章のテーマを超えているので，その分析は今後の課題としたい。

なお本章で女性史として取り上げた『ベトナムの女性の伝統』，『各時代を通してのベトナムの女性』，『ベトナム女性運動史』のタイトルには，女性史（女性の歴史）という言葉が使われていないことに疑問が残る。公定のナショナルヒストリーである『ベトナム史』（ベトナムの歴史）に対して，雄王の父系的なナラティブの否定や，母権制という概念を打ち出して，対抗あるいは攪乱をはかっているようには見えても，「女性の歴史」あるいは「ベトナム女性の歴史」という概念がナショナルヒストリーと正面から対立することを避けているのであろうか。それは，女性史を構築するという1970年代以降の世界的な流れとは一線を画すものなのか。したがって「全体史を補足する副次的領域としての女性史なる位置づけ」［小泉 2006：iv］から自由なのか，それともその隘路におちいる前に終結してしまったのであろうか。女性史の意味を問い，抗米戦争後の時期も含めてベトナム女性史を再構築するといった動きは今のところ見られない。ただドイモイ後入ってきたジェンダー概念は，女性運動や社会学，文化人類学の研究に取り入れられ，歴史研究にも使われ始めている。ベトナムのジェンダー史を構築する動きが生まれる可能性がないとはいえない。

レ・ティ・ニャム・トゥエットの『各時代を通してのベトナムの女性』が生まれた背景には，抗米戦争期の北ベトナムの女性たちのバーダムダン運動と，労働党と政府が女性幹部や女性労働力の量的拡大と質的向上を保証した「3つの決議」があった。父系的なナショナルヒストリーに対して，それは「母権制」

から始め，女性がその伝統を保持して農業や家庭を担い，外国侵略者に対して闘う一方で，儒教的な抑圧に苦しむ「封建制」，フランス植民地期の苛酷な抑圧，8月革命と独立と抗仏戦争を経て，抗米戦争の最中の北ベトナムの女性たちのバーダムダン運動で終わる歴史叙述を対置した。その叙述において，「母権制」は女性の主体性と強さを意味し，「封建制」は女性のアンビヴァレンスを意味するメタファーであった。それが生まれてきた背景も，動因も，そして同時代の世界の動きから見ても，女性史の構築であるかのように見えるが，みずからを女性史として位置づけてはおらず，そのあまりにも完結してしまった叙述は，あとに続く動きを生まなかったのである。

5　ベトナムのナショナルヒストリーと女性史の残したもの

　ベトナム民族4000年の歴史という誇大なレトリックは，今日では少なくとも研究者の間では全く姿を消し，「母権制」は痕跡すら見られない。抗米戦争期の歴史叙述の持つ意味は何であったのか。在仏の研究者であるグエン・テー・アインは，ベトナムの歴史研究が政治とイデオロギーに密接に結びついていることを明らかにする中で，1971年と1985年の『ベトナム史』に触れ，「真の意味でのベトナム通史がまだ書かれていないのは言うまでもない」［Nguyên 1995：125. fn.］とした。また米国の研究者ウィットモアは，15世紀以降のベトナムの「初期近代国家」の成立に関わる知識人の役割を論じ，新儒教による「正しい」ジェンダー関係にもとづく歴史を叙述することが，国家の形成と一体であったとし，「ジェンダーと政治と歴史叙述の3つの面のすべては，時代の発展から起こった相互に関連する歴史的構築物である」［Whitmore 2000：229］と述べた。抗米戦争期のナショナルヒストリーはまさにその延長上にあった。

　しかし20世紀後半の抗米戦争は，ジェンダー役割を超えた女性の力に依拠しなければならなかった。ナショナリズムはみずからの正統な起源と歴史の目的を記した叙述を求め，ジェンダー役割の固定化と女性のその役割への収斂をはかるが，民族の存亡のかかる危機の時期には，女性役割の越境や曖昧なジェンダー観といった多様性の中に，新たな力を得ようとする。また米国の圧倒的な軍事力に対抗しようとしたベトナムは，国際世論を幅広く味方につけるとい

う戦略を取ったが，時を同じくして起こった第2波フェミニズムの世界的な流れが，ナショナルヒストリーに対抗する女性史の誕生を後押ししたといえる。ナショナリズムはジェンダー役割を固定化する一方で，女性を最大限に利用しようとし，女性運動はグローバルな動向にも依拠しつつ，ナショナリズムを利用して，女性解放という目的を達成しようとする。そういったナショナリズムとジェンダーの相互関係の中で，それぞれの歴史叙述が完成したといえるのではないだろうか。

今日ではベトナム民族4000年の歴史という歴史叙述こそ見られなくなったが，抗米戦争期に成立した雄王に始まる建国の歴史のナラティブは，ドイモイ後復活した祖先崇拝の儀礼とともに，そしていたるところに見られるドンソン銅鼓から取ったモチーフとともに，ベトナム人のアイデンティティとして定着した。2002年から2007年までの第11期国会では，旧暦3月10日の雄王の「命日」に勤労者が有給休暇を取ることができるという法案が可決された。しかしその同じ国会で，女性連合会の長年の懸案であった「ジェンダー平等法」も成立した。『各時代を通してのベトナムの女性』を著したレ・ティ・ニャム・トゥエットは，現在ではジェンダー学の大家であり，「ジェンダー・家族・開発と環境研究センター」の所長として活動を続けている。ハイバーチュンの蜂起の記念日は，国際女性デーと一体化して，毎年3月8日に盛大に祝賀されており，すたれることはない。ベトナムの国家の男性性に対抗し，それを撹乱し，あるいは補完する女性性という権力関係は，絶えることなく続いている。抗米戦争期に生成したナショナルヒストリーと女性史という歴史叙述は，その後二度と同様のものが書かれることはなかったが，ナショナルアイデンティティとジェンダー意識の関係として，抗米戦争後のベトナム社会に引き継がれていったのである。

参考文献

I. 定期刊行物
ND: *Nhân dân*（ベトナム共産党（労働党）機関紙『ニャンザン』）
PNVN: *Phụ nữ Việt Nam*（ベトナム女性連合会機関紙『ベトナム女性』）

II. 著書・論文
1. 日本語
上野千鶴子．1986．『女は世界を救えるか』勁草書房．

小倉貞男．1997．『物語ヴェトナムの歴史———一億人国家のダイナミズム』中央公論社．
片山須美子．2007．「戦争の女性化———ベトナム戦争再考」『アジア現代女性史』3：46-61．
―――．2008．「バーダムダン運動———抗米戦争下の北ベトナムの女性運動」『大阪市立大学東洋史論叢』16：57-82．
京樂真帆子．2014．『英雄になった母親戦士———ベトナム戦争と戦後顕彰』有志舎．
栗原浩英．2005．『コミンテルン・システムとインドシナ共産党』東京大学出版会．
小泉順子．2006．『歴史叙述とナショナリズム———タイ近代史批判序説』東京大学出版会．
後藤均平．1969．「徴姉妹の反乱」中国古代史研究会編『中国古代史研究3』吉川弘文館：211-248．
俵　寛司．2014．『脱植民地主義のベトナム考古学———「ベトナムモデル」「中国モデル」を超えて』風響社．
早川雅美．1989．「ハイ・バァ・チュンの起義の伝承———起義に参軍した諸将の伝承を中心に」『史苑』49（2）：8-35．
古田元夫．1988．「ベトナム史学界とベトナム史像」『歴史と文化』16（東京大学教養学部人文科学科紀要87）：16-41．
―――．1991．『ベトナム人共産主義者の民族政策史———革命の中のエスニシティ』大月書店．
―――．1996．『ホー・チ・ミン———民族解放とドイモイ』岩波書店．
古田元夫・吉沢　南．1976．「ベトナム戦争とベトナム歴史家たち———『歴史研究』（*Nghiên Cứu Lịch Sử*）を中心に」『歴史学研究』439：29-38．
松本信広．1969．『ベトナム民族小史』岩波書店．
桃木至朗．2011．『中世大越国家の成立と変容』大阪大学出版会．
山崎カヲル．1987．「フェミニスト人類学の流れ———はじめに」エドウィン・アードナー，シェリ・B・オートナー他『男が文化で，女は自然か？———性差の文化人類学』山崎カヲル（監訳）．晶文社：9-29．
レ・ティ・ニャム・トゥエット（藤目ゆき監修，片山須美子編訳）．2010．『ベトナム女性史———フランス植民地時代からベトナム戦争まで』明石書店．

2．欧文・ベトナム語

Cuisinier, Jeanne. 1946. *Les Mường : Géographie humaine et Sociologie*. Paris：Institut d'ethnologie.
Fluehr-Lobban, Carolyn. 1979. "A Marxist Reappraisal of the Matriarchate." *Current Anthropology* 20（2）：341-359.
Lê Thị Nhâm Tuyết. 1975. *Phụ nữ Việt Nam qua các thời đại*（各時代を通してのベトナムの女性）. Hà Nội：Nhà xuất bản Khoa học xã hội, in lần thứ hai.
Nguyên Thê Anh. 1995. "Historical Research in Vietnam：A Tentative Survey." *Journal of Southeast Asian Studies* 26（1）：121-132.
Nguyễn Thị Thập (chủ biên). 1980-81. *Lịch sử phong trào phụ nữ Việt Nam*（ベトナム女性運動史）. 2 tập. Hà Nội：Nhà xuất bản Phụ nữ.
Pelley, Patricia M. 2002. *Postcolonial Vietnam：New Histories of the National Past*. Durham and London：Duke University Press.
Semenov, Yu. I. 1979. "More on Marxism and the Matriarchate." *Current Anthropology* 20（4）：816-820.
Trần Quốc Vượng. 1972. *Truyền thống phụ nữ Việt Nam*（ベトナムの女性の伝統）. Hà

Nội : Nhà xuất bản Phụ nữ.

———. 1996. "Nguyên lý mẹ của nền văn hóa Việt Nam" (ベトナム文化の母性原理). *Văn hóa nghệ thuật* (文化芸術) 1996 (12) : 43-44.

Ủy ban khoa học xã hội Việt Nam. 1971. *Lịch sử Việt Nam*. tập 1 (ベトナム史第1巻). Hà Nội : Nhà xuất bản Khoa học xã hội.

Ủy ban khoa học xã hội Việt Nam. 1985. *Lịch sử Việt Nam*. tập 2 (ベトナム史第2巻). Hà Nội : Nhà xuất bản Khoa học xã hội.

Whitmore, John K. 2000. "Gender, State, and History : The Literati Voice in Early Modern Vietnam," in *Other Pasts : Women, Gender and History in Early Modern Southeast Asia*, edited by Barbara Watson Andaya. Honolulu : Center for Southeast Asian Studies, School of Hawaiian, Asian and Pacific Studies, University of Hawai'i at Mânoa, 215-230.

Womack, Sarah. 1996. "The Remakings of a Legend : Women and Patriotism in the Hagiography of the Tru'ng Sisters." *Crossroads* 9 (2) : 31-50.

第3章 植民地史の換骨奪胎
――イブラヒム・ハジ・ヤーコブとマレー史の再構築

1　植民地的知とマレー民族意識の形成

2　イブラヒム・ハジ・ヤーコブとその時代

3　イブラヒムのマレー史叙述

4　マレー史の再構築とその帰結

左右田直規

1　植民地的知とマレー民族意識の形成

1-1　マレー史の語り——植民地的知の受容と再利用

　本章[1]は，英領マラヤにおける最も初期のマレー人左派政治組織である青年マレー人連盟（Kesatuan Melayu Muda: KMM）の会長だったイブラヒム・ハジ・ヤーコブ（Ibrahim Haji Yaacob, 1911-1979）の「マレー世界」をめぐる歴史叙述を分析することを通じて，彼の語りを暗黙のうちに規定していると考えられる語りの構造（メタナラティブ）を明らかにすることを試みる。特に，植民地教育制度の下での公定の植民地史としてのマレー史の語りと，イブラヒムによる民族史としてのマレー史の語りとの間の関係に注目したい。言い換えれば，本章の課題は，植民地支配者の植民地世界に関する知識の体系——いわゆる植民地的知（colonial knowledge）——が，どのようにして現地の知識人によって受容され，再利用されていったのかを，イブラヒムのマレー史叙述の事例を手がかりにして考察することである。

　シャムスル・A・Bが指摘するように，植民地的知がマラヤ／マレーシア社会のイメージの形成と普及に大きな影響を及ぼしたことは否定しがたい［Shamsul 1999；Shamsul 2004］[2]。なかでも，イギリスによる植民地支配がもたらした「人種」（race）概念が英領マラヤ社会における「マレー人」「華人」「インド人」という三大民族の範疇化を促した[3]，というチャールズ・ハーシュマンの論がよく知られている［Hirschman 1986；Hirschman 1987］。確かに，こうした民族範疇を反映して，マラヤの歴史は「マレー人の歴史」，「華人の歴

---

1)　本章は Soda［2004］や Soda［2008：Chap. 5］の内容を下敷きにしているが，日本語に書き改める際に大幅な加筆修正と再構成を行っている。
2)　ただし，イギリスによる植民地化が本格化する19世紀以前にも，今日の民族概念に類似する社会的範疇が存在した可能性はある。この点について，アントニー・リードは，ムラカ（マラッカ）王国が滅亡した後の16世紀や17世紀の東南アジア海域世界においても，シュリヴィジャヤやムラカを起源とする王統としてのマレー（ムラユ）概念と並んで，慣習，言語，商慣行などの共通性によって特徴づけられる商業ディアスポラとしてのマレー概念——ある種のエスニー（ethnie）としてのマレー概念——が存在したことを示唆している［Reid 2004］。

史」、「インド人の歴史」の集積として語られることが多い。ただし、植民地支配の下での人種概念の導入のみをもって、マラヤの住民の間での民族範疇の普及や民族意識の形成の過程を説明できる訳ではない。そうした外来の概念が在地の社会においてどのようにして現地化されていき、民族範疇の定着や民族アイデンティティの形成を促したのかを問う必要があるだろう。マレー民族意識の形成について考える際にも、こうした視点は欠かすことができないと考えられる［吉野 2002；Milner 2004；Milner 2008；Milner 2011］。

英領マラヤの「マレー人」に関して形成された知識の体系としては、植民地官僚を兼ねるイギリス人学者たちを中心として発展した植民地学としてのマレー研究（Malay studies）が注目に値する。歴史叙述に焦点を絞ると、R・J・ウィルキンソン（R. J. Wilkinson）やR・O・ウィンステッド（R. O. Winstedt）に代表されるイギリス人学者官僚によるマレー史（Malay history）叙述の特徴は、マレー古典に対する史料批判を行い、「神話」や「創作」と「事実」とを腑分けしたうえで、「事実」に基づく実証主義的な歴史叙述を試みたことにある。外部から持ち込まれた近代歴史学の方法論は、現地の「マレー人」歴史家にも確実に影響を及ぼし、「科学的」な歴史叙述の普及に大きな役割を果たしたことが知られている［Zainal Abidin 1940；Maier 1988；Khoo 1991；Soda 2001；左右田 2010］。しかし、このような近代的なマレー史叙述がマレー人としての民族意識の形成にどのようなインパクトを与えたのかについては、まだ十分に考察がなされていない。

人種概念に基づいた民族分類や、「事実」に依拠した実証主義的な歴史叙述のような、植民地支配者が持ち込んだ新しい知識の体系は、いかにして、どの程度まで、現地の人びとに内面化され、彼ら自身の語りの中で再利用され、民族意識の形成に影響を及ぼしたのだろうか。本章では、イブラヒムというひとりの現地の「マレー人」知識人に焦点を当てながら、この問題を掘り下げていきたい。より具体的に言うと、本章の目的は、英領マラヤのマレー語学校教育

3）本章は、民族的範疇が歴史的に構築されたものだという前提に立つ。「マレー人」と表現される人間集団は、「マレー人」として他者から範疇化された人びと、あるいは、「マレー人」としての自己認識をある程度持っている（持ちつつある）人びとを指す。ただし、「マレー人」への帰属は、他の民族的範疇への帰属と両立することもありうる。民族的範疇の構築性を明示するためには、（いわゆる）「マレー人」と括弧に括って表現すべきだが、煩雑さを避けるため、本章ではしばしば括弧を付けずに表現することがある。「華人」や「インド人」など他の民族的範疇に関しても同様である。

を通じて伝達されたマレー史像と，イブラヒムによるマレー史叙述との関係を考察することを通じて，植民地史ないし被植民者の歴史としてのマレー史と，自民族史としてのマレー史との間の連関を浮かび上がらせることに他ならない。さらに，英領マラヤにおける歴史叙述とマレー民族意識を対象とする本章での考察をもとにして，植民地社会における歴史像と民族概念の生成の過程を理解するうえで，植民地的知の換骨奪胎という視座を提供したいと考える。

　もちろん，植民地世界における民族意識の形成過程といっても一様ではなく，英領マラヤのマレー・アイデンティティの構築も独自の特徴を帯びている。多民族社会の英領マラヤでは，人口統計上，(「先住民」とみなされる) マレー人と (「移民」とみなされる) 非マレー人の人口が拮抗していた。加えて，経済面ではマレー人が非マレー人 (特に華人) よりも劣位にあり，マレー人が優位に立つ政治的地位すら非マレー人による挑戦を受けているという不安感や危機感が多くのマレー人知識人の中で共有されていた。さらに，マレー人と分類されうる人々の出自も多様だった。まず，王族・貴族層と平民層との間の階層の相違が存在した。さらに，蘭領東インドなどマレー半島外の島嶼部の血統をもつ いわゆる「外来マレー人」や，アラブ系やインド系のムスリムを「マレー人」として包摂するかどうかについて論争が展開された。このような状況下で，イスラーム，王権，民族性など，様々な要素にマレー・アイデンティティの源泉を求める思想や運動が展開されたのである。英領マラヤにおけるマレー民族意識が，イギリスという植民地宗主国との関係だけではなく，現地の非マレー人住民との対抗や「マレー人」の階層や境界をめぐる競合の中で形成されてきたことは，他の植民地社会の事例と比較するうえで確認しておいてよいだろう。

　では，本章で，なぜ英領マラヤのマレー人知識人のなかでもイブラヒムの思想形成に注目するのか。歴史学者クー・ケイキムは，イブラヒムを「自らの政治的主張を提起するために歴史を利用した最初のマレー人である」と述べている [Khoo 1991：218]。イブラヒムが歴史を政治的に利用した「最初のマレー人」であるかどうかは分からないが，彼がマレー史の叙述を自らの政治的イデオロギーと最も巧みに結びつけたナショナリストの1人だったとはいえるだろう[4]。イブラヒムは，自著の中でマレー民族の歴史を語りながらマラヤにおけ

---

[4] 　イブラヒムと同時代のマレー民族運動家の中では，ブルハヌディン・アル・ヘルミ (Burhanuddin Al-Helmy) も，自らの汎マレー主義思想の正当性根拠としてマレー史を巧みに援用している。ブルハヌディンの主要な作品とその改題については，Kamaruddin [1980] を参照。

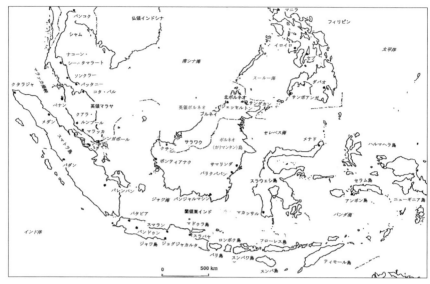

地図1　1930年頃のマレー諸島

るマレー人の団結を訴えたばかりでなく，マレー諸島全域の先住諸民族の統一を目指す汎マレー主義思想を掲げて，「ムラユ・ラヤ」(Melayu Raya, 大マレー) や「インドネシア・ラヤ」(Indonesia Raya, 大インドネシア) なる概念を提唱した[5]（1930年当時のマレー諸島およびマレー半島については地図1, 2を参照のこと）。アジア・太平洋戦争の戦前・戦中（以下，特に断らない限り，本章で戦前，戦中，戦後という場合は，アジア・太平洋戦争のそれを指す）にイブラヒムが主導した左派系のマレー民族運動そのものは，戦後のマラヤ／マレーシアのマレー人政治において主導権を握ることができなかったが，イブラヒムや他の左派系ナショナリストがマレー民族 (bangsa Melayu)[6]概念の形成に果たした役割は無視できない [Ariffin 1993；Milner 1992；Milner 2002 (1995)]。また，イ

---

5) イブラヒムは，マレー諸島のマレー・インドネシア民族の統一体を表す言葉として，「ムラユ・ラヤ」と「インドネシア・ラヤ」という2つの用語を用いていた。両者の使い分けはさほど厳密なものではなかったが，概ね以下のような傾向を指摘することができる。イブラヒムがマラヤを拠点としていた戦前期の著作では「ムラユ・ラヤ」という用語が主に用いられていたが，彼がインドネシアに移住した戦後になると「インドネシア・ラヤ」という表記がなされることが多くなった。また，戦後の著作において，文化的統一体という意味では「ムラユ・ラヤ」を用い，政治的統一体という意味では「インドネシア・ラヤ」を用いるというような使い分けがなされた場合もあった。

地図2　1930年頃の英領マラヤ

ブラヒムはマレー人政治運動家の中でも比較的多数の著作や未公刊の回想録を残している人物であり、思想形成の背景をある程度の蓋然性をもって再構成できるという点でも検討に値する存在である。

とはいえ、イブラヒムのマレー史叙述の思想的基礎を実証的に探求することは容易ではない。個人の思想の生成に影響を及ぼしうる諸要因のすべてを正確に跡づけ、思想形成の過程の全体像を明らかにすることは、ほぼ不可能である。そこで、本稿では、様々なありうべき知的源流の中でも、イブラヒム自身が自らの「マレー世界」像の形成に大きな影響を及ぼしたことを認めていた、マレー語小学校や教員養成カレッジで受けた歴史・地理教育に焦点を絞り、歴史・地理教科書の中の「マレー世界」像とイブラヒムのそれとを比較することを通じて、植民地的知の現地化の一側面に関するできる限り蓋然性の高い説明を試みる。誤解を避けるために付言すれば、本章は、イブラヒムの思想の源泉がもっぱら学校教育のみにあったとか、彼と同じような教育を受けた人が概ね彼と似た認識を共有していたとかいうことを論じようとするものではない。なお、本章で利用する主な一次資料は、マレー語小学校・教員養成カレッジで使用された歴史・地理教科書や、イブラヒムが著した公刊・未公刊の作品——新聞・雑誌に掲載された論説、著書、未公刊の回想録[7]など——である。

1-2 マレー民族意識の形成をどう捉えるか

英領マラヤにおけるマレー民族意識の形成史については、すでにいくつもの重要な研究成果が生み出されている。まず、ウィリアム・R・ロフの『マレー・ナショナリズムの諸起源』[Roff 1994 (1967)]は、20世紀前半のマレー・ナショナリズムの諸潮流の社会的起源（特に学校教育）と民族組織の形成に焦点を当てながら描き出した、マレー・ナショナリズム研究の古典である。同書は、社会史と政治史の手法を組み合わせながら、アラビア語による宗教教育を受けたイスラーム改革派、マレー語による世俗教育を受けた左派の汎マレー主義者

---

6) マレー語のバンサ（bangsa）という語は、日本語の「民族」に比較的近い意味の広がりを持つが、文脈に応じて、人種（race）、エスニック集団（ethnic group）、国民（nation）など様々な意味を持ちうる。本章では、文脈に即して適切と思われる訳語を与えることにする。

7) イブラヒムが書き残した私的な文書の一部は、マラヤ大学のザアバ記念図書館に所蔵されている。その中には未公刊の回想録や私信なども含まれており、筆者もそれらを利用した。

（イブラヒムはこの範疇に含まれる），英語による世俗教育を受けたマレー人保守派，というマレー・ナショナリズムにおける3つの潮流を浮かび上がらせた。マレー・ナショナリズムの社会史・政治史研究としては今日に至るまで最良の業績だといえる。Soenarno [1960], 長井 [1978], Cheah [2012 (1983)], Firdaus [1985], Khoo [1991], Ramlah et al. [2004], Liow [2005], Rustam [2008] もまた，マレー・ナショナリズムの社会的起源と政治運動の展開に焦点を当てた優れた研究成果である。さらに，イブラヒムの個人史を跡付けるうえでは，Cheah [1979], Khoo [1979], Bachtiar [1985], Ramlah [1999] のような業績も有用である。ただし，これらの研究は，イブラヒムを含む民族運動の指導者が生み出された社会的背景や，かれらの政治運動の展開を解明することに大きく寄与する一方で，民族運動家たちが受容した知識の体系とかれらが紡ぎ出した言説との関連については，必ずしも綿密な考察を行っていない。

これに対して，アントニー・ミルナーの『植民地期マラヤにおける政治の創造』[Milner 2002 (1995)] は，英領マラヤのマレー社会における近代的政治空間の成立の過程を明らかにした本格的な思想史研究として，マレー研究に新たな境地を切り開いた作品である。ミルナーは，ロフのように学歴を中心とした社会的出自の相違に注目するのではなく，マレー共同体をめぐる複数のイデオロギー志向の競合性に注目した。ミルナーによれば，具体的な主張に関わる問題提起（problematic）のレベルでは，マレー語知識人たちは，クラジャアン（kerajaan, 王権共同体）志向，バンサ（bangsa, 民族）志向，ウンマ（umat, イスラーム共同体）志向という異なるイデオロギー志向を掲げて競り合っていた（バンサ志向の論者としてイブラヒムも考察の対象となっている）。他方，それらの主張の根拠をなす問題設定（thematic）のレベルを見ると，主張を異にする論者の間に，共通の問題意識，語彙，正当性原理，議論の作法が形成されていき，開かれた論争の場としての公共圏が拡大していったという。同書は，言説分析に基づくマレー思想史研究としては最も理論的に洗練された作品だといえる。また，イブラヒムの戦前の著書を言説分析の対象に含めており，本章に対しても非常に有益な示唆を与えてくれる。ただし，同書がいうところの論者の間の「対話」や「論争」の多くは仮想的なものであり，複数のテクストの間の相互関係についても著者の推測に依拠する部分が非常に大きい。諸テクスト間の思想的な連鎖に関する，より実証性と蓋然性の高い研究が必要だろう。なお，このような言説分析を中心としたマレー思想史研究としては，他に，Maier

写真1 イブラヒム・ハジ・ヤーコブ

[1988]，Ariffin [1993] や Hooker [2000] も非常に優れている。しかし，分析対象とする著作や時期が異なっていることもあり，この著作はイブラヒムの思想についてはあまり論じていない。他方，Rustam [1986 (1976); 2008]，Cheah [1979]，Abdul Latiff [1981]，Azman [1995]，Roslan [2009] や Aljunied [2015] は，イブラヒム個人の思想の内容についても分析を加えている点で有用だが，具体的な思想の内容の根拠をなす認識枠組みの探求にまでは十分に踏み込んでいない。

マレー民族運動家の社会的起源と民族組織の形成に注目する社会史・政治史的アプローチと，言説分析を通じて彼らが描く共同体概念に焦点を当てる思想史的アプローチは，それぞれに利点があり，必ずしも相互に排他的なものではない。本章では，両者のアプローチを統合し，イブラヒムの思想が育まれた社会的文脈や教育環境にも十分な注意を払ったうえで，彼の言説をできる限り綿密に分析することを試みる。それによって，イブラヒムが受容したと思われる植民地史としてのマレー史と，彼が後に語る民族史としてのマレー史との間の関係を明らかにしていきたい。

2 イブラヒム・ハジ・ヤーコブとその時代

2-1 生い立ち

イブラヒム・ハジ・ヤーコブ（写真1）は，1911年11月27日に，英領マラヤの中央部に位置するパハン州のトゥムルロー（Temerloh）郡タンジュン・クルタウ（Tanjung Kertau）村[8]で，水田や果樹園を所有する農家の男子として誕生した。イブラヒムの父方の先祖は南スラウェシ出身のブギス人であり，彼の父や父方の親戚は，反オランダ植民地闘争やイスラーム運動においてブギス

---

8) Bachtiar [1985] では，イブラヒムの出身村をスブラ（Sebelah）村としているが，本章ではイブラヒムの未刊行の回想録における記述に従った。

人がいかに勇敢だったかを，しばしばイブラヒムに語り聞かせていたという。イブラヒムによれば，彼の村の住民の多くもまた，ブギス，ジャワ，リアウ・リンガ，ミナンカバウ，バリなど，マレー半島外に起源をもつ人びとだったらしい［Mss. 176 (1)；(3) a］。イブラヒムが農民層出身であり，ブギス系の「外来マレー人」だったことは，彼の思想と行動を理解するうえで無視できない要素のひとつである。

7歳になると，イブラヒムは父方のおじからクルアーン読誦などのイスラームの基礎を習い始め，その約1年後に地元のマレー語小学校に入学した。彼は回想録の中で小学校での歴史や地理の学習について以下のように記している。

> 地理 (ilmu alam/bumi) の学習に関して言えば，私の級友と私は，マレー諸島 (Gugusan Pulau-Pulau Melayu) の地図こそがマレー人の祖国 (Tanah Ayer) の地図だという意見を持っており，ムラユ (Melayu, マレー) という名前こそが我が民族 (bangsa) の名前だとみなしていた。さらに，『マレーの歴史 (*Tawarikh Melayu*)[9]』と題された歴史書には，マレー諸島全域が，かつては，シュリヴィジャヤというマレー王国の領土であり，後には，マジャパヒトというジャワ・マレー王国の領土だったと説明されていたのである。［Mss. 176 (3) a］

このイブラヒムの語りに従えば，小学校で歴史や地理を学んだことはマレー民族意識の自覚を促したひとつの要因だったといえよう。なお，ここで挙げられている『マレーの歴史』は，1918年にR・O・ウィンステッドが著した歴史教科書であり，当時のマレー語小学校やマレー語教員養成カレッジで使われていた。教科書と彼の思想との関係については後述する。

2-2　教員養成カレッジ時代

初等教育を修了した後，マレー語小学校の見習い教員として採用されたイブラヒムは，教員としての正規の訓練を受けるため，1928年にスルタン・イドリス教員養成カレッジ (Sultan Idris Training College：SITC) へ入学した。SITCは，1922年にペラ州タンジュン・マリム (Tanjung Malim) に設立された，マレー語小学校の男子教員の養成を目的とする3年制の教員養成カレッジであ

---

9) 同書は *Kitab Tawarikh Melayu* とも表記される。

る[10]。SITC は，設立当時，海峡植民地（Straits Settlements）[11]とマレー諸州連邦（Federated Malay States）[12]に存在した唯一のマレー語教員養成カレッジだった。SITC の設立を提言したのは，1916 年に教育局長補佐（マレー語学校担当）に就任した植民地官僚であり，著名なマレー研究者でもあった R・O・ウィンステッドである[13]。

SITC で過ごした 3 年間の学生生活は，イブラヒムのマレー人としてのアイデンティティの形成に大きな影響を及ぼした。講義，教科書や他の書籍，課外活動や，日常的な教師や学友との交流など，様々な媒体や機会を通して，彼はマレー民族意識を自覚したという。例えば，同校の教員の影響について，イブラヒムは次のように回想している。

> ……私は，歴史科の教員だったアブドゥル・ハディ・ハジ・ハサン先生やブヨン・アディル先生，地理科の教員だったアブドゥル・ラーマン・ハジ・サハブディン[14]先生，農業科の教員だったノールディン・ハジ・ハルン先生の講義，そして，ハルン・モハマド・アミン先生の講義や，特にザイナル・アビディン・アフマド先生の講義を聞いて，民族感情（rasa kebangsaan）というものを知り，それを感じるようになった一学生だった……。[Mss. 176（2）]

ここで名前が挙がっている同校のスタッフのうち，アブドゥル・ハディ・ハジ・ハサン（Abdul Hadi Haji Hasan），ブヨン・アディル（Buyong Adil），ハルン・モハマド・アミン（Harun Mohd. Amin）やザイナル・アビディン・アフマド（Zainal Abidin Ahmad: Za'ba）は，マレー人の言語・文化・歴史に関する著述活動でも知られていた。なお，これらのマレー人教員以外に，イブラヒムは，イギリス人校長のO・T・ダセック（O. T. Dussek）もマレー民族意識の覚醒を促した教員として高く評価していた [*Majlis*, 29 August 1935]。

SITC 時代のイブラヒムの読書体験も彼の思想形成に大きな役割を果たしたといえよう。SITC で使用された教科書については，例えば，以下のように回

---

10) SITC はマラッカとペラ州マタンにあった既存の 2 校の教員養成カレッジを統合するかたちで設立された。
11) ペナン，シンガポール，マラッカからなる。
12) ペラ，スランゴール，ヌグリ・スンビラン，パハンからなる。
13) SITC における教育の詳細については，Roff[1994(1967)]，Awang Had[1979]，UPSI[2000]，左右田［2005］を参照。
14) 正しくは，アブドゥル・ラーマン・ハジ・マフユディン（Abdul Rahman Haji Mahyuddin）。

想している。

> 歴史（Sejarah）の学習では，我々は『マレーの歴史（Tawarikh Melayu）』と『マレー世界の歴史（Sejarah Alam Melayu）』という本から学んだ。SITC において，歴史の学習の中心をなしていたのは，マレー世界（Alam Melayu）の歴史，すなわち，シュリヴィジャヤ時代，マジャパヒト時代，イスラームがマレー諸島（Gugusan Pulau-pulau Melayu）全域――スマトラ，ジャワ，ボルネオ（カリマンタン）セレベス（スラウェシ），マルク諸島，パプア，小スンダ列島，フィリピン諸島――へ伝播した時代の歴史だった。［Mss. 176（2）］

ここで挙げられている歴史教科書は，R・O・ウィンステッド著の『マレーの歴史』（1918 年出版），SITC 歴史科教員のアブドゥル・ハディ・ハジ・ハサン著の『マレー世界の歴史』（第 1 巻は 1925 年，第 2 巻は 1928 年，第 3 巻は 1929 年に出版）である[15]。これらの教科書における歴史叙述とイブラヒムの著作における歴史叙述との関係については後述する。

　イブラヒムら SITC の学生が読んでいたのは，学校の教科書だけではない。同校には図書館や図書室はなかったが，講堂 2 階の共同書架には 600 冊程度（1934 年当時）の蔵書があり，生徒はそこから本を借り出すことができた［Awang Had 1979：119-120；143］。また，SITC の近くには，前述の歴史科教員アブドゥル・ハディらが経営する書店があり，イブラヒムや彼の級友たちも利用していたと考えられる［Ramlah 1999：42］。この書店で SITC の学生が読むことのできた読み物には，マラヤで発行されたマレー古典文芸，宗教書，詩集や新聞・雑誌のほかにも，蘭領東インドで出版されたマレー語書籍が含まれていた。イブラヒムによれば，そのような蘭領東インドの出版物を通じて，蘭領東インドをも包摂する汎マレー主義的な民族意識がよりいっそう自覚されたという[16]［Mss. 176（2）；（3）a］。

---

15) 『マレー世界の歴史』はその後，SITC でアブドゥル・ハディの同僚の歴史科教員だったブヨン・アディル（Buyong Adil）により，1934 年に第 4 巻，1940 年に第 5 巻が出版されている。ただし，イブラヒムが SITC に在籍した 1928 年から 1931 年にかけての期間においては，アブドゥル・ハディ著の第 1 巻から第 3 巻までが教科書として使われていたと考えられるため，本章では，同書のうち，第 1 巻から第 3 巻に焦点を当てて考察する。

16) イブラヒムによれば，彼が当時読んでいた蘭領東インドの出版物には，*Pandji Poestaka, Bintang Hindia, Pandji Islam, Pertja Selatan, Pewarta Deli* のような定期刊行物，*Siti Nurbaya, Salah Pilih, Salah Asuhan, Djumpa Atjeh, Melati van Agam* のような小説が含まれていたという［Mss. 176（3）a］。

SITC 在学中にイブラヒムはジャーナリズムに関わるようになり，政治への関心を深めた。彼は IBHY というペンネームで『ワルタ・ヌグリ(*Warta Negeri*)』などのマレー語新聞に論文を投稿し，マレー人が直面する諸問題の自覚とその克服を訴えた。イブラヒムの著作には，1929 年に彼が友人たちと社会主義志向の学生グループを秘密裏に組織し，翌年にそれを半島・ボルネオ連盟(Ikatan Semenanjung/Borneo)という非公式の学生団体に発展させたという記述がある。彼によれば，その団体の主な目的はマラヤをインドネシア・ラヤに統合させることだった［Agastja 1951：60］。イブラヒムは，友人たちとともに 1929 年にインドネシア国民党 (Partai Nasional Indonesia：PNI) に入党したとも語っている［Ibrahim 1957：24］。ただし，SITC では学生の政治活動は禁じられていたとの指摘もあり，彼らが非公認の政治的な地下活動を行うことがどこまで可能だったかについては議論の余地がある[17]。

　なお，1920 年代には，タン・マラカ (Tan Malaka) ら蘭領東インドの左派系の運動家たちが一時マラヤに滞在しており，その一部は SITC にも訪問したといわれる［Shaharom 1996：95］。なかでも，スタン・ジュナイン (Sutan Djenain) は，1926 年から 1927 年にかけて蘭領東インドでインドネシア共産党の武装蜂起に参加した後，マラヤに逃亡し，マラヤ共産党の活動に関わるとともに，イブラヒムらによる青年マレー人連盟 (KMM) の結成を支援した［Ibrahim 1957：25-27］。戦後，両者ともにインドネシアに移り住んだこともあり，スタン・ジュナインとイブラヒムとの深い交友は，スタン・ジュナインの死に至るまで長く続いたといわれる［原 2009：89-91］。

2-3　青年マレー人連盟 (KMM) の結成

　1931 年に SITC を卒業した後，イブラヒムはパハン州ブントン (Bentong) のマレー語小学校での教員生活を経て，1934 年からクアラ・ルンプールの警察本部でマレー語を教えるようになった。彼は教職の傍ら，『マジュリス (*Majlis*)』，『ワルタ・アハド (*Warta Ahad*)』，『ワルタ・ジュナカ (*Warta Jenaka*)』，『ブラン・ムラユ (*Bulan Melayu*)』などのマレー語新聞・雑誌への寄稿を続け

---

17)　KMM で副会長を務めたムスタファ・ハジ・フセインは，イブラヒムの SITC 在校中の政治活動をめぐる回想の信憑性について，そのような活動が現実にどこまで可能だったかと疑問を呈している［Mustapha 1999：207］。

た[18]。1936年ないし37年に警察本部のマレー語教員としての職を辞し,『マジュリス』紙（クアラ・ルンプール）の専属記者となり，1939年には同紙の編集長に就任した。1940年には『マジュリス』から『ウトゥサン・ムラユ（*Utusan Melayu*）』紙（シンガポール）に移籍し，翌年には同じシンガポールの『ワルタ・マラヤ（*Warta Malaya*）』紙に移った［Mss. 176（3）b；Fortnightly Intelligence Journal Nos. 10&13（CO273/669/50744/7）；Agastja 1951：71-72；Abdul Latiff 1981：213；Cheah 1979：87；Bachtiar 1985：15-16］。

1930年代後半になると，イブラヒムは組織的なマレー民族運動に本格的に関わるようになった。1937年に彼はSITC時代の旧友とともにマレー青年同盟（Persatuan Belia Melayu）に参加した。マレー青年同盟は，スルダン農業学校（School of Agriculture, Serdang）とクアラ・ルンプール工業学校（Technical School, Kuala Lumpur）の生徒や卒業生がクアラ・ルンプールで結成したサークルである。1938年にイブラヒムが会長に選出されると，マレー青年同盟は青年マレー人連盟（Kesatuan Melayu Muda：KMM）と改称した[19]。副会長には，スルダン農業学校の教員だったムスタファ・ハジ・フセイン（Mustapha Haji Hussain）が就任した。正確な会員数は不明だが，ロフの見積もりに従えば，戦前期の会員数は数百名足らずだったと考えられる［Roff 1994（1967）：234］[20]。

KMMの指導層をなす，十数名からなる中央執行委員会の委員たちの社会的背景にはいくつかの共通点があった。第1に，彼らは若年男子だった。委員た

---

18) イブラヒムは投稿の際に，IBHY，Silawatan，Agastja，Inderaなどのペンネームを用いた。なお，この頃，彼はクアラ・ルンプールの専門学校の夜間クラスで英語を学んでいた。
19) イブラヒムは，KMMが青年ジャワ（Jong Jawa）や青年スマトラ（Jong Sumatera）などのオランダ領東インドの青年運動をモデルにしたものだった，と回想している［Ibrahim 1957：24］。他方，KMMの副会長のムスタファや会員のアブドゥル・サマド・アフマドの回想録によれば，KMMの名称は，KMMの指導者たちが民族運動のひとつの模範とみなしていた青年トルコ（マレー語でTurki Muda）を模倣したものだという［Mustapha 1999：195；A. Samad 1981：110-111］。いずれにせよ，KMMの指導者たちが同時代の世界の青年運動に刺激を受けていたことが分かる。
20) なお，イブラヒムは，マレー貴族層が中心になって結成したスランゴール・マレー人連盟(Kesatuan Melayu Selangor）とパハン・マレー人連盟（Persatuan Melayu Pahang）にも一時参加していたが，すぐに脱退した。彼によれば，脱退の理由は，両組織がともに親英的であり，かつ州（negeri）の封建制に特徴づけられた偏狭な民族意識に立脚しており，彼のような平民層で外来の出自を持つ「マレー人」は周縁化されたり，排除されたりしたからだという［Agastja 1951：67-72］。

ちの大半は設立当時20代の若者であり,「青年」だと自覚していた。また,委員は男性のみで構成されていた[21]。第2に,彼らの親たちは農民層を中心とする平民層だった。委員たちのあいだには王族・貴族層出身の者は含まれていなかった。第3に,彼らは専門教育を受けた新興の知識人だった。組織の中核を占めていたのは,マレー語小学校の教員,農業学校や工業学校などの教員や学生,マレー語メディアのジャーナリストである。SITC卒のイブラヒムやアブドゥル・カリム・ラシド (Abdul Karim Rashid) のようにもっぱらマレー語学校で教育を受けた者も多かったが,副会長のムスタファやイスハク・ハジ・ムハンマド (Ishak Haji Muhammad) のように英語学校で学んだ者も含まれていた[22]。最後に,KMMの指導層の大半は,ブギス,ミナンカバウ,ジャワなど,マレー半島外の地域からの「外来マレー人」の子孫だった。こうした彼らの出自の特徴とKMMの汎マレー主義との間には何らかの関係があったと見るべきだろう [Agastja 1951:72-73; Abd. Malek 1975:98-100, 144-146, 151, 156; Mustapha 1999:207-225; Khoo 1979; Firdaus 1985:18, 22; Roff 1994 (1967):231]。

　社会主義の影響を受けた民族団体とはいえ,KMMは必ずしも統一的なイデオロギーでまとまった組織とはいえなかった[23]。他方,KMMの中核メンバーの多くは汎マレー主義志向という共通性を持っていたといえる。前述のように,KMMの指導層の大半は,先祖代々マレー半島に住み続けた「半島マレー人」ではなく,移民系の「外来マレー人」の子孫だった。彼らにとって,州(negeri)への根強い帰属意識 (kenegerian) や,「半島マレー人」の子孫以外を排除するような狭い民族概念を乗り越えて,より包摂的な「マレー人」の定義を掲げることは,自らの社会的地位や政治的帰属を左右する切実な問題だったはずであ

---

21) 管見の限りでは,戦後に結成されたマレー人政党のように組織内に女性部が設けられることもなかったようである。

22) 州レベルの指導者にはイスラームの宗教学校で教育を受けた者も含まれていた [Firdaus 1985:6-26]。

23) 元会員の回想録によれば,KMMには「統一」,「人道」,「自由」,「民主」,「友愛」,「誠実」(英語で unity, humanity, liberty, democracy, fraternity, honesty) という6つの大原則があったという [A. Samad 1981:153]。また,より短期的な戦術として,「反植民地主義」,「反封建主義」,「反マレー人官僚エリート」という方針も立てられていたと指摘する先行研究もある [Abd. Malek 1975:106]。しかし,現実には,末端の会員は言うに及ばず,指導層の間ですらKMMのイデオロギーについての認識は共有されていなかったようである [Roff 1994 (1967):232; Abd. Malek 1975:127]。

る。イブラヒムは，戦後の著作の中で，「ムラユ・ラヤ」や「インドネシア・ラヤ」と呼ばれる，マレー諸島全域を包含する汎マレー・インドネシア民族の概念こそが，KMMの特徴だったと主張している［Agastja 1951：73；Ibrahim 1951：59-60；Ibrahim 1957：24-25］。

1940年6月に『マジュリス』紙の編集職を辞した後，イブラヒムはおよそ1年間マレー半島の各地を旅した。彼によれば，この旅行の目的は，マレー人の社会経済生活の現実を観察することと，マレー人の民衆との対話を通じてKMMが主導するマレー民族運動への支持を求めることだった［Ibrahim 1941：5-7］。この旅行での見聞を記したのが，彼の最初の著書『祖国を見る (Melihat Tanah Air)』［Ibrahim 1941］である。この旅行の間に，イブラヒムはマラヤ共産党（Malayan Communist Party: MCP）のマレー人党員と接触していたという。他方で，開戦前に，彼はシンガポールの日本総領事や日本軍の諜報機関である藤原機関（F機関）とも関係を築き，マレー民族運動の発展のために対日協力の道も探っていた［Agastja 1951：79；Ibrahim 1957：25-26；長井 1978：59；藤原 1966：71］[24]。

2-4　日本占領期の活動

1941年12月8日の日本軍によるマレー半島上陸の直前に，イギリス当局はイブラヒムら100名以上のKMMのメンバーを対日協力のかどで逮捕し，シンガポールの刑務所に収監した［Cheah 1979：97；長井 1978：62］。1942年2月15日に日本軍がシンガポールを占領すると，イブラヒムらは釈放されたが，藤原機関の藤原岩市少佐の回想によれば，KMMは政治団体としてではなく，文化団体として存続することになった［藤原 1966：266-267］。

日本占領の初期，日本軍との特別な関係を持つKMMはマレー社会で影響力を増し，最盛時にはおよそ1万人の会員を数えるに至った。ただし，イブラヒム自身が認めているように，支持者の大半にKMMのイデオロギーに対する強い関心や理解があったとはいいがたかった［Agastja 1951：100］。他方，日本政府はマラヤには将来的に独立を与えず，帝国領土として維持する考えだったため，マレー人を味方につけつつも，彼らに過度な政治的期待を抱かせ

---

24) 真偽は定かではないが，ある時期，日本とイギリスの「二重スパイ」になろうとしたという説もある［Cheah 1979：93-94；Agastja 1951：81-83］。

ないようにする，という方針を立てていた［防衛庁防衛研究所戦史室編 1985：39, 49, 279-280］。当初，民心掌握の観点から KMM の活動を認めていた日本軍も，次第にマレー民族運動が過熱することを恐れるようになり，1942 年 6 月に KMM の解散を命じた。

　1943 年半ばになると，戦局の悪化を受けて，日本は南方における「原住民の政治参与」を部分的に認める方針を固め，続いて「原住民軍隊」を編成することになった。マラヤでも 1944 年 1 月までに，マレー人による予備軍組織である「義勇軍」とその補助組織である「義勇隊」が結成された。1944 年 3 月頃には義勇軍の兵員数は約 2,000 人，義勇隊の兵員数は約 5,000 人にのぼっていた［防衛庁防衛研修所戦史室編 1976：167-170］。イブラヒムは，中佐の待遇で義勇軍の指揮官としての地位を与えられた。彼は，義勇軍を将来の国民軍に仕立て上げたいという秘かな野望を持っていたと後に回想している［Agastja 1951：106］[25]。

　東インド（インドネシア）については，1944 年 9 月 7 日に小磯国昭首相によって将来の独立を許容する声明が出され，1945 年 5 月 28 日にはインドネシア独立準備調査会（Badan Penyelidik Usaha Persiapan Kemerdekaan Indonesia: BPUPKI），同年 8 月 7 日にはインドネシア独立準備委員会（Panitia Persiapan Kemerdekaan Indonesia: PPKI）が発足し，独立準備作業が進められた。独立準備調査会に参加した東インドの民族運動の指導者の中には，独立インドネシアの領域に旧蘭領東インドだけでなく，旧英領のマラヤや北部ボルネオを含めたいという希望を持つ者が多かった［Yamin 1959：187-214；Anderson 1961：29］。しかし，日本政府は，新国家の領域は旧蘭領東インドの地域に限定するという立場を堅持した［防衛庁防衛研究所戦史室編 1985：80-81］。

　他方，日本政府はマラヤに対して将来的な独立付与の約束を与えなかったが，1945 年 5 月になると，マラヤの日本軍で民族対策を担当していた板垣與一の協力を得て，クリス（KRIS）[26]と呼ばれるマレー民族運動の準備がイブラヒムを中心に始められた。クリスは，ブルハヌディン・アル＝ヘルミ（Burhanuddin

---

25) 日本占領期におけるイブラヒムの著述活動についてはあまり分かっていない。日本軍統制下のマレー語新聞・雑誌において著述活動を続けていたものと思われるが，筆者が参照しえたのは，マレー語誌の『ファジャール・アシア（*Fajar Asia*）』第 1 号（1943 年 1 月 25 日）および『スマンガット・アシア（*Semangat Asia*）』第 8 号（1943 年 8 月）に掲載された 2 本の論稿のみだった。

Al-Helmy) やオン・ジャーファール (Onn Jaafar) のような有力なマレー人指導者の参加を得て，同年の 8 月 17 日と 18 日に発会する予定だった。しかし，直前の 8 月 15 日の日本の敗戦によって，日本軍による支援が不可能となり，クリス運動の構想は宙に浮いてしまった。イブラヒムは，彼の妻などとともに同年 8 月 19 日にジャカルタに飛び，そのままジャワに住み着くことになった。

2–5　インドネシアでの日々

　イブラヒム[27]はジョグジャカルタに落ち着くと，1945 年から人民治安軍 (Tentara Keamanan Rakyat: TKR) およびインドネシア国軍 (Tentara Nasional Indonesia: TNI) にて中佐待遇で諜報活動を担当した。1950 年ごろにジャカルタに移り，外務省や検察庁の顧問（諜報部門担当）になった。その後，実業界に参入し，1958 年から 1970 年代後半までプルティウィ銀行 (Bank Pertiwi) などの経営に携わった。また，イブラヒムはインドネシアの国内政治にも関与した。彼は，1950 年から 1958 年までインドネシア国民党 (Partai Nasional Indonesia: PNI) のジャカルタ・ラヤ支部長を務め，その後，インドネシア党 (Partai Indonesia: Partindo) に参加した。1960 年から 1967 年にかけて国民協議会 (Majelis Permusyawaratan Rakyat: MPR) のリアウ地区の議員を務めた［Mss. 176 (3) b; Bachtiar 1985; Ibrahim 1957: 55; Zulkipli 1979: 138–141; Ramlah 1999: 78–83］。

　インドネシアにおいて，イブラヒムはマラヤの独立とインドネシアとの統合を目指す運動を続けた。旧 KMM 会員を中心とするマラヤの左派系マレー人指導者たちが，1945 年 10 月にマラヤ・マレー国民党 (Partai Kebangsaan Melayu Malaya: PKMM) を結成すると，イブラヒムはその翌年にインドネシアのジョグジャカルタに PKMM の海外支部を設立した。マラヤ共産党 (Malayan Communist Party: MCP) の武装闘争路線への転換に際して，1948 年 6 月にマラヤで「非常事態」(Emergency) が宣言されると，PKMM の主要な指導

---

26)　板垣は，KRIS は Kekuatan Rakyat Istimewa（民衆総力結集）の略称だと述べている［板垣 1988 (1968): 163］。他方，イブラヒムは，KRIS を Kesatuan Rakyat Indonesia Semenanjung（半島部インドネシア人民連盟）を略したものだと主張している［Ibrahim 1957: 28］。

27)　インドネシアでのイブラヒムは，イスカンダール・カメル (Iskandar Kamel) という別名を用いることが多かった。

者もイギリス植民地当局によって逮捕された。1950年にPKMMが公式に非合法化されたため，同年5月，残されたPKMM首脳は秘かにイブラヒムに委任状を与え，同党の活動をインドネシアで続けることを認めた。翌月，イブラヒムは独立マラヤ連盟（Kesatuan Malaya Merdeka）を設立し，マラヤの独立とインドネシアへの統合を求める運動の継続を試みた[28]［Ibrahim 1957：55；Bachtiar 1985：82-89］。イブラヒムはインドネシアでも著述活動を続け，『マラヤにおける歴史と闘争（Sedjarah dan Perdjuangan di Malaya）』［Agastja 1951］，『マレーの祖国と民族（Nusa dan Bangsa Melayu）』［Ibrahim 1951］，『独立マラヤについて（Sekitar Malaya Merdeka）』［Ibrahim 1957］という3冊の本を出版した。しかし，彼のインドネシアでの運動がマラヤ政治に与えた直接的な影響力は限定的であり，彼とマラヤの旧PKMM指導者との関係も必ずしも円滑ではなかったようである[29]。

　イブラヒムが戦後政治で比較的目だった役割を果たしたのは，1963年から1966年までのインドネシアによるマレーシアへの「対決」（Konfrontasi）の時期である[30]。彼は，マラヤ連邦，シンガポール，サバおよびサラワクの合併によるマレーシアの形成をイギリスの新植民地主義の産物だと批判し，マラヤや北部ボルネオとインドネシアとの統合を通じた「ムラユ・ラヤ」「インドネシア・ラヤ」の実現に向けて動いた。イブラヒムはスカルノ政権のマレーシア対決政策に影響を及ぼすとともに，汎マラヤ・イスラーム党(Pan-Malayan Islamic Party：PMIP)のブルハヌディンや人民党（Parti Rakyat）のアフマド・ブスタマム（Ahmad Boestamam）ら，マラヤの旧KMMや旧PKMMの指導者たちとも，「マレーシア反対」「ムラユ・ラヤ（インドネシア・ラヤ）支持」の立場で秘密裏に協力したといわれる［Poulgrain 1998：264-266］。また，ある関係

---

28) 独立マラヤ連盟の組織や活動の詳細については明らかではないが，バクティアール・ジャミリーによれば，KMM時代のイブラヒムの同志で，戦後インドネシアに移住したアブドゥル・カリム・ラシッド（Abdul Karim Rashid）らが参加していた［Bachtiar 1985：212］。また，当時のインドネシアには，独立マラヤ連盟以外にも，在インドネシア・マラヤ青年連盟（Persatuan Pemuda Malaya di Indonesia）など，マラヤ独立を支持する組織がいくつか存在していたという［Bachtiar 1985：167-168］。

29) イブラヒムと旧PKMM指導者ブルハヌディンとの間の微妙な関係については，Bachtiar［1985：144-158］を参照のこと。

30) そのほか，1955年11月に，インドネシアを親善訪問したマラヤ自治政府の首脳のトゥンク・アブドゥル・ラーマンやアブドゥル・ラザク・フセインらが，イブラヒムと会談を持ったことが知られている［Bachtiar 1985：111-115］。

者の回想録によれば，インドネシアでイブラヒムはマラヤ独立運動（Gerakan Kemerdekaan Malaya）という組織を率いていた。1965年9月29日，マラヤ独立運動は，マレーシア対決の立場を共有する在インドネシアのマラヤ共産党系組織であるマラヤ民族解放同盟（Liga Pembebasan Nasional Malaya）インドネシア代表部や在インドネシア・マラヤ青年連盟（Persatuan Pemuda Malaya di Indonesia）とともに，「マラヤの真の独立のための協働機構」（Badan Kerjasama Untuk Kemerdekaan Sejati Malaya）を結成したという［Shamsiah 2004：103；原 2009：106-108］。

しかし，1965年10月1日未明の国軍クーデタ（「9.30事件」）後のスハルトによる権力の掌握に伴って，インドネシア国内の左翼運動は激しい弾圧を受け，公然とした活動を行えなくなった[31]。インドネシア政府によるマレーシア対決政策も1966年に公式に終結し，マレーシア・インドネシア間の関係は修復に向かった。こうした政治変動の結果，イブラヒムの「ムラユ・ラヤ」「インドネシア・ラヤ」構想の実現の可能性は事実上閉ざされたのである。

戦後にインドネシアへ渡ってから，イブラヒムはマラヤ／マレーシア政府によって好ましからぬ「反逆者」とみなされていたため，長らくマレー半島に戻ることはできなかった。ようやく短期帰国が実現したのは1973年のことだった。1979年3月3日に彼はジャカルタで67年の生涯を閉じた。

3　イブラヒムのマレー史叙述

3-1　マラヤのマレー人に関する現状認識——戦前の著作を中心に

彼のマレー史叙述の特徴をつぶさに検討する前に，彼の汎マレー主義思想の根底にあると考えられる，マラヤのマレー人——より正確には彼が「マレー人」

---

31) 原によれば，マラヤ民族解放同盟インドネシア代表部の副団長の余柱業は，「9.30事件」後，イブラヒムがインドネシア当局に対して，自らの共産党との関係を否定したうえで，共産党関係者のことを当局に密告した，と回想している。そのほかにも，「9.30事件」前後のイブラヒムの態度の変化に不信感をもつ関係者が複数いる。原が指摘するように，この時期のイブラヒムの思想と行動が一貫性を欠いていることは否定できない［原 2009：109-112］。

だとみなしている人たち——の現状に関する彼の認識を中心に明らかにしておきたい。彼が戦前に『マジュリス』などのマレー語紙に投稿した論文では，マレー世界に関する歴史像はまだ十分に展開されていないが，彼のマレー史叙述の根底をなすと思われる，マレー人に関する具体的な問題意識が記されている。「ムラユ・ラヤ」や「インドネシア・ラヤ」を唱える彼のマレー世界論の射程はマラヤにとどまるものではなく，マレー諸島全域に及ぶのだが，彼の主張や構想の出発点は，やはりマラヤのマレー人が置かれた現状に対する彼なりの憂慮だった。マラヤのマレー人社会に関する主要な問題点として，以下の3つの点が指摘されていた。

　第1に，マラヤのマレー人の社会経済的な立ち遅れが問題視された。SITC在学時代の1930年ごろから盛んにマレー語新聞への投稿を行うようになったイブラヒムが，当初より強い懸念を表明していたのが，マレー人の社会経済的地位の低さ，特にマレー人の商工業部門への進出の遅れに対してだった［*Warta Negeri*, 24 February 1930］。1941年に出版された『祖国を見る』によれば，マレー人が経済的に遅れているのは，外来の経済勢力によってマレー人が抑圧されているからだという。彼は，資本（modal）や労働（力）（buruh）のようなマルクス主義的な概念を借用しながら，以下のように説明している[32]。

> 我が同胞（orang-orang saya）が，自分たちの祖国があたかも存在しないかのような状況に置かれている理由は，彼らの生活が抑圧されているからだ。抑圧の源泉は，(1) 外来の資本（modal luar），(2) 外来の資本の流入に伴う外来の労働力（buruh daripada luar），(3) 外来の資本と労働力の流入に伴う外来の商品（barang-barang luar）である。それは，我が同胞（マレー人）の生活のことを考慮することなしに，できる限り広くこの国を開放せんとするものである。［Ibrahim 1941：9］

　では，ここでいう「外来」（luar）とは具体的に何を指しているのだろうか。戦前期のイブラヒムの著述を読むと，彼の批判の矛先がもっぱら「外来東洋諸民族（bangsa-bangsa timur asing）」や「マラヤン民族（bangsa Malayan）[33]」とも呼ばれる中華系やインド系の移民集団に向けられていたことが分かる。興味深いことに，戦前の段階では，イギリス植民地政府の経済政策やイギリス資本

---

[32] イブラヒムの言説における社会主義思想の影響については，Milner［2002（1995）：266-268］を参照。

に対する批判は慎重に避けられている。植民地支配という状況下で，ある種の自己規制が働いていたと見てよいだろう。他方，日本占領期のマラヤや戦後にインドネシアで書かれた著作の中では，イギリスに対するそのような抑制的態度は影をひそめ，むしろ反英的姿勢を積極的に誇示するような記述が目立つようになる。そこでは，英領マラヤにおけるイギリス植民地政府の経済政策——特に「門戸開放政策 (dasar/politik pintu terbuka)」——やイギリス資本は，堂々と批判の俎上にのせられていた [*Semangat Asia*, August 1943：3；Agastja 1951：42, 48-52；Ibrahim 1951：34-35]。

また，イブラヒムは，マレー人の商工業部門への進出を阻む要因として，マレー人の教育水準の低さを指摘し，近代部門への参入を可能にするような実践的な学校教育の促進を訴えている [*Majlis*, 5 November 1934；12 May 1937]。また，彼は，イスラームが進歩 (kemajuan) を妨げているという俗説を批判し，イスラームはムスリムに進歩をもたらすと論じている [*Majlis*, 9 September 1935]。一般的には世俗的なナショナリストとして知られるイブラヒムであるが，進歩的なイスラームを広めるためにマレー人王族・貴族や宗教行政官がより大きな役割を果たすことや，マレー語学校や英語学校でイスラーム教育をより重視することも提言している [*Majlis*, 12 September 1935；13 December 1937]。

第2に，マラヤのマレー人の権利が侵されているという危機感が存在したことも重要である。1920年代の後半から1930年代の前半にかけて，一部の非マレー人指導者がマレー人と対等な政治的権利を求めるという新たな動きが表面化した。例えば，海峡植民地の立法評議会 (Legislative Council) やマレー諸州連邦の連邦評議会 (Federal Council) の華人メンバーたちが，マラヤ行政の頂点をなすマラヤ文官職 (Malayan Civil Service，ヨーロッパ人行政官とごく少数のマレー人行政官によって占められている) を非マレー人にも開放するよう要求していた。また，1931年に海峡植民地の立法評議会メンバーのリム・チンヤン (Lim Ching Yan) がペナンの華人団体の前で，半島はマレー人の国ではなく，

---

33)「マラヤン (Malayan)」という名称は，字義通りには，マラヤに在住する住民一般を指しうる。ただし，独立以前のマレー人知識人の中には，「マラヤン」という語を (「ムラユ (Melayu)」や「マレー (Malay)」という呼称と対比して) マラヤに在住する華人やインド人などの非マレー系住民を指す言葉として否定的なニュアンスで用いる者が少なくなかった [Ariffin 1993：98, 113, 194-196；山本 2006：56]。

自分たちの国であると発言したことがマレー語新聞・雑誌でも報道され，多くの読者からの反発を招いた [*Majallah Guru*, March 1931；57-58；Roff 1994 (1967)：207-210]。

　こうした状況下において，イブラヒムは，先住民 (anak negeri, bumiputera) たるマレー人の諸権利 (hak-hak Melayu) が外来の諸民族 (bangsa-bangsa asing) によって危機にさらされていると警告した。1933年には『マジュリス』紙上で，「このマラヤは現在，先住民族（マレー人）(bangsa anak negeri (orang Melayu)) と外来東洋民族（つまり華人とインド人）(bangsa timur asing (iaitu Cina dan India)) との間の闘いの場となっており，この5，6年の間，それらの外来民族は絶えず声高に権利 (hak) を要求し続けてきている……」[*Majlis*, 16 November 1933] と憂慮の念を示している。彼によれば，華人やインド人が「マラヤン (Malayan)」としてマレー人と対等な権利を主張するのは不当なことであり，先住民であるマレー人のみがマラヤにおいて政治的権利を享受する資格を持つのだった [*Majlis*, 22 December 1932]。

　経済問題の場合と同様に，政治的権利の問題においても，戦前のイブラヒムは，「外来民族」の中でイギリス人を例外扱いし，彼らへの批判を避けている。それどころか，イギリス植民地政府に対する賛辞すら散見される。例えば，1930年の『ワルタ・ヌグリ』紙上では，イギリス植民地政府をマレー人の保護者 (penaung) だとみなし，きわめて公正な政府 (kerajaan yang maha adil) だと賞賛している [*Warta Negeri*, 1 March 1930]。反植民地主義者という印象の強いイブラヒムが親英的な発言を行っていたのは意外かもしれない。しかし，経済問題同様に，マレー人の権利をめぐっても，彼がイギリス植民地支配を公然と批判するのは，戦中・戦後になってからのことである。例えば，1951年に出版された『マレーの祖国と民族』では，イギリスはマレー人の権利を奪った張本人として描かれており，植民地支配に対する賛辞はもはや見られない [Ibrahim 1951：48-55]。

　最後に，第3の問題点として，マラヤおよびマレー諸島全域のマレー人の間に分裂が存在していたことも，イブラヒムの不満の種だった。ひとつには，王族・貴族層と庶民層との間の階層的な懸隔が存在していた。伝統支配層である王族・貴族層が平民層の利害を必ずしも代弁できていないとイブラヒムは考えていた。例えば，1937年の『マジュリス』紙上で，イブラヒムは，マレー人王族・貴族層，特に連邦評議会の「非公式」メンバーとして任命されたマレー

人貴族たちが,マレー人の民衆(rakyat, orang ramai, orang kebanyakan)の権利を十分に保護できていないと苦言を呈している［*Majlis*, 28 June 1937］[34]。障害の二つ目は,州への帰属意識(kenegerian)の強さである。ペラ人,パハン人などの州民意識が強すぎると,マラヤのマレー人の間に民族意識が生じにくく,ましてや「ムラユ・ラヤ」「インドネシア・ラヤ」といった汎マレー民族意識の覚醒は困難になると考えられた。三つ目の壁は,広義のマレー系とみなされうるもののマレー半島外に出自を持つ人びとに対する区別である。マレー諸島各地から比較的近年に移住してきた移民の子孫の人びとは,しばしば,ジャワ人,ブギス人,ミナンカバウ人,アチェ人などといった出自を強く意識し続けていた[35]。また,アラブ人やインド人の血統を持つムスリムについては,マレー人の範疇に含めるかどうかで論争があった。1939年の『マジュリス』紙の論説で,イブラヒムは,マレー民族の間の一体感の欠如を以下のように憂慮している。

> 実のところ,マラヤ(Tanah Melayu)には200万人以上の我ら同胞(orang-orang kita)がいる。さらに,マレー諸島(Gugusan Pulau-Pulau Melayu)全域には6,000万人以上のマレー人同胞(orang-orang kita Melayu)がおり,また,インド,セイロン,南アフリカ,中国,日本,シャムなどに移住した200万人以上の同胞がいる。それゆえ,明らかに,我らマレー民族(bangsa kita Melayu)[の人口]は6,500万人を下回ることはないのであり,従って,我々は人口の多い民族(bangsa yang ramai)なのである。しかし,民族精神が弱く,経験が不足し,その他の点でも弱点を抱えているために,マレー民族(bangsa Melayu)は後進的で分裂した民族(bangsa yang corot dan berpecah belah)になってしまった。それは,我が同胞の大半が下位集団(puak-puak)を愛するばかりで,民族(bangsa)を愛してはいないからなのだ……。［*Majlis*, 16 November 1939］

イブラヒムによれば,マレー人が本来的には大きな民族(bangsa)であるにもかかわらず,現実には,民族意識が未熟であり,下位集団(puak-puak)ごとに四分五裂してしまっているというのである。ここでいう下位集団への帰属意識とは,上述のように,ペラ人意識やパハン人意識のようなマレー半島内の特

---

34) ただし,戦前期のイブラヒムは,マレー王族・貴族に対する批判的な評価を加えることはあっても,王制や貴族制そのものを否定するような主張をしていたわけではない。
35) 英領マラヤにおけるマレー系移民に対するイギリス植民地政府の対応と当事者のアイデンティティとの相互関係については,坪井［2004］を参照。

定の州に帰属する意識や，ミナンカバウ人意識やジャワ人意識といったような半島外に起源を持つ民族集団への自己同一化を指すものと考えられる。こうした様々な集団への帰属意識よりも，広義のマレー民族としてのアイデンティティを優先せよとイブラヒムは説いたのである。

　また，戦中・戦後の著作になると，イブラヒムは，イギリス植民地政府による「分割統治（pecah dan perintah）」が，下位集団ごとの分断をマレー人の間にもたらしたのだと非難するようになった。戦前はイギリスへの批判を差し控え，戦中・戦後になると公然とイギリスを攻撃するというパターンがここでも繰り返されている。ちなみに，こうした植民地権力に対する態度の変化は，日本に対しても見られた。戦中の彼の論文では，日本はイギリスの支配に苦しむマレー人を救いにやってきたと記されていた［Semangat Asia, August 1943：3-4］。しかし，戦後の著作では，戦中の日本をファシストとして手厳しく批判するようになり，彼自身の対日協力についてはマレー民族運動のためのやむを得ざる手段だったと弁明するようになった［Agastja 1951：104-107］。

3-2　植民地的知の伝達——学校教科書の中の「マレー世界」像

　それでは，イブラヒムの汎マレー主義を支える「マレー世界」像の思想的基礎はどこに求めることができるだろうか。彼のマレー世界に関する知識の源泉は多岐に渡っていると考えられる。彼が『スジャラ・ムラユ(Sejarah Melayu)』，『ハン・トゥア物語(Hikayat Hang Tuah)』，『アブドゥッラー物語(Hikayat Abdullah)』のようなマレー文芸作品に親しんでいたことは想像に難くないし，彼が盛んに投稿していた『マジュリス』などのマレー語新聞や雑誌，マレー語で書かれた様々な一般書や学術書などの文献も彼の知的素養を形成したことだろう。また，先述したように，蘭領東インド・インドネシアで発行されたマレー・インドネシア語の書籍や定期刊行物も，彼の思想形成に大きな役割を果たしたと思われる。また，クアラ・ルンプール在住時に専門学校の夜間クラスで英語を学んだイブラヒムは英語文献も読むようになっていた[36]。これらの文献以外にも，身の回りの人びととの日常的な会話や，教員やジャーナリストとしての活

---

[36]　ルパート・エマソンの『マレーシア：直接統治と間接統治の研究（Malaysia: A Study of Direct and Indirect Rule）』［Emerson 1964（1937）］を愛読していたと伝えられている［A. Samad 1981：111-112］。

動を通じて，知識や思想の源泉は数限りなく存在していただろう。このように彼の思想の源流は複雑かつ相互に絡み合っており，当人自身でさえ正確に認識できるものではなく，他者が実証的に探求することはきわめて難しい。

そのような中で，既に触れたように，イブラヒム自身が自らの「マレー世界」像の構築に大きな影響を及ぼしたことを認めていたのが，マレー語小学校やSITC で受けた教育，特に歴史・地理教育だった。先述のように，イブラヒムは回想録や著書の中で，SITC で歴史や地理を担当していた教員の影響について触れているばかりでなく，具体的な書名を挙げて，歴史教科書が彼の「マレー世界」像の形成において重要な役割を果たしたことを明示している。そこで，本章では，マレー語小学校や SITC で使われた歴史・地理教科書とイブラヒムの著作との比較に焦点を絞る。それらの歴史・地理教科書については，別稿 [Soda 2001] で詳述したことがあるので，ここでは要点を整理するだけにとどめたい[37]。

別稿で考察の対象としたのは以下の 4 冊の教科書である。まず，イギリス人植民地官僚 R・J・ウィルキンソン（1867-1941）の『半島マレー人の歴史（*A History of the Peninsular Malays*）』（初版 1908 年）[Wilkinson 1975 (1923)] は，もともとウィルキンソンの『マレー論集（*Papers on Malay Subjects*）』の中に収録されていた論稿である。『マレー論集』は，本来，イギリス人官僚の試験用の参考書として英語で書かれたものだった [Burns 1971：9]。マレー語学校教育に関する「ウィンステッド報告」（1917 年）の中で，『マレー論集』は，マレー語歴史教科書が出版されるまでの間，マレー語教員養成カレッジでの暫定的な教科書ないし参考書として推奨された。同じくイギリス人植民地官僚だった R・O・ウィンステッド（1878-1966）の『マレーの歴史（*Kitab Tawarikh Melayu*）』（初版 1918 年）[Winstedt 1927 (1918)] はマレー語小学校と SITC で歴史教科書として指定されていたものであり，『マレー世界の地理（*Ilmu Alam Melayu*）』（初版 1918 年）[Winstedt 1926 (1918)] は SITC の地理教科書として使用されていた。最後に，マレー人教員だったアブドゥル・ハディ・ハジ・ハサン（1900-1937）の『マレー世界の歴史（*Sejarah Alam Melayu*）』（初版は第 1 巻 1925 年，第 2 巻 1926 年，第 3 巻 1929 年）[Abdul Hadi 1928a (1925)；1928b (1926)；1930 (1929)] は，マレー語小学校と SITC で歴史教科書として指定

---

37) Soda [2001] で分析した歴史教科書の一部は左右田 [2010] においても考察の対象となっている。

されていた。

　これらの教科書の著者の間には人間関係があり，それぞれの教科書の間には引用の連鎖があった。ウィルキンソンとウィンステッドは，英領マラヤの植民地官僚ならびにマレー研究者として先輩・後輩という間柄であり，ウィンステッドは彼の『マレーの歴史』の参考文献のひとつとしてウィルキンソンの『マレー論集』を挙げていた。ウィンステッドとアブドゥル・ハディの2人は，SITCの付属施設として1924年に設立された翻訳局（Translation Bureau）におけるマレー語書籍の翻訳・出版の活動において接点があった。アブドゥル・ハディの『マレー世界の歴史』の参考文献リストには，ウィルキンソンの『マレー論集』とウィンステッドの『マレーの歴史』が含まれていた。

　これらの教科書に共通する方法論的な特徴は，いずれの教科書も，「神話」の要素が混入しているとみなされるマレー古典と「事実」による裏付けを求める実証主義的な歴史とを峻別し，後者のアプローチからマレー人の歴史を叙述しようとしたことである。ウィルキンソンやウィンステッドといったイギリス植民地政府の学者官僚のみならず，現地の学校教員であるアブドゥル・ハディまでもが，西欧流の近代歴史学のまなざしからマレー世界の歴史を再構成しようとしたのである。

　また，これらの教科書からは，「マレー」にまつわる共同体概念，空間概念，および時間概念という点においても，類似性を見出すことができる。第1に，それらの教科書は，センサスにおける分類や統計データなども利用しつつ，「人種」ないし「民族」（race, bangsa）としてのマレー共同体という捉え方を前提として叙述が展開されている。これは，マレー古典において明瞭に表現される「クラジャアン（kerajaan）」，すなわち王権社会としてのマレー概念とは一線を画すものである。さらに，いずれの著者もマレー人共同体を血統的に純粋な民族とは捉えずに，「混血人種」ないし「混血民族」（mixed race, bangsa campuran/kacukan）として把握していることも重要である。

　第2に，教科書の著者たちは，「マレー」の領域性に関しても類似した観念を持っていた。著者たちは植民地国家の単位や英領マラヤの州（王国state, negeri）の単位ごとに体系的に分類された地理的情報（人口，面積，地形，植生，主要産業など）を説明していた。こうした体系化され，数量化された情報を通じて，マレー世界の領域性が対象化されていくことになる。そして，これらの教科書では，マレー諸州（Malay states, negeri-negeri Melayu），マラヤ／タナ・

ムラユ（Malaya, Tanah Melayu），マレー世界（Malay world, alam Melayu）という3層構造においてマレー世界の空間が語られる。著者たちは，マラヤを中心とする視点を持ちつつ，マラヤを越えたマレー世界の全体をマレー人の領域と捉えるような空間認識を共有していたといえる。ただし，他の教科書に比べて，アブドゥル・ハディの教科書がマラヤ以外のマレー世界の歴史により多くの紙幅を割き，マレー諸島全域の歴史を叙述しようと試みていたことも付言しておきたい。

第3に，これらの著者たちは時間の観念についても共通性を持っていた。彼らは西暦の年代順に出来事を配列し，宗教・文明や支配国の別に基づいて層状に時代区分したうえで，マレー世界の歴史を再構成した。その前提をなすのは進歩史観だった。植民地化以前の時代に関しては，宗教・信仰の変化に伴って，基層的な「原始」時代から，ヒンドゥー・仏教の時代を経て，イスラームの時代に至る発展の歴史があり，西欧諸国による植民地化以降の時期についても，ポルトガル時代，オランダ時代，イギリス時代と進むに従って，より「文明的」になっていくのだった。

それでは，これらの教科書が描き出す「マレー世界」像とイブラヒムの著作にみられる「マレー世界」像との間にはどのような連関が見出せるのだろうか。以下，検討を加えることにしたい。

3-3　イブラヒムの「マレー世界」像——戦後の著作を中心に

既に述べたように，イブラヒムは生涯に4冊の著書を出版した。彼が戦前に出版した唯一の著書である『祖国を見る（*Melihat Tanah Air*）』（1941年）はマラヤの諸州の政治・行政や経済の概説と，彼の半島視察旅行の見聞録からなっている [Ibrahim 1941][38]。彼がインドネシアに移住してから出版された3冊の著書のうち，『マラヤにおける歴史と闘争（*Sedjarah dan Perdjuangan di Malaya*）』（1951年）は，マラヤのマレー人の歴史に関して包括的かつ詳細に記述したものであり，「インドネシア・ラヤ」構想についても触れている [Agastja 1951][39]。『マレーの祖国と民族（*Nusa dan Bangsa Melayu*）』（1951年）も，マラ

---

38) マラヤの各州のマレー諸州の政治・行政制度や経済を概観した前半部の第1章と，各州のマレー人の社会生活の現状を報告した後半部の第2章に大別される。なお，同書には続編も存在したが，イギリス当局に原稿を没収されたため，出版できなかったという。

ヤにおけるマレー人の歴史的展開と今後の構想を語る点では前著と同様だが，歴史叙述のうちイギリス植民地支配に割かれる比率が増えている［Ibrahim 1951］[40]。『独立マラヤをめぐって（*Sekitar Malaya Merdeka*）』（1957年）は，20世紀以降のマラヤにおける独立運動の歴史的展開を批判的に考察しつつ，将来的なインドネシア・ラヤ建設を訴えたものである［Ibrahim 1957］[41]。戦前の著書と戦後の著書とを比較した場合，前者が主にマラヤの「マレー人」読者に向けて書かれたものであるのに対して，後者がマラヤのみならずインドネシアの読者を想定して書かれていること，前者よりも後者の方が明確な政治的プロパガンダの書という性格が前面に出ており，反植民地主義を公然と打ち出していることなどの相違点がある。ここでは，イブラヒムがマレー史の全体像を提示した『マラヤにおける歴史と闘争』および『マレーの祖国と民族』という2つの戦後の著作を主な材料として，彼の「マレー世界」像に対して検討を加えることにしたい。

　まず，マラヤやマレー世界のマレー民族を論じたイブラヒムの著作にも，実証主義的な歴史学の影響を見ることができる。例えば，『マレーの祖国と民族』には以下のような記述を見出すことができる。

> 皆さん，祖国の歴史を調べてみると，実のところ，ヨーロッパ人たちによって書かれた歴史が，この地域と民族（daerah dan bangsa）の一体性の正しさを認めているのである。さらに，マラヤの官立学校での教育のために［マレー語学校教科書］シリーズ第7巻として公刊された『マレー世界の歴史』という本の中には，以下のことが説明してある……。［Ibrahim 1951：70］

ここでは，イブラヒムが，ヨーロッパ人が著した歴史書やアブドゥル・ハディの『マレー世界の歴史』などに言及することによって，マレー世界の一体性をめぐる自説の正しさを裏付けようとしていることがわかる。

39) 全6章の構成は以下の通り。1. 過去の諸世紀間のマラヤ，2. マラヤにおけるイギリスの専制，3. マレー民族主義運動，4. 日本占領期のマラヤ，5. イギリスのマラヤへの復帰，6. マラヤのインドネシア・ラヤへの編入。

40) 全8章の構成は以下の通り。1. マレー人の民族的願望，2. 民族と祖国の連帯の歴史，3. マレー諸国の分裂の歴史，4. イギリス人植民地支配者による抑圧，5. 分断されたマレー人の民族的権利，6. マレー人は自らの民族的権利を守る，7. 民族の統一に向けて，8. アジアの重要な一角としてのマラヤ。

41) 全4章の構成は以下の通り。1. 独立の段階にて，2. マラヤ独立運動（1），3. マラヤ独立運動（2），4. マラヤ：現在と将来。

しかしながら，このような学術的装いがところどころで施されつつも，イブラヒムの戦後の書籍は，純然たる学術書であることを標榜してはおらず，マラヤの独立とインドネシアとの統合という政治的目標を喧伝するプロパガンダの書であることを隠してはいなかった。イブラヒムの著作において，マレー世界の歴史や地理に関する叙述は，彼の政治的主張を支えるための材料として利用されていたといってよい。何らかの政治的イデオロギーが埋め込まれているにせよ表向きは政治的中立性を装う学校教科書と，イデオロギー的主張を公然と展開するイブラヒムの一連の著書は，まったく同じジャンルに属する著作とはいえないことは予め確認しておきたい。

(1) イブラヒムの共同体概念

　では，次に，イブラヒムの「マレー世界」像について，共同体概念，空間概念，時間概念という要素に分けたうえで，検討を加えることにしよう。既に触れたように，イブラヒム自身は，必ずしも，マレー・アイデンティティの構成要素として，クラジャアン（kerajaan, 王権共同体）やウンマ（umat, イスラーム共同体）の重要性を認めなかったわけではない。しかし，彼にとって，マレー・アイデンティティの核をなすべきだったのは，共通の人種的特性や文化によって結び付けられるべきバンサ（bangsa, 民族）という要素だった［Milner 2002 (1995): 271］。マレー人を主にバンサ（民族）から捉えるイブラヒムの視点は，前述のウィルキンソンやウィンステッド，アブドゥル・ハディのマレー人種／民族観と大差ない。例えば，イブラヒムが戦後インドネシアで著した『マラヤにおける歴史と闘争』の中には以下のように記されている。

> 　今日，マラヤを継承する権利を持つブミプトラ（bumi putera）はマレー人（orang Melayu）であり，彼らは，今日，インドネシア民族（bangsa Indonesia）と呼ばれる，スマトラ，ジャワ，カリマンタン，スラウェシ，小スンダ及びマルクのブミプトラと，人種／民族（bangsa），言語（bahasa），歴史（sedjarah），領域（daerah）の点で同一であり，また，フィリピンに居住し，今日，フィリピン民族（bangsa Filipino）と呼ばれているマレー人ともやはり同一なのである……。［Agastja 1951: 7-8］

この記述からは，マラヤのマレー人がマラヤのブミプトラ（bumi putera, 先住民）であり，インドネシア民族（bangsa Indonesia）と同一であることが強調さ

れていることがわかる。『マレーの祖国と民族』の中でも，イブラヒムは次のように述べている。

> 皆さん！ マレー人（orang Melayu）とは何者で，マラヤとは何か？ はっきりさせる必要がある。「127年間の分裂[42]によって，インドネシア民族（bangsa Indonesia）はマラヤにいる同胞（saudara kandungnya）のことをほとんど忘れてしまった。」実際には，そのマレー人とは，まだイギリスの植民地支配を受けている，インドネシア民族のきょうだいの一集団に他ならないのである。私があえてそのように明言するのは，民族学（Ethnology），つまり血統や生活文化の観点からすると，マレー人はスマトラ，ジャワ，カリマンタン，スラウェシ，マルク，小スンダなどにいる人たちと同じだからである。特に，マレー民族とその祖国（bangsa dan nusa Melayu）の歴史，言語，地理的位置は，それ自体で，マラヤがインドネシアの圏内に入っていることを証明している。[Ibrahim 1951：69]

このように，イブラヒムは，血統，文化，歴史，言語および地理的位置の面から，マラヤのマレー人とインドネシア人とが同一であることを主張していたのである。

さらに，イブラヒムは，ウィルキンソン，ウィンステッドやアブドゥル・ハディと同様に，マレー人を「混血民族」として捉えていた。例えば，『マレーの祖国と民族』の中には，以下のような記述がある。

> 実際のところ，この世界に，様々な民族（berbagai-bagai bangsa）との混血（pertjampuran darah）のないような，純粋な血統をもつ民族（bangsa）など存在しない。2,500年前からのマレー人種（ras-Melayu）の形成は，ドラビダ人とモンゴル人の混血，それに続く，東南アジアにやって来たアーリア人およびセム人とのさらなる混血に由来する。こうした混血こそがマレー系（Malay-stock）を生み出し，それが今日では，インドネシアとフィリピンという2つの民族（bangsa）になっている。この点に関して，マラヤ，サラワクやブルネイのマレー人はインドネシアの方により近く，彼らはあらゆる点でインドネシア民族（bangsa Indonesia）と同一なのである。[Ibrahim 1951：14]

こうした，「マレー人＝混血民族」論は，イブラヒムの「ムラユ・ラヤ」「インドネシア・ラヤ」構想に見られる汎マレー主義思想の根拠付けには好都合だったといえるだろう。なぜならば，マレー人を，混血民族として捉えることによっ

---

42) 1824年の英蘭条約によって，イギリスとオランダとの間で，マレー諸島における植民地の分割がなされたことが念頭に置かれているものと考えられる。

て，マレー人の定義をかなり広くとることができるようになり，ブギス系やジャワ系のようにインドネシア（蘭領東インド）地域出身の祖先を持つ人びとであっても，マレー民族の範疇に包含することが容易になるからである[43]。インド系ムスリムやアラブ系ムスリムのように東南アジアの外部に祖先を持つムスリムの位置づけについては必ずしもはっきりとしていないが，それらの人びとを明確に排除するような記述は見当たらない。

ただし，イブラヒムのマレー概念が包摂的なものであるとはいっても，そこにはある種の二重基準が存在していたことも指摘しておきたい。非ムスリムのアジア系住民，例えば，華人やヒンドゥー教徒のインド人に関しては，たとえ，モンゴル系，ドラビダ系，あるいはアーリア系などの血統を引き，マレー語やマレー文化を身につけていたとしても，彼のマレー民族の範疇からは排除されていたように見受けられる。戦後もマラヤに残ったブルハヌディンら PKMM 指導者たちが，1940年代後半に華人やインド人の左派とも協力し，華人やインド人も包摂しうるより大きな国民概念としてのムラユ（Melayu）概念を新たに創り出そうと試みたことと比べると，イブラヒムは自らの国民構想の中に非ムスリムのアジア系住民を包含しきれてはいなかったように思われる[44]。

(2) イブラヒムの空間概念

イブラヒムは，先述の教科書の著者たちと同様に，マレー世界の領域を，マレー諸州（negeri-negeri Melayu），マラヤ（タナ・ムラユ）（Malaya, Tanah Melayu），マレー世界（alam Melayu）という3つの層で捉えていたといえよう。彼は戦前時からマレー世界を包含する概念としての「ムラユ・ラヤ」を提唱していたが，戦前期の著作における叙述の具体的な対象はもっぱらマラヤのマレー人社会であり，マラヤを構成する個別のマレー諸州についても相当な関心を払っていた。彼の戦後の著作では，マレー諸州のそれぞれに関する記述はほとんどなされなくなり，議論の焦点はマラヤのマレー人に置かれているもののマレー世界全体のマレー民族のまとまりが強調されていた。ここでいう「マレー世界」

---

[43] 第二次世界大戦前の大日本帝国の対外進出の正統性を支えるひとつの言説として，「日本人＝混合民族」論が優勢だったことを明らかにした小熊［1995］の研究は，イブラヒムの「マレー人＝混血民族」論が彼の汎マレー主義思想を正当化する機能を果たしたことを理解するうえで示唆するところが大きい。

[44] 1940年代後半の PKMM による「ムラユ」概念の再定義については Ariffin［1993］を参照。

にはマラヤ，シンガポール，ボルネオ，インドネシアが含まれ，時にはフィリピンや南タイも含まれることもあった。例えば，『マレーの祖国と民族』には以下のような記述が見受けられる。

> しかし，マラヤのマレー民族（bangsa Melayu）は，インドネシア人が彼らの民族（bangsanya）の一員だと常に感じている。学校では，この諸島をマレー世界（Alam Melayu）もしくはマレー諸島（Kepulauan Melayu）と呼ぶ。歴史の教科書は『マレー世界の歴史（*Sedjarah Alam Melayu*）』——その意味はインドネシアの歴史——と呼ばれているである。そして，1945年以前にマラヤで用いられていたマレー民族（bangsa Melayu）の定義によれば，「マレー民族の人間（Orang bangsa Melayu）とは，マレー諸州（Negeri-negeri Melayu）およびマレー諸島（Pulau-pulau Melayu）の出身者でイスラームを信仰している者である」。[Ibrahim 1951：10]

ここでは，SITC時代の恩師のアブドゥル・ハディの『マレー世界の歴史』に言及しながら，マレー世界ないしマレー諸島の空間的なつながりが説明されていることがわかる。

イブラヒムは，マレー世界の領域的一体性を論じる際に，自らの地理の知識を援用していた。同じく『マレーの祖国と民族』の中で，彼は，地図を参照して，インドネシアの領土がW字の形になっていることに読者の注意を喚起する。

> マラヤとサラワク・ブルネイは，スマトラとカリマンタンとの間に位置し，現在のインドネシア北部の中央にある。それで，本来ならばサバンからラウト島を経てハルマヘラ島の北方にあるミアンガス島まで直線となるべきインドネシアの北部の国境線は，「W」字の形に直角に折れ曲がらざるをえないのだ。
>
> それゆえ，明らかに，マレー諸州（Negeri-negeri Melayu）の領域はインドネシアの領域の中に入っており，インドネシアにとって重要な位置を占めているのである。特に，位置的にインドネシアの表門であるマラッカ海峡の一部をマラヤが占有していることからすれば。その「W」字の角が国境線からなくならない限り，インドネシアの独立は完全とはいえない。すなわち，マレー諸州（Negeri-negeri Melayu）が外来権力によって支配されている限り，インドネシアの独立は完全ではないということになるのだ。なぜなら，植民地支配を受けているインドネシアの地域がまだ残っているということになるのだから。[Ibrahim 1951：13]

このように，イブラヒムは学校教科書の著者たちが示した3層構造のマレー世

界の領域概念を継承していた。つまり，マレー諸州（negeri-negeri Melayu），マラヤ（Malaya, Tanah Melayu），およびマレー世界（alam Melayu）という3つの層において，マレー世界の地理的空間を把握し，そのなかでもマラヤを中心に据えるという見方である。

　ただし，彼の著作，特に戦後に彼がインドネシアに移り住んだ後の著作を見ると，マラヤのマレー人に焦点を当てながらも，議論の力点は，マラヤのマレー人が，マレー諸島，すなわちマレー世界の他の地域の先住民と一体であることに置かれるようになっている。こうしたイブラヒムの空間認識は，マラヤの独立とインドネシアとの統合による「ムラユ・ラヤ」ないし「インドネシア・ラヤ」の実現，という彼の政治的な願望を下支えするものだったといえよう。また，「マレー諸州」「マラヤ」「マレー世界」という3つの領域のうち，マレー諸州はマレー王権，マラヤはイギリス植民地権力という既存の体制と結びついた政治単位だった。そういう観点からすれば，「ムラユ・ラヤ」「インドネシア・ラヤ」構想に象徴されるイブラヒムの汎マレー主義は，マレー諸州の基盤をなすマレー王権や，マラヤを支配するイギリス植民地権力という既成の権力に対抗して，マレー世界の政治的統合による人民（rakyat）中心の政治権力を確立しようとする試みだと見ることもできる。

(3)　イブラヒムの時間概念

　イブラヒムはその著作の中で，マラヤを「ムラユ・ラヤ」ないし「インドネシア・ラヤ」という大きな文化的・政治的単位に組み込むために，マレー世界の歴史を再構成することを試みた。彼の戦後の著作の中では，『マラヤにおける歴史と闘争』［Agastja 1951］が，マラヤのマレー人の歴史に関する最も包括的で詳細な記述を提供している。他方，『マレーの祖国と民族』［Ibrahim 1951］における歴史叙述は，イギリス植民地時代に焦点を当てている。最後に，マラヤ連邦独立の年に発行された『独立マラヤをめぐって』［Ibrahim 1957］は，20世紀初頭と半ばのマラヤにおける独立運動の歴史的展開を批判的に考察したものである。

　イブラヒムは，マラヤを中心としたマレー世界のマレー民族の歴史を，「原始」時代から，ヒンドゥー・仏教時代，イスラーム時代へ，そしてポルトガル時代から，オランダ時代，イギリス時代，日本時代，再びイギリス時代へと年代ごとに区分した［Agastja 1951；Ibrahim 1951］。戦中の日本時代，戦後の

イギリス時代が加わっている以外は，戦前の学校教科書の著者たちが行った年代区分と大差はない。しかしながら，マレー世界の歴史のより大きな時代区分を見ると，各時代の性格づけの仕方に重要な変化が生じている。例えば，『マレーの祖国と民族』の以下の記述を見てみたい。

> マレー世界 (dunia-Melayu, Malaynesia) あるいはインドネシアの歴史の流れは，3つの時代 (Djaman) に分けることができる。すなわち，
> 1．紀元前500年から紀元500年までの約1000年間の東南アジアにおける民族の成長の時代 (Djaman pertumbuhan bangsa)。
> 2．500年以降の輝かしい発展と権勢の時代 (Djaman perkembangan dan kekuasaan jang gilang-gemilang)。タルマナガラからシュリヴィジャヤ，マジャパヒトに至り，1511年にムラカで終焉する。
> 3．400年間の植民地化の時代 (Djaman pendjadjahan)，すなわち「没落の時代」(Djaman kedjatuhan)。
> これらの3つの時代を経て，1945年8月から，東南アジアの民族と祖国 (bangsa dan nusa) の歴史にとっての新しいページが開かれ始めたのである。[Ibrahim 1951：29]

ここでは，まず，マレー世界の歴史が，(1) 大文明流入以前のマレー民族の創生の時代，(2) 世界宗教・文明（ヒンドゥー・仏教，後にイスラーム）を受容し，大王国を樹立した，マレー民族の黄金時代，(3) 植民地化に伴う没落の時代，と3つの時代に大別されている。そして，第2次大戦後になって，これらの3つの時代に続く新しい時代の息吹が感じられるようになったというのである。イブラヒムが期待するこの新しい第4の時代とは，その前の時代が植民地化に伴う「没落の時代」であったことからすれば，民族の独立による「復興の時代」ないし「再生の時代」とでも呼べるものだろう。

イブラヒムのこの歴史観を戦前の学校教科書と比較した場合，最も際立った特徴は，学校教科書における記述とは異なり，戦後のイブラヒムが植民地時代を明確に「没落の時代」だと位置づけていることである。そして，インドネシアの独立達成という戦後政治の展開を目の当たりにして，マラヤの独立と「インドネシア・ラヤ」への統合という彼の願望が，新しい時代の到来を予感させているのである。そして，その新しい「独立の時代」への期待は，古代から近世にかけてマレー世界で諸王国が栄えた「黄金時代」の復活という意味合いも込められているのである。このようなイブラヒムの語りにおける「黄金時代」

→「没落の時代」→「再生の時代」という筋書きは，ナショナリストの歴史叙述としては典型的なものだといってよい[45]。

4 マレー史の再構築とその帰結

　イブラヒムの「マレー世界」をめぐる歴史叙述の特徴を，ウィルキンソン，ウィンステッド，アブドゥル・ハディによって書かれた先行の教科書における叙述と比較しつつ，もう一度まとめておくことにしよう。まず，イブラヒムの著作——特に戦後の著作——は，学校教科書に見られたような，「事実」に依拠した実証主義的な歴史叙述を標榜していた。他方で，イブラヒムの著作は，マレー世界の歴史や地理の一体性を強調することを通じて，マラヤの独立とインドネシアとの統合（「ムラユ・ラヤ」ないし「インドネシア・ラヤ」の統一）という自らの明示的な政治的主張を正当化する，という明示的な目的をもった政治的プロパガンダの書だった。この点に関しては，学校教科書が，ある種の政治的イデオロギーと結びつきながらも，表面的には価値中立性を装っていたのとは異なっていた。

　イブラヒムの「マレー世界」像を共同体概念，空間概念，時間概念という3つの側面から検討したところ，以下のような特徴が浮かび上がった。第1に，共同体概念についていうと，イブラヒムは，教科書の著者たちと同様にマレー共同体を民族（bangsa）として——特に混血民族として——捉えたうえで，そうした民族論を彼が唱える「ムラユ・ラヤ」「インドネシア・ラヤ」論の正当性の根拠として利用していた。第2に，空間概念については，イブラヒムも教科書の著者たちもマレー世界の領域的広がりを，マレー諸州（諸国）（negeri-negeri Melayu），マラヤ（Tanah Melayu），マレー世界（alam Melayu）という3層において了解していたが，イブラヒムは「ムラユ・ラヤ」「インドネシア・ラヤ」概念に対応する領域として，マレー世界の地理的なまとまりをよりいっ

---

45) アントニー・D・スミスは，ナショナリストの歴史叙述において，「ネーションは層化され，ナショナリストの歴史家や考古学者の任務は，過去の各層を発見することと，それによって，ネーションの起源——『創成期』から，黄金時代における初期の繁栄を経て，断続的な衰退と近現代における新生と再生にいたる——を辿ること」だと論じ，こうした歴史認識を「ナショナリズムの文化的進化論」と名づけている［Smith 2000：64］。

第3章　植民地史の換骨奪胎 | 143

そう強調していた。第3に，時間概念に関していえば，イブラヒムは，教科書の著者たちと同様に，マレー世界の歴史を時代ごとに層化したうえで論じていたが，植民地時代を民族の衰退の時代として捉え直すことによって，「マレー諸王権の黄金時代」→「植民地化に伴う没落の時代」→「独立による再生の時代」というマレー民族の物語を創り上げた。

　こうしてみると，イブラヒムが，メタナラティブのレベルでは植民地史（colonial history）としてのマレー史叙述の枠組みを大筋で受け入れながらも，その中身を再編成したり，再解釈したりすることによって，独自の民族史（national history）としてのマレー史に仕立て直していったことが伺えるだろう。イブラヒムは，植民地的知のひとつのジャンルとしての植民地史を換骨奪胎することによって，自前の民族史を創り上げたといってよい。もちろん，イブラヒムの歴史認識の起源を植民地的知のみに求めることはできない。本章では十分に取り上げることができなかったが，マレー語古典や，インドネシアをはじめとする世界各地域の同時代の思潮など，他の様々な知的素養も彼の歴史観の基礎をなしただろうことは付言しておきたい。

　さて，既に触れたように，マレー・インドネシア諸島の戦後の脱植民地化の現実は，イブラヒムの描いた将来像とは異なる方向に進んだ。インドネシアは1945年に（英領マラヤや英領ボルネオを含まぬ）旧蘭領東インドの領域のみを対象にして独立を宣言した。旧英領地域のうちマラヤは親英・保守政権の下でマラヤ連邦として1957年に独立，後にシンガポール，北ボルネオ（サバ），サラワクと合併して1963年にマレーシアを形成（1965年にシンガポールは分離独立）し，インドネシアとは別の国家としての道を歩むことになったのである。イブラヒムは，戦後，インドネシアへ逃亡し，当地でマラヤの独立とインドネシア・ラヤへの統合を推進する運動を続けるとともに，スカルノによるマレーシア対決政策にも加担したため，マラヤ／マレーシア政府からは危険分子や反逆者として扱われ，1970年代前半に至るまで帰国もままならなかった。

　このような複雑な背景ゆえに，現在の公定のマレーシア史の語りの中で，イブラヒムは初期のマレー民族運動の指導者として一定の評価を受けながらも，国家や民族の英雄としては微妙な扱いを受けている。例えば，中学校で使用される国定の歴史教科書における叙述を見てみると，イブラヒムは，KMMの指導者，日本占領期の義勇軍の指揮官，あるいはクリス（KRIS）の指導者として紹介されているものの，彼の戦後の活動についてはまったく言及がなされて

いない［Ramlah, Abdul Hakim and Muslimin 2004；Ramlah, Shakila Parween, Abdul Hakim and Muslimin 2003］。今日のマレーシアの公定史観においては，現在の最大与党である統一マレー人国民組織（United Malays National Organisation: UMNO）が主導した保守的・伝統主義的な性格を帯びた民族運動がマレー・ナショナリズムの本流とみなされている。マラヤからインドネシアへと拠点を移しながら，大マレー国家の形成を夢見て，マレー人の民族史を紡ぎだそうと努めたイブラヒム本人は，他のマレー人左派指導者たちと同様に，現代マレーシアの公定の国民・国家の歴史の物語の中にすっぽりとうまく収まらない，過剰なはみ出し者になってしまったといえる[46]。

　本章では英領マラヤのマレー語歴史教科書における叙述と比較しつつ，イブラヒムによる歴史の語りの特質について考察したが，それらの歴史叙述と独立後の公定のマラヤ／マレーシア史の語りとの間の共通性と相違という点については十分に論じることができなかった。今後の課題としたい。

参考文献
I．未公刊資料
Arkib Negara Malaysia
CO 273　Straits Settlements: Original Correspondence (microfilm copy).
　　　　CO 273/669/50774/7. War—Japan: Conditions in the Enemy Occupied Malayan Territory, 1942-1943.
Perpustakaan Peringatan Za'ba, Universiti Malaya, Kuala Lumpur
Mss. 176. Koleksi Ibrahim Yakob［イブラヒム・ヤーコブ・コレクション］
　　　　Mss. 176 (1). IBHY (Ibrahim Haji Yaacob). "Cherita Saya (Kesah Saya)"（私の話）Typescript dated 19 August 1974.
　　　　Mss. 176 (2). Drs. Iskandar Kamel (IBHY). "Lambaian Merah Putih"（紅白旗のはためき）. Typescript (n.d., 1976 or 1977？).
　　　　Mss. 176 (3) a. Drs. Iskandar Kamel (IBHY). "Mengikuti Perjuangan Indonesia-Raya Merdeka: Sekitar Gema Cita-Cita Indonesia-Raya"（独立インドネシア・ラヤの闘争に参加する――インドネシア・ラヤ構想の反響をめぐって）. Typescript dated 19 August 1971.
　　　　Mss. 176 (3) b. A letter from Drs. Iskandar Kamel (IBHY) to En. Mustapha Hussain, dated 20 May 1975.
　　　　Mss. 176 (3) c. "Takrif Melayu"（マレー人の定義）. Typescript (n.d.).

46）アントニー・ミルナーは，キャロライン・S・ハウ（Caroline S. Hau）の概念を援用して，イブラヒムらマレー人左派指導者を，マレーシアの国民・国家形成の物語における過剰な存在（excess）と呼んでいる［Milner 2005：144］。

II. 新聞・雑誌
Fajar Asia, Singapore, 1943.
Majallah Guru, Seremban, 1931.
Majlis, Kuala Lumpur, 1932–1939.
Semangat Asia, Singapore, 1943.
Warta Ahad, Singapore, 1937.
Warta Jenaka, Singapore, 1937.
Warta Negeri, Kuala Lumpur, 1930.

III. 著書・論文
1. 日本語
板垣與一. 1988 (1968).『アジアとの対話』(第2版) 論創社.
小熊英二. 1995.『単一民族神話の起源——「日本人」の自画像の系譜』新曜社.
左右田直規. 2005.「植民地教育とマレー民族意識の形成——戦前期の英領マラヤにおける師範学校教育に関する一考察」『東南アジア—歴史と文化—』34：3-39.
―――. 2010.「植民地教育と近代歴史学——英領マラヤのマレー語歴史教科書に関する一考察」『歴史学研究』863：32-41, 61.
坪井祐司. 2004.「英領期マラヤにおける『マレー人』枠組みの形成と移民の位置づけ——スランゴル州のプンフルを事例に」『東南アジア—歴史と文化—』33：3-25.
―――. 2016.「1930年代初頭の英領マラヤにおけるマレー人性をめぐる論争——ジャウィ新聞『マジュリス』の分析から」『東南アジア—歴史と文化—』45：5-24.
鶴見良行. 1981.『マラッカ物語』時事通信社.
長井信一. 1978.『現代マレーシア政治研究』アジア経済研究所.
原 不二夫. 2009.『未完に終わった国際協力——マラヤ共産党と兄弟党』風響社.
藤原岩市. 1966.『F機関』原書房.
防衛庁防衛研究所戦史室編. 1985.『史料集　南方の軍政』朝雲出版社.
防衛庁防衛研修所戦史室編. 1976.『マレー・蘭印の防衛』(戦史叢書南西方面陸軍作戦) 朝雲新聞社.
山本博之. 2006.『脱植民地化とナショナリズム——英領北ボルネオにおける民族形成』東京大学出版会.
吉野耕作. 2002.「エスニシズムとマルチエスニシティ——マレーシアにおけるナショナリズムの2つの方向性」小倉充夫・加納弘勝編.『国際社会』(講座社会学16) 東京大学出版会：85-119.

2. 外国語 (英語, マレー語)
A. Samad Ahmad. 1981. *Sejambak Kenangan* (*Sebuah Autobiografi*)(一束の想い出——ある自伝). Kuala Lumpur: Dewan Bahasa dan Pustaka.
Abd. Malek Hj. Md. Hanafiah. 1975. "Sejarah Perjuangan Kesatuan Melayu Muda, 1937-1945"(青年マレー人連盟の闘争史, 1937-1945). B. A. academic exercise, Bangi, Selangor: Universiti Kebangsaan Malaysia.
Abdul Hadi Haji Hasan. 1928a (1925). *Sejarah Alam Melayu, penggal I*(マレー世界の歴史　第1巻). Singapore: Fraser & Neave.
―――. 1928b (1926). *Sejarah Alam Melayu, penggal II*(マレー世界の歴史　第2巻). Singapore: Fraser & Neave.

Abdul Hadi Haji Hasan. 1930（1929）. *Sejarah Alam Melayu, penggal III*（マレー世界の歴史 第3巻）. Singapore: Printers.
Abdul Latiff Abu Bakar. 1981. "Ibrahim Haji Yaacob: Kegelisahan dan Impian seorang Pejuang Melayu"（イブラヒム・ハジ・ヤーコブ——あるマレー人闘士の不安と夢）, in *Imej dan Cita-Cita: Kertas Kerja Hari Kesasteraan 1980*（イメージと願い——1980年「文芸の日」報告集）. Kuala Lumpur: Dewan Bahasa dan Pustaka, 212–237.
Abdul Rahman Haji Ismail and Badriyah Haji Salleh. 2003. "History through the Eyes of the Malays: Changing Perspectives of Malaysia's Past," in *New Terrains in Southeast Asian History*, edited by Abu Talib Ahmad and Tan Liok Ee. Singapore: Singapore University Press, 168–198.
Abdullah C. D. 2005. *Memoir Abdullah C. D.（Bahagian Pertama）: Zaman Pergerakan Sehingga 1948*（アブドゥッラー・C・D回想録（第1部）——1948年までの運動の時代）. Petaling Jaya, Selangor: Strategic Information Research Development.
―――. 2007. *Memoir Abdullah C. D.（Bahagian Kedua）: Penaja dan Pemimpin Regimen Ke-10*（アブドゥッラー・C・D回想録（第2部）——第10連隊の後援者・指導者）. Petaling Jaya, Selangor: Strategic Information Research Development.
Abdullah Hussain. 1982. *Harun Aminirurashid: Pembangkit Semangat Kebangsaan*（ハルン・アミヌルラシド——民族精神の覚醒者）. Kuala Lumpur: Dewan Bahasa dan Pustaka.
Abu Talib Ahmad. 2003. *The Malay Muslims, Islam and the Rising Sun: 1941–1945*. Kuala Lumpur: Malaysian Branch of the Royal Academic Society.
Agastja, I. K.（Ibrahim Haji Yaacob）. 1951. *Sedjarah dan Perdjuangan di Malaya*（マラヤにおける歴史と闘争）. Jogjakarta: Penerbit Nusantara.
Ahmad Boestamam. 2004. *Memoir Ahmad Boestamam: Merdeka dengan Darah dalam Api*（アフマド・ブスタマム回想録——火中の流血による独立）. Bangi, Selangor: Penerbit Universiti Kebangsaan Malaysia.
Ahmat Adam. 1996. "Pengaruh Indonesia dalam Aliran Kiri Gerakan Kebangsaan Melayu"（マレー・ナショナリズム運動左派におけるインドネシアの影響）, in *Melaka dan Arus Gerakan Kebangsaan Malaysia*（マラッカとマレーシア・ナショナリズム運動の潮流）, edited by Abdul Latiff Abu Bakar. Bangi, Selangor: Penerbit Universiti Malaya: 147–169.
Akashi, Yoji. 1980. "The Japanese Occupation of Malaya: Interruption or Transformation?," in *Southeast Asia under Japanese Rule*, edited by Alfred McCoy. New Haven, Connecticut: Yale University Press, 65–90.
Aljunied, Syed Muhd Khairudin. 2011. "A Theory of Colonialism in the Malay World." *Postcolonial Studies* 14（1）: 7–21.
―――. 2015. *Radicals: Resistance and Protest in Colonial Malaya*. DeKalb, Illinois: Northern Illinois University Press.
Amoroso, Donna J. 2014. *Traditionalism and the Ascendancy of the Malay Ruling Class in Colonial Malaya*. Petaling Jaya, Selangor: Strategic Information and Research Development Centre.
Anderson, Benedict R. O'G. 1961. *Some Aspects of Indonesian Politics under the Japanese Occupation: 1944–1945*. Interim Report Series, Modern Indonesian Project, Ithaca, New York: Southeast Asia Program, Department of Far Eastern Studies, Cornell

University.
Ariffin Omar. 1993. *Bangsa Melayu : Malay Concepts of Democracy and Community, 1945–1950*. Kuala Lumpur : Oxford University Press.
Awang Had Salleh. 1979. *Malay Secular Education and Teacher Training in British Malaya*. Kuala Lumpur : Dewan Bahasa dan Pustaka.
Azman Mamat. 1995. "Ibrahim Yaakub dan Idea Kebangsaannya : Kajian terhadap Tulisan-Tulisannya dalam Akhbar Majlis"（イブラヒム・ヤーコブとそのナショナリズム思想——マジュリス紙における諸論稿に関する研究）. B. A. academic exercise. Bangi, Selangor : Universiti Kebangsaan Malaysia.
Bachtiar Djamily. 1985. *Ibrahim Yaacob : Pahlawan Nusantara*（イブラヒム・ヤーコブ——ヌサンタラの英雄）. Kuala Lumpur : Pustaka Budiman.
Burns, P. L. 1971. "Introduction," in *Papers on Malay Subjects*, edited by R. J. Wilkinson. Kuala Lumpur : Oxford University Press, 1–10.
Cheah Boon Kheng. 1979. "The Japanese Occupation of Malaya, 1941–1945 : Ibrahim Yaacob and the Struggle for Indonesia Raya." *Indonesia* 28 : 85–120.
―――. 1992. *From PKI to the Comintern, 1924–1941 : The Apprenticeship of the Malayan Communist Party : Selected Documents and Discussion*. Ithaca, New York : Southeast Asia Program, Cornell University.
―――. 1997. "Writing Indigenous History in Malaysia : A Survey on Approaches and Problems." *Crossroads : An Interdisciplinary Journal of Southeast Asian Studies* 10 (2) : 33–81.
―――. 2003. "Ethnicity, Politics, and History Textbook Controversies in Malaysia." *American Asian Review* 21 (4) : 229–252.
―――. 2007. "New Theories and Challenges in Malaysian History," in *New Perspectives and Research on Malaysian History*, edited by Cheah Boon Kheng. Kuala Lumpur : The Malaysian Branch of Royal Asiatic Society, 119–145.
―――. 2012 (1983) *Red Star over Malaya : Resistance and Social Conflict during and after the Japanese Occupation, 1941–1946*, 4th edition. Singapore : NUS Press.
Emerson, Rupert. 1964 (1937). *Malaysia : A Study of Direct and Indirect Rule*. Kuala Lumpur : University of Malaya Press.
Emmanuel, Mark. 2010. "Viewspapers : The Malay Press of the 1930s." *Journal of Southeast Asian Studies* 41 (1) : 1–20.
Farish A. Noor. 2002. *The Other Malaysia : Writing on Malaysia's Subaltern History*. Kuala Lumpur : Silverfish Books.
Firdaus Haji Abdullah. 1985. *Radical Malay Politics : Its Origins and Early Development*. Petaling Jaya, Selangor : Pelanduk Publications.
Hirschman, Charles. 1986. "The Making of Race in Colonial Malaya : Political Economy and Racial Ideology." *Sociological Forum* 1 (2) : 330–361.
―――. 1987. "The Meaning and Measurement of Ethnicity in Malaysia : An Analysis of Census Classifications." *The Journal of Asian Studies* 46 (3) : 555–581.
Hooker, Virginia Matheson. 2000. *Writing a New Society : Social Change through the Novel in Malay*. Honolulu : University of Hawai'i Press.
Ibrahim Haji Yaacob. 1941. *Melihat Tanah Air*（祖国を見る）. Kota Bharu, Kelantan: Matbaah Al-Ismailiah.

Ibrahim Yaacob. 1951. *Nusa dan Bangsa Melayu*（マレーの祖国と民族）. Jakarta（？）: N. V. Alma'arif.
―――. 1957. *Sekitar Malaya Merdeka*（独立マラヤをめぐって）. Jakarta（？）: Kesatuan Malaya Merdeka, Bhg. Penerangan.
Ibrahim Haji Yaakob. 1975 (1941). *Melihat Tanah Air*（祖国を見る）, 2nd edition. Kuantan, Pahang: Percetakan Timur.
Ishak Haji Muhammad. 1997. *Memoir Pak Sako: Putera Gunung Tahan*（パッ・サコ回想録――タハン山の王子）. Bangi, Malaysia: Penerbit Universiti Kebangsaan Malaysia.
Ishak Saat. 2011. *Radikalisme Melayu Perak 1945-1970*（ペラのマレー急進主義，1945-1970年）. Penang: Penerbit Universiti Sains Malaysia.
Ismail Hussein. 1993. *Antara Dunia Melayu dengan Dunia Kebangsaan*（マレー世界と国民の世界のはざま）. Bangi, Selangor: Penerbit Universiti Kebangsaan Malaysia.
Kamarudin Jaffar. (ed.) 1980. *Dr. Burhanuddin Al-Helmy: Politik Melayu dan Islam*（ブルハヌッディン・アル・ヘルミ博士――マレー人の政治とイスラーム）. Kuala Lumpur: Yayasan Anda.
Kahn, Joel S. 2006. *Other Malays: Nationalism and Cosmopolitanism in the Modern Malay World*. Singapore: NUS Press.
Khoo Kay Kim. 1979. "Ibrahim Yaakob dan KMM"（イブラヒム・ヤーコブとKMM）. *Widya* 21 (May 1979): 34-41.
―――. 1991. *Malay Society: Transformation and Democratisation*. Petaling Jaya, Selangor: Pelanduk Publications.
Kratoska, Paul. 1998. *The Japanese Occupation of Malaya, 1941-1945*. London: Allen & Unwin.
Liow, Chinyong, Joseph. 2005. *The Politics of Indonesia-Malaysia Relations: One Kin, Two Nations*. London: Routledge.
Mackie, J. A. C. 1974. *Konfrontasi: The Indonesian-Malaysian Dispute, 1963-1966*. Kuala Lumpur: Oxford University Press.
Maier, Hendrik M. J. 1988. *In the Center of Authority: The Malay Hikayat Merong Mahawangsa*. Ithaca, New York: Southeast Asia Program, Cornell University.
Matheson, Virginia. 1979. "Concepts of Malay Ethos in Indigenous Malay Writings." *Journal of Southeast Asian Studies* 10 (2): 351-371.
McIntire, Angus. 1973. The "'Greater Indonesia' Idea of Nationalism in Malaya and Indonesia." *Modern Asian Studies* 7 (1): 75-83.
Milner, A. C. 1992. "'Malayness': Confrontation, Innovation and Discourse," in *Looking in Odd Mirrors: The Java Sea*, edited by V. J. H. Houben, H. M. J. Maier and W. van der Molen. Leiden: Rijksuniversiteit, 43-59.
Milner, Anthony. 2002 (1995). *The Invention of Politics in Colonial Malaya*. Cambridge: Cambridge University Press.
―――. 2004. "Afterword: A History of Malay Ethnicity," in *Contesting Malayness: Malay Identity Across Boundaries*, edited by Timothy P. Barnard. Singapore: Singapore University Press, 241-257.
―――. 2005. "Historians Writing Nations: Malaysian Contests," in *Nation-building: Five Southeast Asian Histories*, edited by Wang Gungwu. Singapore: Institute of Southeast Asian Studies, 117-161.

―――. 2008. *The Malays*. Malden, Mass.: Wiley-Blackwell.

―――. 2011. "Localizing the Bangsa Melayu," in *Bangsa and Umma : Development of People-grouping Concepts in Islamized Southeast Asia*, edited by Yamamoto Hiroyuki, Anthony Milner, Kawashima Midori and Arai Kazuhiro. Kyoto : Kyoto University Press, 17–36.

Mohamad Salleh Lamry. 2006. *Gerakan Kiri Melayu dalam Perjuangan Kemerdekaan*（独立闘争におけるマレー人左派の運動）. Bangi, Malaysia : Penerbit Universiti Kebangsaan Malaysia.

Mustapha Hussain. 1979. "Kesatuan Melayu Muda dan Perjuangannya"（青年マレー人連盟とその闘争）. *Dewan Masyarakat* 17（11）（15 November 1979）: 36–37.

―――. 1999. *Memoir Mustapha Hussain : Kebangkitan Nasionalisme Melayu Sebelum UMNO*（ムスタファ・フセイン回想録――UMNO 以前のマレー・ナショナリズムの覚醒）. Kuala Lumpur : Dewan Bahasa dan Pustaka.

Nagata, Judith A. 1974. "What is a Malay? : Situational Selection of Ethnic Identity in a Plural Society." *American Ethnologist* 1（2）: 331–350.

Nagata, Judith. 2011. "Boundaries of Malayness : 'We Have Made Malaysia : Now It is Time to (Re) Make the Malays but Who Interprets the History?," in *Melayu : The Politics, Poetics and Paradoxes of Malayness*, edited by Maznah Mohamad and Syed Muhd. Khairudin Aljunied. Singapore : NUS Press, 3–33.

Poulgrain, Greg. 1998. *The Genesis of Konfrontasi : Malaysia, Brunei and Indonesia 1945–1965*. London : C. Hurst.

Ramlah Adam. 1999. *Sumbanganmu Dikenang*（あなたの貢献は記憶に残る）. Kuala Lumpur : Dewan Bahasa dan Pustaka.

―――. 2004. *Gerakan Radikalisme di Malaysia（1938–1965）*（マレーシアにおける急進主義運動（1938–1965））. Kuala Lumpur : Dewan Bahasa dan Pustaka.

Ramlah Adam, Abdul Hakim Samuri and Muslimin Fadzil. 2004. *Sejarah Tingkatan 3*（歴史 中等学校 3 年）. Kuala Lumpur : Dewan Bahasa dan Pustaka.

Ramlah Adam, Shakila Parween Yacob, Abdul Hakim Samuri and Muslmin Fadzil. 2003. *Sejarah Tingkatan 5*（歴史 中等学校 5 年）. Kuala Lumpur : Dewan Bahasa dan Pustaka.

Reid, Anthony. 2004. "Understanding Melayu (Malay) as a Source of Diverse Modern Identities," in *Contesting Malayness : Malay Identity Across Boundaries*, edited by Timothy P. Barnard. Singapore : Singapore University Press, 1–24.

Roff, William R. 1994 (1967). *The Origins of Malay Nationalism*, 2nd edition. Kuala Lumpur : Oxford University Press.

Roslan Saadon. 2009. *Gagasan Nasionalisme Melayu Raya : Pertumbuhan dan Perkembangan*（ムラユ・ラヤ・ナショナリズム構想――生成と発展）. Shah Alam, Selangor : Karisma Publications.

Rustam A. Sani. 1986 (1976). "Melayu Raya as a Malay 'Nation of Intent," in *The Nascent Malaysian Society*, 2nd edition, edited by H. M. Dahlan. Bangi, Selangor : Penerbit Universiti Kebangsaan Malaysia, 25–38.

―――. 2008. *Social Roots of the Malay Left : An Analysis of the Kesatuan Melayu Muda*. Petaling Jaya, Selangor : Strategic Information and Research Development Centre.

Shaharom Hussain. 1996. *Memoir Shaharom Hussain : Selingkar Kenangan Abadi*（シャハ

ロム・フセイン回想録———一連の永遠の想い出).Bangi, Selangor: Penerbit Universiti Kebangsaan Malaysia.
Shamsiah Fakeh. 2004. *Memoir Shamsiah Fakeh : Dari AWAS ke Rejimen Ke-10*(シャムシア・ファケ回想録———AWASから第10連隊へ). Bangi, Selangor: Penerbit Universiti Kebangsaan Malaysia.
Shamsul A. B. 1999. "Identity Contestation in Malaysia : A Comparative Commentary on 'Malayness' and 'Chineseness'." *Akademika* 55 : 16-37.
―――. 2004. "A History of an Identity, an Identity of a History : The Idea and Practice of 'Malayness' in Malaysia Reconsidered," in *Contesting Malayness : Malay Identity Across Boundaries*, edited by Timothy P. Barnard. Singapore : Singapore University Press, 135-148.
Smith, Anthony D. 2000. *The Nation in History : Historiographical Debates about Ethnicity and Nationalism*. Cambridge : Polity Press.
Soda, Naoki. 2001. "The Malay World in Textbooks : The Transmission of Colonial Knowledge in British Malaya."『東南アジア研究』39 (2) : 188-234.
―――. 2004. "Nationalizing Colonial Knowledge : Ibrahim Haji Yaacob and Pan-Malay Nationalism." Paper presented at the 4th International Malaysian Studies Conference (MSC4), Universiti Kebangsaan Malaysia, Bangi, Selangor, Malaysia, 3-5 August 2004.
―――. 2008. "Indigenizing Colonial Knowledge : The Formation of Pan-Malay Identity in British Malaya." 京都大学大学院アジア・アフリカ地域研究研究科博士学位論文.
Soenarno, Radin. 1960. "Malay Nationalism, 1896-1941." *Journal of Southeast Asian History* 1 : 1-28.
UPSI (Universiti Pendidikan Sultan Idris). 2000. *SITC-UPSI Pelopor Pendidikan Bangsa* (SITC-UPSI———民族教育の先駆者). Petaling Jaya, Selangor: Addison Wesley Longman Malaysia.
Wilkinson, R. J. 1975 (1923). *A History of the Peninsular Malays, with Chapters on Perak & Selangor*. New York: AMS Press.
Winstedt, R. O. 1926 (1918). *Ilmu Alam Melayu, iaitu Sa-buah Kitab Pemimpin bagi Segala Guru-Guru Melayu*(マレー世界の地理 すべてのマレー人教員のための指導書), 3rd edition. Singapore: Fraser & Neave.
―――. 1927 (1918). *Kitab Tawarikh Melayu*(マレーの歴史), 4th edition. Singapore: Fraser & Neave.
Yamin, Muhammad. 1959. *Naskah Persiapan Undang-Undang Dasar 1945*(1945年憲法準備に関する文書), Vol. 1. Jakarta: Jajasan Prapantja.
Zainal Abidin Ahmad. 1940. "Modern Developments." *Journal of the Malayan Branch of the Royal Asiatic Society* 17 (3) : 142-162.
―――. 1941. "Recent Malay Literature." *Journal of the Malayan Branch of the Royal Asiatic Society* 19 (1) : 1-20.
Zulkipli Mahmud. 1979. *Warta Malaya : Penyambung Lidah Bangsa Melayu 1930-1941*(ワルタ・マラヤ———マレー民族の代弁者 1930-1941年)). Bangi, Selangor: Jabatan Sejarah, Universiti Kebangsaan Malaysia.

第4章 「近代」をめぐるメタナラティブ
―ビルマにおける「民族医学」の確立をめぐって

1 「近代／伝統」議論の再考

2 民族医学の確立

3 「合理」的言説の例――『法輪』

4 ガインの書の例――『パヨーガの病治療法百科』

5 ナラティブにおける「近代」と「伝統」

6 おわりに

土佐桂子

1　「近代／伝統」議論の再考

　ポスト・モダニストは近代の歴史記述におけるナラティブとメタナラティブを顕在化させた。この影響は歴史学に広範に及び，少なくとも，これまでやりすごしてきた歴史記述におけるメタナラティブを自覚する動きが活性化した［本書序文；Appleby et al. 1994：Chap. 3］。一方，社会と権力の交差のなかで特定の歴史の語りが紡ぎ出されるとしても，その指摘の上で，次に何をなすべきかについては模索が続いている。

　ここで再考したいのは近代という名付けと近代そのもののとらえ方である。従来近代という用語は，近代システム，知覚，認知をめぐる転換，あるいは近代的合理主義などと，様々な内実を含みつつ使われてきた。また西洋以外，特に東南アジア諸国では，近代システムの開始と植民地支配が密接に関わることが多く，ここでは民族の自覚や独立など，他者との権力関係が前提として入り込んでいる。

　ミャンマー（ビルマ）もその一例で，1886年以降全土の英国による植民地化が始まり，日本軍政時代を経て1948年に独立する。コンバウン王朝ミンドン王時代には，留学生を欧米に派遣し，近代学問，技術を学ばせようという試みも存在したが，制度や教育における「近代化」は，植民地時代に統治システムの確立や教育を通じて広がった。このなかで，ビルマにおける「近代史」の焦点の一つは民族独立の系譜とその開始時期である。独立運動とその指導者アウンサン将軍の英雄化は，本章では立ち入らないが，現代まで連綿と続くナショナルヒストリーの主要な構成要素であった。一方，植民地体制開始時の19世紀末から20世紀初頭に生じた農民反乱は，その解釈が国内外の研究者の争点の一つとなってきた。農民反乱が英国植民地支配への抵抗と解釈できるのであれば，独立運動の系譜に，いわば「起源」として位置づけられる。ただし，反乱軍は抵抗の際に，入れ墨が不死をもたらすと信じ，未来仏，転輪聖王に頼っており，こうした運動の「非合理」的側面は，農民反乱を独立運動史に組み込むか否かをめぐる論議をもたらした。まさにこの議論そのものが，近代をめぐるメタナラティブのもう一つの側面——所与の前提としての「合理」——をあぶりだすといえるだろう。

本章は近代をめぐるナラティブを探るが，検討の対象は一般的な歴史認識やナショナルヒストリーではない。むしろ近代のナショナルヒストリーにおいて非主流とみなされ，主流から弾かれてきたものに注目しつつ，そうした領域のなかに，いかに近代的ナラティブが入りつつあったかに着目し，まさに近代をナラティブとメタナラティブという観点から再考しようというものである。具体的には，農民反乱と深くかかわる民間医療，宗教実践に着目し，それを2つの局面から考察する。第1の局面とは民間医療が，英国植民地支配のなかで「民族医学（後に伝統医学）」として確立されるプロセスである。つまり，意識的な「伝統」構築ともいえるこの第1の局面に対して，本章ではさらに第2の局面として，「伝統」の体系化から弾き出されていく活動にも着目する。すなわち，選ばれなかった残余カテゴリーとしての伝統，民間医療実践である。従来民族医療の体系化や学術化のなかで，ほとんど着目されてこなかったこれら残余カテゴリーの民間医療従事者が，「近代」といかに関わるかを考察する。

　ちなみに，農民反乱のなかで「非合理」とされてきた民間医療の一部は，文化人類学が「呪術」として議論してきた実践と関わっている。無自覚に他者の実践に呪術という枠を使って議論してきたことに対して，タンバイアは，西洋科学と呪術の分類枠組み自体が他者解釈にも影響し，西洋近代に基づく理解から外れる他者の実践を呪術と称するようになることを指摘した［タンバイア 1996］。呪術の規定が近代と切り離せないこと，また呪術という標榜そのものが，オリエンタリズムとも重なる他者表象の問題を含むという2点を指摘し，呪術研究の新たな視座を提起したといえる。

　ビルマの農民反乱の解釈をめぐる議論も，ひとまずこうした図式で理解できる。20世紀初頭前後に起こったいくつかの反乱は，警察署，政庁関係者協力者に対する攻撃を含み，「植民地秩序に対する反乱」とみなされる。ただ農民たちは，転輪聖王や未来仏信仰のなかで，首謀者にその理想像を見いだし，首謀者が施す入れ墨，薬，呪符などは，彼らに不死の力をもたらすと信じていた。そして農民たちは，その信念をもとに武装した軍隊に立ち向かったとされる。このような動きや信仰は，植民地官僚が基盤としてきた西洋的知からすれば，まさに理解しがたい土着の非合理な信仰と映ってきたといえるだろう。つまり，民間信仰の解釈は研究者側の科学／呪術をめぐる二項対立的立場を露わにした。この点で，伊東［1991：42］とマイトリー・アウントゥイン［Aung-Thwin 2011］は類似の分類を行っている[1]。伊東は民衆運動研究史における入れ墨，

呪符といった「要素」の位置づけをめぐって研究者を3つの立場に分ける。第1は，これらを運動の中核と見なし，運動を前期的，時代錯誤的，復古的なものとする立場 [Cady 1958；Herbert 1982；Taylor 1987]，第2はこれらを無視し運動の「近代的」側面のみを照射しようとする立場 [Ni Ni Myint 1983]，第3はこれらを文化固有の現象とし，「千年王国運動」の一形態として意義づける立場 [Adas 1979] である。さらに，伊東はこうした要素を重視するという点で第1と第3が同じだが，反乱をめぐる評価は，正反対に位置すると指摘する。反乱そのものを「呪術」的と見る第1の立場が一方の極とすると，他方の極である第3の立場は，呪術的側面は当時の農民の世界観として「当たり前」のことであると考え，むしろ農民反乱の政治運動的側面を再評価する姿勢があると指摘する。

日本では，伊東をはじめ，第3の流れを汲みつつも，農民たちが反乱を起こすに至る経済的社会的状況をより鮮明に掘り起こす研究が主流となった。例えば伊野 [1998] は，反乱の背景となる経済状況を丁寧にふまえつつ，蜂起集団の形成過程，編成，具体的行動等を緻密な資料分析により描き出している。

一方，アウントゥインは先行研究が農民反乱を「伝統」と位置づけようとしたことを指摘しつつ，裁判記録をはじめとする植民地資料を分析することにより，反乱の資料そのものが立脚する地点を問いなおした [Aung-Thwin 2003；Aung-Thwin 2011]。すなわち，植民地側の伝統／近代言説を対象化し，植民地統治との対比として農民反乱を非合理，伝統，ローカルに位置づけて記述する植民地権力の手による記録の枠組みや前提そのものを明らかにし，従来依拠してきた資料がすでに植民地側の枠組みを前提とするものである点を指摘した。この書籍は，歴史資料のナラティブを問い直す，優れてポストモダン的な業績といえよう。ただしあえていえば，こうした方法論のゆえに植民地側の言説分析とその解体が主となり，現地側や当事者たちの「近代」や「伝統」の概念や捉え方は不問のままに置かれた。

また，農民反乱をめぐる実践について伊東 [1994] は，静態的観念を想定するのではなく，農民反乱が具体的な政策内容を批判し自らのあるべき社会を構築しようとしていたことを示し，仏教，西欧思想の部分部分を「つまみ食い」

---

1) アウントゥインは，Scott [1985] などの研究とともに，アダスの研究を地方コミュニティーが受動的なアクターとみなされることを是正しようとする歴史学の流れのなかに置いている [Aung-Thwin 2011]。

することで仏教に強く依存した社会観を変化させたとする。ただし農民反乱を支えた信仰や護符などの実践は、仏教、西洋思想のつまみ食いとして取り込まれる構成要素とされている[2]。

　こうした知識や信仰を研究対象にする場合に、個別要素の起源や配置を見るだけでは不十分で、個々の要素がいかに構成されるか、体系化された知識がいかに伝授され、流通しているかという観点からも追う必要がある。民間医療・医術は連綿と続けられてきた静態的な「伝統」的知識や「呪術」の側に無批判に位置づけられるべきではなく、民間医療を伝授する人々のあいだの学の捉えなおし、取捨選択などの営為にも着目すべきであろう。

　人類学で注目されたのは、「伝統」の歴史化にあたって、人々が西洋の様式やシステムに対抗し自らの伝統を意識的に選びとる作業で、トーマスはこれを「文化の客体化」と呼んだ［Thomas 1992：213］。さらに、西洋に対峙し、伝統を自らを代表＝表象するものとして客体化するという営為は、数多くの慣習のなかで植民地の側のオリエンタリズムによって与えられた表象から自分たちの伝統を提示できる要素を選び出し、その要素を全体化することによって、植民地主義に対抗する民族的アイデンティティを確保する［小田 1996：840］。小田はこれを、「近代の民族アイデンティティ（種的同一性）を提示する政治学」と呼び、同時に、それが抵抗している対象と同じ政治的論理に依拠し、同じ支配テクノロジーを使用している点にも着目した。ビルマの場合にも「民族の政治学」のなかで、西洋医学に対抗するものとして「民族医学」を客体化するプロセスがあったと想定できる。ただし、より重要なことは、「民族の政治学」が作用するからこそ自らを表象するにふさわしい知識が取捨選択されるという点である。この取捨選択を視野に入れてこそ、知識の再編成状況とそこに作用する力学が、二項対立の軸を超えて明らかになるといえよう。

　民族医療成立期には、植民地統治や植民地教育が始まっており、土着の医療従事者は近代や科学という認識と出会っていた。ビルマにおける「伝統」知の再編成を考えるうえでもう一つ考慮すべき問題は、近代の再帰性という側面であろう。ギデンズ［1993］は再帰性という概念を核に、近代社会と伝統社会とを対比し、「近代」の特徴を３つ挙げたが、その一つが社会生活に関する再帰的な知識の習得であった。ギデンズの議論における近代はタイムスパンも長く、

---

2) 前掲の伊野［1998］はムルダーによる「タイ人の世界観」という二元論的枠組みを援用し、ビルマの反乱の背景となる「農民の世界観（意識構造）」を推察した。

再帰的知識としては主に社会科学が想定されているが，本章では近代における知識を定位させる編成行為そのものに着目したい。すなわち，従来の「近代」，それに対立する「呪術」あるいは「伝統」に関わる議論は，主に知識の内実の解釈に則ってきたが，「近代」を考える際に当事者が自らの知識や立場をどこに，そしていかに定位させようとするか，その営為そのものをメタ・レベルで把握することも同様に重要である。つまり，選択した知識そのものではなく，知識を統合し，伝授する際に働く営為にこそ，「近代」と特徴づけられる再帰性が存在するのではないだろうか。本章では近代における「民族医学」の生成と，その過程における「近代」を検証するため，第1に現在の民族医学をめぐる公定ナラティブが英領ビルマ時代の医療政策といかに関わるかを示す。具体的には，英国植民地時代に出された民間医療に対する初めての報告書，通称「シュエゲー報告書」(1930年）に着目し，その後の『民族医学史』と比較する。第2に，近代と伝統の二項対立的な理解の枠組みを批判的に超える試みとして，近代主義者からは時代遅れと評されている伝統的知識を伝授する人々が，自らの知識を統合しなおしそれを他者に語ろうとする再帰性をいかに取り込んでいるかを，民間医療者たち（ガイン）の間で流通した著述をもとに考察する[3]。最後に再びビルマにおける近代をめぐるナラティブ，メタナラティブについて考察したい。

2　民族医学の確立

2-1　公定の歴史としての『民族医学史』

　前提として民間医療関連の用語とその日本語訳について説明しておきたい。まず，日常会話では民間医療の専門家は「セィ・サヤー (hsei hsaya, 薬の先生

---

[3] 呪術研究は近年新たな隆盛が見られる。特に本章の議論と関連する視点として，黒川［2012：143］は西欧近代における「リアリティ」という概念の歴史化を行い，歴史学，人類学において対象となる時代や社会において，「リアリティ」という言葉の意味やそのコンテクスト，類似概念との比較・照合，それらの言葉の意味の類似性やズレの確認などを研究する必要性を指摘している。そのほか，近代における呪術概念を扱う数編を含んだ Meyer and Pels［2003］なども参照。

の意)」と呼ばれ[4]，西洋医（サヤー・ウン hsaya wun）とは厳密に区別される。本章ではこれを「民間治療師」と訳す。現在西洋医学以外の民間医療は，公的には「タインイン・セィ（tainyin hsei）」という用語が使われる。タインインとは「土着」「現地」「クニ」の意であり，人や民を示す「ダー（tha）」をつけると土着の民族，また，文脈によっては国民という意味になる。しかし，王統史や勅令集といった史料には「薬（セィ）」という用語や民間医療を担う個別の薬草学，錬金術などの各知識の呼称は用いられているが，民間医療を総称し，しかも民族アイデンティティに結びつける「タインイン・セィ」という用法は管見の限り見当たらない。一方，後述するように，植民地権力側の土着医療への注目は1928年の「土着医療システム調査委員会」発足に始まる。その報告書（シュエゲー報告書）では「indigenous system of medicine」という英語が使われ，そのビルマ語訳としては現在民間医療を表わす一般表現に「ダー（民）」が加えられた「タインインダー・セィ（tainyintha hsei）」が用いられている。現在「ダー」を付す用法は全くなく，この時期に「indigenous system of medicine」の翻訳として用いられた可能性も捨てきれない。同時代，民族アイデンティティと結びつく用語としては「アミョーダー（amyoutha，民族）」があった。例えば初期ナショナリスト達は，西洋的学問を基盤とする英語教育に対抗してビルマの伝統的知識を教える学校を設立し「民族 学校（amyoutha kyaung）」と名付けている。従って「民族 医療」と呼ぶ可能性も存在したはずだが採用されていない。現在は「タインイン・セィ」という用語が定着し，保険省傘下の7局の一つ(Tainyin Hsei Pinnya Usihtana/Department of Traditional Medicine) にも使われる。ただ，タインイン・セィの現在の英語表記としては，indigenous は全く用いられず「traditional medicine（伝統医療，医学）」が標準的である[5]。以上を踏まえて本章では1930年代の歴史的文脈を重視し，タインイン・セィを「民間医療」，制度が確立して選択されたものを「民族医療」と訳し，現在

---

4) 「シュエゲー報告書」(1930年)でもビルマ語版では同じ区別が明確になされている。ただし，英語版では西洋医をセィ・サヤーと書いている [Shwe Ge 1951 (1930)：2-3；Shwe Ge 1932：2-3]。民間治療師の専門の認識は，「民族医学」の科目とほぼ一致する。また，専門に従い薬草師（beindaw hsaya），パヨーガの師（payawga hsaya），要素学の師（dat hsaya）などと呼ばれる。

5) WHOなどの国際機関で，土着の医療を「伝統医療」として再評価する流れがあることとも対応するだろう。「民族」医学から「伝統」医学という用語の移行を含めた用語の歴史的変遷を追うことは極めて重要だろうが，ひとまず今後の課題とする。

の訳語としての「伝統」は必要があれば括弧で入れる。また原語で「学問（pinnya）」が加えられる場合は「民族医学」と訳す。

　ちなみに，民族医療／医学の教育機関としては，1976年に「民族（伝統）医学専門学校（Tainyin Hsei Pinnya Teikpan）」が開校され，軍政時代の2001年に大学に格上げされ「民族（伝統）医学大学（Tainyin Hsei Pinnya Tekkatho）」となり，医科大学，薬科大学に次ぐ難易度の高い大学となった。加えてマンダレーとヤンゴンでは，適宜，民族医学研修が開かれている。これらの教育にあたっては統一教科書が編纂・使用され，民族（伝統）医学局や民族（伝統）医学大学などにおいて市販されている[6]。

　民族医学教育の必修科目に「民族医学史」がある。軍事政権時代に使用されていた教科書『民族医学史（*Tainyin Hsei Pinnya Thamaing*）』が民族医学大学の一年生用教科書として指定され，現在はタイプ印刷の廉価版が販売されている［Kyanmayei n.d.］。書誌情報の掲載はないが，発行は保健省民族（伝統）医学局であることは確認済みである。さらに，ミャンマーの教育状況に鑑みれば，教科書に民族医学史に関する保健省の標準的，統一的見解が示されていると考えて間違いない。

　それでは，この『民族医学史』はどのように編纂されたのだろうか。管見の限り，元テクストは，1978年に出版された『(ミャンマー) 民族医学史（*Myanma Tainyin Hsei Pinnya Thamaing*）』である［Kyanmayei 1978］。これは，ネーウィン社会主義政権時代，保健省民族（伝統）医学課が上述した1976年開学の民族医学専門学校用に編纂した教科書である。表紙には「ビルマ社会主義連邦保健省（民族医学）」と記され，薬草と蛇の民族医学のロゴが描かれる。ちなみに，薬草と蛇のモティーフは，軍事政権，ティンセイン政権，アウンサンスーチー率いる現政権に至るまで，保健省のロゴとして受け継がれている[7]。

　また，タイプ印刷版（以下，現版と呼ぶ）と，1978年版（以下，1978年版と呼ぶ）の2つの教科書を比べると，誤り1カ所を含む8カ所を除けば一言一句同

---

6) 社会主義政権時代以来，教育は国家事業として全国統一方式を採用してきた。教科書についても小中高等学校から大学に至るまで全国で統一テキストを使用し，各校に選択の余地はない。民族医学大学は保健省配下にあるものの，統一教科書を用いるという方針は同様である。

7) 薬草は医薬の要であり，蛇はビルマの民間医療で力を有するものと考えられてきた。ただ蛇の絡まる姿は欧米の医療の象徴である「アスクレピオスの杖」とも類似している。ちなみに，アウンサンスーチー率いる国民民主連盟が政権を取り，省庁の統廃合を行い，スポーツ省と合体されたが，薬草と蛇のモティーフは残っている。

じで[8]，1978年版が現版の原本と考えて間違いない。底本となっている1978年版には，「歴史」としての特徴が3点ある。第1に民間医療の歴史が編年体で記され，時代区分は主に歴史学における一般的区分に準じている点である。すなわち先史時代ののち，王朝時代が，ダガウン，タイェケッタヤー（シュリクシェートラ），パガン，ピンヤ，ザガイン，第一インワ，第二インワ，コンバウン前期，コンバウン後期と分けられ，その後植民地時代，日本占領時代，独立後のウー・ヌ政権時代，ネーウィン社会主義時代が続く。このテキストは軍政時代に至るも，ほぼ加筆されていない。

第2の特徴は，一般の歴史教科書に比して，インドに重点が置かれている点である。ビルマの歴史教科書は，前述の通り，全国的に統一されたテキストで，ナショナルな枠組み内の「国史」という立場を取る。換言すれば，現在の領域内に存在する地域史を，ビルマ族中心に編纂したものである。王朝時代の記述はビルマの伝説上の王国とされるダガウン建国説話（紀元前850年頃）から始まるが，その中心はパガン王朝（11世紀～14世紀）以降におかれている。それに対して「民族医学」は，「世界の薬学の始まり」（第1章）としてインドのアーユルヴェーダの始まりを考察する。全体で149頁の本文中の42頁分は，アーユルヴェーダの医療に割かれている［Kyanmayei 1978：7-49］。ビルマの宮廷医療の基盤の多くが，インドのアーユルヴェーダに負っていることは広く認識されており，通常の歴史とは異なるのも当然といえよう。

第3の特徴としては，同じくナショナルな枠組みを重視するものの，ビルマ国内に存在する民間医療の諸派の活動には全く言及しないという点である。そのかわりに国政という観点から，新しい法律の制定，民族医会議の開催，認定制度の確立などが描かれている。

ただ，上記の特徴は，独立後の新しい枠組ではなく，民族医学の確立期，あるいは，民族医学がまさに西洋医学と対比されるものとして意識され始めた英領時代にすでに見いだせる。以下，ビルマにおける民間医療，民族医療が，植民地国家による医療法の制定，民族医学統治のなかで，徐々に「学」として確立していくプロセスを簡単に見てみたい。

---

[8] 誤り一カ所は現版中にみいだされる。2度同じパラグラフが繰り返されるので，明らかな印刷ミスといえる。その7カ所における変更は，いずれも1978年版に見られる説明が現版で省かれたもので，加筆は見られない。省略も（1）説明の省略，（2）異説の紹介の省略に止まっている。

2-2　英国植民地時代の民間医療報告書

　英国植民地政府は統治に関わる法律を整えていった。医療に関する最初の法令は，1915年に発布された医療法（Burma Medical Act）で，これは医療従事者の登録を義務化する法律であった［Burma Code（Ⅱ）1944］。ただ，この医療従事者とは医学系大学で学んだ西洋医のみを想定しており，法の制定によって，これまで医療を実践していたビルマの従来の民間治療師が未登録扱いとなり，その医療活動が妨げられるという問題が生じていた。1928年1月14日教育省公衆衛生局は14S28号の決定に基づき，民間医療の調査のため，「土着医療システム調査委員会（Committee of Enquiry into the Indigenous System of Medicine）」を任命した。陸軍中佐ドクター・バケットを委員長とし，彼を含めて10名の委員により構成された。すなわち元県顧問医師（引退）のドクター・ターヌが副委員長となり，ドクター・マウンガレイ，ドクター・ティンマウンが加わり，民間治療師としてはタウンダー派サヤー・フラ，サヤー・マウンマウンラッ，サヤー・チュエ，サヤー・サイン，サヤー・スィン，サヤー・ニョが委員となった。メンバーの「ドクター」と「サヤー（師）」という称号によりその学問基盤は明らかで，西洋医4名，民間治療師6名であった。彼らは2年間を費やしてビルマの民間医療を調査し，1930年1月25日に「土着医療システム調査委員会報告書」を提出した。メンバーの外に書記として衛生広報担当高官の医師シュエゲー（Shwe Ge）が任命され，彼が報告書を執筆していることから，この委員会報告書は「シュエゲー報告書」と呼ばれている。報告書の提出後，関係各位へのコピー回覧と出版の指示が出され，1930年にまず英語版が，1932年にビルマ語版が出版された［Shwe Ge 1932］。

　委員会に課せられた使命は，まずビルマの土着医療システムを調べ明らかにすることであったが，さらに踏み込んで，ビルマの土着医療システムの改善は可能か，訓練をどの機関・母胎がいかに行うかといった政策における提言が求められていた［Shwe Ge 1951（1930）：2-3；Shwe Ge 1932：2-3］。

　内容を見ると，まず先史時代のピューの遺跡からビルマはインドの影響を受けていること，モン族王朝のペグー時代タマラ王（在位825-837）が弟ウィマラをインドのタクシーラに留学させたことなど，インドとの関連が示される（5章）。さらに，18世紀に薬学関係の書籍を翻訳，執筆した僧侶タウンドゥイン

長老やマウンダウン長老を紹介し，アーユルヴェーダの基礎的な考え方や，仏陀の医師とされたズィワカの処方に関する説明が入る。またポェジャウン（pwe kyaung）と呼ばれ，武道も教えたといわれる僧院が医学も伝授していたこと，こうした僧院が1812年頃までは増加し，1855年には国王の方針で減少したことが示され，国王付きの御殿医の資格も示される［Shwe Ge 1951（1930）：10-11；Shwe Ge 1932：13-15］。その他，ビルマにおける病因論の解説もある。すなわち人体の基盤をなすダッ（dat）と呼ばれる「要素」とそれが欠けたときに起こる症状，さらには医薬の種類の説明などである（20章）。

また，統計に基づき，都市部が村落部以上に死亡率が高まっていることを示す。都市は西洋システムに基づく医療がより充実しているにもかかわらず，土着医療システムに頼る村落部のほうが死亡率が低いと指摘されている。政府の財政難のなか，人民に医療を十分に供給するには，土着の医療システムに頼ることが望ましいという提言が経済的観点からも補強されている。コストを比較すると西洋医学の患者一人当たり平均2ルピー，ヤンゴン総合病院ではさらに膨らみ15ルピーだが，委員の開設する民間医療診療所では一人当たり平均8アンナに過ぎないという資料が出される［Shwe Ge 1951（1930）：24；Shwe Ge 1932：32］。

そのうえで，1915年の医療法制定により民間治療師が資格を失い地位の低下を招いたことが問題点として記される。委員会は，民間治療師の登録と認定・教育制度の確立を提言する。具体的には，（1）民族治療師の認定試験，（2）登録制度導入，（3）医術を学ぶ学校の開校，（4）薬局と病院の設置，（5）薬草の栽培などの必要性を指摘し，審議会の開催も提言する。

シュエゲー報告書には，過去を振り返り，現在の民間治療師には優れた者が少ないという喪失の語りが含まれるが［Shwe Ge 1951（1930）：14-15；Shwe Ge 1932：20］，同時に，そうした喪失を埋めるべく，政策提言も行っている。さらに，シュエゲー報告書は，植民地統治という枠を超えその後の民族医学界に大きな影響を与えた。第1に，初めて民族医学を体系的にまとめたものとして，その後の民族医学観の準拠枠になっている。上述の『民族医学史』は，御殿医資格という項でシュエゲー報告書を原資料として引用しているだけでなく，インドのアーユルヴェーダの歴史を丹念に追い，仏陀の医師ズィワカの活動から歴史を考察する点など，報告書との類似点が多々見られる。

第2に，より重要なのは，それ以降の民族医学に対する政策がこの報告書の

提言の方向に進んだという点である。軍事政権時代に保健省が発行した冊子『ミャンマーの伝統（民族）医学 (Traditional Medicine in Myanmar)』において，民族医学が組織化されていくプロセスが短く記されるが，その歴史は1928年の調査委員会から始まっており，政府組織の起源としての委員会の重要性が再確認できる [Traditional Medicine 2003：3]。次にこの民族医学組織化のプロセスを，保健省傘下の民族医学関連の略史を見ることでさらに確認したい。

2-3　民族医学の確立

報告書が提出された後，1930年代に民族医学研修が開かれたとされる [Kyanmayei 1978：125]。しかし，これは，数名の研修員に限られ，公的な制度として行われたものではなかった。この報告書に基づき民族医学研修が実現するのは，独立後，ウー・ヌ政権時代 (1948-1962) まで待たねばならなかった。1952年7月23日，政府は「民族医学再復興・民族医準備委員会」を招集した。その委員長ウー・マウンガレィは保健省大臣であり，副委員長は民族主義者として有名なタキン・コードーフマインであった [Kyanmayei 1978：133]。タキン・コードーフマインは，独立運動に奔走しビルマ近代史に欠かせぬ人物だが，錬金術，占星術，民族医術などの伝統的知識にも長け，2-1で触れた「民族学校」で教鞭を取ったことでも知られる。委員に選ばれた15名は，ほとんどが民間治療師だが，西洋医も2名含まれていた。また，委員の一人サヤー・チュエは，シュエゲー報告書の調査委員を務めた人物であった。シュエゲー報告書は準備委員会招集の1年前の1951年，政府刊行書として再版されている。

委員会の任務は『民族医学史』によれば (1) シュエゲー報告書に記載される提案の実現，(2) 民族医学委員会結成のための法律の策定，(3) 民族医学修得者の認定，(4) 民族医学校2校の設立準備，そこでの教育科目，教育期間の策定，類似の民族医院の開院などの準備であった [Kyanmayei 1978：133]。

こうした準備の一環として，1953年には，保健省下に「民族医学促進室 (Tainyin Hsei Pinnya Hmintinyei Yon)」が設立され，「民族医師会法 (Tainyin Myanma Hseihsaya Ahpwe Act Upade) 1953年74号法」が定められた。そして，この法律に基づき，1955年5月1日以降，民族医を6種類に分類して登録認定を行った。この登録制度は政権交代時の1962年に一旦中止されるが，それまでの7年間 (1955-1962) に22,583名の民族医が登録された [Kyanmayei 1978：

136]。

　ネーウィン政権時代（1962-1974）になって，この法律は，多少の改良が加えられたもののそのまま用いられた。1962年5月11日に再び6名から成る委員会が結成された。そして，民族医師委員会が1968年に再結成された。これまでの民族医には資格試験がなかったことから，一旦資格授与を中止し，試験を行って合格者のみを政府（保健省）が正規の民族医として認定するという制度が実現した。

　「民族医学促進室」は，1972年に「民族医学課」に昇格された[9]。2-1で示した通り，「民族（伝統）医学専門学校」の開校が決定すると，1966年に旧都マンダレーにて工事開始，70年には建物完成，76年に専門学校開学となった[Kyanmayei 1978：140, Traditional Medicine 2003]。この開校に先立ち，1期3ヶ月の「民族医学上級研修（Tainyin Hsei Pinnya Munman Thintan）」も設けられた。1974年1月には保健省内に「民族医学専門学校指導要領・教科書委員会」が結成された。前述の『民族医学史』はこの教科書として編纂されたものである。

2-4　「民族医学」確立に組み込まれない知と実践――「パヨーガ」とガイン

　述べてきたようにビルマの民間医療は，1928年に初めて総合的調査の対象となり，その後認定制度が導入され，専門学校が開校され，教育体制も整っていく。これは土着の民間医療が「民族医学」という学問として確立していくプロセスである。

　ただ，このように述べると，ビルマにおける民間医療がシュエゲー報告書で描かれたように「喪失」の危機にさらされたのち，失われつつある「知識」がそのまま呼び戻され，記述され，それが整備，認定，標準化されていくようにみえる。しかし，すべてが呼び戻され認定されたわけではない。以下二つの例を挙げて説明する。

　第1は「パヨーガ（payawga）」と呼ばれる知識である。元来「人工」「行為」を意味するパーリ語（payoga）を語源とするが，ビルマ語では上記パーリ語起源の意味以外に，さまざまな術や悪霊の力を借りて人為的に病を引き起こす術

9）　この課は軍事政権下の1989年に「民族医学局」にさらに昇格している。

も指す。教育省から出版された『緬英辞典』でも2番目の訳語に「witchcraft, sorcery」があり［Myanmar Language Commission 1993：251］，いわゆる呪術と理解される知識といえよう。ただ，本稿でその訳語を使わないのは，まさにこうした知識の集成が「呪術」と分類される時期のナラティブを追っているからである。

　こうしたパヨーガは，王朝時代の医療において，また，現在の民間医療でも不可欠の知識とされてきた。例えば「ミャンマー王朝支配記録」によれば，王朝時代に医療関連の学として五種類が挙げられ，そのなかにパヨーガも含まれる[10]［Tin U 1965：165］。シュエゲー報告書においても，学校教育で教えられるべき科目として（1）薬草（beindaw）（2）論蔵（Abhidhanma）あるいは要素（ダッ）学（3）占星術（beidin）（4）パヨーガの4つが挙げられている［Shwe Ge 1951（1930）：32；Shwe Ge 1932：43］。しかし，その後ネーウィン政権時代にはこれら4科目のなかでパヨーガのみが省かれ，3科目のみが必修となった[11]。ただし，ネーウィン時代に何の前触れもなく省かれ始めたというわけではない。シュエゲー報告書にでも，この科目の教授をめぐって疑義が生じたことが記される。

　　3人の委員は，通常魔術（witchcraft）として知られる「パヨーガ」を含めることについて，それが善いこと以上に悪いことをもたらす傾向があり，科学的見地（scientific grounds）からは認めがたいとして，反対した。しかし，残りの多数派は，実地の世界に入っていくときに出会うものに対して，学生はあらかじめ教授を受け，完全に準備できているべきだと考えた［Shwe Ge 1951（1930）：30；Shwe Ge 1932：39］。

つまり，調査委員会のうち3名はこの時点でパヨーガを含めることに異を唱えている。10名の委員中西洋医は4名で，反対者がすべて西洋医だったとしても，最低1名は賛成に回っている。また反対理由として「科学的見地から認め

10）　ウー・ティンによれば，王朝時代の医療書籍には薬草処方，要素処方，占星処方，ポルトガル処方，パヨーガ処方の5種類があった［Tin U 1965：194］。ちなみにポルトガル処方(hbuyinkyi nyi)とは，アナウペッルン王の時代（タウングー朝，在位1605-1628），1612年にシリアム（タンリン）を中心に定着したポルトガル人たちがもたらした処方を指し，傷の手当てなどではビルマ処方より効いたため，ポェジャウンでも広く教えられていたという。

11）　拙稿［土佐 2000：173］参照。また，タウンダー派ガイン内出版書籍にネーウィン時代の民族医学専門学校指導要領が所収されている［Kyi 1998：72-95］。

がたい」とはいうものの,「善いこと以上に悪いことをもたらす」という表現からは,パヨーガそのものを否定しているわけではないこともうかがえる。賛成意見も同様に,パヨーガを現場で出会うものとみなすところに依拠しており,双方がパヨーガそのものの存在を前提としている。

「知識」の標準化において取りこぼされた第2の点は,民間治療の諸派(ガイン gaing)における多様性である。ガインはパーリ語 guṇa を語源とし,僧侶の宗派の意味もあるが,民間医療に関しては,ウェイザー(weikza)を信仰し,ウェイザーが伝えたとされる秘術を伝授する集団を指す[12]。ウェイザーとは一般的に,占星術,呪符,民間医術,錬金術などのいずれかの知識に長け,ときには瞑想を含む修行を通じて,超自然的力を獲得し,肉体的限界を超えた存在とされる。さらに現在「ウェイザー」は,仏教の広がりを助ける重要な存在とみなされ,仏教の枠組に組み込まれて信仰されている。こうした信仰と医術に関わる実践は,もともと僧侶を中心に伝授されてきたが,植民地時代以降の20世紀には在家に広がり,在家中心の組織(ガイン)として存在していた[土佐2000参照]。こうしたガインがいくつぐらいあったかは不明だが,最低でも20程度の存在は確認できている。ちなみに,多くのガイン内で,上記パヨーガの仕組みと治療法は重要な位置を占めている。

これに対して,シュエゲー報告書では,民間医療には諸派による違いがあることに一応言及しつつも,どちらかといえば知識の標準化が重視されている[13]。また『民族医学史』では,個別のガインの言及はタウンダー・ガイン(Taungtha gaing/ahpwe)にほぼ限られる。「タウンダーの医学は,王朝最後のティーボー王の時代から英領期に至るまで,ずっと繁栄し,現在に至る」[Kyanmayei 1978:104],「タウンダー・ガイン系列の民族医について,説明してきたが,引き続き,タウンダー・ガイン所属の民族医を掲げたい」[Kyanmayei 1978:108]などと記述され,多くの民族医がタウンダー派系列に入れられている[14]。

12) ガインの二つの意味は現在全く異なるものと理解されているが,後者の在家集団の意味は前者から植民地時代に派生したとも考えられる。また,タウンダー・ガインは,僧侶の宗派ではなく第2の意味だが,ウェイザー信仰とは距離を置いている。
13) ビルマ語版でも「ガイン一つに方法一つ」という,定型表現が用いられるにとどまり[Shwe Ge 1932:21],英語版に至っては「派によってやり方が変わる」と,ガインを「派(branch)」と訳し[Shwe Ge 1951 (1930):15],信仰に基づく民間治療集団(ガイン)という説明は加えていない。
14) この派のサヤー・チーの書籍では,「アビダンマー・タウンダー・アポェ(Abhidamma Taungtha Ahpwe)」は1923年に結成されたとある[Kyi 1998:13]。

なぜこのようにタウンダー派が重視されるのだろうか。考えられる理由として第1に，シュエゲー報告書にも書かれるように，タウンダー派は御殿医の系譜を引くことが指摘できる。御殿医は王朝時代における正統派を形成し，現実に強い影響力を有していたと考えられる。第2に，学そのもののもつ正統性である。タウンダー派の知は三蔵経内の論蔵の記述から抽出したと言われる要素学を核とし，仏教を基盤としていた。要素学は，現在も多くの民族医から，四科目内で最も正統的な知識と理解されている。第3に，そのゆえにアーユルヴェーダ系医術とは袂を分かち，民族的な独自性を強調することを可能にする思想的基盤を持つことである。20世紀初頭のビルマのナショナリズムにおいて，仏教と民族とは分かちがたい重要性を有しており，ナショナリズムと強い親和性をもつことができた。第4に，第1の点に絡んで，植民地時代以降の民族医学の確立，あるいは民族医学史の記述を同派が担ってきたことも指摘できる。1928年に結成された調査委員会において，民間治療師6名のなかに，タウンダー派サヤー・フラという委員が含まれる。名前からわかるように，タウンダー派内で重要な位置を占める医者であったと推察される。『民族医学史』の記述通り，1930年当時も，王朝時代からこの派に属す僧侶や在家が民間医療の主流であったと考えられる。報告書の作成にこの派の委員が関わり，その後の民族医学の方向性がこの報告書に大きく影響されたことを考えれば，『民族医学史』の編纂もタウンダー派が中心となって行った可能性も十分にある。

　一方，1「近代／伝統」議論の再考で示したように，従来の研究は農民反乱を「近代」と「非合理」のどちらに解釈するかで分かれたが，その首謀者の一人は，『民族医学史』では正統派医術者たるタウンダー派として描かれる。すなわち1において言及した「サヤー・サン反乱」の首謀者サンは錬金術，占星術や薬学などの民族医療の師であり，歴史研究でもそれは定説となっている。ただ，彼の所属ガインが明確に記された史料があるわけではない。にもかかわらず次に示すように『民族医学史』では，タウンダー系列に組み込まれている。

> 大先生（筆者注：サヤー・サン）は，タウンダー・ガインの民族医学にすこぶる熟練しただけでなく，経典から派生した5つの要素（ダッ）の意味や様相を熟知した人物であり，それにふさわしく緬歴1278（1916）年に「正方要素の様相」という意味の『要素様相研究書』を執筆した。[Kyanmayei 1978：108]

　この『要素様相研究書』は，引用に記される通り，タウンダー・ガインが編み

出したとされる「要素学」[15]を説いたもので，サヤー・サンをタウンダー派としてもあながち間違いとはいえないだろう。ただし，サヤー・サンは，この書籍とともに「ウェイザー・ティパン・アングッタラ注釈書（Weikza Theikpan Ingoktara Kyan）」もなしている［San, Hsaya 1968：132］。この書籍はパヨーガ治療指南書で，『民族医学史』では言及されない。多様な民間治療実践のなかで「民族医学」が確立されていく過程で，前者の要素学の書籍のみが，民族医学の教科書や副読本の整理が進んでいた1968年に再度出版されている。やはりタウンダー派「要素学」が重視された証左であろう。

　パヨーガ治療を得意とするのは，ウェイザー信仰を核とするガインであり，独立以前からネーウィン政権時代にかけて，多くの派が林立していた。とりわけシュエインチョウ・ガイン（Shweyinkyaw Gaing）と呼ばれる派が1960年代以降に急速に成長し，その影響力の大きさを危惧した政府が，1979年にこのガインを非合法化し，責任者を逮捕した［生野 1982：82-83］。これ以降ガインの活動は表だって行われなくなっていく。『民族医学史』におけるパヨーガ治療ガインに対する沈黙は，ネーウィン政権時代のガイン弾圧とも関連があるだろう。

　すなわち，「民族医学」確立の背景にはこうした取捨選択が存在したと考えられる。他方パヨーガ治療やガインの活動は，「民族医学」成立以降否定や弾圧の対象になっても，存在し続けた。しかし，正統なる民族医学史ではこの系列の知識の伝授や，師資相承の系譜はほとんど言及されず，いわば陰に追いやられた知識となっていったといえるだろう。

　次に，こうしたパヨーガ治療やガインの活動に焦点を当てて，サヤー・サン農民反乱より10年ほど後の時代，1940年前後に出版された二冊の書籍を考察したい。一つは，ガイン内で出版された書物である。ガインの書物は多くは市販されず，組織内限定書籍として流通する。後に弾圧されたこともあって図書館などには絶対に所蔵されないが，古本屋で売られることは時々ある。入手したガインの書物のなかでこの書物を選んだ理由は，手元の書籍のなかで最も古

---

15) 要素学とは世界の安定は要素の均衡に基づき，要素間のバランスの崩れが不調，不和をもたらすという考え方である。基本は四要素（火水風土）だが，それに「大気」あるいは感覚器官を加えて五要素と呼ぶこともある。名前や性質を通じて，あらゆるものが要素で捉えられる。健康・治療の局面では，下痢は水要素，げっぷなどは風要素の過重による症状とみなされ，その要素を減らすか，反対の要素（水には火，風には土）を補充する処置を行なう。

い時代に出版されていることと，この書籍が「パヨーガ」を主題として選んでおり，ガインの人々がパヨーガをこの時代にいかに位置づけているかが見えるからである。

それに対して，同じ時代の「近代」主義者の立場がどのようなものであるか比較の視点を組み込むために『法輪』という書物を取り上げる。この書籍は，民族主義者による時事評論である。いわば農民反乱をはさんで対極の立場にあるといえそうな2冊である。そのうちまずは『法輪』をみていくことにする。

3 「合理」的言説の例──『法輪』

3-1 著者について

この書物の著者マハースェ（本名ウー・バシェイン，1900-1953）は，上ビルマのザガインで商人の息子として生まれ，父親の考えによりビルマ語教育学校に入学し，7学年を修了した [Malihka 1974：399]。当時，植民地政府は現地（ビルマ）語教育とともに英語・現地語教育を進めていたが，英語教育校は先に植民地化した下ビルマが充実し，上ビルマは出遅れていた。当時上ビルマの中心地マンダレーで英語教育を行うノーマン校が「9学年」を新設したため，独学で英語を学んでいた彼はノーマン校に転学し，20歳で9学年を修了する。その後，彼は教員養成コースを経て教員として働いた。1932年に9ヶ月ほど離職し，その間独立運動組織のタキン党と接触した。その後辞職し，生地ザガインに戻り，政治活動に専念する。1935年に『我らが母（*Do Mei Mei*）』の題で，悪者に財産を浸食される一家を主人公とした小説を執筆し，象徴的に植民地支配に対するビルマ族や少数民族の闘争を描く。この書籍はネーウィン社会主義政権時代最も権威のある小説評論集『ビルマ小説紹介』に独立思想を示した秀作として取り上げられ，マハースェは重要な近代小説作家として紹介されている [Malihka 1974]。その経歴からいっても，伝統的土壌のなかで，自ら英語教育を求め，独立運動に身を投じていくという点で同時代の上ビルマ知識人の中で極めて覚醒した人物といえる。

マハースェは1940年に『法輪』を発表した。書名になっている「法輪（ダ

マセッチャー Dhamma Setkya)」とは，仏陀が悟りを開いた後に5人の弟子に向かって初めて説いた説法を指す。同時代の農民反乱が転輪聖王(セッチャー・ミン Setkya Min)への信仰を核にしていたことから，タイトルに法輪(ダマセッチャー)という単語を選び，転輪聖王への誤った信仰に対し，仏法に照らし合わせた「真」の摂理を示す意味があったと考えられよう。『法輪』には著者マハースエによる序文に続いて，同時代作家のマーガも序を寄せ，より明確に批判対象を絞っている。マーガは「ガインを設立」し（ガインの)「書籍を出版」する人々を批判し，「ウェイザーへの依存」「信仰」「護符などへの盲信」「ボーボーアウン，転輪聖王への期待」など，ガインの実践や信仰を正面から批判している。

3-2　書物の構成と論旨

マハースエの序文で，電信ニュースの紹介を経て，第二次世界大戦前の緊迫する欧州の戦局が解説され，これが「ビルマの状況を向上させる好機であるということに［我々］民族はみな同意している」と述べられる［Maha Hswei 1940：2］。状況の向上とは「民族独立」を指しており，そのための方法が記される。第1に (1) 旧思考 (she ayu wada)[16]と (2) 新時代の思考 (hkit thit ayu wada) を知ることが挙げられる (p. 2, 頁は『法輪』のもの，本節は以下同様)。書籍には目次は付いていないが，見出しは以下のように作られている。
　1）未来王を希求する思考　　pp. 14–25
　2）ボーボーアウンと転輪聖王　pp. 25–33
　3）旧思考の誤り　pp. 33–41
　4）古い時代の進歩人 (hkithmithu)　pp. 41–47
　5）進歩的思考とそのための事業　pp. 48–56
以下，見出し毎に，この書物の主張するところを追ってみたい。

(1)　未来王を希求する思考
　まず序文で示された「新旧二つの思考」が具体的に描かれる。「旧思考」とは「未来王 (minlaung) への期待，予言の書 (thaik)，予言の唄 (thabaung),

---

　16）アユーワダには主義，信念，イデオロギーの意もあるが，ここでは考え方と訳す。

予兆（nameik），薬（hseiwa）や護符（mandaya）への盲信，超人的英雄（lusun kaung）への依存，ボーボーアウン，転輪聖王の到来の期待，誤った精霊（ナッ）の崇拝」を指す。さらに彼の見解としては，これらは「盲目的狂信的思考で，空気のような絵空事にすぎ」ず，「人間の生来の思考能力，努力などを損な」うとし，「信仰，護符などに頼るものは，自らの知恵，努力を放棄する人間」（p. 4）であると批判する。

　一方，新時代の思考とは，「現代社会において，欧米など西洋人が繁栄進歩し，頭角を現わす民族となっていることがいかなる要因によるか，新しい世界で我々が進歩を可能とするためにはどのようにすればよいのかを，計画を巡らして，具体的に実行すること」であるという（p. 3）。そして，新時代の思考こそ「現実的」といえ「英雄崇拝主義や単なる想像にとどまらず，現実の解決法を示し，人間のもともとの思考能力，努力を引き出しさらに伸ばす考え方」（pp. 3-4）だという。

　筆者マハースェはさらに，マウン・タン，バンダカ，サヤー・サンという1910年から1930年に起こった農民反乱の事例を3つ挙げ，王朝時代を引き合いに出しつつ，農民反乱の方向性の過ちを指摘する。すなわち，王朝時代，自分たちの国王が独立国として何万人もの戦士を戦わせたうえで英国に敗北したのに，今，小刀を手に取り謀反を起こしても勝てるはずはない。それを理解せず「超人，優れた薬，ナッ，ウェイザーなどの助けを借り」て，「予言，予兆通り」（p. 24）にすれば成功すると考えていることが失敗の源だとする。

(2) ボーボーアウンと転輪聖王信仰

　ボーボーアウンとは修行を通じて，超自然的な力を獲得したウェイザーの一人として知られる。ボーボーアウンにまつわる物語は以下のようなものであり，マハースェもほぼこの筋を前提としている。

　ボーボーアウンはコンバウン王朝期に版図を最大に拡張したボードーパヤー王と僧院学校時代の友人だった。その後，錬金術や護符などの知識を得て，修行した結果，物を2倍に増やすことができ，他で起こっていることをすべて理解できる上に，不老不死など超自然的な力を持つウェイザーとなった。国王は出世をしたら互いに取り立てようと幼い頃に約束しあったにもかかわらず，ボーボーアウンの力を恐れ，宮廷に呼び出し捕まえようとしたため，逆に懲らしめられる。その後，ボードーパヤー王の孫として転輪聖王と噂されるニャウ

ンヤン王子が生まれる。王子は処刑されるが，危ういところをボーボーアウンが救い，ビルマの危機に転輪聖王を再び戻してくれる，というものである。
　しかし，マハースェはボーボーアウンの実在を疑う。理由は以下のようなものである。
①ボーボーアウンという人物は歴史史料には見あたらない。
②ボーボーアウン直筆の書とされるものは残っているが，それぞれ筆が違う。
③王が貧しい人間とともに僧院で学ぶわけはない。また国王はシュエボー（上ビルマ），ボーボーアウンはタウンドゥインジー（下ビルマ）が生地とされ，列車がない当時にこれほど遠い出身のものが同窓生となるわけがない。
④ニャウンヤン王子は確かに転輪聖王と噂された。しかし，ベルベットの袋に入れて骨が砕けるまで叩きその後河に流すという王族に対する処刑方法から考えて，生きながらえるということは絶対ない，現在生きていれば128歳となる。従ってボーボーアウンが王子を救ってビルマに戻してくれるなどということはあり得ない，というものである。これは，信仰に関わる問題を，歴史史実として解釈し，信仰対象の存在を否定するという立場といえる。

(3)　旧思考の誤り

　マハースェは，こうした時代遅れの恥ずべき思考を徐々になくすよう努力するのが，現代の若者の責務であるとし，まず4つの誤った信仰を論破していく。
　第1に精霊（ナッ）の信仰を取り上げる。「科学的に実証できるこのご時世に，精霊信仰は実に恥ずかしいこと」(p. 33) とし，「千年も前の鍛冶屋のマウン・ティンデーが死んでマハーギーリ神（ナッ）になったからといって，雑誌内で家に精霊に捧げる椰子を置かねばならない，置かないとどうかなるなどと脅されると，真に受けて，お金をかけて家に椰子の供物をおいたりする，遙かなたの上ビルマのダガウンの国での出来事なのに，このヤンゴン市内のビルマ族の家でご大層な椰子とバナナの供え物を見るのは驚くべきことである」(pp. 33-34) と批判する。マンダレーのタウンビョン兄弟の精霊や下ビルマのウー・シンジーの精霊なども皆が信仰し，進歩的な人間でも妻が信仰しているからと言い訳しつつ行っていることを指摘する。
　第2に仏教の特殊な信仰を批判する。例えば，仏陀の遺した宝物が出た，聖者出現を象徴的に示す文字が自然界に現れた，仏像が血を流した，目が開いた，微笑んだなどの不可思議な出来事が起こったなど，科学的に考えて起こりえず，

あったとしても，仏陀の時代のような本物ではなく，仏陀を馬鹿にするようなものだとする。

　第3に予言の書である。名高い知識人ウー・エィの言葉を引用しつつ，巷で人気のある「仏陀の予言」「帝釈天の予言」は，仏陀や帝釈天が残したものではないとし，さらに有名な「ガフマンカン」「ガウンパティ」「ザーガル」「ナッセッキャウン」などの予言も本当ではないとする。実際に過去の予言書で外れてきた例を挙げ，具体的に論証する。

　第4はウェイザー信仰である。例えば，パガン時代に錬金術を極めた僧侶として有名なイッサゴーナを例に挙げる。イッサゴーナは修行によってウェイザーとなり，金属を金や銀に変えたため，パガン時代にパゴダが多く建てられたと信じられている。しかし，史料は残されていない。ウェイザーが本当にいるなら，外国人は金が欲しくて植民地化するわけだから，それなら金を渡してこの国を買い取ればいい，それができないのだから，今の世の中に存在するわけはないと結論づける。

(4)　昔の進歩人たち

　マハースェは古いもののすべてを批判するわけではない。過去にも進歩的思考を持っていた人は存在したとして，5人の例を挙げる。
①パガン時代のアノーヤター王は，龍王への信仰とアリー僧の有する女性の初夜権を廃止した。
②ハンタワディーのバインナウン王は，薬，護符，ウェイザーに頼らず，自分の能力により戦いで勝利を収めた。さらに，水牛や牛の供儀を辞めさせた。
③タールン王の時代に，仏像が空を飛ぶという事件が起こったが，タウンビーラー長老は信じず，扇をかざすと仏像はすぐ地に落ちた。
④ボードーパヤー王の時代に，バガヤー長老は合理的思考により改革を進め，そのために還俗させられた。
⑤ミンドン王時代に欧米に派遣された留学生たちは，近代的な学問を学び，武器工場や税確定のための調査などを取り入れた。

(5)　進歩的思考とそのための事業

　すべての人間に近代的思考を持たせることが必要であり，そのために，まず識字率を上げることが重要とする。字が読めれば本を読む，本を読めば見識を

得て，他人のいうことを考えなしに真に受けることはなくなる。ただし，益のない旧思考が流布する際に本が使われることもあるため，本を検証しつつ読む習慣，国に益するかを考え読書する能力を得るよう推奨したいとする (p. 48)。最後に，独立の希望を抱きつつ，国防の必要性を説き，軍隊の強化，異国の侵入の防衛，国防のための経済基盤強化などを説く。

以上が『法輪』の論旨である。最後が彼の最も伝えたかった政治的メッセージであろう。それと同時に，多くの頁を割いて科学的論理的思考を重視し，非合理な判断に基づく信仰を廃し，農民反乱が誤った信仰に基づく時代遅れの発想であることを説く。すなわち，この書籍は，西洋的合理主義，近代主義を基盤とした啓蒙書で，核となっているのは，近代的思考により，自らの信仰，思想を検討し，非合理なものは捨て，他者に立ち向かうべきであり，それが独立に繋がるという信念である。また信仰に関しては，経典を基盤とする仏教を合理的宗教と認め，仏教内の超自然的信仰や仏教以外の信仰，すなわち精霊信仰やウェイザーへの信仰，ガインの実践を否定している点に特徴がある。つまり，「合理」の核に，非合理的な信仰を省いた「仏教」を据えている点，民族医学設立のプロセスで，仏教系要素学を核とするタウンダー派が主流となったことと通底する。

4　ガインの書の例——『パヨーガの病治療法百科』

4-1　著者について

次にとりあげる『パヨーガの病治療法百科』（以下，『パヨーガ』と略，頁は『パヨーガ』のもの，本節は以下同様）は，『法輪』が出版される2年前の1938年にアーターナディヤ・ガインから発行された [Nagawtha 1938]。上述の通り，ガインやその信仰は『法輪』の批判のターゲットであった。

アーターナディヤ・ガインは護符や儀礼の知識を中心に伝えるガインである。この護符や儀礼の知識を築き上げたのはカンダゾーティ師と呼ばれる僧侶で，19世紀半ばでこの世を抜け（トゥエヤッパウ），ウェイザーになったと信

じられている（写真1）。そしてカンダゾーティ師の孫弟子に当たるチッポンがアーターナディヤ・ガインを形成した。彼は華人系のビルマ人（中国名Kyin Swi）で、英国資本系Harperin Smith社に事務官として勤務する傍ら、ビルマ仏教徒善行協会（Myanmapyi Bokda Bhatha Punnyakuthala）の主席理事、旧ブータ協会（Bhuta Thamegga）の会長を勤めていた。後者二つの協会の詳細は不明だが、この時期、仏教徒による福祉や功徳を目的とした協会が多数設立されており、その一つと考えられる。1900年代初頭にチッポンは在家を中心としたガインを結成

写真1　ガイン内に伝わるカンダゾーティ師の絵姿

しており、その「総師（gaing kyouk）」と呼ばれていた。僧侶を中心として伝授されてきた護符や占星術などの知識を伝えるガインが、在家中心に本格的に広がったのは20世紀以降と考えられる［土佐2000］[17]。なかでもアーターナディヤ・ガインは最も歴史が古くまで辿れる。またガインには入会儀礼があり、始祖や秘技に関する書物（ガインの書 gaing saok）が会員限定で出版される。『パヨーガ』が出版された経緯は、「周りの弟子達が、チッポン師の修行書の解説に当たるもの、広域にわたる治療と呪文字の学問、内観瞑想の学問と師匠の教えを……書いてください」と筆者ナーゴーサに懇願し、総師チッポンの許可を得て書いたと記される［Nagawtha 1938：11-14］。組織内でみれば、総師以外の人物が「ガインの書」を書くことは総師との強固な関係や信頼を示すことになり、実際にナーゴーサは、チッポンの後継者としてガインの総師を継いでいる。

　それでは『パヨーガ』の「読者」、ガインの成員はどのような人々であった

[17)] 村落の視点からみてガインがいかに付置されているかについては、田村［1995］に詳しい。

のか。このガインはヤンゴンだけではなく地方にも広がっていた。上記の通り，マハースェたち近代主義者はガインの人々を「近代」とは対局の旧型の人間と批判するが，単純にすぎるだろう。総師チッポンは上述の通り，Harperin Smith 社という外資系企業の事務官で，書籍内でも英語を使っていることから，英語教育を受けたと考えられる。この書籍以前にも当該ガインでは 2 冊の書籍が出版されている。一冊目は 1909 年総師チッポンが「モールミャイン市マウンマウンジー，ヤンゴン市政府高官・会計監査官のウー・ベィングェッ，会計士ウー・アルチンメィンなどを始めとする多くの弟子の依頼」で出版した『カンダゾーティ僧正の内観呪文字・魔法術御宝典 (Hkanda Zawti Maniyadana Wipatthana Sama Thaya Hmaw Pon Kyan)』である［Nagawtha 1938：11］。二冊目は，モールミャイン市居住の電気技師である理学士マウンマウンジーが総師の許可を得て 1936 年に出版した『アーターナディヤ経原文と翻訳・内観瞑想修行の章 (Atanadiyathok Palitaw Atanadiyathok Bhathapyan hnin Wipatthana Aluk Hkan)』である[18]。書籍内で弟子の職業として言及された会計監査官，会計士などは，当時大学教育を前提としていた。首都ヤンゴンに正規の学士号取得課程ができたのは 1883 年であり[19]，1909 年当時でも学士号は極めて限られたものであった。また当時の高等教育は英語が主であり，ここから高い教育を受け英語に堪能なエリートがこのガインに参加していたことは間違いない。ナーゴーサの教育については資料がないが，『パヨーガ』のなかで街の通りの名称や病名を英語で表記した箇所が多々あり，チッポンと同様英語の素養は十分にあったと思われる。従って，マハースェらが考えたほど，ガインの成員が近代と対局にある時代に取り残された人々とはいえない。この点は後述する。

4-2　書物の論旨

『パヨーガ』は他のガインを含めて，現存する「ガインの書」群でも極めて初期のものだが，「ガインの書」はいずれも類似の特徴を持つ。まず，当該ガインが核とする知識の系譜が必ず記述される。始祖の生い立ち，秘技を授けた人物や霊的存在との遭遇，術の修行と超自然的な力を獲得する過程，組織化の

---

18) この 2 冊の書籍は現在ガイン内でも誰も保持しておらず，残念ながら現存しないと考えられる。
19) 1920 年に初めてインドの大学から分離されヤンゴン大学として独立する。

写真2 アーターナディヤ・ガインの紋章

過程，ガイン成立以降の師弟関係の系譜が記される。また，ガイン内で伝授される知識の詳細も重要で，儀礼の方法，儀礼の言葉，護経，ガインの規則が記される。

『パヨーガ』も同様である。前半でガインの歴史と総師のチッポンの功績と治療例が，後半でアーターナディヤ・ガインで伝授される護符（イン）を中心に，種類，書き方，用い方，治療や儀礼の方法，護経，修行方法，組織の規則が記される（写真2・3）。

前半のチッポンの治病活動部分では，まずパヨーガの定義「外部のものと関係すること」が示され，パーリ語で「ア」は「非」の意味

写真3 ガインに伝わる，呪文字で描いたボーボーアウンの護符

であることから，アパヨーガは「外部のものと関係しないこと」と説明される(p. 17)。さらに，ビルマの民間医療に基づく人体の説明があり，要素の均衡が

第4章 「近代」をめぐるメタナラティブ

崩れておこる病がアパヨーガ（非パヨーガ），すなわち通常の病であると説明される[20]。対してパヨーガとは，四要素の配列や血液の流れが順調で身体機能は良好でありながら，「自らの悪い業のゆえに」悪い鬼や精霊，妖術師（son）などによって外部から何かを仕掛けられることで陥る病いとされる (pp. 17-18)。ナーゴーサはパヨーガ概念が混乱していることを憂慮し，「現在，攘災師 (hmaw hsaya) を自称する人間が増えている。アパヨーガをパヨーガといい，パヨーガをアパヨーガと見なして薬を渡し，犯罪とみなされた例もある」(p. 19) と記す。ナーゴーサは，パヨーガの判断基準を明らかにするため，4つの具体的事例と師チッポンの判断基準を記述している。

①ヤンゴンの河向こうのダラ市の南側ニャウンゴゥボ村，富農マウン・トゥピョの妻マ・フラジーの事例。これは「幽霊の祟りか，妖術師，精霊に祟られているのか，天を見上げて大声を出し，泣いたり笑ったり」と常軌を逸した症状を示していた。

②ヤンゴン市，タイェットー僧院のウー・グナ僧院で男性チェッチーが病いに冒された事例。

③ヤンゴンの東部バズンタウン，マウンバン地区の富裕商人ドー・ティ。言動が一貫せず，泥など妙なものばかり食べていた。

④ヤンゴン市ボータタウン西部，現在の名称JUDAL Ezeki通りに住む中国系事務官コー・ブンホゥの妻，23歳のマ・ニュンメィの事例。身なりも構わず，言動がおかしく，過食や感情不安定がみられたが，見ていないことを正しく当てるという奇妙な症例を示した。

　4例とも多数の治療師がすでに治療に失敗していたが，チッポンは病状を聞くだけで即診断を下していた。②のみがパヨーガ，残りはアパヨーガ（非パヨーガ）と診断し，①④は妊娠が原因，③は女性特有の血の道であると診断し，治療に成功した。

　ナーゴーサは，ガイン内の書籍で，治療プロセスの明示化，判断基準の提示，合理性の提示を試みているといえる。すでに述べたように，1915年の認定制度によって民間医療が非合法化されたが，土着医療システム調査委員会は，ビルマ社会が広く伝統医学に頼り，効果も充分あることを見いだしていた。しかし，委員会内でも，民間医療師内でも，民間治療師の玉石混淆状態は問題視さ

---

20) ここで四要素学が基盤になっていることが分かる。四要素学については注15参照。

れている。民間医療をいかに標準化,統一化するかは政策に近い中枢派が考えたことだろうが,同時期,同じ問題意識がガイン内でも共有されていたことがわかる。

5 ナラティブにおける「近代」と「伝統」

5-1 語りの技法

　これまで民間治療や信仰に対して対照的な立場にある書籍を紹介してきたが,本節ではいかに書かれるかといった語りの技法に目を向け,両者の比較を試みたい。
　『法輪』は,同時代の世界情勢の記述で始まり,極めて現実的である。さらに,記述はリアリズム手法,すなわち読者がまるで今見ているかのように思わせる手法が取られている。一例を挙げよう。ミンムー警察署襲撃時の「信仰の誤り」を示すために,以下の記述を行っている。

> 警察署には,3,40人もいない。銃声がバンバンと署のほうから聞こえてきたのでそばに近寄れなかった。銃をパンパンと撃ったのに一人も死ななかった。そこで皆が不死身の薬と信じた。本当はザガインの弁務官のもとに発砲の許可を求めており,［発砲の］命令が届かないうちは空に向けて発砲していたのであった。命令が届くと,［実弾を発砲したため］馬に乗っていた人間がどんと落ちた。3,4人がまた落ちた［Maha Hswei 1940：14］（［　］内は筆者）。

　ここでマハースェが指摘するのは,発砲許可がなく空砲が用いられたのに,謀反参加者は不死の護符やお守りが利いたと信じて警察署に向かって突き進み,多くの人間が銃弾に倒れたという「事実」である。しかし,誰が「目撃」していたかは不問のまま,「発砲していた」「どんと落ちた」「また落ちた」と現場で誰かが見ていたかのような記述が続いている。すなわち,他の感覚に対して視覚データを優先させて記述することが「現実性(リアリティ)」をより確固とするという考えが下敷きにある。当時,英語教育を受けた世代を中心として,現前で起こったかのように書き記す視覚優位の「リアリズム」が,ジャーナリズムや小説

なかで確立されていた。ビルマの場合この描写法は，小説（wutthu）の技法として20世紀初頭に確立していく［堀田（土佐）1987参照］。

　一方，『パヨーガ』はどうだろうか。最も頻出するのは，「ナーゴーサよ，覚えておきなさい」というチッポンの語りかけで，これが一つの語りのパターンを形成している。この語りの技法は，ナーゴーサがチッポン師の直弟子であり口伝で学んだことを示すに留まらない。経典にも仏陀が仏弟子に語る同様のパターンは存在しており，この語りは，仏陀と仏弟子に見られる師資相承の理想型に繋がるといえる。つまり，経典に模範を置いた伝統的ナラティブと考えられよう。ただ重要な点は，仏教は長く根づいてきた信仰だが，ここでは単なる「伝統」にとどまらず，ある種の合理的・論理的支柱となっている。例えば上述①の事例では，チッポン師は患者の症状をパヨーガではなく妊娠によるものと判断するが，根拠として経典内のビンドゥサラ大王の南宮ダンマ妃の事例を出す。経典の記述は，「真実」であり現実社会における強力な「証拠」となりうるという考え方を下敷きにしているといえる。

　それでは，上述のような「リアリズム」の手法は採用されているのだろうか。例えば，チッポンの治療例では，地名，患者の家族の職種，経済状態が詳細に記述されている。さらに，チッポン以前に失敗した治療師の数値（①では40名以上，④では19名），失敗した治療師についても「パヨーガ治療の攘災師，ヨー族やシャン族，インド人やミャンマー人，僧侶たち」（p. 21）などと民族的内訳まで言及される。さらに，視覚重視の語りの技法も用いられる。例えば，②チェッチー氏の症例で，患者の友人が師チッポンを呼びに来ると，彼は症例と名前を聞き，「2度ほどぱっぱっと頭を振り，意に介さず，微笑みを浮かべた顔に考え込む表情が表われ，その病気の人間はわしの薬を飲むか，薬を飲むなら付いていって治してやらねばなるまいと悟った口調で言われた」（p. 33）と記述される。その後，チッポン師は使いに薬を渡して飲ませるが，患者はさらに精霊か唸るような声で脅し始め，師が呼ばれた。そこで師は「知恵と勇気に満ちた威徳のある声で」（p. 36）わしが来たことが判らぬのかと言い，床をドンドンドンと3回足で踏みならし，患者が怯えたことが描かれる。ここでは，チッポンの治療のやり方や心理に至るまで，視覚的に再現されている。

　つまり，『パヨーガ』の記述は，単に近代と対峙する旧タイプというわけではない。仏教経典の語り口と正統性を巧妙に用いつつ，近代小説やジャーナリズムに通じる視覚優先のリアリズムをも取り込んだ記述といえる。

5-2　認識の基盤としての西洋的知識，西洋人観

次に，伝授する知識や西洋人観について考察したい。3 で述べたように『法輪』は第二次世界大戦の戦局とビルマ民族の現状打開の方法から始まる。この現実認識こそがこの書籍の特徴をなしている。西洋人を一種の見本とし，西洋人は「時代を後ろに引き戻す考え方」を捨ててきたと説く。すなわち，「西洋人（anauk nainngan tha）」も，従来は妖怪，精霊，魔女，幽霊などを信じてきたが，「私たちよりはるか昔に，そうした"信じるべき証拠もなく，何かを信じること（Superstition）"を捨ててきたため」(p. 48) 世界で頂点を極めたと述べる。いわば『法輪』は西洋的知識を核とした啓蒙書といえよう。

一方『パヨーガ』でも西洋的知識の優位に対する認識は示されている。例えば「現在ヨーロッパ人達は現世で努力したために，さまざまな世俗の学問に達した」(p. 57) という表現である。むしろ，こうした認識により，従来の知識を再編成し，説明し直しているともいえるのである。

この書籍に留まらず，ガインの書は，民間医療における信仰や知識を共通の土台として持っている。例えば前述のチェッチーの症例では命令口調の治療方法が記されるが，こうしたやりとりは，多くの治療に共通であり，現代でも広く観察されている。パヨーガはソン，カウェと呼ばれる妖術師，生霊，また，悪い意図を持つ「下道の師(アウラン サヤー)」が術を掛けた結果なる病いと理解され，ガインの師は同じ術を修得しているが，善い意図を持つがゆえに「上道の師(アテッラン サヤー)」と言われる[21]。また，術を掛けた下道の師，妖術師などよりガインの師が仏教ヒエラルキーでは上位にあると理解される。従って，ガインの師は，患者ではなく，患者に術を掛けたものを叱り，脅し，時には殴って追い出そうとする。ただし，身体的傷害や痛みは，患者当人ではなく，患者の身体を支配する主体に及ぶ。こうした理解は信仰に裏打ちされ，信仰の内部にいるものにとっては真実で，信じないものにとってはそうではない。

ただし，記述の仕方に一定の法則がある。一つは，誰にでも納得できる「証拠」を示すことである。例えば，③の患者ドー・ティは，治療師により示す症状が変わった。精霊に詳しい治療師や霊媒が治療すると自分を精霊だといい，

---

21) パヨーガの治療態度などは，調査例と類似しているが，スパイロの民族誌の記述も同様である。詳しくは土佐 [2000]，Spiro [1967] を参照。

妖術に詳しいものが治療すると生まれつきの妖術師だと語る。こうした症状を聴くだけで，チッポン師は患者は出産後の肥立ちが悪く，人体を掌る四要素内の風の要素が強まり，耳元で聞こえる声を模倣しているだけだと判断する。そしてチッポンは自分が行くまでもなく，薬草師に任せればよいと述べるが，患者の家族は納得しない。そこでチッポンは「証拠（thadaka youktti）」（p. 41）を示す。チッポンがドー・ティに会うと，彼女は自らを妖術師だと名乗り，知人女性の名前を言った。そこで（1）チッポンは頬を殴り「これをもって帰るがいい」といったが，頬の赤味は消えなかった。また，（2）名前の挙がった女にこっそり土産を届けたが，土産は何かと尋ねても患者は知らないといった。チッポンは，この２点は彼女に妖術師が憑依していないことを示す「証拠」だと周りを説得し，周りも納得する。

　すなわち，これらの事例は，前述の妖術師に関する共通の理解に基づく「合理」的論理の帰結である。また，チッポンは薬草学に基づいて投薬し，さらに若い女性に看病させ，竪琴を聞かせ身体を清潔に保つよう指示し，全快させる。その後この顛末を弟子たちに説明している。曰く「ドー・ティの病いを名付けるなら，生理不順による血の道，生理不順，婦人病による心臓，血の道の不順といったものだ。パヨーガではない。西洋の医者なら，（中略）生理不順と名付けるだろう。いわゆるVICARIOUS MENSTUATIONと呼ぶものである」（p. 49）。すなわち，チッポンは西欧医学を理解し，診断も行ったうえで，民間医療で完治させている。

　さらに④の事例では，科学との類似を挙げつつ病いを説明している。マ・ニュンメィという女性患者は，言動がおかしくなり，妙なものを食べたり，急に泣いたり笑ったりするようになる。また遠くで起こったことを言い当てたりする。治療師が次々に呼ばれるが，すべて失敗する。夫は周りの薦めによりチッポン師を呼びに来るが，帰路，人形劇を上演している場所を通った。帰ると，妻は夫の行動のすべてを当て，劇中の歌謡まで諳んじた。歌詞もすべて正しく，家族はどのような術を掛けられているのかと恐れおののく。しかしチッポンは患者を診て，これはパヨーガではなく，妊娠によるものだと判断し，薬を処方し，数ヶ月で男児が産まれると告げた。実際，症状も消え，男児が産まれるのだが，チッポンは弟子達にこの症状を説明して以下のように語っている。

　西洋では紐で繋がずに直接話ができるワイアレスが開発された。そして，ラジオという「音を送る要素の学（athan hlwin dat pinnya）」では，放送局から

発した音を「風の要素」の力で飛ばし，受信局で受け取る。ラジオセットと呼ばれる機械があれば，外からの音が聞ける。この病いは，こうした世俗の学問の例と同じことだ。音や出来事は「風の要素」で飛ばされ，妊娠で風の要素が増えていた患者の身体が受信局となり，伝えられたというのである (pp. 57-62)。

リーチは西欧社会においてスイッチらしきものと電灯があれば，スイッチを押して電気をつけようとする認識を取り上げる。現実に多くの人は電気の仕組みを科学的に説明できるわけではなく，ボタンを押す行為と電気がつくという二つのものを結びつけているに過ぎない，とすれば，認識のレベルで呪術と同じであると指摘した［リーチ 1981］。すなわち科学に基づく原因と結果も，認識のレベルでは「呪術」と変わらない。チッポンの説明もこれと非常に似ている。ただし，どの知識を基盤にして何を説明しているのかを考えるべきだろう。ラジオを理解させるなら，ラジオは風の要素を使って音をとばすものである，といった説明が行われただろう。しかしここでは，ラジオを使って症状を分かりやすく説明しているのである。つまり，チッポンが想定している「弟子たち」とは，むしろ近代技術，近代合理と，その重要性を理解している人々であり，彼らに対して信仰世界を説得的に，かつ科学的に教えようとしているのである。

6　おわりに

最初に触れたように，農民反乱が各地で勃発していた時代に「土着医療システム調査委員会」が結成され，1930年にその調査結果がレポートとして提出される。このレポートの提言とナラティブはその後の「民族医学」そのものの確立と民族医学史の形成の双方に影響を与えた。委員会の報告書のなかでも，また，その後編纂された『民族医学史』のなかでも，タウンダー派を中心に統一的な「民族医学」が存在するかのように描かれ，現実に存在した多様なガインの諸派の動きはほとんど言及されなかった。さらにいえば，タウンダー派は，三蔵経内の論蔵の記述から取り出したという四要素学を知識の核としており，仏教教義に繋がる正統性を有している。つまり，こうした近代仏教に帰せられる「合理」性は，民族医学形成のメタナラティブの一つを構成していったとも考えられる。一方，民族独立のなかで仏教が近代民族主義者の思想的核となっていくことを考え合わせれば，このメタナラティブは，単に民族医学の分野に

とどまるものでないことも指摘できる。少なくとも民族医学史の形成におけるメタナラティブを探ることで，この時代に，民族と仏教をめぐる「合理」的言説がかなり広い分野で，正統性をもったナラティブとして確立していることは指摘できるだろう。

　これは，後半で検討した二つの書籍の分析とも重なる。『法輪』は近代主義的枠組みに則り，民間医療における護符や薬，また，転輪聖王や未来仏信仰に頼る人々を「時代遅れ」「古い」ものと批判した。仏教の中でも非合理的な「妄信」を排除し，仏教以外の精霊，ウェイザー信仰を非合理と排斥している。まさに，近代意識，民族独立の希求，合理的思考，仏教の正統性が相互に連関し，上述のビルマにおける近代をめぐるメタナラティブと通底するものがある。一方，『法輪』が単純に「古いもの」として批判した「ガイン」の活動は，それほど単純ではなかった。知識の要素そのものは確かに以前から存在した伝統的知識といえるが，ガインの師たちは新たな状況に対応し，正統性を持つ仏教ナラティブを取り込み，かつ，「リアリティ」を記述する近代的ナラティブとの双方を効果的に用いながら，民間医術をとらえなおしている。秘技とはいえ，集団内で流通した書籍では，具体的記述をもとに，客観的基準を組み込み，再編成している。また，総師チッポン，あるいは後継者ナーゴーサは西洋医学の知識を前提としてガインの知識を位置づけた。すなわち，彼らのナラティブの中でパヨーガの治療や症例の事例は，近代の修辞に合わせ，再分析を経て記述されている。合理的記述や仏教の重視という点でも，上で指摘したメタナラティブと通底する側面を持つ。

　つまり，「近代」を対象化するとは，ある一時点における多面体の流れを想定し，当該社会における「近代」の意味を再考することに繋がるべきであろう。従来のビルマ近代史の議論では，思想，実践の「内実」を通じて，絶対的基準として，近代／伝統を扱い過ぎてきたと考えられる。

　近代に繋がる実践はさまざまな側面をもって日常の実践の中に入りこみ，展開する。「民族（伝統）医学」の構築はまさに，古くからある実践を新たに選抜して構築していく作業といえ，その作業において近代教育やメディアの普及による記述などの影響を多々受けた人々が関わっている。確かにこうした営為については，「伝統の創造」論や，客体化理論などでも指摘されてきた。しかし，本章にみるガインの知の再編は，その一方で「民族（伝統）医学」確立から弾かれた実践や母体が存在することを改めて示唆している。つまり，単純な

近代／伝統という線的図式内の二項対立設定では，伝統とされる知識や実践の確立の過程に存在する近代的営為をとらえきれないし，「伝統」として弾かれるものも見えなくなる。ここで一つ重要なのは，『法輪』に典型的に示されるように，「近代」ではなく，「伝統」として認め難いものこそが，非近代，非合理，非仏教だとされている点であり，その認識においては，「伝統」と「近代」は同じ側にいるともいえる。他方，『パヨーガ』のナラティブ分析で見てきたように，弾かれた側は，「近代」派や「民族医学」の主流派と異なる側にいるわけではないし，ましてや単純な非近代，非合理，非仏教というわけではない。ガインの成員には近代教育を学んだものが含まれ，彼らは自らの実践を客体的にとらえ，説明することができた。その意味ではギデンズが呼んだような近代的再帰性を十分に有していたといえる。

　それでは彼らがなぜ弾かれたのか。本章で見てきた資料からはさしあたり以下の三点を挙げておきたい。第1に，シュエゲー報告書を作成する過程で委員たちが議論したような，「悪い意図」と結びつく可能性を持つパヨーガを公的な教育伝授対象としてよいかといった教育的倫理の問題が働いたことが挙げられる。第2に，ガインは，互いに差異化をし，諸派林立の傾向にあり，玉石混交状態を招いていた。統治という観点からは統一化，標準化が必要だったが，その過程で，多様な超自然的存在への帰依が弾かれる傾向にあった。この背景には，農民反乱などに見られるウェイザー信仰が人気を持つことへの危惧が存在した可能性がある。第3に，核となった四要素学は論蔵から取り出したとされ，「学問（ピンニャー）」としての整合性や近代仏教との結びつきを有している。それに対して，パヨーガの知識はこの時代のビルマの文脈の中で「合理」性，「正統」性などを確保できなかったという可能性がある。こうした点をより確固とした幅広い資料から検証することは今後の課題として残されている。いずれにせよ，「近代」に繋がる認識や実践は多面的かつ多様に展開するととらえたうえで，民間医療，民族医学確立に関わる資料のナラティブやメタナラティブを意識化することによって，なぜ一部が「近代」と呼ばれ，一部が「近代ではない」と誹謗されるのか，その文脈を読み解くことにつながるといえる。

参考文献

I. 日本語
生野善應．1982．「ビルマ上座部全宗派合同会議」『亜細亜大学亜細亜研究所紀要』9：55-86．
伊東利勝．1991．「ミャンマーの「近代的」ナショナリズムに於ける問題点――バンダカ・ヤテの「反乱」を素材として」伊東利勝・栗原浩英・中野聡・根本敬『東南アジアのナショナリズムにおける都市と農村』東京外国語大学アジア・アフリカ原語文化研究所：1-48．
―――．1994．「ビルマ農民の意識変化」池端雪浦編『変わる東南アジア史像』山川出版社：285-306．
伊野憲治．1998．『ビルマ農民大反乱（1930〜1932年）――反乱下の農民像』北九州大学法政叢書，信山社．
小田 亮．1996．「ポストモダン人類学の代価――ブリコルールの戦術と生活の場の人類学」『国立民族学博物館研究報告』21（4）：807-875．
ギデンズ，アンソニー（松尾精文・小幡正敏訳）．1993．『近代とはいかなる時代か』而立書房．
黒川正剛．2012．「呪術と現実・真実・想像――西欧近世の魔術言説から」白川千尋・川田牧人編『呪術の人類学』人文書院：113-148．
田村克己．1995．「仏教の周縁にて――ビルマのナッとガイン」田邊繁治編『アジアにおける宗教の再生――宗教的経験のポリティクス』京都大学出版会：131-151．
タンバイア，スタンレー J．（多和田裕司訳）．1996．『呪術・科学・宗教――人類学における「普遍」と「相対」』思文閣出版．
土佐桂子．2000．『ビルマのウェイザー信仰』勁草書房．
堀田（土佐）桂子．1987．「ビルマにおける近代小説の成立――novel と vatthu のはざま」『東南アジア―歴史と文化―』16：76-112．
リーチ，エドマンド（青木保・宮坂敬造訳）．1981．『文化とコミュニケーション――構造人類学入門』紀伊国屋書店．

II. 外国語
Adas, M. 1979. *Prophets of Rebellion : Millenarian Protest Movements against the European Colonial Order.* Chapel Hill: The University of North Carolina Press.
Appleby, Joyce, Lynn Hunt and Margaret Jacob. 1994. *Telling the Truth about History.* New York and London: W. W. Norton and Company.
Aung-Thwin, Maitrii. 2003. "Genealogy of a Rebellion Narrative : Law, Ethnology and Culture in Colonial Burma." *Journal of Southeast Asian Studies* 34 (3): 393-419.
―――. 2011. *The Return of the Galon King : History, Law, and Rebellion in Colonial Burma.* Singapore: NUS Press and Ohio: Ohio University Press.
The Burma Code Volume II. 1944. Rangoon: Government of the Union of Myanmar.
Cady, John F. 1958. *A History of Modern Burma.* Ithaca and London: Cornell University Press.
Herbert, Patricia. 1982. *The Hsaya San Rebellion (1930-1932) : Reappraised.* Melbourne: Monash University.
Hsei Pinnya Thamaing（民族医学史）. n.d. n.p.（タイプ印刷）．
Kyanmayei Wunkyi Htana Tainyin Hsei Pinnya Thinkhan Sa Kawmiti. 1978. *Myanma*

Tainyin Hsei Pinnya Thamaing（*Tainyin Hsei Theikpan Kyaung Thinhkan Sa*）（民族医学史）. Rangoon: Kyanmayei Wunkyi Htana.
Kyi, Taungtha Gonye Thuhkamein Hsaya.（ed.）1998. *Koloni Hkit Myanmar Nainngan Hseiwa Upadeimya hnin Amyoutha Hsei Pinnya Hlokshahmu Thamaing Hmattanmya*（植民地期ミャンマーにおける医学関連法と民族医学の動向と歴史記録）. Yangon: Taungtha Hsei Pinnya Thamatawmya Ahpwenkyok.
Maha Hswei. 1940. *Dhamma Setkya*（法輪）. n.p.
Malihka. 1974. *Myanma Wuthtu Ahnyun*（ビルマ小説紹介）. Rangoon: Sapei Lawka.
Meyer, Birgit and Peter Pels.（eds.）2003. *Magic and Modernity: Interfaces of Revelation and Concealment.* Stanford: Stanford University Press.
Myanmar Language Commission, Department of. 1993. *Myanmar English Dictionary.* Yangon: Department of Myanmar Language Commission.
Nagawtha, Hsaya. 1938. *Payawga Payawga Kuton Padetha Lettwe Shubon Kyan*（パヨーガの治療法百科）. Rangoon: Thuriya Thaoinzataik.
Ni Ni Myint. 1983. *Burma's Struggle against British Imperialism, 1885-1895.* Rangoon: Universities Press.
San, Hsaya. 1968. *Lekkhanuzu Kyan*（要素様相研究書）. Rangoon: Yamuna Sapei.
Scott, James C. 1985. *Weapons of the Weak: Everyday Forms of Peasant Resistance.* New Haven: Yale University Press.
Shwe Ge. 1951（1930）. *Report of the Committee of Enquiry into the Indigenous System of Medicine.* Rangoon: Superintendent, Goverment Printing and Stationery.
―――. 1932. *Tainyintha Hsei Pinnya Sisanit kou Sonsan thaw Kawmiti Asiyinhkansa*（*Report of the Committee of Enquiry into the Indigenous System of Medicine*）. Rangoon: Superintendent, Government Printing and Stationery.
Spiro, Melford E. 1967. *Burmese Supernaturalism: A Study in the Explanation and Reduction of Suffering.* New Jersey: Prentice Hall Inc.
Taylor, R. H. 1987. *The State in Burma.* London: C. Hurst and Company.
Thomas, Nicholas. 1992. "The Inversion of Tradition." *American Ethnologist* 19（2）: 213-232.
Tin U. 1965. *Mynma Min Okhkyokpon Satan hnint Botaw Bayakyi i Yazathat Hkaw thaw Ameintaw Tankyi*（ビルマ王朝支配記録）. Vol. 4, Rangoon: Rangoon Central Press.
Traditional Medicine, Department of. 2003. *Traditional Medicine in Myanmar.* Yangon: Department of Traditional Medicine, Ministry of Health.

第5章 古典「文学」というナラティブ
——ビルマ語仏教散文『ヤタワッダナウットゥ』が「文学」になるまで

1 近代ビルマを映す書物としてのビルマ語仏教散文

2 『ヤタワッダナウットゥ』の現在

3 近代期の『ヤタワッダナウットゥ』

4 再び成立当時の『ヤタワッダナウットゥ』へ

5 近代化の中で聖と俗のはざまに揺れた仏教散文
　——むすびにかえて

原田正美

1　近代ビルマを映す書物としてのビルマ語仏教散文

　ビルマには前近代期[1]に著された一群のビルマ語による仏教散文が残されている。それらはパーリ三蔵に拠るものでありながら，経典とは一線を画するものと位置づけられている。コンバウン時代後期までに著されたそうした作品の一部は，文学史に名を連ね，書物として流通し，繰り返し教科書にも登場して文学としての読みが指導され，今日古典文学として読まれている。しかしあるテクストが「文学」とカテゴライズされることは自明ではない。ビルマにおける，仏教散文を文学とするナラティブも，近代期に「文学」や「小説」の概念が導入され，あるいはまた自国の文学が求められた時代を経ることによって，成立したことが考えられる。
　そこで本章では，そうした一連の現地語仏教散文テクストのひとつ『ヤタワッダナウットゥ』を取り上げ，それがビルマの「古典文学」へと，いわば再編される過程をたどってみたい。『ヤタワッダナウットゥ（*Yathawaddana Wuthtu*『称誉増大物語』）』は，1619 年，タウンピーラ尊師（Taung Hpila Hsayataw, 1578–1651, 法名 Muneindagosa）によりビルマ語散文で編まれたテクストで，法（ダンマ）の集成である経蔵のみならず，戒律を内容とする律蔵，法の分析と考察を理論的に整えた論蔵（アビダンマ）及びそれらの諸注釈を含むものである。
　そしてその上で，テクストの当時の姿を再考し，前近代期におけるビルマ語仏教散文の有り様に迫りたい。その後で，英領植民地期と深く結びついたビルマの近代及びそれ以後仏教に起きた変化を追い，その歴史認識に何らかの問いかけができればと思う。
　それを考える上で，これまでの研究として，近代と文学の関わり，ことに「文学」というカテゴリーそのものがどのように誕生したかに纏わる研究，あるいは書物の文化史，また宗教とモダニティに関わる議論，さらには文献学に近現代の視座と地域性を持ち込もうとする仏教学における新たな立場などが参考になる[2]。

---

1) ここで用いる「前近代」は，ビルマにおける英領植民地化（第 1 次英緬戦争（1824–1826），第 2 次英緬戦争（1852），第 3 次英緬戦争（1885）を経て，全土が植民地化された）される前のビルマ族を中心とする王朝時代のことを指している。

2 『ヤタワッダナウットゥ』の現在

2-1 書物としての『ヤタ』

　ビルマの古典文学は豊かな口承，書承の伝統を持っている。『ビルマ文学史 (*Myanma Sapei Thamaing*)』を紐解くだけでも，宮廷，僧院という場を中心に，数多くの韻文，歌謡，演劇，散文が残されていることが確認できる。『パーラーヤナウットゥ (*Parayana Wuthtu*, 彼岸道物語)』(1511年)，『マニクンダラウットゥ (*Manikundara Wuthtu*, マニ珠の耳輪物語)』(1618年)，『ヤダナーカラウットゥ (*Yatanakara Wuthtu*, 法蔵物語)』(1680年) といった，「ウットゥ」というタイトルが冠されたものを含むビルマ語仏教散文の一部も，今日古典ビルマ文学作品として読まれている。これらは挿絵や護符，パラグラフや番号，脚注などレイアウトとともに，写本にはない装丁を伴った書物として，今日読者の手に触れられる。あるいはまたそれはビルマ文学史に名をとどめた古典として，教科書に抜粋が載せられ取り上げられる。こうしたビルマ語仏教散文テクストの中には，装丁を見れば手が届き易い読み物のようにも見えるものもある。しかし古文である上に，パーリ語や「パーリ・ビルマ」語逐語訳が含まれており，読み始めると難解なテクストとして立ち現れる。

　17世紀初頭ニャウンヤン朝時代に著された『ヤタワッダナウットゥ』(以後『ヤタ』と略記)はその中でも，独特の意匠をもつ作品のように映る。まずタイトルであるが，「ヤタ」「ワッダナ」は，パーリ語 (以後 [P]) yasa, vaḍḍhana

---

2) 文学のカテゴリー形成については，伝統の文化的イコンに仕立てた複雑な社会，政治的プロセス，とりわけナショナリズムの発生に関連したプロセスを探査したシラネ [1999] の論考が示唆に富む。また東南アジア諸国に関わる同種の試みとしては Smith [2000]。
　テクストの扱いについては，公準となっているテクスト概念を問い直し，テクストへの人間の働きかけの歴史を掘り起こすことでその厚みを取り戻す「テクスト学」の立場 [齊藤2009] が参考になる。他方，植民地支配とともに近代化が進行した諸国も含め，宗教とモダニティの関係を問い直した竹沢 [2006]，仏教学の立場を保持しつつ，近現代の当地の仏教を研究する立場を「存在形態」として提唱した前田 [1986]，同様に近代仏教学の狭隘な研究対象，方法論から豊かさを取り戻そうとする下田 [2002] などから示唆を受けた。文献学の立場から地域性を重視した研究に Hinüber [2000], Skilling and Santi [2002] など。

であり，ぞれぞれ，「名声，称誉」，「増大」等を意味し，それに「物語」を意味する wuthtu が続いたものである。現在の書物の表紙には，「繁栄のヤタワッダナ七つの教え」というフレーズが記されている。タウンピーラという長老によってパーリ語のタイトルを付して著されたこの本は，もとより仏教と関わりがあろう。しかしそれは繁栄を主題としている。書物の冒頭に描かれた護符も独特である。それらはタウンピーラ尊師によって編まれたパーリ語の礼拝の各偈が，それぞれ法輪，短剣，蓮，扇，へと図化されたものである。しかし護符は今日どちらかといえば正統的でない所作とされており，このような形で書物の冒頭に印刷されているのは珍しい。さらには内容である。これは経蔵の小部経典の一つであるダンマパダの，不放逸品，第24偈，アッタカターによるならクンバゴーサカの事跡で説かれた偈をベースに，その「精進努力」「念慮」「清浄なる行い」「慎重」「自制」「法による生活」「不放逸」という七つの徳目について，関係する種々の経典物語により注解し，徳目を実践することで，称誉すなわち「富（siseinhkyantha）」「従者（ahkyanayan）」「名声（thatinakyawasaw）」「威徳（hpondahkou）」などの現世の利益，輪廻の利益が増大することを説いたものである。そしてそのベースになる物語は要約すると次のようなものである。

　　クンバゴーサカは，長者の息子であったが，疫病の流行に伴い，死を間際にした両親が他所に逃れるよう諭す。それを受けて誰一人知る人のいない場所で，12年間人を目覚ます傭人となって倹しく過ごす。ある時，ビンビサーラ王がその声を聞き，ただの雇われ人ではないことを察知する。女官は策略を練り，自分の娘を使わせ，彼とねんごろにし，埋蔵されていた財貨の存在を突き止める。クンバゴーサカはビンビサーラ王の面前に呼び出され，事情を尋ねられる。それまでの経緯を知った王は，クンバゴーサカに長者の地位と王女を与え，彼を仏陀のもとに連れてゆく。仏陀は「精進努力し，念あり，清浄で，慎重に行動し，自制し，法に従って生き，不放逸であるものに称誉は増大する」という偈を説いてクンバゴーサカを讃えられ，その偈の最後に，クンバゴーサカは預流果を得，他の多くの観衆も悟りの段階に入った。

　なるほど前半部を見ると女官とのやり取りはいわば妖しく世俗的であり，その意味で文学かとも見える。そしてそれが同時に「富」「従者」「名声」「威徳」という繁栄を獲得するための教法につながっている。
　あるいは，『ビルマ文学史』で引用されている部分は次のようなものである。

第5章　古典「文学」というナラティブ　195

かくの如く，君主の側近たるものは，昼夜の別無く弛まず注意洞察力を働かせ，気分浮つかず，慎重熟慮し，君主の心情斟酌し，絶えず貢献せし折は，お引き立てにこそ与らん。注意洞察力に欠け，不覚に飲み打つ度が過ぎて，浮気で沈着なきならば，君主の恩恵浴するどころか，大いなる身の破滅をぞ招くのみ。
[ウー・ペーマウンティン 1992：182]

　これを見ても仏教的というより王に仕える従者たちへ向けた処世術というふうにも見える。
　他方で全体の構成を見れば，そこで説かれた七つの徳目について，章立てがなされ詳細に語られる。刊本では総数199話からなり［原田 2000：34-37］，そこには物語ばかりか，律やアビダンマの難渋な詳説も含まれている。そのために，『ヤタ』は長大なテクストとなっている。書物ではハンタワディ版がもっともポピュラーであるが，緑色の第1巻，赤の第2巻の二冊の分量を持つのである（写真1）。

2-2　文学としての『ヤタ』

　上述のとおり『ヤタ』は，一見して物語集にも見えるものの，詳しく見ていくとアビダンマに関わる記述も少なくない。無論，タウンピーラ尊師自身がビルマの上座仏教史にとって極めて影響力の大きい人物であったから，尊師にかかわる他の叙述や生涯についての言及はあるが，それでもこうした宗教的側面についてはほとんど扱われなかった。こと『ヤタ』については，概ね文学作品として扱われ，文学の分野で言及がなされてきた。
　たとえばそれは学校のビルマ語の教科書においても認められる。現在，中学校の散文のテクスト，高校の文学史の教科書，大学の文学の教科書に『ヤタ』にかかわる内容が含まれている。大学の文学の教科書に収録されている『ヤタ』の原文の抜粋は，ビルマ語専攻の3年次用として，「クンバゴーサカの物語」の部分が，ビルマ語専攻以外の2年生の教養科目用として，「念慮」の部分がそれぞれ載っている。その指導書の記述を見ると，クンバゴーサカの物語については，「物語散文が持つ様式の通り，プロット，人物，時と場所という背景の設定などが認められる。」「ストーリーを構成する出来事もしっかりとつがなりがあるよう，「経緯を示す書き方」となっている。伝染病の記述も，出来事の順序が正しく自然になるよう書かれている。細菌から，鶏，豚へ，次第に伝

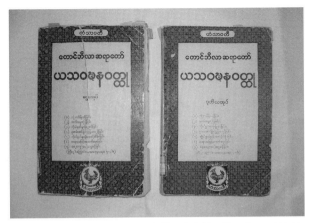

写真 1 『ヤタ』,ハンタワディ版第 1 巻と第 2 巻,各々 1964 年,1973 年出版

染して,最後に長者夫婦に及ぶ様も,出来事を順序だて,「因果関係を示す書き方」となっている。クンバゴーサカの出来事が順次展開する筋立てが興味深くあるよう,対立を用いることにより書いている。クンバゴーサカと両親を対立させている。」[Pinnyayei 1997:1-8] などとされ,物語としての読み方が指導されている様子が窺える。念慮については,「例証を次々に畳み掛けて示すことにより,念が重要であるということを明快に示す,「論証する書き方」といえる。」[Pinnyayei 1999:17] と論理的な文章であることが示され,文学に還元した読み方が指導されている[3]。なお 2000 年にビルマ語学科の傘下にミャンマー学(ミャンマースタディーズ)専攻ができたが,そこで再び『ヤタ』の第 1 巻がニャウンヤン時代を代表する文学作品であるとしてテキストに採用されるようになっている。

　ビルマにおける『ヤタ』に関わる研究を見ても,同様で,公刊された論文[4]においては,散文史,小説史,古典文学史の中で言及されてきた。散文史では,碑文・墨文の散文,貝葉・折本の散文,印刷本の散文と区別される中で,貝葉・折本の散文に含まれ,ニャウンヤン時代の他の「ウットゥ」(物語)と並んで

---

3) こうした読みに影響を与えた文献に,例えば Brooks and Warren [1952],McCrimmon [1963] がある。
4) 社会主義政権下においては,政治思想の喧伝と言論統制の両方をカバーする意味で,文学研究を奨励したが,その一つに,情報省のもとに翻訳協会が改組されてきたサーペーベイマンにおけるサーダンパッフェ(論文発表)があった。そこにおける成果として Alott [1996:27-28] がある。

第 5 章　古典「文学」というナラティブ　197

言及され,「簡潔で流麗な言葉遣い,文体で,ネイタヤ（ニッサヤ,逐語訳）の音調を混ぜながら著されたウットゥである」[Hkin Aye 1983: 43-44] とか,翻訳のあり方,『ヤタ』特有の文体などについて言及された。

　他方でウットゥである『ヤタ』は小説史の中でも語られてきた。詳細は後述するとして，ここでは「ウットゥ」の語が西洋流のNovelの訳語として定着していることを指摘しておこう。

　ではなぜビルマではこれが文学の場に置かれ，仏教としてではない文学の立場から単一的ともいえる読みが励行されてきたのだろうか。そのことをいま少し検討するために，『ヤタ』が今日あるような形で手にすることのできる書物となっていく過程をたどってみたい。

3　近代期の『ヤタワッダナウットゥ』

3-1　『ヤタ』が書物になるまで

　ビルマにおいて貝葉が刊本になる経緯をたどるとき，植民地権力の介在と新たな印刷技術などが果たした役割が大きかったことが確認できる。

　貝葉としての『ヤタ』は，書写を通じて尊師の止住僧院（タウンピーラ僧院）内外に伝持継承され参照されていた。それは当該著作そのものに，シンマハー・ティーラワンタやシンマハー・ラッタッターラといったビルマ人長老先達の著作が引用されていることからも類推されるし，他方第二代タウンピーラ尊師とも呼ばれるシングナランターランカーラは，1684年尊師なき後30年を経過して著した『アセインテーヤウットゥ（Aseinteyya Wuthtu)』に，他の長老方の典籍とともに『ヤタ』を参照した旨記している [Taung Hpila Hsayataw 1980: 73] ことからもわかる。

　その伝承の広がりは，図書館の基軸である大学中央図書館所蔵の『ヤタ』の貝葉書写年を見てもわかる。そこには『ヤタ』の貝葉が17あり，7写本を実際に確認できたが，最も古いものには，1746年書写のものがあり，新しいものには1854年のものもあり，執筆後230年余りの年月を経てなお『ヤタ』は貝葉による典籍としての地位を保持していた。そのことはミンドン王の経庫官

写真2 『ヤタ』，ザブーチェッタイェー社1901年版，冒頭部（装丁を除き本文は貝葉とほぼ同じ）

更であったウー・ヤンによって1888年に著された『三蔵文献史（*Pitakattaw Thamaing*）』に『ヤタ』が記載されていることからも窺い知れる［Yan 1905：132］。

　ではそれが書物になるまでにはどのような時代の変化があったのだろうか。現在わかっているのは，入手できた書物のコピーから，1901年に『ヤタ』が刊本として出版されたこと，そこに記されている僅かな書誌情報から，それがラングーンのエイブラハムという人物所有の貝葉をもとに，ザブーチェッタイェー社から刊行されたということだけである（写真2）。貝葉から刊本への移行はどのようになされたのであろうか。次にそれを見る。

　英領支配が確定し，マンダレーの議会が実質イギリス人の手中に落ちた後の1889年，タウングィン尊師は経庫について政務長官スレードン大佐（Colonel Sir Edward Sladen）に，その貝葉，折本，書物を焼き払わないように所望し，それが聞き入れられ，1872年より新首都となっていたラングーンに運ばれたという。その分量は折本だけで荷車にして40台分であり，数にして21,860種にも及んだという［Tin 1983：106-119］。

　ところでラングーンでは，1883年にバーナード英領ビルマ弁務長官（Sir

Charles Edward Bernard) とジャーディン (Sir John Jardine) 司法委員らが，バーナード無料図書館 (Bernard Free Library, ビルマ語では Banad Ahkalut Sakyitaik もしくは Banad Pitakat Taik) を開設していた。これは元弁務長官フェイヤー (Sir Arthur Purves Phayre) が設立したフェイヤー博物館を前身とするもので，当初からヨーロッパの文献，ビルマを含むアジアの文献が納められていた。バーナード無料図書館 (以下，バーナードライブラリー) はそれを引き継いだものであった。

マンダレーの王宮から運ばれた貝葉，折本，書物のうち，一部はロンドン，また一部はタイに寄贈されたが，さらに一部がバーナードライブラリーに納められた [Kyan 2002 (1982)]。

バーナード弁務長官はその後も，考古学者でラングーンカレッジにてパーリ学を教授していたフォルクハマー博士 (Dr. Emil Forchammer) を派遣して，各地に存在する貝葉，折本などのマニュスクリプトを報告させ，寄進や購入，書写などによって，その蔵書を増大させていったという。さらに1920年にキンウンミンジーの蔵書，1924年にウー・ティンの蔵書をそれぞれ買い入れた。バーナードライブラリーは1940年には都庁舎に移り，翌41年にはシュエダゴンパゴダに避難，1952年にはジュビリーホールへ移転し，その後ナショナルライブラリーとなっている [Tin Oo 1971]。

バーナードライブラリーによって，金額的に手の届かない高価な書物が読めるようになったのみならず，組織に属しているかに関係なく[5]，希少な価値ある書物や貝葉，折本に当たることができるようになったという。それは「貧民大学」とも呼ばれ，貧富の差にかかわらず，書物にかかわる最高の情報を万人に提供したといわれる。建物はヨーロッパの文献，東洋の文献の二部門に別れ，前者のほとんどは書物で，後者には書物と写本とがあった，という。バーナードライブラリーは後に刊本となる古典の宝庫となった [Zeiyya 1962]。

ところで1905年に出版された『三蔵文献史』には，テクスト名の左端に十字のしるしがついているものがあり，その注記よれば，印のあるものについては，バーナードライブラリーで無料で見ることができる。印の無いものについ

---

5) 1917-1918年当時には，バーナードライブラリーを含めて10の図書館があったという。Rangoon Literary Society の図書館は1857年，The Burma Research Society は1910年にそれぞれ開設され，他にも Young Men's Buddhist Association (YMBA) やムスリム協会，弁護士会などが図書館を持っていた [Kaung Myint 1978 : 94-95]。

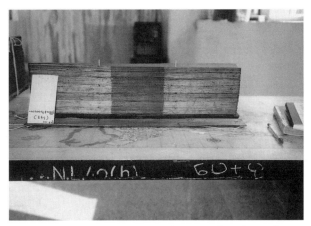

写真3　バーナードと記され保管された『ヤタ』の貝葉

ては，納められるよう準備中であるとする。その中にあって『ヤタ』には印がついていない［Yan 1905：132］。しかし，1910年に出された，ミンドン王の三蔵経庫の蔵書のカタログである *Catalogue of Pali and Burmese Books and Manuscripts belonging to the Library of the Late King of Burma*[6]には，バーナードライブラリーに送られたリストも記され，『ヤタ』（9巻のうち6巻）がバーナードに納められるものとして扱われていることが確認される［Office of the Superintendent 1910：68］（写真3，写真4）。貝葉写本が，放出あるいは収集される対象となり，図書館収蔵によって広く市民の目に触れるようになったのみならず個人所有の対象にもなり得た様子が推察できる。

　一方ビルマにおける初期の出版活動は，1870年頃までアメリカのバプティストミッションプレス（The American Baptist Mission Press）によるもので，聖書の翻訳が中心であった。国内資本による出版としては，ミンドン王が1868年に王室による出版を始めていた。同年にバーマヘラルド（Burma Herald）がラングーンにおいて新聞を発行して，1870年以降にはマンダレーにおける『ヤダナーボンネーピードー』（1874年発刊）などビルマ語新聞も発行されるようになった。その頃までには，法律書，仏教倫理についての小冊子や，数多くの「三文」大衆劇が印刷され，さらに経典，典籍の印刷も本格化したと言われる。1881年にビルマには15台の印刷機があり，当時英語の新聞が4紙，ビルマ語

---

6) この資料については伊東利勝教授のご教示を賜った。

第5章　古典「文学」というナラティブ　201

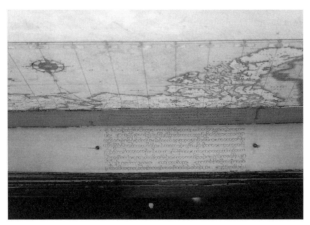

写真4 『ヤタ』貝葉,冒頭の敬礼文の出だし

新聞が4紙出現していた。1883年から85年にかけて印刷機は26台に増え,スィットゥエに2台,パテインに2台,モーラミャインに4台,タウングーに4台,ラングーンに14台あった。それらによって,教科書,宗教書,その他の英語,ビルマ語の本が出版されており,1883年には,計234点,84年には176点を数えた[Kyan 1966：242]とされ,印刷所が下ビルマを中心とする各地に広がり,商業出版が始まっていた様子が見て取れる。

1886年のミンドン王蔵書のリストにも,ほとんどが貝葉のリストである中で,『ズィナッタパカータニー』や,『カーヤヌッパッサナチャン』などが印刷本としてリストアップされており[Office of the Superintendent 1910：27, 28],マンダレーにおいても仏教書が刊行されていたことが推察される。

その中にあって歴史に名を留めた出版社が出現することになる。のちに『ヤタ』のクリティカルテクストを出版するハンタワディ出版社である（写真5）。創設者はリプレイ（Philip H. Ripley）で,当時ヤカイン州の統治に携わった父ティンニーはマンダレー王宮に出入りしており,ミンドン王が目をかけたリプレイは養子となり,ティーボー王子らとともに幼年時代を過ごしたという。17歳になって,王宮内の状況が複雑になり,ラングーンに逃れ,鉄道会社や翻訳局に勤め,20歳で元老補佐に抜擢された。ヤカイン人と結婚し,1886年にヤンゴンの34番通りにてハンタワディ印刷を始め,33歳でイギリスにわたり,印刷の仕事を勉強したのち,1897年にスーレーパゴダ通りにハンタワディ出版社を設立,従業員100人を抱えた。1897年に本格的に出版に乗り出したハン

写真5 スーレーパゴダ通りに建つハンタワディ出版社，創設者リプレイと従業員ら［Wright 1910：138］

タワディ出版社は新聞の他古典作品，仏教テクストを出版し始め，後に他の追随を許さない出版社となっていった。

『ヤタ』の初版本を手掛けたザブーチェッタイェー社もまた仏教書，劇文学，薬学書などの他，1894年には新聞の発刊を開始［Yan Aung 1973：813-14］，1904年には後で触れる「ウットゥ論争」を展開する議論の場を提供するほどの主要な出版社となっていたのである［堀田（土佐）1987：83, 101］。

3-2 「文学」カテゴリーの創生

それでは『ヤタ』が文学の場に置かれるようになったのはいつであろうか。次にそれを見てみたい。

『ヤタ』が最初に「文学」の分野に置かれたのは，1917年に Superintendent Government Printing and Stationary Burma から出された *Anthology of Burmese Literature*，ビルマ語の副題 *Myanmasa Nyuntpaung Kyan*（『ビルマ語名選集』）においてであろう。

編集に携わったウー・チョードゥンは序文に英文でその経緯を記している。それによると，1916年7月5日に発令された植民地ビルマ政庁，教育省の決定を履行するために，サー・バートラム・ケアリー（Sir Bertram Carey）長官を議長とする委員会が設置され[7]，どのようにすれば学校やカレッジにおいて帝国精神（Imperial Idea）が最もよく教え込まれることができるかを調査するこ

と，また帝国精神の方針に沿った指導を行う一つの手段として，*Anthology of Burmese Literature* を編纂する，その目的の為にビルマ人識者からなる諮問員会が設置された，という [Kyaw Dun 1917：i]。

またその選出作業についても，当初「忠誠」「愛国心」「自然描写」などの内容を含むもののみに限定していたが，次第に範囲は広がり，占星術や緬方医学などの奥深い (deep) 主題を除く，すべての分野におけるビルマ語文献が，国としてふさわしく (national one)，かつ学生一般の興味を引くことを期待して，含まれるようになった，と記している [Kyaw Dun 1917：ii]。

そしてそこにおいて，コンバウン時代に至る「作品」が5つの時代区分で分けられ，形式別（詩，歌謡，韻散混交，散文）に分類され，個々の作品は部分を抜粋されて収録された。因みにここにおいて，『ヤタ』はニャウンヤン時代の散文として勅令や王統史とともに組み込まれ，第2巻に「念慮」についての記述が収められた[8] [Kyaw Dun 1927：85-89]。

しかし，高等教育にビルマ語課程が設置されるまでには時間を要した。1884年にヤンゴン高等学校とカレッジが設立された。そのときカレッジには文学部と理学部があり，学部とオナーズがあったが，その当時6科目が教授され，それは英語，パーリ語，哲学，数学，物理，化学であった。高等教育は，イギリス政庁の役人を養成するための機関同然で，英語をベースとした教育が行われた。1905年から1909年に大学に在籍したウー・ペーマウンティン（U Hpei

---

7) 委員会の名称は Imperial Idea Committee。そのレポートから，目的はビルマ国民としての自覚を持たせつつ，帝国の発展，安定の上にこそ帰属国ビルマの発展もあることを理解させる方法を検討することにあった様子が伺える[Aye Kyaw1970：16]。ケアリー議長は当時ザガイン地方長官であり，その地では1911年に「minlaung（未来王）」信仰に基づく民衆蜂起が起きていた。長官が1914年に著した *Hints for the Guidance of Civil Officers in the Event of the Outbreak of Disturbances in Burma* は後々までイギリス人官僚のマニュアルとなったという [Aung-Thwin 2003：396-397]。

8) 抜粋の箇所は，「国王陛下につかえる者は，慎重熟慮し，常に注意を働かせ，君主の心情を斟酌し絶えず貢献すべし。さもなくば破滅の道に至る」という内容を含むものであり，同時に，次のようなジャータカも伴っていた。「ある薬師は自分の儲けがなかったのをうらんで，若者を蛇にかませ，薬を売ろうとたくらんだが，若者がつかんだものが蛇だとわかってすぐに投げつけた蛇が，薬師にあたって死んでしまう。殺人者として捕らえられた若者は，堂々としている必要性を説く。王の前で品位を保っているのを見て，王が問うと，囚われて泣き崩れても敵を利するだけ，賢者は顔色を変えない。そしてその状況から脱するために，マントラを唱える，賢者のアドバイスを請う，言葉巧みに取り入る，物品を与える，親戚血筋を明らかにする。もしこの5つの処世術でも埒が明かない場合，自分の業の深さに思いを馳せ，あきらめる。それゆえ，不安も嘆きもない，と述べた。」

Maung Tin) は，書物となっていた『ズィナッタ』や『ウェッタランダラ（ヴェッサンダラ）』などのビルマ語仏教散文テクストも大学において，英語で解説されたと記している [Hpei Maung Tin 1969：4]。

　ヤンゴンカレッジとジャドソンカレッジが合併して1920年にヤンゴンユニヴァーシティが設立され，同時にパーリ学科が東洋学科に変わった。そこでパーリ語，ビルマ語，ペルシャ語が教えられた。1924にイギリス留学から帰国したウー・ペーマウンティンが最初の教授となり，25年にビルマ語専攻学部オナーズ，27-28年にビルマ語専攻大学院が設立された。この頃はまだ，手に入らない作品をバーナードライブラリーに行っては閲覧して記録したと，第一期ビルマ語専攻生として最初にオナーズを卒業したテイパンマウンワは述懐している [Maung Wa n.d.]。25年頃から教養課程においてもビルマ語が必須科目となり，1937年には，東洋学科の下にパーリ語科，ビルマ語科が設立された。この当時には，「キッサン（時代を模索する）文学」の生みの親となったテイパンマウンワのエッセイも教科書として用いられるようになっていた [Min Thu Wun n.d.：278]。そしてビルマ語科が独立するのは，1941年においてであった。

　1930年代になってナショナリズムの高揚とともに「ビルマ文学は我らの文学，ビルマ語は我らの言語」といった内容を含む，「我々の文学」が求められていた。さらに当時は，多くの出版社がこぞって種々の貝葉写本を刊本化した。他方でイギリス人J・S・ファーニヴァルの求めに応じて設立された「ビルマ研究協会（Burma Research Society）」においても1923-1936年にかけて46種の写本がウー・ペーマウンティンらの手によって刊本化された [Hpei Maung Tin 1969：23-30]。

　その後，1938年に *Myanma Sapei Thamaing*（『ビルマ文学史』），副題 *History of Burmese Literature* が登場した [Hpei Maung Tin 1938]。またビルマ文学史が扱う地理範囲，民族，僧侶作家と俗人作家の弁別，韻文・歌謡と散文の弁別などの区分の設定がなされ，各時代における文学の変遷がはじめて一同に俯瞰できるようになる。『ヤタ』を含むビルマ語仏教散文テクストは，ビルマ語散文である王統史などとともに，自民族の文学という枠組みに組み込まれた。また「文学」を物した僧侶という捉え方がここで生まれたといえる。

　今ひとつ『ヤタ』を文学と見る視座に影響を与えたのは，近代期における小説ウットゥの登場であったと思われる。ビルマにおける近代小説の萌芽は，『マ

ウン・インマウンとマ・メマーのウットゥ』、『ローゼル売りのマウン・フマインのウットゥ』（いずれも1904年）に見られる。前者は『モンテクリスト伯』の翻案であり、後者は宮廷小説の流れを受け継いだ。当時、それまで仏教書に用いられてきた「ウットゥ」というタイトルを世俗の書き物に付してよいか否かという論争がザブーチェッタイェー紙に掲載になり、大きな議論を巻き起こした［堀田（土佐）1987］。しかしその後次第に、いわゆる小説 novel に対するビルマ語の訳語としての「ウットゥ」が定着し、数多くの小説が生み出され文学の主流となっていったのである。

3-3 その後の『ヤタ』

1962年、ネーウィン政権が誕生し、1964年その政権下でビルマ化が進み、大学教育においてもビルマ語の科目が増え教科書の充実が求められた。それに連動するかのように出されたのがハンタワディ版の『ヤタ』である。これはナショナルライブラリーにあるバーナード写本とハンタワディ社所有のモーラミャインの写本とを校訂して出された。ハンタワディ社はリプレイ亡き後、ブリティッシュバーマ映画会社のウー・ニュンが買い取り、その精神を引き継いで、出版を続け、今日なおビルマ古典作品のクリティカルテキストにかけては最も信頼できる出版社として知られている。

『ヤタ』の古典文学としてのテクストは、1964年に出されたこのハンタワディ版において確立されたといえる。この二分冊で出された刊本においてはじめて、書物の形で全体像が見られるようになった。その冒頭には、貝葉や1901年版にはないイン（護符）が描かれ、タウンピーラ尊師のパーリ語の敬礼文が護符として描かれることができるよう綴られたものであったことを再現して見せている。この護符は後にハンタワディ出版社の図書カタログの中でも繰り返し用いられ、このことから、校正者にいたる護符の知識の普及を伺わせるとともに、このテクストに対する出版社の並々ならぬ思いが込められていたことが予想できる（写真6）。

1966年当時『ヤタ』はハンタワディ版の第1巻が大学の教科書として採用されており、第3学年時に通年このテクストそのものが使用された[9]。前半の

---

9) ウー・ミャマウン（U Mya Maung）教授のご教示による。

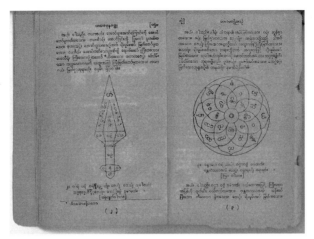

写真 6 『ヤタ』，1964 年ハンタワディ版第 1 巻冒頭の一部，護符が挿入されている

一冊が増刷されているのに対し，後半の一冊は初版で終わっているのは，出世間の事象を説く部分を含む二冊目が比較的読まれなかったことを示していよう。そして授業においては，物語分析あるいは散文の表現，古語解釈が中心に行われるようになった。その後『ヤタ』は教科書に散文が抜粋されて収録され，現在に至っている。

他方で小説史も一定の蓄積を見た。それはマリカの『ビルマの小説案内』において総括された。これは 1967 年 11 月号の文芸雑誌に掲載され，その後連載された。そこで一番最初に作品として挙げられたのが，『パーラーヤナウットゥ』であった。その後『ヤダナーチェーモン（宝の鏡）』，『エインダウダ』，『マウン・インマウン，マ・メーマ』と，流れは仏教文学，宮廷創作文学，戯曲，近代小説，現代小説と続いた。そのことは文学史における「ビルマ文学」という枠組の創成に加え，小説から遡及して当時のウットゥを捉える見方を強化したものと思われるのである。

1988 年軍事政権が登場して以降，90 年代には，文学史研究が「ビルマ文化」を中心に再構築しなおされる動きがあったが，そこでも古典文学を仏教の文学，宮廷の文学，民衆の文学に分類し，『ヤタ』は仏教の文学の中で触れられ，「タウンピーラ尊師のヤタワッダナウットゥ（緬暦 981 年，西暦 1619 年）はダンマパダ，不放逸品，クンバゴーサカウットゥにおける，クンバゴーサカ長者の息子にちなんで，仏陀が説かれた，富と従者が増大する教え，ヤタワッダナの 7

第 5 章　古典「文学」というナラティブ　207

つの教えをもとに，多くのウットゥの例証を用い，壮大に表されたウットゥである」[Hkin Aye 1991：473]と紹介される。さらにそれらを内容・表現から「知識・教訓」，「自然界に関するもの」，「人間社会に関するもの」に分けて解説する箇所では，ヤタワッダナは他のウットゥとともに「知識・教訓」の中で取り上げられ，「文学性が豊かな中に，知識と教訓を適宜盛り込む表現法」の秀逸なる例として『ヤタ』の「清浄なる行い」についての記述が引用されている。

他方で，わずかではあるが個別の研究も存在した。『ニャウンヤン時代のウットゥ研究』[Than Swei 1984]は，アナウペッルン，タールン王の治世下のニャウンヤン時代に著された4つのウットゥについてまとめている。その中で『ヤタ』については「このテクストで文学性が高いのは，最初のクンバゴーサカの部分であり，後は，知識文学（thuta sapei）」であり，「一部を除いて翻訳」であり，「種々の注釈書やビルマ人先達長老の言及を参照しており」，「むしろ尊師自身も述べるように典籍（kyan）の様相が強く，厳正に典拠に依拠している」と文学というより仏教書の側面が強いと分析している。また東洋学の立場からの「典拠研究」も生まれ［Hkin Maung Win 1995；Ni Ni Win 1995]，個々の話の典拠が，聖典，アッタカター，ティーカー，ビルマ語典籍にわたって，精査されている。しかし，前者はテクストそのものの分析は，あくまで，個々の物語の，たとえば現世のキャラクター，過去世のキャラクター，プロット，背景や文体などが検討されていて，物語としての分析が行われている。同様に，典拠研究では，個々の経典に還元するに留められ，批判的な考察は行なわれていない。

4　再び成立当時の『ヤタワッダナウットゥ』へ

4-1　王師によって説かれた仏陀の教え『ヤタ』

それでは「文学というナラティブ」を一旦取り払って『ヤタ』を見るとすれば一体どのような有りようがみえてくるだろうか。次に『ヤタ』が成立した当時に立ち返り，その意義を考えてみたい。

写真7　現在のタウンピーラ寺院　右上にタールン王建立のクドドパゴダが見える

『ヤタワッダナウットゥ』は，1619年，ビルマのニャウンヤン朝，アナウペッルン王の治世（在位1605-1628）に，タウンピーラ尊師によって著された（写真7）。タウンピーラ尊師は，ニャウンヤン時代のビルマ人四大高僧の一人で，プロームにおいてセイロンに渡り当地の上座部を伝えたアトゥラウンタ長老の系譜を受け，ザガインにおいては，ゼータワン僧院のティタータナダザ長老の直弟子になったことから，その二系統の統合した継承者になった。この師によって王師の地位が確立されたともいわれ，タールン王（在位1629-1648）からティピタカランカーラ（三蔵の荘厳）の称号を受ける程その学識はつとに著名で，仏教史にも名をとどめている。師は他に，アッタサーリーニーの冒頭20偈の注釈，歴代の王との問答集，カインの領主マヌヤーザーと主にビルマで最初に仏教的に改編された法典の校訂も行ったとされている。

4-2　『ヤタ』の誕生

『ヤタ』の敬礼文にはサリン城市の領主，アナウペッルン，タールン両王の弟君，ミンイェーチョーズヮ（1647年没）の懇請により著されたと記されている。この時代，ビルマ族が再び全土を統一し，チェンマイ，アユタヤ，ビエンチャンなどに版図を広げた。一度分裂し，アナウペッルン王により再興，西洋との接触も盛んとなり王都ペグーはオランダ，イギリスとの交易で栄えた。ター

第5章　古典「文学」というナラティブ

ルン王はインワに戻り、新たな統治方式により帝国ビルマの基が築かれたという。また確かにこの時期は戦いに明け暮れていた時期であったが、すくなくともコンバウン期のアユタヤ攻略と比べればその仕方はまだしも穏やかであったとされている。その弟君は当時王位継承権を持つ一人であった。尊師はこの弟君からザガインのレーダッチャウンを施与され（1617年）、そこにおいてこれが著された。

　このテキストは上述の通りビルマ語翻訳と種々の経典注釈書の記述の再編による。すなわち敬礼文に始まり、仏陀の成道後の足跡が示され、教法が語られる中で、クンバゴーサカの事跡にいたる（第1巻）。第2巻の冒頭で、そこで説かれた偈、すなわち7つの教えが再度示され、それぞれの教えを一巻ずつ配置して、それぞれの巻の冒頭で徳目を引用しつつ、種々の経典、注釈書の物語によりそれについて注解する（第2巻から第8巻）。再度クンバゴーサカの事跡に戻り、クンバゴーサカと聴衆が悟りの段階に至ったことを示した後、出世間の記述が続き、宗教心を起こすまでを表し、最後に祈願文が続いている（第9巻）。

　7つの教えを注解している第2巻から第8巻を見ると、第2巻は怠惰を誡め精進を、第3巻では好ましきもの、恐怖、怒り、憂い、苦しみ、幸福などに囚われず念慮を保つことを、また第4巻では清浄なる行為が徳の因となることが、第5巻では思慮深さが特に王が持つべき資質とされ、第6巻では慚愧を中心に、第7巻では人倫の実践が、第8巻では戒の説明を中心として定、慧の実践がすなわち不放逸であることが、中心的内容となっている。そして第9巻において出世間の事柄を説き括りとしている。

　師の叙述として残されている「心に銘記すべき教訓」には、(1)疫病が蔓延したときには土地に執着してはならない、(2)後見人が現れるまで名乗り出るべきではない、(3)財があっても奢りなく控えめであれば賞賛を受ける、(4)前世の行為の結果は時が至れば現れる、富と幸福の乏しい欲深い人物が王位を欲すればその欲望こそが破滅の因となる、といった記述があり、弟君への忠言が含まれている様子が伺える。

　同様にその奥書には、師による祈願文がパーリ・ビルマ語ニッサヤで記され、「称誉増大という実践の教えに励み、称誉の増大に至るよう」、「クンバゴーサカが仏陀に見えることができたように、一切の衆生が弥勒仏に値遇することができますよう」、「国王が法によって大地を庇護するよう」、「悉くの苦を滅する

出世間へ至るよう」，また自らは「一切種智を得，一切の衆生を救済できるよう」等と綴っている。

ではなぜそれが『ヤタワッダナ』という装いで現れたのだろうか。「ヤタ（[P] yasa）」を調べていくと次のような経典があるのがわかる。

> 比丘らよ，5支を成就せる殺帝利灌頂王（[P] rājā khattiyo muddhāvasitto）はいずれの方角に住するも唯だ，自らの征服した領域内に住する。その5つとは何か。比丘らよ，世に殺帝利灌頂王あり，母も父もともに生まれ正しく七代にいたって生まれは清浄で排斥されるべきことなく，種姓について非難されることがない。富て大財あり，大受用あり，倉庫には物資があふれている。また力あり，従順で，よく命令に服する四支軍を持つ。彼の指導者は賢明で，機知があり，過去，未来，現在の道理をよく思慮する。これらの四法は彼の称誉［yasa］を成熟させる。彼はこの称誉を加えた5支を成就し，いずれの方角に住まいするとも，唯自らの征服した領域内に住する。比丘らよ，勝利を得し者にはそのようなものがある[10]。

この増支部経典第5集，第14，王品にある134経典には，血筋として王位を継承する者の要件が記されており，まさに各地を征服地とする王に備わる力がヤタの概念と結びつき示されている。ヤタとは，王の「威徳」，ビルマ語の「ポウン」と結びつく語と捉えられていたことが推察できる。

さらに，第4巻では清浄なる行為が徳の因になること，第5巻では思慮深さが特に王がもつべき資質とされ，全体として，王に纏わるガーター，ジャータカ注釈が種々含まれている。その中には「大地のただ一人の王となるよりも，天に至るよりも，あまねく世界を統治するより，預流果の方が尊い」(Dhp. 178)，あるいは第7巻128話から収められているジャータカは地獄界を説いているが，これはビンビサーラ王を弑虐したアジャータサットゥが現世の当該人物であるジャータカであり，王への戒めとも取れる内容も含まれている。各巻の前半には王宮住 (Ja. 545) のガーターから関係する内容を入れ，王の側近や宮仕えの昇進のための処世訓が，各巻の最後には出家にとっての徳目の意味が示されており，さらには在家の律とも呼ばれる「シンガーラの教え」を中心とした

---

10) 木村編［1971：211-212］訳をベースに，PTS版 AN. 3 : 151f を参照し，一部を筆者が変更した。なお，パーリ聖典，増支部経典，5集の第14，王品には，131から140まで10経典あり，これ以外に，転輪王，転輪王の長子，正しき法王なる転輪王，殺帝利灌頂王の長子，王の象などについて5という数字に因んで説かれている［木村編 1971：206-229］。

倫理規範も適宜関係する箇所に細心に配置されている。そのことにより，結果として全巻を通じて，為政者，従者，出家，在家の別なく平等に教えが配分されている。いわば，人々の繁栄幸福を仏教実践により導き出そうとした書ともいえる。ヤタ（[P] yasa）という語は今日一般的には「名声」という意味で理解されているが，注目して調べてみると実に多彩に経典に頻出する語であることがわかる。『ヤタ』においては，それらのヤタという語と7つの徳目がクロスする経典を選んでいること，さらにこのテクストにおいてヤタという語が「富」「従者」「名声」「威徳」と四つの意味に解釈されているのは，ヤタという語にまつわる経典，アッタカター，ティーカーにいたる記述を厳正にもれなく列挙し提示されたからであって，それだけをとればこれがヤタという語に関わる新たな註釈書として成立していると見ることもできる。そして，徳目を実践したから称誉が増大したという方向が，『ヤタ』においては，称誉が増大するためには徳目を実践することだ，という方向に微妙に転換していて，ヤタ「称誉」に関わる一つの完結したテクストを生み出している状況がある［原田2002］。このことは改めて王位継承権をもっていた弟王への応答であることを想起させる。しかしながらその弟王は王位に就くことなく亡くなった。

　こうしたことは，王から付与されたティピタカランカーラという称号が意味するように，三蔵に関するまさに桁外れの知識を前提として初めて可能になるものである。

　翻って「ウットゥ」（[P] vatthu）という呼称について見るなら，そもそも三蔵経典のタイトルにも見られ，特定の主題を扱う物語や論考といった一つの形式を持っていたといえる。たとえばパーリ小部経典における *Petavatthu*（餓鬼事），*Vimānavatthu*（天宮事），あるいはアビダンマの *Kathāvatthu*（論事）などがある。また他方で *Dhammapada*（法句経）や *Vibhaṅga*（分別論）のアッタカターに見られるように，[P] vatthu は注釈書の人物の事跡につけられた呼称でもあった。

　一方で物語による注解，再編ということについていえば，そもそも注釈書において物語の形式は極めて重要なものであった。中でも *Jātaka*, *Dhammapada*（法句経），*Suttanipāta*（経集），*Apadāna*（譬喩経）等の注釈は特に物語性が高かった。そして，聖典は直接の注釈アッタカターとともに説かれることが基本であった[11]。

　セイロンで著された12世紀のパーリ語による *Upāsakajanālaṅkāra*（在家信

者の荘厳，以下 *Uj.* と略記す），13-14 世紀の *Sārasaṅgaha*（仏教教理精要），1524年チェンマイの僧によって著された *Maṅgalatthadīpanī*（吉祥義釈）など今日の仏教学でアンソロジーと括られる後期の注釈書にも，vatthu という呼称こそ持たないが，物語を中心にしたものが著されている。実際，『ヤタ』は *Uj.* に類似した体裁，内容を持っている[12]。「思想史的にはアッタカターのレベル」にあり，「アッタカターからの引用が多く，膨大なアッタカター群の中に散在する教義を集大成した」［浪花 1987:439］という *Uj.* についての言及は『ヤタ』を考える上でも極めて示唆に富む。

また三蔵経典，アッタカター，ティーカーがビルマにもたらされて以降，経典研究はビルマの脈絡で続けられ，同時にまたセイロンにおける経典研究に連なるものとして捉えられてきた。そのことはセイロンで著された後期のテクストにつらなるもの，あるいは並ぶものとしてビルマにおいて著されたテクストが記されていることから確認される[13]。

その後セイロンで著されたパーリ語によるテクストの中にも，*Sīharavatthu-pakaraṇa*, *Sahassavatthuppakaraṇa* などのように，vatthu という呼称を含む

11）「……ジャータカ誦者は注釈と一緒にジャータカを記憶すべきである。それより劣っているのはふさわしくない。ダンマパダも物語と一緒に記憶するのがふさわしいと *Mahāpaccarī* に説かれている。（中略）しかし注釈と一緒に律蔵とアビダンマ蔵とに精通しても，経のうちの説かれたような品類の典籍を記憶していないなら，衆会に奉仕することはできない。……」。これは VinA. iv. 788-790 に説かれている多聞についての律蔵の注釈書における説明［浪速 1998:121-122］であるが，基本的にアッタカターの解釈すなわち物語が経典解釈の中では不可分であったことが示されている。

12）尊師はまず導入部において，このテクストにちなみ，この偈をヤタワッダナ（yasavaḍḍhana）の教えとし，誰が，どこで，いつ，誰にちなんで，どのような事跡においてとかれたか，その教えはいくつあり，三蔵ではどの蔵に入り，ニカーヤでは何に属し，九分経ではどれに当たり，八万四千の中に入っているか，仏典結集ではどうであったかを問い，その各々に対して答えている。この導入部は，*Uj.* の導入部によく似ている。*Uj.* の翻訳によれば，各巻の終わりも，「それ故，仏と法と僧とは帰依処であるから，私は［そこへ］行く」というこれらの意味を最初に説明し，（中略）以上は，新入の善き人を喜ばすために著された *Upāsakajanālaṅkāra* のうち「帰依の説明」と名づけられた第一章である。」［浪速 1987:225］とあり，「以上は生きとし生けるもの達の現世，輪廻の利益多かれとティピタカランカーラ大長老が編纂せしヤタワッダナという名の典籍の序言を述べたものなりし，という第一部は完了した。」［Taung Bila Hsayataw 1973 (1964) Vol. 1:51］に似ている。それらが注釈書編纂する場合の一定の形式であった可能性はあるが，それ以外にも，両者の構成が，世間法を説いた後，出世間法も説いているところや，『ヤタ』では法による生活，*Uj.* では正しい生活として「シンガーへの教え」を用いている点，『ヤタ』の第 9 巻の内容は，*Uj.* からの引用と考えられる点などを考慮しても，これが新たな在家の実践道を説く典籍として *Uj.* を意識して著された可能性は十分に考えられる。

テクストが著されていた。

　ビルマの脈絡において見るなら,『ヤタ』は同様に yasavaḍḍhana（称誉の増大）という主題を扱ったものであり,『ヤタ』より 50 年あまり後に著された『アセインテーヤウットゥ（Aseinteyya Wuthtu）』は「不可思議なる事柄」について, 論じたものであり, そのような経典の伝統に基本的に則った呼称であったと見ることができる。

　他方,『ヤタ』の文体がビルマ語散文であったことはどう捉えるべきであろうか。『ヤタ』内において, アッタカターの記述ははじめからビルマ語に翻訳されており, 尊師自身の叙述と混じっている。偈については, まずパーリ語が, 次いでニッサヤ（パーリ語・ビルマ語逐語訳）が, そして散文に直す, という手順を経てビルマ語散文になっている。これを考える一つのヒントは, 先にも引用した 1888 年ウー・ヤンによってあらわされた『三蔵経典史』における, wuthtu-sakapyei（ウットゥ散文）という範疇がおかれている位置であろう [Yan 1905: 132-135]。この文献自体は, 三蔵経典から王統史まで, パーリ語から歌謡のエージン, 韻文ヤドゥまでを含む。ただし, 演劇などは含まれていない。基本的に, パーリ関係のものが先に, 王統史など世俗のものは後に置かれている。パーリ関係のものは, パリトー (聖典), アッタカター, ティーカー, レッタン (綱要書) アッタカター, レッタンティーカー, ガンタンタラ (種々の典籍) となり, そのあとに文法書, 韻律書などが来て, そこで一つの範疇が終わる。そして次にそれらのニッサヤのくくりが来る。すなわち三蔵のニッサヤ, アッタカターのニッサヤ, ティーカーのニッサヤ……と来て, 韻律書のニッサヤまで来る。wuthtu-sakapyei は, wuthtu 19 種, sakapyei 17 種が, そのニッサヤの最終部に置かれている。このことから推測できるのは, ウットゥはガンタンタラ, すなわち三蔵経典に連なるものであり, ウットゥの中にニッサヤを含む仏教散文テクストは, ニッサヤすなわち「逐語訳による解釈」に類する, もしくは準ずる形式ものと捉えられていたのではないかということである。また特にニャウンヤン時代の場合, ジャータカやダンマパダのアッタカターの

13) ビルマで 16 世紀前半に著されたとされる *Gandhavaṃsa*（パーリ語文献史）には, 三蔵から始まって, 16 世紀に至るまでの間にパーリ語で表されたテクストが記されている。第 1 章は, 三蔵, 第 2 章は, アッタカターとそれ以降の文献と著者を示し, 第 3 章は著者を出身地別に, セイロン島出身（[P] Laṅkādīpika）, 大陸出身（[P] Jambudīpika, インド, ビルマ）に分類し, 第四章は, 著作の動機（自発的か懇請によるものか）により著書を列記している。ブッダゴーサは大陸出身とされている [片山 1974]。

ニッサヤは，まだ著されていなかった[14]。このことを考えるとき，少なくとも『ヤタ』が著された当時，仏教全体を把握できるようなテクストはなく，称誉の増大をテーマにすることで時代と王弟の懇請に応えつつ，完結した仏教書を散文による翻訳で著したのであり，最も高い経典，注釈書の理解と，パーリ語，ビルマ語の素養が必要とされたのではなかったかということが推測されるのである。

4-3 近代期に起きた仏教の変化

『ヤタ』が文学と見える状況を，近代期仏教に起きた変化へと逆照射してみればどんなことが見えてくるであろうか。そこには「王師，タータナバイン（サンガ主）の不在」と「聖典回帰」という後のありようが浮かび上がる。

下ビルマが英領下に陥った時代の国王であったミンドン王は，仏教の擁護者（ダンミカ）としての王という正統性による統治の一環として，数々の事業を行ったが，経典仏教とかかわる最大の事業に，三蔵経典の大理石写本の建造と公開があった。しかし王の死後，王位継承の混乱を経て，即位したティーボー王はまさにビルマ王朝の最後の王となった。

英領支配による王政の喪失はまた，サンガ主，王師の喪失を意味した。サンガの中で最高位にあったサンガ主は，皇太子の師を任じられた高僧が，王位即位の際にサンガ主のうちの一人に任命されるという慣例を続けてきたが，ティーボー王のインド連行の後，1895 年ティーボー王が任命したタータナバインのタウンドー尊師が亡くなったことで，その伝統が途絶えた。英国は宗教には介入しないという立場をとったが，後継者を任命も承認もしないという時期が 8 年間続いた。そのことは，英国政庁が仏教の擁護者でないことを印象付けた。1903 年，僧侶たちによって選出されたタウングィン尊師は上ビルマにおけるサンガ主として政庁からようやく認められたが，師は，名実共に最後のサンガ主となった（写真 8）。結果として王政の廃位は，引き続き存続したサンガの最高位不在を招いた[15]。

おそらく『ヤタ』が世俗的に見える理由の一端には，王と王師，その要請というファクターが関わっていることがあろう。尊師の他のパーリ語の著作と比

---

14) 『三蔵文献史』によれば，ダンマパダのアッタカターニッサヤは 1792 年，ジャータカアッタカターのニッサヤは 1781 年に著されている ［Yan 1905: 89-90］。

写真8　イギリス政庁から上ビルマサンガ主の承認を受けるタウングイン尊師　[Editorial 1903：202]

べれば「軽い (lighter)」[Bode 1909：53] 著述であるというのはそこから来るものであろう。その応答は,追従進言を織り交ぜながら世俗の回路とつながっていたのである。

　そして今ひとつが,正統聖典の成立と回帰という変化であった。第五回結集の大理石写本は,しかしながら経典の早期の刊本化への布石となった。そして三蔵経典を最初に出版したのは,他でもないリプレイであった。この出版社が初めて,マンダレーのクドドーパゴダの大理石に刻記された三蔵経典を印刷本にした。これが出版される際には,神聖なる経典を書物にすることが不敬にあたる,大罪だ,と非難する声も上がったが,上述タウングィン・サンガ主に許可を求め,キンウンミンジーの承諾を得て,出版が許可されたという。

　リプレイは,19世紀の末に,400ページの刊本,38冊として三蔵経典を印刷出版した。その刊本には,クドドーパゴダの印章が印刷されたという。校訂作業は6段階にも及び,石版と異なる誤記を発見した者には,50チャットの報奨金を出すと報じた。その後ハンタワディの三蔵を海外からセットで購入す

---

15) 英領期におけるターダナバイン不在の問題は,スミス,メンデルソンにより主要な議論が提出されている [Smith 1965：38-78；Mendelson and Furguson 1975：173-234]。またリングは王権に関わる仏教をロイヤルブディズムとし,独立後のウー・ヌらの仏教国教化を近代システムにおけるその回復の試みと失敗と捉えている [Ling 1979：133]。マシューズも英領期を経た20世紀ビルマ仏教の位相を検討している [Matthews 1999：26-53]。

るものが増え，売れることがわかると，同様にして三蔵を印刷する出版社が増えたという。[Hanthawaddy Press 1965；Hkin Thi 1981] 以後書物となった三蔵経典はティーカーまでを正統聖典とする今日のあり方に帰着した。そのことは連綿と続けられたさらなる注釈書編纂の歴史に幕を閉じることをも意味した。

英領期には，確かに異なる形で経典を物するレーディー尊師（1846-1923）のような僧侶も出現した。ミッタザーと呼ばれるリーフレットは印刷され牛肉非食運動は全国規模にまで広がった。経典を典拠として文言の一字一句にこだわるのではなく，アビダンマを中心に仏教の真髄を自らのビルマ語で説き始め，それらは「ディーパニー」として一つのスタイルを確立し，イギリスの仏教学者にも影響を与えた。他方でアビダンマの要諦を韻文にして，暗記できるようにし，それは広く一般在家信者に普及し，ビルマのアビダンマ志向を確実なものとした。この時代を端緒として，在家信者もまた経典の中でアビダンマと最も強く結びつくこととなった[16]。

他方で王権の庇護を失った僧団は，その結果説教を説くことを学ばねばならなかった。それまでの儀礼的パーリ経典の読誦から，一般の在家信者に教法を巧みに解き，布施を得ることが必要になった。いわゆるヤッタウンタヤー（扇を立てる説法）からヤッフレータヤー（扇を寝かす説法）への変化である。現実のコンテクストに即した内容の経典が選ばれ，説くという作法が試行錯誤を経て一定の定着を見る。そのことから僧侶の法話を介し，経典，注釈書の内容が広く一般信者に開かれたものとなって行く。今日の説教の様式の素地もこの時代に培われた。

しかし独立を獲得した国民国家ビルマにおいて，経典はさらに異なる運用の展開を見た。それは第六回仏典結集に伴い，三蔵経典の世界的規模の校訂が行われ，それが第六回結集版として確定されたことであり，さらにそれに伴い誕生した，僧侶に対する三蔵憶持の近代的試験制度であった。サンガ主に変わって最高位の立場の一つとして三蔵憶持師が登場したといってもよいだろう。しかしもはや統治者や世俗の世界に応答する立場はなく，試験制度は僧侶の経典に対する裁量の幅を様々な意味において限定する方向に向かわせることになった。法話は宗教の世界に還元されることが求められるものとなった。そのよう

16) ビルマ近現代における経典仏教の変遷については拙稿［原田 2009］を参照。

にして今日に至る近代的経典運用のあり方が次第にかたどられていった。

　このように見てゆくと，近代期を経て，国民国家創設へいたる間に起きた文学の領域の広がりは，仏教の変化と共に仏教と文学の分岐を生み出し，結果としてビルマ語仏教散文のおかれる位相も，それ以前のものから，今ある状況へと転換したということが考えられるのである。それは，仏教から見れば，王政とサンガ主，王師の関係及び，要請に応えるという形で，経典に基き一つのテーマに向けて，再編，翻訳して，新たな注釈書を物す場と機会，裁量が失われたことを示唆するとともに，そこで生まれた新たなテクスト群もまた帰属する場所を失ってしまったということを意味するのではないだろうか。

5　近代化の中で聖と俗のはざまに揺れた仏教散文
　　　――むすびにかえて

　これまでビルマ語仏教散文が文学として捉えられている状況を「文学というナラティブ」すなわち，民族語による仏教散文が国家伝統の文学であるという語りと，同時にその枠組みである近代，コロニアルなメタナラティブを問う，という視点から検討してきた。種々の経典注釈書の再編を経てビルマ語の翻訳により著され残された前近代の仏教散文は，ビルマの近代における英領植民地化に伴う，印刷出版への移行，ビルマ古典文学というカノンの創生，小説の登場などにより文学の分野におかれるようになった。それはまた無自覚にナショナリズム，ビルマ中心主義の枠組みに引き継がれ，読みの制約を伴いつつ今日にいたるまで教育，研究の場に置かれるようになっている。

　しかしながら翻ってそのことは，ビルマ語仏教散文が生まれる場であったであろう王政と王師，サンガ主等の不在と，両者の互恵関係がいずれかの背景となって生まれたビルマ語仏教散文が帰属する場を失っていること，他方で世俗世界と通じる裁量は正統聖典の成立と三蔵憶持試験制度などによる聖典回帰により，「宗教」世界に還元されるもののみへと限定されていったことを想起させる。個々の時代に残されたテクストは同時に往時の仏教が収めていた視野，王師の裁量をも照射するものであろう。『ヤタ』はそのうちの一冊であった。

　今日「仏教実践により繁栄する」という考え方が，自然に受け止められているように見受けられるのも，この書が，英領期植民地政府下において構築されるという処遇に会いながらも，結果的に文学のカテゴリーに組み込まれ，教育

の場を中心に国民的規模で開かれた場に置かれたことと関係があるように思われる。

そうした状況を考慮するとき，仏教散文が文学であるというナラティブは，ひっそりとではあるが抜き差しならぬ形で組み込まれた植民地期の記憶を留めるひとつの名残として，捉えなおすことができるように思われる。

参考文献

I. 使用テクスト

貝葉写本（手書きコピー）Yathawaddana Vathtu［Yasavaḍḍhana Vatthu］．(Pemu-ta・ba・sa-6720) 書写終了年1769年

Taung Bila Hsayataw. 1973 (1964). *Yathawaddana Vathtu*［*Yasavaḍḍhana Vatthu*］. Vol. 1. Vol. 2. Yangon: Hanthawaddy Press.

II. 著書・論文
1. 日本語

生野善應．1980．『ビルマ上座部佛教史』山喜房佛書林．
ウー・ペーマウンティン（大野 徹監訳）．1992．『ビルマ文学史』．井村文化事業社．
片山一良．1974．「『パーリ文献史』和訳　索引」『仏教研究』4：72-139．
木村省吾編．1971．『南伝大蔵経 第19巻 増支部経典』．大正新脩大蔵経刊行会．
齊藤 晃．2009．「テクストに厚みを取り戻す」齊藤晃編『テクストと人文学　知の土台を解剖する』人文書院：172-192
下田正弘．2002．「生活世界の「復権」『宗教研究』333：219-245．
シラネ，ハルオ．1999．「総説　創造された古典――カノン形成のパラダイムと批評的展望」シラネ，ハルオ・鈴木登美編『創造された古典――カノン形成，国民国家，日本文学』新曜社：13-45
竹沢尚一郎．2006．『宗教とモダニティ』．世界思想社．
浪花宣明．1987．『在家仏教の研究』宝蔵館．
―――．1998．『サーラサンガハの研究　仏教教理の精要』平楽寺書店．
原田正美．2000．「ビルマ語仏教典籍"Yasavaḍḍhana Vatthu"（称誉増大物語）の重要性について」『パーリ学仏教文化学』14：27-41．
―――．2002．「ビルマ語仏教典籍"Yasavaḍḍhana Vatthu"（称誉増大物語）におけるヤタの解釈が示すもの」『パーリ学仏教文化学』16：97-108．
―――．2009．「近現代ビルマ（ミャンマー）における「経典仏教」の変遷――〈実践〉〈制度〉〈境域〉の視点から」林行夫編著『〈境域〉の実践宗教　大陸部東南アジア地域の宗教とトポロジー』，京都大学学術出版会：449-506．
堀田（土佐）桂子．1987．「ビルマにおける近代小説の登場――novelとvatthuのはざま――」『東南アジア―歴史と文化―』16：76-112．
前田惠學編．1986．『現代スリランカの上座仏教』山喜房佛書林．
吉村修基他．1968．「ビルマ仏教教団の構造」吉村修基編『仏教教団の研究』百華苑：499-516．

2. ビルマ語・英語

Allot, Anna. 1996. "The Study of Burmese Literature: A General Survey," in *Southeast Asian Languages and Literatures, A Bibliographical Guide to Burmese, Cambodian, Indonesian, Javanese, Malay, Minangkabau, Thai and Vietnamese*, edited by E. Ulrich Kratz. London and New York: Tayrus Academic Studies I. B. Tauris Publication, 7–56.

Ama, Ludu, Daw. 1974. *Kambahma Akyihson Saok*（世界最大の本）. Mandalay.

Aung-Thwin, Maitrii. 2003. "Genealogy of a Rebellion Narrative: Law, Ethnology and Culture in Colonial Burma." *Journal of Southeast Asian Studies* 34 (3): 393–419

Aye Kyaw. 1970. *Myanma Nainggan Amyotha Pinnyayei Thamaing*（ビルマにおける民族主義教育の歴史）. Rangoon: Pale Pan Sapei.

Bode, Mabel Haynes. 1909. *The Pali Literature of Burma*. London: The Royal Asiatic Society.

Brooks, Cleanth and Robert Penn Warren 1952. *Fundamentals of Good Writing: A Handbook of Modern Rhetoric*. London: Dennis Dobson.

Editorial. 1903. "The Thathanabaing." *Buddhism: A Quarterly Illustrated Review* 1 (2).: 177–208.

Hanthawaddy Press. 1965. *Hanthawaddy Saok Kektalauk 1964–1965*（ハンタワディ書籍カタログ）. Rangoon: Hanthawaddy Press.

Hinüber, Oskar von. 2000. "Lan Na as a Center of Pali Literature during the Late 15th Century." *Journal of the Pali Text Society* 26: 12–137.

Hkin Aye, U. 1983. "Shekhit Myanma Sakapyei"（古のビルマ散文）. *Myanma sakapyei satanmya*. Vol. 1, Rangoon: Sapei Beikman, 16–103.

―――. 1991. "Sheihkit Myanma Gandawin Sapei"（ビルマ古典文学）. *Gandawin Sapei Satanmya*, Vol. 2, Yangon: Sapei Beikman, 461–543.

―――. 2003. "Zimme Pannatha (Pannasa Jataka) and Myanmar Literature," in *Proceedings of Tradition and Knowledge in Southeast Asia Confrerence, 17–19 December 2003*. Yangon: Universities Historical Research Center, 106–123.

Hkin Maung Win, Maung. 1995. "Yathawaddana Wuthtu (Pathama Ok) i Pali Sapei Yinmit kou Leilasisithkyin"（『ヤタ』のパーリ文献典拠研究）. M.A. thesis, Department of Oriental Studies, Mandalay University.

Hkin Thi Ma Aye. 1981. "Hanthawaddy Saoktaik Thamaing hnint Yintaikthok Sasusayin"（ハンタワディ出版社の歴史と刊本リスト）. Diploma Thesis, Rangoon University.

Kaung Myint, Maung. 1978. *Hkithaung Hkitthit Sakyitaik Hkayi 1057–1973*（過去現代の図書館）. Rangoon: Sapei Beikman.

Hpei Maung Tin, U. 1938. *Myanma Sapei Thamaing*（ビルマ文学史）. Rangoon: Zambu Meikhswei.

―――. 1969. "Myanma Kyanmya Hpawthok Ponhneithkyin"（ビルマ語典籍の発掘と出版）, in *Myanma Wuthtu Thamaing Asa nhint Thutethana Satanmya*. Rangoon: Seinpanmyaing Sapeitaik, Chap. 3, 1–30.

Kyan, Ma. 2002 (1982). "Yatanabon Shweinantwinhma Pei-Parapaikmya"（ヤダナーボン王宮の貝葉・折本）. *Thamaing Shapontawhkayi hnint Ahkyasatanmya*. Yangon: Myanma Yatana Sapei, 249–256.

Kyan, Daw. 1966. "Thipawmin Patawmuhkyein Britisha-Myanmanaingngan i Pinnyayei Ahkyeanei"（ティーボー王連行時の英領ビルマの教育事情）. *The Journal of the Burma Research Society*. 49（2）: 225-246.

Kyaw Dun, U. (ed.) 1917. *Anthology of Burmese Literature*. Vol. 1. Rangoon : Supt., Govt. Printing and Stationery.

―――. 1927. *Anthology of Burmese Literature* Vol.2. Rangoon : Supt., Govt. Printing and Stationery.

Ling, Trevor Oswald. 1979. *Buddhism, Imperialism, and War : Burma and Thailand in Modern History*. London and Boston : G. Allen & Unwin.

McCrimmon, James M. 1963. *Writing with a Purpose : A First Course in College Composition*. Boston : Houghton Mifflin.

Malihka. 1974. *Myanma Wuthtu Ahnyunt*（ビルマ小説案内）. Vol. 1. Rangoon : Sapei Lawka.

Matthews, Bruce. 1999. "The Legacy of Tradition and Authority : Buddhism and Nation in Myanmar," in *Buddhism and Politics in Twentieth-Century Asia*, edited by Ian Harris. London and New York : Pinter, 26-53.

Maung Wa, Theikpan. n.d. "Mynmasagonhtu Pahtamayuthu"（ビルマ語初のオナーズ受領者）. in *Aweithin dutiya-hnit Myamasa Yweihkyeihkyet Saouk*, edited by Tekkathou Bathapyan hnint Saok Htoukweiyei Htana. Yangon : Tekkathou Nemyei Tekkathoumya Ponhneiktaik, 44-51.

Mendelson, E. Michael. and John P. Ferguson (ed.) 1975. *Sangha and State in Burma*. Ithaca : Cornell University Press.

Min Thu Wun. n.d. "Tekkathouwin Myanmasa（大学入りしたビルマ文学）." *Nawarat Kothwei*.

Myanma Hsoushelit Lansin Pati Bahoukawmati Htanahkyok. 1970. *Amyouthanei hnint Amyouthapinnyayei Hlokshahmu Thamaing Ahkyin*（「民族の日」と「民族教育」運動史）. Rangoon.

Ni Ni Win, Ma. 1995. "Yathavaddana Wuthtu (Dutiya Ok) i Pali Sapei yinmit kou leilasisithkyin"（『ヤタ』第二巻のパーリ文献典拠研究）. M.A. Thesis, Department of Oriental Studies, Mandalay University.

Office of the Superintendent, Government Printing. 1910. *Catalogue of Pâli and Burmese Books and Manuscripts belonging to the Library of the Late King of Burma and Found in the Palace at Mandalay in 1886*. Rangoon : Office of the Superintendent, Government Printing.

Pinnyayei Wunkyihtana Ahsintmyint Usihtana. 1997. *Tatiyahnit Wizzathintan Myanmasakapyei Pohkyahkyet*（*Myanmasa Ahtupyu*）（文系第三学年ビルマ語散文指導）. Yangon.

―――. 1999. *Dutiyahnit Myanmasakapyei Pohkyahkyet*（*Pinyin Myanmasa*）（第二学年ビルマ語散文指導）. Yangon.

Pyihtaungsu Myanmanaingngantaw Asouya Pyankyayei Htana. 1957. *Myanmasa Ponhneik Thamaing nhint Sapei Pyapwe*（ビルマの「印刷史」と「文学」展示会）. Rangoon.

Shwe Zan Aung. 1910. "Abhidamma Literature in Burma." *Journal of the Pali Text Society* 6 : 112-132.

Skilling, Peter and Santi Pakdeekham. 2002. *Pali Literature Transmitted in Central Siam.* Bangkok: Fragile Palm Leaves Foundation; Lumbini: Lumbini International Research Institute.

Smith, David. (ed.) 2000. *The Canon in Southeast Asian Literatures: Literatures of Burma, Cambodia, Indonesia, Laos, Malaysia, the Philippines, Thailand and Vietnam.* Richmond: Curzon.

Smith, Donald Eugene. 1965. *Religion and Politics in Burma.* Princeton: Princeton University Press.

Taung Hpila Hsayataw, Dutiya. (Gunaranthalankara, Shin). 1980. *Aceinteyya Wuthtu* (不可思議ウットゥ). Rangoon: Hanthawaddy Press.

Than Swei, Daw. 1984. "Nyaung Yaung Hkit Wuthtumya Leilahkyet" (ニャウンヤン時代のウットゥ研究). M.A. thesis, Burmese Department, Mandalay University.

Thein Han, U. 1967. "20 Yasuhkit Myanmasapei i Htuhkyahkyet Hnayat" (20世紀ビルマ文学の特徴). *Pinnyapadeitha Sasaung.* 2 (2): 209–242.

Tin, U. 1983. *Myanma Min Okhkyokpon Satan hnint Boutawbuya i Yazathat hkawthaw Ameint tawtankyi* (ビルマ王の統治形態及びボードーパヤー王の勅令). Part 5, edited by Aung Thein. Rangoon: Yinkyeihmu Wunkyihtana, Yinkyeihmu beikman Usihtana.

Tin Oo, U. 1971. "Sheihkit Myanma Sakyidaik" (古のビルマ図書館事業). *Sakyidaiklokngan.* Rangoon: Sapei Beiman, 47–79.

Win Mun, Tekkathou 1981. "Myanma Wuthtushei Thamaing" (ビルマ長編小説史). *Wuthtu-shei Satanmya.* Vol. 2. Rangoon: Sapei Beikman, 239–297

Wright, Arnold. 1910. *Twentieth Century Impressions of Burma, Its History, People, Commerce, Industries and Resources.* London: Lloyd's Greater Britain Pub. Co. (Cornell University Library)

Yan, U. 1905. *Pitakat Thamaing Satan* (三蔵文献史). Rangoon: Thudammawati Sahneiktaik.

Yan Aung, U. 1973. "Myanmanaingngan Saoksasaung Htotweihmu Hkayisin" (ビルマ国の書籍出版の道のり). *Saoksapei.* Vol. 3. Rangoon: Sapei Bekman, 807–847.

Zeiyya. 1962. "Banad Lumwei Tekkathou" (バーナード貧民大学). *Myanma Myetpwint-Sadalei.* Rangoon: Thein Win Sapei.

第6章 出版とオランダ領東インドのイスラーム化
——インドネシア近代史叙述とイスラーム・アイデンティティ

1 インドネシア近代史叙述とイスラーム

2 19世紀後半のイスラーム化潮流

3 東南アジア島嶼部におけるキターブの歴史

4 一般民衆向けキターブの誕生

5 ジャワ宗教指導者が民衆に望んだ方向性
　——イスラーム純化と反オランダ

6 寄宿塾から社会へ——キターブという媒介者

菅原由美

1　インドネシア近代史叙述とイスラーム

1-1　インドネシア・ナショナリズム研究

　1928年10月,「青年の誓い」によって,オランダ領東インドの青年たちは,自らが住む国を「インドネシア」と呼び,そこに住む自らを「インドネシア民族(bangsa Indonesia)」と呼び,自らが話す統一言語を「インドネシア語(bahasa Indonesia)」と呼ぶことを宣言した。インドネシア近代史は,この「インドネシア」という地理的・民族的概念の発見を中心に叙述される。それは,オランダが植民地統治する以前には存在しなかった国境線の内に住む,多様な民族からなるオランダ領東インドの人々にとって,この「想像の共同体」の発見は非常に重要なものであったためである。それは彼らが長い間求め続けてきた「われわれ」とは何かという問いの答えであった。独立後に制定された「多様性のなかの統一(Bhinneka Tunggal Ika)」という国家理念は,「われわれは多様であるが,一つである」という強い主張をあらわし,民族や宗教が何であっても,インドネシア人として一つになれること,そしてその多様性こそがインドネシアの個性であることを説明している。
　戦後日本のインドネシア史研究において,最も熱心に議論がなされたテーマの一つが,上記の概念を誕生させるナショナリズム研究であった。オランダ領東インドから,東南アジア最大の多民族国家「インドネシア」がどのように誕生したのか,つまり,オランダ領東インドの人々が植民地支配されている自らの立場を自覚し,民族の未来のために結束する方法を模索し,その結果として,「インドネシア民族」が誕生する過程を,西欧教育を受けたエリートたちの思想や運動を分析することによって明らかにすることが試みられた。
　具体的には,本書第1章で小林が論じた,「民族主義運動の母」とされるカルティニに始まり,インドネシア最初の民族主義団体ブディ・ウトモ,民族の枠を超え,インドネシアに住むすべての人間を「東インド人」として結束することを目指した東インド党,イスラームを旗印に人々を結集させた最初の大衆政党であるイスラーム同盟(サレカット・イスラム),オランダ留学組によって

結成された東インド協会(後のインドネシア協会),共産党,そしてスカルノをはじめとするナショナリストたちについての研究がなされた。それらの研究によれば,20世紀前半,オランダ領東インドでは,植民統治者であるオランダ人に対抗していくために,結束すべき主体のあり方が多様に検討され,ジャワ人やスンダ人といった「種族」[1]や地域,宗教,政治イデオロギーの枠を超えた新たなつながりが求められ,最後に行き着いた答えが「インドネシア民族」ということになっている [永積 1980；土屋 1994]。

また,そうした西欧教育型エリートたちの思想展開だけではなく,ベネディクト・アンダーソンの『想像の共同体』に影響を受け,このインドネシア民族という「共同体」がどのように実体化していったかという形成過程についても詳細な分析がなされた。植民地官僚制,交通・通信網などのネットワーク,出版資本主義を背景とした新聞・雑誌やラジオなどの様々なメディア,共通言語としてのマレー語(後のインドネシア語),様々な民族が共存する新しい植民地都市(特に,バタヴィア)などが国民国家形成の鍵を握る要素として説明がなされた [土屋 1991；土屋 1994；山本 2002]。

しかし,1990年代までの近代史研究においては,この「一つのインドネシア民族」という発想が,多民族国家をまとめあげた,近代の華々しい成果として取り上げられる一方,選択されなかったその他の括りについてそれぞれの試みが失敗したことが記述されているだけで,それ以上検討されることはなかった。例えば,イスラーム同盟が登場した際に,「イスラーム」という括りがこの国をまとめる可能性も存在していた。オランダ人やその他の異教徒に対抗するアイデンティティの一つとして,イスラームという宗教が選択されたわけである。けれども,イスラーム同盟は成功せず,「イスラーム」という括りでは結局オランダ領東インドの民をまとめることができなかった。その結果,近代史叙述において,「インドネシア民族」誕生には貢献しなかったイスラームという要素は,研究者の目をひくことはなく [永積 1980：161-162][2],同時代に進行していたイスラームの影響力の増大と多様化について十分に検討されてはこなかった。

1) 「インドネシア民族」という概念が成立してからは,それ以前は「民族」として説明されていたジャワ人やスンダ人などの,「インドネシア民族」の下位のカテゴリーは「種族(suku)」と定義されることになった。
2) イスラーム同盟に関しても,宗教が主目的の団体であるとはいえない[深見 1978；深見 1979]。

1-2　植民地体制下でのイスラーム化の様相

　19世紀後半，オランダ領東インドでは，植民地体制下にありながら，マッカ巡礼者の数が緩やかに上昇を続け，20世紀に入ると，その傾向はさらに加速した。同時に，モスクやイスラーム寄宿塾の数も増加を続け，同地域のイスラーム化は前世紀に見ないスピードで進んでいった。農村では，様々な「イスラーム」を旗印にした植民地体制に対する抵抗運動が広がっていた。この時代に頻発した抵抗運動についての研究は，1970年～80年代にインドネシア人歴史研究者サルトノ・カルトディルジョ（Sartono Kartodirdjo）によって積極的に推し進められたが，サルトノはそれらの抵抗運動を近代社会への過渡期に生じた反動的運動として位置づけ，イスラーム化の進行と関連づけて分析することはなかった［Sartono Kartodirdjo 1973］。

　20世紀初頭には，ムハマディヤなどの，中東のサラフィー主義に影響を受けた改革派イスラーム団体が誕生した。アラビア文字マレー語（ジャウィ jawi）出版物を介して改革思想は全国に広がり，儀礼や慣習を純粋なイスラームに対する付属物であると捉え排除しようとする改革派の行動は，各地で，宗教指導者間の「伝統派」と「改革派」の対立を引き起こした。改革派の誕生については，1973年にデリアル・ヌルによって紹介され［Deliar Noer 1973］，2003年にラファンは出版物を介した中東からの思想流入の影響と東南アジア島嶼部におけるジャウィ文書文化圏の存在を明らかにした［Laffan 2003］。しかし，オランダ領東インドにおけるイスラーム化は中東からの改革思想の流入による宗教指導者間の「伝統派」と「改革派」の対立を引き起こしただけにとどまらなかった。

　社会のイスラーム化を目指すイスラーム指導者たちは，同時期に，西欧教育を受け，よりイスラーム色を弱め，オランダ植民地政府への依存度を高めていった現地人官吏層（プリヤイ priyayi）に対し，強い不信感をもつようになっていった。抵抗運動こそ起こさなかったが，プリヤイとの関係に距離を置くようになっていった。イスラーム指導者たちは，あくまで国の基本にイスラームを置くことに固執したために，「インドネシア民族」を基本に独立を主張した民族主義者たちとも融合しなかった［Deliar Noer 1973］。彼らのプリヤイとの対立関係はオランダ植民地期に形成され，「インドネシア民族」の誕生によっても解

消されることはなく，亀裂は戦後も継承されていった［Ricklefs 2007］。

　一方，出版産業の隆盛により，中東の改革思想だけでなく，より一般的なイスラームに関する知識も出版物を介して広まり始めた。特に，これまで写本を通じて特定のイスラーム寄宿塾社会にのみ伝達されていた知識が，商業出版本の流通によって，その壁を越え，一般の人々に受容され始めた。より「正しい」ムスリムになること，そのための知識の需要の増加が19世紀後半に現れ始めていた。イスラームの知識は確実にインドネシア社会に前世紀以上に広がりつつあった。

　このようなイスラーム化の様々な動きは「一つのインドネシア民族」という前提を動揺させる十分な要素を含み，独立後のインドネシアの歴史に様々な問題を生じさせたにもかかわらず，植民統治下に進行したイスラーム化の様相はまだほとんど明らかになっていない。インドネシアの誕生の歴史叙述には，イスラームという対立要素は「インドネシア」を構成する下位概念としてしか描かれておらず，戦後のダルル・イスラーム運動などの動乱は「一部の」抵抗勢力が原因であるとされている。

1–3　新資料が語るイスラームからの視点

　こうした研究傾向の理由として，一つには，前述の通り，研究者がこの国を，多民族から構成されながらも成立した近代的国民国家の成功例として捉え，成立理由の解明に重点を置いていたことが考えられる。また，別の理由としては，史料的限界も存在していた。西欧教育を受けたエリート達の活動は，植民地行政文書や新聞・雑誌に記録が詳細に残されていたが，イスラーム指導者達の活動は記録に残りにくかった。抵抗運動を起こしている場合は報告書が作成されたが，植民地政府は普段のムスリムの活動について特別な関心を払っていないため，抵抗運動以外に関する活動についてオランダ語植民地文書から知ることは難しい。

　植民地期，植民地統治を円滑におこなうために，ジャワをはじめとする東インドに関する研究は，オランダ人研究者によって，「ジャワ学」，「東インド学」の名のもとに進められ，碑文や写本などの現地語史料が利用されたが，これらの学問はイスラーム流入以前の歴史や文化についての研究が中心であり，当時のイスラーム状況についてはほとんど関心が払われていないため，イスラーム

に関する学問的蓄積が薄い。イスラーム流入以前のジャワを,「真」のジャワとする考え方は,オランダ人研究者からインドネシア人研究者にも引き継がれ,戦後も長い間この研究傾向は続いた。こうした研究状況が,植民地期のイスラーム化に関する研究をさらに難しいものにした。しかし,筆者は,この時期のイスラーム化を様々な側面から検討することによって,インドネシアという国が成立していく過程で同時に起こっていた社会変容について明らかにすることができ,また,それはまだほとんど研究が進んでいない独立以降のインドネシア現代史を分析する上でも不可欠なことであると考える。

現在,筆者は,スマトラ,カリマンタン,ジャワなどインドネシア各地において,民間レベルで保有されている現地語の写本や出版物のデータ収集と整理を,現地の写本研究者の協力のもとにおこなっている。写本はオランダ植民地期にジャワを中心に収集されたものが主にオランダおよびインドネシアの専門図書館に保管されているが,民間にもまだ多くの写本資料が保管されているにもかかわらず,これらについては近年までほとんど関心が払われてこなかった。また,オランダ式教育を受けた現地の文献学者は,イスラームに関心を払うことが少なかったため,大量に民間に存在するイスラーム写本は研究対象にはなってこなかった。

しかし,近年,インドネシアでは顕著なイスラーム化が見られ[3],イスラームに関する様々な研究がインドネシア各地にある国立イスラーム大学[4]の研究者を中心に展開され,イスラーム写本についても,調査や研究が始まっている。筆者は,こうした新たな史料の発掘と整理がオランダ語史料のみに頼る歴史研究の史料的限界を克服する試みにつながるものとして期待している。

本章では,筆者がこれまでおこなってきた調査に基づき,現地語のイスラーム諸学系書物の出版の拡大を通してみた,オランダ領東インドの植民地後期におけるイスラーム化状況の分析を試みる。19世紀末,寄宿塾や巡礼者の増加とともに,イスラーム諸学の書(キターブ kitab)[5]の需要が高まり,シンガポー

---

3) 近年のインドネシアのイスラーム化に関しては見市［2004］参照。ただし,近年の急激なイスラーム化により逆に,インドネシア史をイスラームに都合よく書き換えが進む可能性がでてきていることも否めない。
4) 現在, Universitas Islam Negeri(UIN), Institut Agama Islam Negeri(IAIN), Sekolah Tinggi Agama Islam Negeri(STAIN)などが存在する。学部構成,大学規模によって,名称が異なる。
5) kitabとはアラビア語で「本」を指す言葉であるが,インドネシアではむしろ宗教的書物を指す場合に用いられる。

ルにおける出版産業の隆盛とも重なって，多くのキターブが出版されるようになった。出版されたキターブは読者層に合わせ，次第に写本にはない特徴をもつようになり，かつてイスラーム寄宿塾の中で写本を通して弟子達のみに伝えられていた知識を，より広く外部世界に伝える役割を果たすようになっていった。寄宿塾に通ったことがない，一般の人々向けに出版されたキターブは十分な読者層を得て，次第にジャワ各地で出版されるようになった。書店に近い都市住民，または書物を入手することが可能な比較的裕福な層が購入したものと考えられるが，こうした層の人々の間に，より「正しい」ムスリムとしての生活を送ることを望む気運が生まれていたことがわかる。

　従来の研究では，オランダ領東インド社会のイスラーム化を望んでいたのはイスラーム指導者をはじめとする寄宿塾社会関係者のみで，社会全体から見れば例外的存在として描かれることが多い[6]。しかし，イスラームは19世紀末にすでに寄宿塾の枠を超えて，より広く社会に影響力を持ち始めていたことを，それを可能にした背景とともに，本章で論じたい。同時期は，オランダ領東インドの行政言語・共通語であるマレー語の出版物も増加しており，マレー語が国語へと成長していく時期であり，このことはインドネシアという，宗教や種族を存立の原理としない新しい国民国家の成立にとって欠くことのできない要素であった。しかし，実はその一方で，宗教書の出版が近代技術を通して可能となったことによって，同地域におけるイスラーム化も着実に進んでいたのである。以下，まず，19世紀のイスラーム化潮流について説明をおこない，それから，キターブ出版の歴史について説明し，オランダ領東インド，特にジャワ社会に対するその影響について論ずる。

2　19世紀後半のイスラーム化潮流

2-1　ハッジの増加

　まず，オランダ領東インドにおける19世紀のイスラーム化状況について説

---

6) 特に，ギアツが有名 [Geertz 1960]。

明する。1810年，総督ダエンデルス（Herman Willem Daendels, 1762–1818）はそれ以前のイスラームへの放任政策をやめ，イスラーム教師のジャワ内での移動に交通証を要求した。また，イギリスのジャワ一時占領によってジャワ副知事（Lieutenant-Governor）となったラッフルズ（Thomas Stamford Raffles, 1781–1826）はイスラーム教師を反乱の扇動者とみなし，巡礼を終えてハッジの称号を得た者を官吏に採用しないことを決めた。その後，東インド植民地政府は1825年，ハッジの増加を懸念したバタビア州理事官の進言により，巡礼者には110ギルダーの旅券取得を強制し，1831年にはこの規則を無視した者に罰金220ギルダーを課した［Steenbrink 1984：235–236］。

しかし，巡礼者に関するこの二つの規則は実際には現地の人々には理解されていたとは言えず，違反をしてもしばしば裁判で無罪とされた。さらに，1848年，新憲法の成立によりオランダ本国での宗教の自由が保証され，これに準じて植民省大臣の反対を押し切り，「自由派」に類別される当時の総督ファン・トゥイスト（A. J. Duymaer van Twist）は1852年5月東インドの住民に対し，旅券の発行を無料とする決定を下し，地方首長への報告のみが義務として残された。また，1869年にスエズ運河が開通し，マッカに向かう汽船が登場した。オランダはハッジの急増を危惧しながらも，目先の利益を優先し，各国との汽船乗客争奪に加わった［Steenbrink 1984：236–237］。

その結果，『植民地報告（Koloniaal Verslag）』によれば，1850年には71人であったジャワの巡礼出発者数は1852年には413人，1854年には1,295人，1858年には3,917人にまで増加し，その後増減しながらも1895/6年には11,788人に達した[7]。この数字は実際の巡礼者の数を正確にあらわしたものではない。なぜなら『植民地報告』では無許可で巡礼を行った者の数を確認できないためである。闇巡礼（haji gelap）という言葉があったことから考えて，実際の数はもっと多かったものと考えられている。いずれにせよ，巡礼者の数が急増していたことは否定できない。フレーデンブレフトによれば，1880年頃ジェッダのオランダ領事館は毎年平均6千人以上の巡礼者がいると計算していたという［Vredenbregt 1962］。

---

7) KITLV, Collectie Emile Gobée, Inventaris 8, No. 88

2-2 プサントレンの増加

また,19世紀のもう一つの特徴として,イスラーム寄宿塾の増加が挙げられる。寄宿塾は,ジャワでは「プサントレン(pesantren)」,アチェでは「ダヤ(dayah)」,それ以外の地域では「ポンドック(pondok)」などと呼ばれ,イスラームについて学ぶ生徒が周辺地域から集まり,各地の知的中心となっていた。プサントレンとは,サントリ(santri生徒)が集まる場所を意味し,ヒンドゥー・マジャパヒト時代から存在した免税村(perdikan desa)が原型であると考えられてきた。しかし,1819年のオランダの調査では,プサントレンらしきものが見つかったのは,プリアンガン,プカロンガン,レンバン,クドゥ,スラバヤ,マディウン,ポノロゴのみであった。このことからファン・ブライネッセンは,免税村からプサントレンに発展したものは希なケースであり,プサントレンは19世紀に独自に増加したものが多いと推測した[Bruinessen 1995: 23]。つまり,巡礼者の増加に伴い,巡礼と留学を終えて帰国した者達が故郷で教育を伝授するために,プサントレンを開くケースが増えてきたのである。

1885年の政府統計では,ジャワ・マドゥラには14,929の宗教学校が存在し,222,663人の生徒がいると報告されている[8]。ファン・デン・ベルフによれば,それらの学校のほとんどが子供に基礎的な教育を与える場所であり,イスラーム法などの高等教育を扱っていた学校は200〜300ほどであった[Berg 1886: 518-519]。1889年にジャワ各地のプサントレンを視察したスヌック・フルフローニェ(C. Snouck Hurgronje)は,ガルット,チアンジュール,バンドン,ボゴール,クニガン,チレボン,プカロンガン,テゥガル,バグレン,マディウン,ポノロゴ,スラバヤに有名なプサントレンが存在していたことを旅行記録に記述している[Alex Soesilo Wijoyo 1997: 36-45]。それによれば,各プサントレンにはキヤイと呼ばれるイスラーム教師がいたが,ハッジの数はまだ限られていたようである。19世紀,巡礼を行う余裕がないサントリ達は,ジャワ各地の有名なプサントレンを周り,教育を受けた。しかし,次第にハッジが多く教鞭をとるプサントレンに人気が高まるようになっていったことが報告さ

---

8) ジャワの総人口は,1880年に1,954万人,1890年に2,361万人[Boomgaard 1989: 166; 池端雪浦編 1999: 284]。西洋式基礎教育学校が全国に正式に発足するのは,倫理政策(1901年)開始以降。

れている。例えば，18世紀中頃に成立したマディウンのトゥガルサリ・プサントレンは19世紀にはスラバヤのシダ・チュルマ・プサントレンにその地位を奪われつつあった。これはスラバヤのプサントレンで多くのハッジが教鞭をとり始めたことによった［Alex Soesilo Wijoyo 1997：42］。

　プサントレンでは，キターブを用いて教育が行われていた。したがって，寄宿塾の増加はキターブの必要性の増加も意味した。キターブはかつてサントリたちによって書き写され，弟子達に伝えられてきたものであったが，19世紀後半，シンガポール及び中東でキターブの出版が始まり，出版されたキターブは大量にオランダ領東インドに流入し，次第に出版キターブが写本を圧倒していったのである。

3　東南アジア島嶼部におけるキターブの歴史

3-1　キターブの概要

　イスラーム諸学の書であるキターブは，中東の基礎的なアラビア語文献，またはそれにマレー語（アラビア文字）をはじめとする現地語で解説または翻訳が付されている比較的薄い書物である。また，17〜18世紀以降，東南アジアのウラマー達が，積極的にアラビア語文献を現地語，主にマレー語に翻訳または編集していったため，マレー語のみで書かれたキターブも存在する。マレー語は当時，東南アジア島嶼部におけるムスリムのリンガ・フランカであり，このアラビア文字で書かれたマレー語はジャウィと呼ばれた。

　キターブの執筆者として，東南アジアの代表的ウラマーを挙げると，まず，アチェの有名な宗教学者であるアブドゥルラウフ・アル・シンキーリー（'Abd al-Rauf al-Singkili, 1615–1693）とヌルディン・アル・ラニーリ（Nur al-Din al-Raniri, 1658年死去）が挙げられる。前者が著した『タルジュマン・アル・ムスタフィード（*Tarjuman al-Mustafid*）』は東南アジアで最初の現地語によるクルアーン解釈であるとされており，このキターブは中東でも出版された代表的キターブである。他にも，アブドゥルサマド・アル・パレンバーニー（'Abd al-Samad al-Palimbani, 1704–1788），ムハンマド・アルシャド・アル・バンジャーリー（Muhammad Arshad al-Banjari, 1812年死去), ダウド・ビン・アブドゥッラー・アル・パターニー (Da'ud b.'Abdallah al-Patani, 推定1845年死去) などが有名な執筆者であり［Azyumardi Azra 2004］，彼らの執筆したキターブは，現在もインドネシアで出版され，古典として人々に読まれている［Bruinessen 1990］。

キターブには，次のようなジャンルが存在する。フィクフ(fiqh/fikih イスラーム法学)，タウヒード (tawhid/tauhid イスラーム神学)，アラビア語文法，タサウフ (tasawwuf/tasawuf イスラーム神秘主義)，タフシール (tafsir クルアーン解釈)，ハディース (hadith/hadis 預言者言行録)，聖者伝，祈り・まじないなどである。最も数が多く，古くから読まれているキターブは，フィクフである。法学書は，東南アジアの宗教学者が翻訳・注釈書を書き始めた17世紀からすでに存在し，19世紀には主要なジャンルとなっていた。法学は，日常生活の中で，ムスリムが禁止されている行為，推奨されている行為を学ぶ，最も身近で必要とされる学問である。また，イスラーム神秘主義のキターブも重要な位置を占めている。タサウフのキターブとしては，ペルシャ出身の神学者，哲学者，神秘主義者であるガザーリー (Abu Hamid al-Ghazali, 1058–1111) の著書が，解説・注釈書を合わせて，最も広く読まれている。そのなかで最も有名なのが，『イフヤ・ウルムディーン (Ihya' 'Ulum al-Din)』，『ビダヤトゥル・ヒダヤ (Bidayat al-Hidaya)』，『ミンハジュル・アビディン (Minhaj al-'Abidin)』の3冊である。これらのキターブは，インドネシアの諸言語に翻訳され，解説が付されて出版されており，このキターブを専門に教える寄宿塾まで存在する。また，スーフィーの箴言集と言われる『ヒカム (Hikam)』(イブン・アター・アッラー〈Ibn 'Ata'illah al-Iskandari〉著) も様々なインドネシア諸語に翻訳，解説，編集され，各地で今なお販売されている［Bruinessen 1990；菅原 2007］。

3-2 キターブ出版の歴史

イスラーム寄宿塾において，どのようなキターブが用いられていたかという資料は非常に限られたものしか残っていないが[9]，キターブは，寄宿塾内でサントリたちによって一つ一つ手で書き写されていたものから，次第に中東から輸入されるアラビア語出版物に変わっていった。さらに，19世紀後半からシ

---

9) 19世紀末にジャワで用いられていたキターブのタイトルについては，Berg [1886] 小林 [2008] に詳述されている。

写真1　ボンベイで出版されたジャウィで書かれたキタ―ブのリスト

ンガポールで島嶼部向けのキターブの出版が始まり，ジャウィで書かれた出版キターブは島嶼部からの注文を受け，その規模を拡大させていった。プラウドフットによって編集されたシンガポール出版物のカタログのなかで，最も古いキターブは[10]，1859年の『サビルル・ムフタディン（*Sabil al-Muhtadin*）』であり，これは18世紀後半に，アルシャド・アル・バンジャーリーが，ヌルディン・アル・ラニーリの『シラトゥル・ムスタキム（*Sirat al-Mustaqim*）』（1634年著）を編集したものである。この『シラトゥル・ムスタキム』自体も1863年にシンガポールで出版されている［Proudfoot 1993］。以降，シンガポールでは1860年代から1890年代までキターブの出版は続けられ，シンガポールで出版されていたキターブは140タイトルに上る［Proudfoot 1998：47］。出版業者はスマランやレンバンなどのジャワ島北海岸（パシシール）出身のジャワ人であった［Proudfoot 1993：32］。また，同時期にボンベイもシンガポールを補完するキターブの出版地となっていった。ボンベイで出版されたキターブのタイトルは少なくとも50～60に上っていた［Sugahara 2009：3-6］（写真1）。また，キターブはマレー語だけではなく，ジャワ語やスンダ語（ともにアラビア文字）に翻訳されたものも出版されるようになっていった。

---

10) 最も古い出版物としては，1854年に出版されたクルアーンである［Proudfoot 1993：27］

しかし，シンガポールにおけるキターブ出版は 19 世紀末には他地域から競争相手の増加により，その地位を追われていった。まず，巡礼者及び中東への留学生の増加により，マッカやカイロなどにおいて東南アジア島嶼部ムスリム向けのキターブが出版されるようになっていった。ナワウィ・バンテン（Nawawi Banten）やダウド・ビン・アブドゥッラー・アル・パターニーをはじめとする中東に長期滞在する東南アジア出身のウラマーが，これまで東南アジアでは知られていなかったアラビア語文献について解説本や翻訳本を執筆し，それらがマッカ，カイロ，イスタンブールで出版された。特にカイロのムスタファ・アル・バビー・アル・ハラビー（Musthafa al-Babi al-Halaby）が有名である。ヘールのジャウィ・キターブ目録［Heer 2012］及び筆者のアル・ハラビーでの調査によれば，カイロでは 1870 年代から 1930 年代に最も盛んにキターブが出版されていた［Sugahara 2012］。

次に，ジャワ島北海岸諸都市各地でアラブ人商人が書店を開業し，中東の出版社からキターブを輸入し，販売していたが，彼らが自らジャワ各地でキターブの出版を開始した。1920～30 年代にはチルボン，スラバヤで，続いてジャカルタ，スマラン，プカロンガン，クドゥス[11]などが続いた。チルボンのトコ・メッシール（Toko Mesir/Al-Mesiryya）社は特に，クルアーンの出版で有名となった［Bruinessen 1990］。トコ・メッシールは後年 1950 年代に経営危機に陥り，キターブの版権をスマランやプカロンガンの書店に売却したが，スラバヤでは，サリム・ナブハン（Salim Nabhan）社がキターブ出版で成功を収めた。その後，多くのキターブ書店がスラバヤに集まり，インドネシア最大手のキターブ出版社ハラマイン（Haramain）がスラバヤに拠点を構え，この街は一大キターブ書籍出版地に成長した。特に，ジャワ九聖人（ワリ・ソンゴ）の一人，スナン・アンペル（Sunan Ampel）の墓近くにあるアラブ人街は，キターブ書店街でもある。スラバヤ，アラブ人街のパングン通り（jl. Panggung）やキヤイ・ハジ・マス・マンシュール通り（jl. Kyai Haji Mas Mansyur）沿いには，キターブ書店が隙間なく軒を連ねている。こうしたスラバヤの書店が，ジャワの各都市はもちろん，スマトラやスラウェシなどのジャワ以外のインドネシアの島々，さらにマレーシアやシンガポールにまで，キターブの販路を広げている[12]。

また，サリム・ナブハンは，マレー語，ジャワ語だけでなく，スンダ語，マ

11) クドゥスのみ，ジャワ人経営である。
12) インドネシア，マレーシア，シンガポールにおいて筆者がおこなった現地調査に基づく。

ドゥラ語などの地方語（すべてアラビア文字）によるキターブの出版にも着手し，キターブ出版の中心地であったシンガポールは，完全にその地位をスラバヤに奪われたかたちとなった。

　出版キターブには，美しい手書きのアラビア文字を模写することができるリトグラフが多用された。ジャウィの活版印刷は，新聞・雑誌等で用いられ，一部キターブにも使われていたが，ローマ字の普及により，1920年代には消えていき，新聞はローマ字の活版印刷のみとなった。しかし，キターブに関する限り，人々は活字化を好まなかったため，ローマ字に押されることなく，リトグラフ，さらにはオフセット印刷によって，手書きのアラビア文字の印刷が続けられた。

　前述の通り，19世紀半ば以降のマッカ巡礼者とイスラーム寄宿塾の増加によって，キターブの需要も増大した。また，同時に東南アジアや中東において出版業が広く展開し始めたことがキターブを写本から出版物へと変化させた。出版物にかたちを変えた際，キターブにはこれまでにない特徴が生まれた。まず，キターブの数と種類の増加である。特に，中東留学経験者による翻訳本・解説本のカイロでの出版は，19世紀以前には知られていなかった文献を東南アジアにも伝え，さらに解説本には次々と改良が加えられていった。そうして増加したキターブは今もなおインドネシアで出版され続けている [Sugahara 2012][13]。第二に，入手しやすくなった点が挙げられる。写本と比べて比較的薄い本が多く出版され，安い値段で販売された。これまでは寄宿塾で学ぶ学生たちが長い時間をかけて書写をして手に入れていたものが，一般の人々が寄宿塾に入ることなく，店で購入することによってより簡単にキターブを手に入れることができるようになった。キターブは寄宿塾関係者によって独占されるものではなくなった。このことが次節で説明する新しいタイプのキターブを誕生させた。

　また，同じ時期にラファンが説明したように，出版物として新聞が流通し，中東からの新しい思想を伝えることに貢献したが [Laffan 2003]，こうした定期刊行物は数多く種類は出たものの，どれも短命であった。これに対し，キターブは同じテキストが出版社を変えながら何度も出版され，長期にわたって読まれ続けることとなった。非常に緩慢なスピードでありながら，イスラームの知

---

13) Kawashima et al. [2010] 参照。

識を東南アジア島嶼部に定着させる役割を果たしていった。

4　一般民衆向けキターブの誕生

4-1　ソレ・ダラットによるジャワ語キターブの執筆

　出版されたキターブの多くは，アラビア語またはアラビア文字マレー語で書かれていたが，前述の通り，ジャワ語のキターブも次第に数を増やしていった。マレー語は東南アジア島嶼部ムスリムの共通語ではあったが，東南アジア島嶼部の人々がすべてマレー語を解したわけではなかった。人々はそれぞれの地方母語によって生活をしていた。特に，ジャワ島に居住するジャワ人やスンダ人はオランダ領東インドにおいて最も人口が多かったが，彼らのなかでマレー語を理解できたのは，寄宿塾や西欧学校で教育を受けた一部の人々のみであり，そうした教育を受けていない人々にとって，マレー語は外国語に近かった。サリム・ナブハンが様々な地方語版キターブを出版し始めた理由は，さらなる読者層の拡大をねらっていたことが考えられる。そして，言語の面からだけではなく，内容・スタイルの面からも，一般の人々を対象とした新しいタイプのキターブが誕生した。寄宿塾世界だけの読み物であったキターブが，出版を通して，読者層を寄宿塾外に広げ始めたのである。

　この新しいタイプのキターブの執筆者として特に有名なイスラーム指導者（キヤイ）がソレ・ビン・ウマル・サマラーニー，通称ソレ・ダラット（Salih bin 'Umar al-Samarani/Saleh Darat, 1903年死去，第1章ではサレ・ダラット（編者注)）である。ソレ・ダラットは，19世紀後半にジャワ語のキターブを執筆し始め，彼のキターブはまずシンガポールで息子たちを始めとするジャワ人業者によって出版され，その後，ボンベイ，エジプト，そしてジャワ北海岸で出版され，広範囲で販売された。ローマ字がインドネシア社会に広く普及し始める1950年代まで，特にジャワの北海岸地域の都市及びその近郊で彼のキターブは読まれ続けた［Abdullah Salim 1991］。

　ソレ・ダラットは，スヌック・フルフローニェの旅行記録にも登場するが[14]，その経歴はあまり詳しくはわかっていない。父親とともにマッカ巡礼のために，

まずシンガポールへ渡り，しばらくそこに滞在した後に，マッカ巡礼をおこない，その後スマラン州のダラットでプサントレンを開校し，イスラーム教育をしながら，20 冊ほどのジャワ語のキタープを書いたことが知られている。プサントレン自体は，彼の死後，閉じられてしまったようであるが，彼の弟子たちが各地で新たにプサントレンを開校していった。ダラットでは，前述したカルティニやインドネシア最大のイスラーム団体ナフダトゥール・ウラマー（Nahdlatul Ulama/NU）創設者，ハシム・アシュアリ（Hasyim Asy'ari, 1875-1974）など，ジャワの有名なウラマーたちが彼のプサントレンで学んだことがあると口承で伝えられている［Rusdi Chaerudin 2002］。

4-2 一般ムスリム向けの手引き書

ソレ・ダラットの代表作『一般人のためのシャリーア集（*Majmu'at al-Shari'at al-Kafiyat li al-'Awam*）』（以下本文では『シャリーア集』，出典は［al-Samarani］とする。）（写真 2-1，2-2）は，その書名通り，イスラームについてほとんど知識を持たず，また寄宿塾に学びに行くことのない一般人のために執筆されたイスラーム法学（フィクフ）の本である。この本の構成は，最初に 6 信 5 行など，イスラームの根本的知識の説明から始まり，次に礼拝，結婚，商売，衣服，ハラール，ハラム，遺体埋葬，喜捨，断食，巡礼など，日常生活上必要とされるイスラーム法を項目ごとに，コンパクトにまとめた 280 ページほどのムスリムの手引書となっている。

執筆言語は，全文ジャワ語（アラビア文字）[15]で，しかもより庶民的な，ジャワ語の非丁寧体（ンゴコ体 ngoko）が使用され，読みやすいようにアラビア文字に母音記号も付されている。各節は長くても 2 ページほどで，読むための区切りがつけやすいかたちになっている。語彙や表現を簡単なものに限定され，表現の繰り返しも多い。文学的な洗練された表現は見られず，むしろ口語的とも言える文章で書かれている。従来のキタープにあるようなアラビア語文献の

---

14) 詳しくは Alex Soesilo Wijoyo [1997] 参照。
15) アラビア文字で書かれたジャワ語はペゴン（pegon）と呼ばれる。ジャウィ（アラビア文字マレー語）に含まれることもある。
　ジャワにはジャワ文字が存在するが，主に宮廷で使われていた。ペゴンは主に，ジャワの寄宿塾関係者中心に使用されていた。

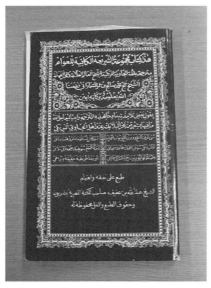
写真2-1 『シャリーア集』チレボン版

写真2-2 『シャリーア集』スマラン版

引用文はわずかに見られるが，それらの文献の出典は書かれていない。

　出版状況に関しては，このキターブが，遅くとも1892年にシンガポールで，1893年にボンベイで出版されはじめ，1894年にはシンガポールで1,000部，1906年にはボンベイで2,000部出版され，1916年までボンベイで出版されていたという記録が確認できる［Proudfoot 1993］。そして，キターブ出版がシンガポール及びボンベイからジャワに移り始めた1930年代からも，チルボン，そしてプカロンガン，スマランなどジャワの諸都市で版を重ねている。前述の通り，19世紀末から20世紀前半にキターブの出版地・出版社は大きく変わっており，シンガポールからジャワまで出版され続けたキターブの数は限られている。このことから，この『シャリーア集』がジャワで十分な読者数を得ていたことがわかる[16]。

　この『シャリーア集』が従来のキターブと異なる点は，読者として，学校で

---

16) ジャワに出版地が移ってから，出版情報がわかりにくくはなるが，現在オランダの王立言語文化研究所（KITLV）図書館やインドネシアの国立図書館（Perpustakaan Nasional RI）に保管されているキターブから1930年代の出版の確認ができ，また，1950年代まで特に北海岸の都市周辺の住民を中心に読まれていたことが報告されている［Abdullah Salim 1991］。そして，現在もスマランのトハ・プトラ社（Toha Putra）が出版を続けている。

イスラームについて学ぶサントリではなく，そうした機会のない一般の人々を想定しているために，人々がムスリムとして正しい日常生活を送る上で，最低限必要な知識をコンパクトにまとめているというという点にある。イスラームの意味やムスリムが信じるべきこと，行うべきこと，避けるべきことなどの基本的事項について説明されているだけでなく，ムスリムが日常生活をどのように送るべきか，その手順と内容がマニュアル的に説明されている。『シャリーア集』の章構成は，最初に，イスラーム信条（akidah/aqidah），その次に祈祷，衣服，葬儀，喜捨，断食，巡礼，禁忌，商売，貸付け，結婚となっており，特に，祈祷方法と結婚についてページが多く割かれている。祈祷は，祈りの種類，方法，清めの方法などについて書かれ，結婚は，配偶者の選び方，儀礼，夫婦関係，離婚・再婚などについて説明されている。

　上記の内容には，典拠，議論，理論的な説明は一切ない。素人が知っておくべきことを単純に説明し，また逆に，複雑な「存在一性論（wahdat al-wujud）」やジャワ神秘主義などはむしろ知らなくてよいことであるとしている［al-Samarani：26-27］。むしろ，ジャワ社会の日常慣習の中から誤った行為を指摘し，ムスリムとして正しい行為をおこなうことを諭すことに腐心している。例えば，人々が当時おこなっていた村の精霊（danyang）に対する祈りに対し，その行為は「不義者の行為（kufur）」であると禁じている［al-Samarani：24］。

　『シャリーア集』は日々の生活が忙しく，プサントレンに通っている時間のない人々，またはすでに高齢でプサントレンに通うことができない人々が，書店で気軽に入手することができ，アラビア語やマレー語の知識がなくても，比較的簡単に容易に読むことが可能な本となっていた。たとえ文字を読むことができない人々であっても，礼拝所（ランガル langgar／ムソラ muthola）に集まって，キヤイとともに少しずつ読むことも可能であった。実際，特に既婚の女性たちがそのようにして読んでいた［Abdullah Salim 1994］。『シャリーア集』には，商売や貸付けに関する章も用意されていた。出版キタープはジャワ北海岸の諸都市を中心に販売された。都市の商人達も読者として想定していたことが考えられる。

　また，巡礼についての章も十分な紙幅が割かれていたことも注目に値する。本の最後のページには，世界地図が付され，そこにはジャワ島とマッカの位置関係，方角が示されていた（写真3）。ソレ・ダラットはマッカ巡礼の手引書である『巡礼の書（Manasik Haji）』のジャワ語翻訳を出したことでも知られてい

る[17]。この時代に，巡礼者が急増していたことは前述した通りであるが，比較的深い宗教知識をもったイスラーム指導者達や中東世界に宗教を学びにいくことを望んだ寄宿塾の卒業生だけでなく，巡礼に出発することができるほどの時間的・金銭的余裕のある一般の人々までもが巡礼に出かけるようになっていた。彼の著作は，そのような巡礼を希望する一般の人々に対して，巡礼についての心構えと準備の説明を提供していたのである。金銭的な余裕が出てきた人々は，周囲の尊敬を獲得するために，巡礼に出ることを望むようになり，それを諫める内容にもなっている［al-Samarani：110］。

写真3 『シャリーア集』に挿入された世界地図

ソレ・ダラットは，他に，『礼拝集 (Fasalatan)』というタイトルの小冊子を出版している。これは礼拝の作法について，一般庶民を対象に書かれたものであり，安価であったこともあり，これもベストセラーになっている。遅くとも1893年頃からシンガポール，ボンベイ，スラバヤなどで大量に印刷され，スンダ語にも翻訳された。1906年にはボンベイで10,000部出版されたという記録も残っている［Proudfoot 1993］。

こうして一般向けのムスリム手引書は，ジャワ北海岸一帯で人気を博したが，ソレ・ダラットは『ヒカム』，『ジャウハラ・タウヒード (Jaurahat Tauhid)』，『イフヤ・ウルムディーン』『ラタイフ・アル・タハラート (Lata'if al-Taharat)』など法学，神学，神秘主義の基本的イスラーム諸学の文献のジャワ語翻訳キターブも出版している(写真4)。特に，前述のガザーリーの『イフヤ・ウルムディーン』の抄訳『イフヤ・ウルムディーン抜粋集 (Munjiyat matik saking Ihya' 'Ulum al-Din)』は，1893年から1906年までシンガポールで出版され，1920～30年代にはチルボンで，それ以降はプカロンガンやスマランで長期にわたって，出

---

17) Voorhoeve [1980] 参照。

写真4　チレボンで出版されたキターブ『ジャウハラ・タウヒード』

写真5　カイロで出版されたキターブ『ヒカム』

版され続けた。出版部数も次第に増え，1893年の時点では600部ほどの出版数が，1901年には2400部，1906年には3000部に増大した［Proudfoot 1993；Sugahara 2009］。また，彼の『ヒカム』ジャワ語版は，カイロで出版され（写真5)[18]，その後スマランでも出版されている[19]。彼は手引き書やマニュアルにとどまらず，アラビア語文献のジャワ語翻訳にも力を入れていたことがわかる。こうして，ソレ・ダラットは，寄宿塾世界の外にいる，アラビア語やマレー語を読むことができない一般のジャワ人に対し，アラブ人出版社の支持を通じて，キターブの知識を広めることを追求し，それに反応する読者層が増加しつつあったのである。イスラーム化の影響は寄宿塾の枠を超え始めていた。植民地後期以降のローマ字マレー語（のちのインドネシア語）の普及により，アラビア文字ジャワ語で書かれたソレ・ダラットの著作は戦後読者を次第に失っていったが，この流れはプサントレンで用いられるアラビア文字のキターブとは

---

[18]　ムスタファ・アル・バビー・アル・ハラビー（Musthafa al-Babi al-Halaby）による出版［Sugahara 2012］。

[19]　Kawashima et al.［2010］のカタログに掲載されている。

別に，一般読者向けにローマ字インドネシア語で書かれたイスラーム諸学書の爆発的増加につながっていった。

5　ジャワ宗教指導者が民衆に望んだ方向性
―イスラーム純化と反オランダ

　19世紀にあらゆるイスラームの名を冠した抵抗運動が弾圧され失敗に終わり，19世紀末のオランダ領東インド史の叙述において，イスラーム指導者層には，もはや焦点はあてられていない。しかし，前述の通り，ソレ・ダラットは『シャリーア集』を通じて，ジャワの民衆により正確なイスラームの知識を伝えることを望み，抵抗運動ではない別のかたちでジャワ社会の変革を目指していた。最後に，本節で，彼が特に意識していた4つの点についてまとめ，ソレ・ダラットが19世紀末のジャワ社会に求めていた方向性について説明する。

5-1　前イスラーム文化との折り合い

　当時のジャワ社会には前イスラーム時代からの慣習が色濃く残っていた。ソレ・ダラットはジャワの一般的慣習の中から，イスラーム法に背く行為について，『シャリーア集』のなかで取り上げ，それらの行為を禁じている。例えば，ソレ・ダラットは背信（murtad）について説明する箇所で，村の精霊（danyang desa）を信仰し，悪霊（jin）から村や家を守ってもらうために，その精霊のために家の台所や田畑に供え物をする習慣や，占星術師（dukun ahli nujum）を訪れて行事の日取りや未来を占ってもらう行為を，背信行為として禁じている。すべての生き物の命は，神の力（kodrat）によって決められているものであるため，それ以外のものを信じることをイスラーム法に背くことであると説明している［al-Samarani：29］。

> もし偶像に跪いたり，台所や田畑や，悪霊がいると信じられているいたるところに，御利益があるように，または災厄をさけるために，精霊に供え物をして敬意を払ったりするようなことをすれば，それはすべて不信心者の行為となる。
> kaya lamon sujud maring berahala utawa memule maring danyang merkayangan kelawan najeni panganan ana ing pawon utawa ana ing sawah2 utawa ana ing endi2 panggonan kang den nyana ana jine nulih den sajene

supaya aweh munfaat atawa nolak medlarat iku kabeh dadi kufur.［al-Samarani：23］

　一方，彼は，ジャワの慣習のすべてを禁じているわけではなく，慣習とイスラーム法の融合を目指していた。例えば，当時，ジャワでは人の死後，3日後，7日後に供食儀礼（selamatan）を行う慣習がある。この儀礼で用いられる章句はイスラームのものであるが，供食儀礼はイスラーム前の文化を残す事例としても説明されることが多い儀礼である[20]。しかし，ソレ・ダラットは死後儀礼についての説明の中で，これらの儀礼を3日後，7日後のように特定の日に限らなければ，死者を見送る儀礼として行ってもよいこととしている［al-Samarani：90］。

5-2　ムスリムとしての義務行為実践の徹底化

　ソレ・ダラットは，1日5回の礼拝，喜捨，断食などのムスリムが行うべき義務行為を，ジャワの人々に徹底させることを考えていた。当時，ジャワではまだこうした行為は，寄宿塾に通う特定の人々のみが行う行為であった。彼は，『シャリーア集』のなかで，礼拝の仕方に多くのページを費やし，その方法について説明をおこなった。この時，ソレ・ダラットは「祈り」という言葉に，当時まだ一般的に使われていた，イスラーム流入前に使われていた "sembahyang" という単語ではなく，"salat" というアラビア語を用い，イスラームとそれ以前の祈りの違いを強調した[21]。

　また，ジャワでは，15–16世紀のイスラーム到来以前のヒンドゥー文化の影響から，瞑想等の手段を通して「神との合一」を理想とする宗教思想が存在していた。その理想を追求する上で，礼拝や断食などの宗教義務をおこなったり，クルアーンを読んだりすることは，必ずしも必要ではないと考える人々は少なからず存在していた。ソレ・ダラットはそうした宗教上の義務行為をせずに，瞑想等のみを通して神に近づこうとする人々を異教徒（kafir）であると非難し，

20）　Geertz［1960］など。
21）　この salat という単語は，近年インドネシアでムスリムの礼拝を指す単語として，より一般的に使われるようになってきたが，それ以前は sembahyang という単語が用いられていた。ソレ・ダラットは19世紀末からすでに，salat という単語を用いていたが，インドネシア社会全体に定着するにはまだ少し時間がかかったことがわかる。

イスラーム法（シャリーア）を十分に理解していない者が，16世紀のジャワの聖人（wali）たちの書を読み，宗教義務を怠ってもよいと解釈してしまうことは非常に危険なことであると警告をしている。

> 神の法の学問をまだ理解していない愚か者が，祈りを忘れることが基本であると述べる聖者たちの神秘主義思想のキタープを見ることは，ハラム（禁忌）である。
> （中略）初学者の義務は，下された命にしたがい，上級者（khawas）の学問を遠ざけ，みだりにそれに立ち入らないことである。
> lan haram ingatase wong bodho kang durung bahar ing dalem ilmune syariah hakikat aningali kitab suluk-suluke para wali wali jawa kang padha ngarani tinggal salat iku wajib
> …kerana wajibe awam menurut perintah ngedauhi cegah aja melu melu ilmune para khawas al-mukmin. [al-Samarani：27]

5-3 形式上のムスリムになることへの警告

『シャリーア集』はマニュアル集であるが，ソレ・ダラットは，人々が形式上のみのムスリムになることに対しても警戒をしていた。特に，巡礼に関して，前述の通り，19世紀末には一般の人々も巡礼に出かけることを望むようになった。巡礼は確かに5行の一つであるが，ただ流行に乗せられて，巡礼に出かけることの危険を人々に伝えようとした。巡礼についての節も全体の14％ほどの割合のページが割かれているが，巡礼の手順の説明の前に，まず巡礼の意味と，能力が十分にある者のみが巡礼にでかけるべきであること，またその能力とは何であるかを説明している。そして，借金をしてまで巡礼に出かけようとする者や体力的に限界がある者，また周囲に対する見栄のために出かけようとする者たちに警告を与えている［al-Samarani：110-120］。

> すでに巡礼に行く義務のある者は巡礼に出かけよ。しかしその目的は正しいものでなければならない。誠実でなく，楽しみのために巡礼に行ってはならない。多くの一般の人々がターバンや靴やトランペットを買うために巡礼に行き，また一部の一般人が富を求め，多くの人に尊敬されるように巡礼に出かけている。
> wajib ingatase wongkang wus kuwajiban haji arep lungaha haji sarta wajib arep bagusaken niyate aja lunga haji kelawan riya-riya ora ikhlas niyate

kerana akeh ekehe wong ngawam olehe lunga haji arep tuku serban lan tuku sepatu atawa terumpat lan setengahe awam olehe lunga haji ngulate singgih supaya den ajeni dening wong akeh.［al-Samarani：120］

5-4　オランダへの抵抗心

『シャリーア集』の中にはもう一つ特筆すべきことがある。普通，一般的な法学キタープのなかには見られることがない，明らかな反オランダ感情が表出されていることである。

　ソレ・ダラットについての記録は，前述のスヌック・フルフローニェが残した手書きのジャワ旅行記録以外では，オランダ植民地行政文書の中に見つかっていない。通常，植民地政府に対する抵抗運動を起こさない限り，または現地社会を混乱させる事態を起こさない限り[22]，一介のジャワ人イスラーム指導者が植民地文書に記録が残ることはまずないため，不思議なことではない。つまり，植民地政府の記録では，ソレ・ダラットは抵抗運動を起こすような行動はしておらず，社会に混乱を起こさせるようなこともおこなっていない。しかし，ソレ・ダラットの『シャリーア集』には，反オランダ・反プリヤイ感情が散見される。

　例えば，前述の「背信」の項で，ソレ・ダラットが禁じている行為のなかに，ムスリム以外の人間の真似をすることが挙げられている。異教徒の服装，食物，言葉，振る舞いなどを真似すること，そしてそれらに対して憧れることも禁じられており，オランダ人が身にまとっていたような衣服を身につける者は背教者であり，その罪は非常に大きいとしている［al-Samarani：27］。

> ムスリムが，たとえ心の中では好んでいなくても，ムスリム以外の服装を真似ることはハラム（禁忌）である。ウラマーによれば，シャツ，帽子，ネクタイのような異教徒の服装を身につける者は，たとえ心のなかでそれを好んでいなくても，すでに背教者である。
> Lan haram ingatase wong islam nyerupane panganggone wong liya agama islam senadiyan atine ora dhemen. angendika setengahe para ulama muhaqqiqin sapa wonge nganggo panganggone liyane ahli al-islam kaya

---

22）アフマッド・リファイのケース。詳しくは菅原［2013］。

kalambi jas atawa topi atawa dasi maka dadi murtad rusak islame senadiyan atine ora dhemen. [al-Samarani：24-25]

　つまり，当時の西欧教育を受け，西欧人風の服装をして，西欧人のような振る舞いをしていたプリヤイは背教者ということになる。ソレ・ダラットは一般の人々に向けて書いた書物に，明確にプリヤイを批判する文章を載せて，一般の人々に安易にオランダ人やプリヤイに寄り添わないように警告をしていた。イスラーム指導者とプリヤイの対立は，抵抗運動のように明らかな表面化はしなくなっていったが，厳然と存在していたのである。

6　寄宿塾から社会へ――キタ―ブという媒介者

　19世紀後半，東南アジアにおける出版業の隆盛の影響により，それまでイスラーム寄宿関係者にしか読まれることがなかったイスラーム諸学のテキストまでも，写本から出版物に変わり，キタ―ブとして書店で販売されるようになった。シンガポール，ボンベイ，中東でキタ―ブは出版されたが，特にシンガポールでソレ・ダラットの著作のような一般人向けキタ―ブが誕生し，スラバヤ，チレボン，スマランなどのジャワ北海岸のアラブ人系書店が需要に合わせて出版を続けた。寄宿塾での勉強経験がなく，それまでイスラームについての知識をほとんど持っていなかった一般の人々のなかに，ムスリムとして日々の生活を送るために最低限必要な知識を求める人々が現れ始め，寄宿塾世界の外にいる一般の人々にイスラームの基礎的知識を伝えたいと考えるイスラーム指導者の執筆活動と，アラブ人商人ネットワークによる各地でのキタ―ブ販売によって，手引き書としてのキタ―ブが新たな読者を獲得したのである。そして，このことから，主に寄宿塾世界のみに伝えられてきたイスラームに関する知識が，この時代により外の世界へ，すなわち一般の人々への広がりを見せ始めていたことがわかる。イスラーム化の潮流は，改革派と伝統派のイスラーム指導者間の対立を引き起こしただけではなく，一般の人々にも影響を与え始めていたのである。

　この，イスラームの社会化を目指したソレ・ダラットは一般の人々に対し，礼拝や断食などの宗教義務を徹底化すること，そして，イスラーム法に反する

ジャワの慣習を指摘した上で，ジャワ社会に適合したイスラームを実践することを主張した。また，オランダ人の服装，食物，言葉，振る舞いを真似ることを禁止し，それらを真似ている人間，すなわちプリヤイたちを背教者として非難した。彼は，オランダ植民地政府やプリヤイに対して武器を取り，抵抗運動を起こすことはなかったが，プリヤイに対する強い不信感を持っており，それを一般の人々に伝え，イスラームによるジャワ社会の救済を目指していた。19世紀末，イスラーム指導者による武力蜂起は植民地政府の鎮圧によって，すでにほとんど見られなくなっていたが，イスラーム指導者側に，植民地政府及びプリヤイに対する抵抗心が消えたわけではないことが，ソレ・ダラットの記述に表れている。そして，その不信感を社会に伝え，イスラーム側に引きつける行為を彼は怠ってはいなかった。19世紀後半以降のイスラーム化潮流は，ジャワ社会内部の対立構造を深刻化させる要因を十分に含んでいたと考えられる。

20世紀初頭に，中東から東南アジアに流入した改革的イスラーム思想は，ラファンが論じたように，新聞などの定期刊行物を通じて，東南アジアのアラビア文字マレー語文化圏に十分な衝撃とイスラーム主義展開の契機を与えた。一方，出版物の仲間入りをしたキターブはむしろ古典的または基本的なイスラーム知識をこれまで以上に東南アジアにもたらした。それは寄宿塾世界の壁を越え，一般の人々に向けたイスラーム知識の伝播の端緒となり，以降，イスラーム書の出版は伸張し続けた。出版は国民統合を促す上で重要な役割を果たしたが，同時期にイスラームの伝播や深化にも影響を及ぼしていた。宗教をその存立の原理としない国民国家の誕生の裏で，イスラーム化は国民の間であらたな展開を見せ始めていた。実際に，インドネシアをイスラーム国家にしようという圧力の存在は，その後インドネシア政府にとって常に重要な検討課題となっていった。確かに，インドネシアの誕生は，ナショナリストたちが勝ち取った輝かしい成果であったかもしれない。国史はそのように記述されてきた。しかし，イスラームの展開を加えて見直した歴史は，インドネシアの誕生時には，社会にもう一つの動きが生まれていたことを指し示している。

参考文献

I. 日本語

池端雪浦編．1999．『世界各国史6 東南アジア史Ⅱ島嶼部』山川出版社．
小林寧子．2008．『インドネシア――展開するイスラーム』名古屋大学出版会．

菅原由美．2007．「キターブ・クニン――東南アジアで学習されるイスラーム学教科書」『歴史と地理――世界史の研究』213：30-36．
――――．2013．『オランダ植民地体制下ジャワにおける宗教運動――写本にみる19世紀インドネシアのイスラーム潮流』大阪大学出版会．
土屋健治．1991．「インドネシア国家の成立」柴田三千雄他編『シリーズ世界史への問い9 世界の構造化』岩波書店：191-220．
――――．1994．『インドネシア――思想の系譜』勁草書房．
永積　昭．1980．『インドネシア民族意識の形成』東京大学出版会．
弘末雅士．2002．「インドネシアの聖戦」池端雪浦編『岩波講座東南アジア史7 植民地抵抗運動とナショナリズムの展開』岩波書店：25-49．
深見純生．1978．「サレカット・イスラムの地方指導者」『南方文化』5：73-94．
――――．1979．「地方イスラム同盟の活動」『南方文化』6：109-126．
見市　建．2004．『インドネシア――イスラーム主義のゆくえ』平凡社．
山本信人．2002．「インドネシアのナショナリズム――ムラユ語・出版市場・政治」池端雪浦編『岩波講座東南アジア史7 植民地抵抗運動とナショナリズムの展開』岩波書店：161-187．

II. 外国語

Abdullah Salim. 1994. "Majmu'at al-Syari'at al-Kafiyat li al-'Awam, Karya Syaikh Muhammad Shalih Ibn 'Umar Al-Samarani"（ムハンマド・ソレ・ウマル・サマラニの著作，一般人のためのリャリーア集）. Ph.D. dissertation, Fakultas Pasca Sarjana, Institut Agama Islam Negeri Syarif Hidayatullah, Jakarta.
Alex Soesilo Wijoyo. 1997. "Shaykh Nawawi of Banten: Texts, Authority, and the Gloss Tradition." Ph.D. dissertation, Colombia University.
Anderson, Benedict. 1983. *Imagined Communities: Reflections on the Origin and Spread of Nationalism*. London: Verso.
Azyumardi Azra. 2004. *The Origins of Islamic Reformism in Southeast Asia: Networks of Malay-Indonesian and Middle Eastern 'Ulamā' in the Seventeenth and Eighteenth Centuries*. Leiden: KITLV Press.
Berg, L. W. C. van den. 1886. "Het Mohammedaansche godsdienstonderwijs op Java en Madura en de daarbij gebruikte Arabische boeken"（ジャワとマドゥラでのイスラーム教育と利用されているアラビア語文献）. *Tijdschrift voor het Indische Taal-, Land- en Volkenkunde*（*TBG*）31：518-555.
Boomgaard, Peter. 1989. *Children of the Colonial State: Population Growth and Economic Development in Java, 1795-1880*. CASA monographs. Amsterdam: Free University Press.
Bruinessen, Martin van. 1990. "Kitab Kuning: Books in Arabic Script Use in the Pesantren Milieu." *Bijdragen tot de Taal-, Land-en Volkenkunde* 146（2/3）：226-269.
――――. 1995. *Kitab Kuning, Pesantren dan Tarekat*（キターブ・クニン，プサントレン，タレカット）. Bandung: Mizan
Deliar Noer, 1973. *The Modernist Muslim Movement in Indonesia 1900-1942, East Asian Historical Monographs*. Oxford: Oxford University Press.
Geertz, Clifford. 1960. *The Religion of Java*. Glencoe: Free Press.
Gobée, Emile & Cornelis Adriaanse.（eds.）1957-1965. *Ambtelijk adviezen van Snouck Hur-

gronje, 1889–1936（スヌック・フルフローニェの公式助言集，1889–1936 年）. 's-Gravenhage : Nijhoff.

Heer, Nicholas. 2012. *A Concise Handlist of Jawi Authors and Their Works*. Version 2. 3. Seattle, Washington. URL : http://faculty.washington.edu/heer/handlist23.pdf（Last accessed 2016 年 6 月 13 日）

Kawashima, Midori, et al. (ed.) 2010. *A Provisional Catalogue of Southeast Asian Kitabs in the Sophia University Collection*. Tokyo : NIHU Program.

Laffan, Michael Francis. 2003. *Islamic Nationhood and Colonial Indonesia : The Umma below the Winds*. London : Routledge Curzon.

Moch Nur Ichwan. 2011. "Secularism, Islam and Pancasila : Political Debates on the Basis of the State in Indonesia." 『南山大学アジア・太平洋研究センター報』6 : 1-43.

Proudfoot, Ian. 1993. *Early Malay Printed Books : A Provisional Account of Materials Published in the Singapore -Malaysia Area up to 1920, Noting Holdings in Major Public Collections*. Kuala Lumpur : Academy of Malay Studies and the Library, University of Malaya.

―――. 1998. "From Manucsript to Print." *Indonesian Heritage 10 : Language and Literature*, edited by John. H. McGlynn. Singapore : Archipelago Press., 46-47.

Ricklefs, M. C. 2007. *Polarizing Javanese Society : Islamic and Other Visions c.1830–1930*. Leiden : KITLV Press.

―――. 2008. *A History of Modern Indonesia since c.1200*. 4th edition, Stanford : Stanford University Press.

Rusdi Chaerudin. 2002. "Kyai Soleh Darat : Penulis Kawitan Kitab Arab-Jawa（Pegon）"（キヤイ・ソレ・ダラット，ペゴンキタープの執筆者）. *Jaya Baya* 57 (2) : 8-9, 48.

al-Samarani, Muhammad Shalih ibn 'Umar. *Majmuʻat al-Shariʻat al-Kafiyat li al- 'Awam*（一般人のためのシャリーア集）. Semarang : Toha Putra.

Sartono Kartodirdjo. 1966. *The Peasants' Revolt of Banten in 1888 : Its Conditions, Course, and Sequel. A Case Study of Social Movements in Indonesia*. 's-Gravenhage : Martinus Njihoff.

―――. 1973. *Protest Movements in Rural Java : A Study of Agrarian Unrest in the Nineteenth and Early Twentieth Centuries*. Singapore : Oxford University Press.

Sartono Kartodirdjo, Marwati Djoened Poesponegoro, and Nugroho Notosusanto. 1975. *Sejarah Nasional Indonesia*（インドネシア国史）. Jakarta : Departemen Pendidikan dan Kebudayaan.

Steenbrink, Karel. 1984. *Beberapa Aspek tentang Islam di Indonesia abad ke-19*（19 世紀インドネシアにおけるイスラムの諸相）. Jakarta : Bulan Bintang.

Sugahara, Yumi. 2009. "The Publication of Vernacular Islamic Textbooks and Islamization in Southeast Asia." 『上智アジア学』27 : 21-36.

―――. 2012. "Towards Broadening the Audience : The Role of Authors and Publishers of Jawi Kitabs from the 19th to 20th Century in Southeast Asia," in *Comparative Study of Southeast Asian Kitabs : Papers of the Workshop held at Sophia University, Tokyo, Japan on October 23, 2011*, edited by Yumi Sugahara, SIAS Working Paper Series 14. Tokyo : Sophia University, 19-34.

Sutherland, Heather. 1979. *The Making of a Bureaucratic Elite : The Colonial Transformation of the Javanese Priyayi*. ASAA Southeast Asian Publications Series. Singapore :

Heinemann Educational Books.

Voorhoeve, Petrus. 1980. *Handlist of Arabic Manuscripts in the Library of the University of Leiden and Other Collections in the Netherlands*. 2nd enl. ed. The Hague and Boston : Leiden University Press.

Vredenbregt, J. 1962. "The Haddj : Some of its Features and Functions in Indonesia." *Bijdragen tot de Taal-, Land- en Volkenkunde* 118 (1) : 91-154.

Woodward, Mark. R. 1989. *Islam in Java : Normative Piety and Mysticism in the Sultanate of Yogyakarta*. Tucson : University of Arizona Press.

第7章 自由と不自由の境界
―シャムにおける「奴隷」と「奴隷」制度の廃止

1 タイ近代史研究における「奴隷」制度とその廃止

2 チャクリー改革期以前のタート

3 チャクリー改革期のタート

4 タートから雇い人へ

5 国際連盟と奴隷廃止

6 おわりに

小泉順子

1 タイ近代史研究における「奴隷」制度とその廃止

一般に土地に比して人口が希少であったとされる東南アジアでは，歴史的に人の保有が労働力の確保のみならず財産としても重要であったと指摘される［Reid 1988：129-136］。シャムにおいても，よく知られるように，19世紀半ば，シャムに長らく滞在したフランス人神父パルゴアが，奴隷（esclaves）は少なくとも全人口の4分の1ないし3分の1に達するとの見解を示しており，その数は相当であったと推察される［Pallegoix 1854 Vol. 1：235, 298；石井1966：4-7］[1]。

ここでパルゴアが「奴隷」という言葉で表現した人々は，タイ語で「タート」と称される人々を指したと考えられる[2]。タートとは，基本的に身価（kha tua）をもつ存在と理解され，後述する『三印法典』には，タートの子，父母に由来する（相続した）タート，贈与されたタート，罪に定められたものを苦しみから救う（贖う）ことにより得られたタート，飢饉時に扶養したタート，戦争捕

---

1) 19世紀半ば，王族たちが保有したタートの数は，多いケースでは数百人に達した。一例として1860年の記録によれば，最多は国王モンクットの長男マヘートウォラシゥウィラート親王で，787人のタートを保有していた。次点はモンクットの弟ウォンサーティラートサニット親王（701人），そして王の次男ウィサヌナートニパートーン親王（556人）が続いた［NL.CMH.R.IV. C.S.1222 No.328］。また遺産の相続にあたっては，身価が綿密に計算され，遺族へ分配された［*e.g.* NL.CMH.R.IV. M.P.P.643］。なおこうしたリストや裁判記録に記されるタートの中には女性の名前がかなり含まれる［*e.g.* NL.CMH.R.IV. C.S.1229 No.178］。本章では，タイ国立図書館に所蔵される未刊公文書史料を次のように記す。National Library（NL.と略記），*Čhotmaihet*（CMH.と略記），*Ratchakan*（R.と略記）のあとにローマ数字で治世を示し，*Čhunlasakkarat*（小暦年，C.S.と略記。ただし年次不明の場合はM.P.P.と記す）を算用数字で記したあと，カタログ番号を示す。

2) その定義はいわゆる「奴隷」よりも広く，他のカテゴリーとの区別もあいまいだった。パルゴアは別のカテゴリーとして「レーク」（lek 登録民）を挙げ，王族や役人に仕える家族と定義し，そこにclients-satellitesとclients-esclavesの二種類があると説明している［Pallegoix 1854 Vol. 1：297］。これはおそらくタイ語で「王族のカー，役人のバーオ（kha čhao bao kha-ratchakan）」と称される人々を指していると思われる。1873年に出版されたブラッドレーのタイ語辞典では，「カー」とは金銭で贖った人，「カー・チャイ」とは使用（チャイ）するための男女のタートという説明が付される。また「カー・タート」という言葉も列記され，使役するため金で贖ってきた男女の「バーオ」と定義される［Bradley 1971（1873）：68］。他方，「バーオ」は人員を管理する大小行政組織の長たる役人の下に置かれる平民（khon phon phrai）と説明される［Bradley 1971（1873）：375］。

第7章　自由と不自由の境界

虜のタート，財貨をもって贖われたタートの7種が挙げられる[3]。なかでも借金・債務を契機とする場合，しばしば「売る」(khai) という言葉が使われた。19世紀中葉以降，欧米人から「奴隷」であると批判され[4]，国王チュラーロンコーンは，文明化政策の一環としてタートを段階的に廃止する法的措置を講じた。1874年「タートの子と自由民の子の年齢別身価減額を定める法律」(以下「新身価法」と略記）が公布され，チュラーロンコーン王の即位の年（1868年）以降に生れたタートの子の身価を，8歳で最高額とした後，年齢の進行とともに減額し，21歳時にはゼロにすることが定められた[5]。その後，1905年には，北部パーヤップ州と後に英仏の植民地となったブラパー州，サイブリー州，クランタン，トレンガヌを除く王国全土に，「ラタナコーシン暦124年（1905年）タート法」（以下「新タート法」と略記）が公布され，上記新身価法では対象に含められていなかったタートの身価を1ヶ月につき4バーツの割合で減額すると定め，かつ新たな売買を禁じた[6]。続いて1908年に制定された刑法では，タートの売買と人を売買してタートとすることが禁じられ，違反者に対して1〜7年の禁固刑，100〜1,000バーツの罰金が科されることとなった。そして1912年4月に，新タート法（1905年）が北部パーヤップ州にも適用されることとなり，タートは王国全土において廃止された[7]。

　同時代の史料によれば，このタートの廃止は摂政チャオプラヤー・シースリヤウォンにより提案され，それに対して国王チュラーロンコーンは当初賛意を示さなかったという理解が当時より示されていたものの [*Straits Times*, 27 June 1874, 18 July 1874; Kullada 2004：47]，後にチュラーロンコーン王による改革（チャクリー改革）の中でも特に高く評価される事績の一つに数えられるようになり，今日なお広く喧伝される。1999年には観光スポットとして知られるバンコク郊外の蝋人形館にタートの廃止をテーマにした展示が設置さ

---

3) *Kotmai tra sam duang*（以下 *KTSD* と略記）[Vol. 2：285-287]，及び石井 [1967：170]。
4) 信憑性に疑問が提起されるが，アンナ・レオノーウェンスの著作はその一例であろう [Leonowens 1873；Leonowens 1954 (1870)]。なお身価がなかった平民 (phrai) を「自由 (thai)」民と理解する立場からは，「不自由民」とも称される [石井 1966；石井 1967]。
5) "Phraratchabanyat phikat krasian ayu luk that luk thai," Sathian et al. 1935-. *Prachum kotmai pracham sok*（以下 *PKPS* と略記）[Vol. 8：197-207] および Krom Sinlapakon [1944：43-53]。
6) "Phraratchabanyat laksana that rattanakosin sok 124" [*PKPS*, Vol. 20：24-26]。
7) "Kotmai laksana aya" [*PKPS*, Vol. 22：114]. "Prakat hai chai phraratchabanyat laksana that sok 124 nai monthon phayap" [*PKPS*, Vol. 24：406-407]。

図1 100バーツ紙幣（裏面）

れた［Stengs 2009：49-55］。また2005年には廃止100周年を祝う記念切手が発行され，100バーツ紙幣のデザインにも，チュラーロンコーン王の即位40周年を祝う事業として建設が開始されたアナンタサマーコム宮殿の天井に描かれるタート廃止のフレスコ画の図版が入った（図1）。図版の脇には，シャム王国におけるタートという慣行が，ひどい抑圧のもとにおかれた戦時捕虜とは異なり自発的な身売りであるとしても，大衆の幸福と利益・繁栄に対する障害の一つであり，シャムが他の国々と同様に繁栄を享受すべくこれを廃止する，としたチュラーロンコーン王の言葉が記された[8]。

　タートの廃止による文明化を強調する評価は，政府等による王室礼賛のナラティブに限られない。例えば1931年に刊行され，このテーマに関する基本文献の1つとされるランガ（Robert Lingat）の『シャム古代法における私奴隷制』も，第6章「奴隷制の廃止」において，制度廃止の背景と動機として，孤立状態の終焉やヨーロッパの産業や商業の浸透とともに，文明化を希求し世界の人道主義的な動きに同調しようとする政府の方針を指摘する［Lingat 1931］。また1970年代以降本格化した社会経済史研究において，タートの廃止は文明的であるのみならず，経済的合理性という観点からも評価された。すなわちター

---

8) 1905年に公布された新タート法前文の一節である。また2009年に，チュラーロンコーン王治世期の公文書史料がユネスコ「世界の記憶」に登録されたが，その重要性を説明する概要中にも，偉大なる王による平和的・法的手段による奴隷解放の成功が挙げられた。

トの廃止はイギリスとの修好通商条約（通称バウリング条約1855年）締結後の経済的変化に対応した動きとしても位置づけられ，条約締結を契機とする貨幣経済の浸透に伴い，タートは次第に雇用労働者と化し，さらに貨幣収入に対する需要増大や土地の相対価格の上昇などを背景に，自由な労働力となったと理解される［Phongnian 1983 ; Chonlada 1990］[9]。タートの廃止を，19世紀後半に進展した新田開発を支えるための移動と就労の自由が認められる労働力形成の一環として位置づけ，ここに経済的合理性をみいだす理解は，今日受け入れられているとみてよいであろう[10]。

本章では，タートの廃止以後，雇用契約を装いつつ前借金により人身を拘束され，売春を強要されるケースが増大したとの指摘もふまえつつ［飯島・小泉2000］，タートの廃止と「雇い人」（luk čhang）の生成をめぐるナラティブを同時代の史料から検討する。両者の境界がいかに成立し，前者から後者への歩みが自由な労働力の形成として自明視されるようになったのかをふりかえり，タートと雇い人を峻別し，後者を自由と見做すことにより看過されてきた課題や史料世界にも光をあてながら，その歴史の生成過程を検討する。グローバル

---

[9] フィーニーもこの制度の廃止は，当時繁栄していた米の輸出を背景に生じた商品経済の拡大と，労働力と土地との相対価格の変化に対応した動きであると指摘し［Feeny 1993］，またチャートチャイも，フランスによる「文明化」への圧力とともに，経済的な要因を指摘し，19世紀後半以降，米の輸出の急速な拡大により，農民にとってタートになるよりも自ら米作を拡大したほうが経済的に有利になる一方，富裕層も価格の上昇が見込める土地に投資し，伝統的な主人＝タート関係に縛られることなく使用できる賃労働者を好んだとする仮説を提示した［Chatchai 1982］。

[10] 例えばWyatt［1984：192, 215-216］, Pasuk and Baker［1995：25］, Baker and Pasuk［2014：52-53, 61］を参照。王権に批判的立場からは，強力な貴族官僚の力を削ぎ，弱かった王権を強化することを目的としたという指摘もなされるが，経済的合理性を否定するものではない。また定義にみるように，このタートはいわゆる「奴隷」に比してかなり幅広い概念であった。それゆえこれをいわゆる「奴隷slave, slavery」とみなすことにより，タイの「奴隷」は強制ではなく自発的であるといった特殊性や，マイルドであるといった自由度を強調する解釈も可能にした［Wales 1965（1934）：58-63］。これに対して多様なタートのあり様を無視し，いわゆる債務奴隷を強調し，戦時捕虜等の悲惨な状況などを看過しているといった批判も近年提起される［Bowie 1996 ; Reynolds 2010］。また「奴隷」の意味をさらに広くとらえて，徭役義務を課された平民すべてを（国王の）奴隷とみなす理解もあり，ここからは王権の抑圧的性格も導かれるなど，正反対の議論も示された。並行して，近代ヨーロッパ思想の中で専制的な東洋としてステレオタイプ化された理解のみならず，これに対抗して主張された「アジア的価値」（個人の自由の役割は少ないと主張）をも批判する立場から，各社会における「本物の自由」観念の系譜をたどる試みもなされ［Kelly and Reid 1998］，例えば，奴隷制度と対抗的に個人の「自由freedom」概念が生成された欧米に対して，タイでは自由概念が国家主権の独立と結びつけられながら成立したという指摘もなされた［Thanet 1998］。

化や自由化の波の中で雇用不安や人身売買が依然深刻な問題である現実を前にして，タートの廃止と自由な労働力の創出との関係を改めて歴史的視野から考え，第一次世界大戦後の国際的な人道主義の流れから冷戦期を経て今日に至るまで，タートや労働の歴史をとらえる視角を制約してきた諸前提を見直す必要があるのではないかという問題関心が背景にある[11]。

2　チャクリー改革期以前のタート

2-1　タート法の中のタート

　以下「タート」とその廃止過程を再検討するが，それに先立ち，チャクリー改革以前におけるタートの様相を，廃止時に問題となる諸点を念頭に，法令と裁判記録の中に確認しておきたい。タートに関して現存する最も包括的な史料は，アユタヤー朝期 (1351-1767) の法令とアユタヤー朝以降の布告・勅令を19

[11) タイ史を一歩離れれば，雇用関係を「自由」とみなす理解に対する疑問や，奴隷と雇用労働を明確に弁別する二項対立的な理解への問い直しが提起されてきた。例えばイギリス史においては，なぜ「雇用契約」が，独立した個人が「自発的」に結ぶ「等価物」の「交換」として理解されるようになったのか，なぜ雇用関係に孕まれる命令＝服従関係が消し去られたのかという問題が提起された。そして雇用関係観が生成される場を丹念に読み解き，契約を通じて形成される雇用関係が支配＝服従関係であるにもかかわらず，賃労働者が自由であるとみなした上で，逆に契約を結ぶ限り労働者は自由であるとみなされるイデオロギーが浸透していく様が明らかにされている [森 1988]。またジェンダーの視点からも，近代西洋社会を形作った自由で平等な個人間の社会契約に基づく市民社会という思想が，男女の権力関係に由来する私的領域における「婚姻(性的)契約」の成立と表裏一体であり，家父長的な男性による支配を前提とし，個人の自発的同意という名のもとにこの支配＝服従関係が正当化されるさまが検討される [Pateman 1988]。さらに非西洋，アジア・アフリカという場において，大西洋の奴隷貿易の二項対立的な枠組みを適用することに対する疑問も改めて提示され，強制や暴力などの見直しや，非奴隷も含めた当該社会のヒエラルキーの中で「奴隷」を検討する必要性も指摘される [Campbell 2004; Campbell 2005; Alpers et al. 2005]。関連して植民地期インドにおいて，同じく金銭を介した関係でありながら，賃労働は自由とみなされ，債務奴隷は不自由とされた矛盾を指摘し，歴史を進歩と見なし，労働をめぐる制度のあり方を，不自由と自由の間に位置づけて説明する視角そのものを再検討する必要性も主張された [Prakash 1990]。またフィリピン史研究では，反奴隷イデオロギーがアメリカによるフィリピンの植民地支配を正当化する根拠を提供したと指摘され，反奴隷を自由と直結させることの政治性に注意を喚起する研究もある [Salman 1993; Salman 2001]。奴隷とその他の人身売買の概念をめぐる問題は Quirk [2006] も参照。

世紀初頭に再編纂した『三印法典（Kotmai tra sam duang）』（1805年）中の「タート法（Phra-aiyakan that）」である[12]。法の前文で，タートは「使役可能なタート」と「使役不可能なタート」に大別され，前者として，先にみた財貨をもって贖われたタートなど7種が挙げられる。この内，中心を占めていたとされるのが，財貨をもって贖われ債務を負うタート（that sin thai）である。このタートは，さらに，年齢・性別に応じて定められた法定身価満額で贖われたものと法定身価未満で売買されたものに二分された。ちなみに男性の法定身価最高額は56バーツ（26～40歳），女性は48バーツ（21～30歳）であった。法定身価満額未満で売買されたタートについては，所有権が完全には移転しない。逃亡した場合に，売り手が買い手にその身価を返済する義務を負う一方，売り手は新しい金主から受け取った金額を返済すれば受け戻す権利を留保するなど，「信託」「質入」に近い，いわば買戻し条件付きの売買である。この場合，債務に利息が発生するが，これを金主のもとに起居し労働する形で支払うケースと，現金等で支払うケースの2通りあり，とくに後者は「利子支払いタート（phuk dok）」と称された。一方身価の満額をもって贖われたタートは，所有権が完全に買い手に移転する。ひとたび受け渡しが完了すれば，売った側は，逃亡も含めてタートの行為に対する責任は負わない。なお，いずれの場合においても「（売買）証書（san krommathan）」が作成された［石井1967：169-177］。またサクディナーと称されるシャムの位階制の下では，タートは最下位におかれていた。

　タートの労務として具体的に言及されるのは，家内労働一般，家畜の世話，田畑の耕作，商業活動などである［KTSD, Vol. 2：293, 296, 299, 310, 325］。また法定身価で売買したタートについては，買い手たる主人が何らかの形で王から罪に問われれば，主人の身代わりに処罰を受けることも認められていた（第5条）［KTSD, Vol. 2：289-290］。なお買戻し条件付きで売られたタートは，必ずしも買い手の下で使役されるとは限らず，誰か他人の雇い人として働くケースもあった（第29条）［KTSD, Vol. 2：290-291］。また妻の中にタート妻というカテゴリーがあり，ここでは夫婦関係と金銭関係とが重なっていた［小泉2006b：第3章］。

　買戻し条件付きのタートの場合，タートが悪人であったり，金主の気に入ら

---

12) タート法は，タートの売買，使役，逃亡，二重売買，病気などのトラブルに関するさまざまなケースを挙げる。中でも中心は，金銭の貸借関係と資産としてのタートの管理をめぐる規定である。

ない場合の措置も規定され，買い手は身柄を返却して身価の返済を求めることができ，売り手側は返却を受入れねばならないとされていた（第5条，第7条）[*KTSD*, Vol. 2：289，290-291]。また買い手が使役し始めて3年に満たないうちに，タートが強盗など悪事を行った場合には，売り手に身価を満額返済させるという規定もあり（第13条）[*KTSD*, Vol. 2：294]，売り手がタートの行状に対して責任を持つべきであると考えられていたことがうかがわれる。さらに教え諭すことが不可能な悪人であれば，売り払うこととされた（第8条）[*KTSD*, Vol. 2：291]。そして金主がタートに対して立腹した場合，懲りさせ恐れさせるべく叩くことは容認されるが，首枷，足枷，鎖による拘束，監禁，暴力は禁じられ，負傷させれば不法行為として罰金が科された（第8条，第9条）[*KTSD*, Vol. 2：290-292]。また買戻し条件付きのタートを殴る蹴るして障害が残れば，身価の3分の2が減免され，死亡させれば金主も同様に命を絶たれることとされた（第53条）[*KTSD*, Vol. 2：317]。

これに対して，法定身価以上で売買されたタートの場合，金主が叩く・殴るなど暴力を振るっても処罰の対象とされないとする（第42条）[*KTSD*, Vol. 2：312]。ただしこの条文では，特に身価が120万ビア（女性）もしくは140万ビア（男性）という条件が付けられており[13]，法定身価よりもかなり高額のケースを想定しているようにも理解できる。なお，タートの婚姻に関わる規定も含まれるが，その多くは子供の所属問題を扱っており，婚姻そのものは規制されていない[14]。

---

13) ビアとはタカラガイ。貨幣として用いられ，1バーツは6,400ビア相当とされる。これに従い換算すると，120万ビアは187.5バーツ，140万ビアは約219バーツとなる。

14) 加えて，ラタナコーシン朝（1782―）初期の勅令によれば，タートは徭役義務も負い，入墨登録の対象でもあった。即位後間もなく一世王によって公布された「新勅令5」（1784年）は，困窮してタートとなったプライ（phrai「自由民」）について，それまで王の諸事1ヶ月と金主の使役1ヶ月を交互に年間合計半年づつ義務づけていた規定を改め，王の諸事，金主の使役，自分の生活を1ヶ月毎に交代し，それぞれ4カ月間と定めた[*KTSD*, Vol. 5：205-207]。なお，1788年には，プライの減少を懸念して，プライ・ソム（「私民」）を売り，プライ・ルアン（「王の民」）の子や孫を贖うことを禁止し，すでにタートとなっているプライ・ルアンは国王が贖い戻し，今後プライ・ルアンを贖った場合には，その身柄を返還させ，売買を帳消しにするとしている（新勅令18）[*KTSD*, Vol. 5：260-263]。この布告により，部分的であれタートとなることが禁じられたとみなすこともできよう。

2-2　公文書記録にみるタート

　19世紀中葉には，タートをめぐる訴えが多数発生し，公文書記録に残される。主に逃亡や債務返済が問題になっており，身売りや転売が複雑に絡むケースも多くみられた。ここではタートの廃止時に示されたタートに関するナラティブや，雇い人がおかれた状況，および雇い人に対する措置との比較において有益と思われる１つの事例として，1840年代半ばにバンコクの西方ナコーンチャイシーにおいておきたイー・セーン（以下セーン）という女性のケースを紹介する［NL.CMH.R.III.C.S.1209 No.40］。

　セーンは，困窮してアムデーン・ブアプ（以下ブアプ）という女性に身売りした。しかし，何らかの理由でそこに居られなくなり，セーンはアムデーン・パーン（以下パーン）という女性に（自分を贖うよう）借金を請うた。そこでパーンは，セーンをタートとして贖い，身価72バーツと記載した売買証書を作成した。するとブアプは証書に記した金額以外にさらに4バーツを要求し，またセーン自身も12バーツを上乗せするよう要求した。その結果，借金（身価）額はあわせて88バーツとなった。パーンはセーンを家に起居させ使役したが，3～4ヶ月後，セーンは逃亡してしまった。そこでパーンが，某氏に20バーツを支払って捜索させたところ，プラヤー・ナコーンチャイシー（ナコーンチャイシーの国主）のもとにいることがわかった。それを知らされたパーンは，自らが仕えていたサワディウィチャイ親王（一世王の第30子）に訴え，親王は，プラヤー・ナコーンチャイシーにセーンの身柄返却を命じた。結局パーン側が売買証書を示せばセーンはパーンのもとに返却されることとなったが，セーンがパーンのもとに戻ることを望まない場合には，パーンに対して元金・利息ともに借金を清算して（逃亡していた間の損失に対する）賠償金を支払えば，これにて一件落着とすることとなった。

　ここでセーンは，自らを売り身価の額を交渉し，またその額はいわゆる法定身価の上限を超えていたが，借金を返済して自らを買い戻すことも認められていたといえる。他にもタート自ら身価の上乗せを要請したり，あるいは金主のもとに起居する代わりに利子を支払うプークドークと称される形を選択したと考えられるケースや，複数の金主を巻き込んだ借金の条件交渉というケースもあった[15]。またタートが金主を嫌い債務の返済を希望した場合，金主が返済金

の受け取りを拒否することは違法とされていた[16]。さらに，逃亡，債務返済，二重売買，利子不払い，借金証文の真偽などをめぐる問題の中には戦時捕虜に関わる事例も含まれていることも確認でき[17]，カテゴリーを問わず複数の金主が絡んだ身売りが浸透していたこともうかがえる。無論タートに対する暴力や殺人が発生していたことは否定できないが，その一方でタートは時には自ら債務の条件交渉を行ない，訴訟もおこす主体でもあった。加えてこうした記録の中にタートという存在を賤しめる言葉は，管見の限り見いだせない。

3 チャクリー改革期のタート

3-1 タートをめぐる新たなナラティブ

「タート」はいわゆる債務労働も含む多様な人々を内包した概念であったが，19世紀中葉以降いわゆる「奴隷」として西洋人から批判されるようになり，並行して「雇い人」との対比を意識した労働力としての評価が現れてくる[18]。チュラーロンコーン王は，1874年8月12日，枢密院で「タートと年齢別身価について」見解を示し[19]，タートは多額の税を支払う必要も，自ら稼いで生活する必要もなく，主人の食に依存し，仕事があれば働くが，なにも仕事がなければただ寝ていると述べ，また少しばかりの資金を得られれば，みな博打に使っ

---

15) タートの側からプークドークを請う例として，NL.CMH.R.III.C.S.1207 No. 259, No. 271なども参照。
16) 借金返済の受け取りを拒否した金主をタートが訴え，金主に受け取りを命じる判決が下されている [NL.CMH.R.IV.C.S.1220 No. 170]。
17) 例えばNL.CMH.R.III.C.S.1207 No. 297を参照。1840年代半ば，プーと称する戦時捕虜の女性がルアンという男性と駆け落ちし，ルアンはプーとその娘を別の人物に売った代金でプーの身価（50バーツ）をプーの元の主人に支払ったが，プーはルアンの妻となることを拒否し，元の主人の息子のもとに逃亡し，ルアンに76バーツを返済すると主張した。
18) 1880年の英国領事による商務報告（*Commercial Report by Her Majesty's Agent and Consul-General in Siam for the Year 1880*）は，"slavery"の存在により，製造業や熟練労働が欠如していると指摘する。
19) "Phraratchaprarop nai phrabatsomdet phra chunlachomklaochaoyuhua wa duai ruang that lae kasian ayu" [Krom Sinlapakon 1944：32–42].

てしまうと非難した。そして悪事に手を染めてタートにもどることのないよう，自らの手で生計をたてるべく学校教育の重要性を強調した。ここにみてとれるのは，仕事ぶりを基準にして，タートを他者に依存し，賭事などに興じる怠惰な人間とみなす理解である。

同様の見解は，チャクリー改革を推進した王族・官僚が多数寄稿した『ワチラヤーンウィセート（*Wachirayan Wiset*）』誌[20]に掲載された記事でも強調されている。例えば1888年8月から9月にかけて連載された「母から息子への教え」では，タートは，金と引き換えに身も心も売る恥知らず，勇気，忍耐，勤勉などの「文明」的価値意識すべての対極に置かれる怠惰で劣悪な輩とみなされ，恥ずべき慣行と非難された[21]。

またチュラーロンコーン王の異母弟で地方行政制度を中心に統治改革の一翼を中心的に担い，後にシャム歴史学の父として称揚されるダムロン親王も，1890年8月から10月にかけて，同誌上に4回にわたりタートを解説する文章を連載した[22]。そこでダムロンは，サンスクリット語源に遡り「タート」に悪や野蛮の意味を見出したうえで，英語の"slave"とも一致するとして両者を同義と位置づけた。そしてタートを，奴僕，もしくは財産となっている個人，あるいは誰か他人の意のままにされる存在で，正当なる権力をもつ人の支配下に置かれて使役されるか，主人の権力行使によって行動を強いられる存在と説明した[23]。さらに，タートは世界各地で古くからみられる慣行であるとし，ヒンドゥ，ユダヤ，ギリシャ，ローマ等の文明を遡り，それぞれにおけるタートの様子を説明した[24]。こうしてタートは主体性を欠く奴隷として普遍化され，世界史や人類史の中に位置づけられることとなった。そしてこのようなタートを人類の

---

20) 『ワチラヤーンウィセート（*Wachirayan Wiset*）』（週刊）として1884年から発行された後，1894年から1905年まで『ワチラヤーン（*Wachirayan*）』（月刊）して刊行された。

21) "Manda son but," *Wachirayan Wiset*, Vol. 3, No. 44：346-349；Vol. 3, No. 45：354-356；Vol. 3, No. 46：362-364；Vol. 3, No. 47：370-372. 詳細は飯島・小泉［2000：133-134］を参照。

22) "That katha," *Wachirayan Wiset*, Vol. 5, No. 45：529-532；Vol. 5, No. 46：541-543；Vol. 5, No. 47：553-556；Vol. 5, No. 51：601-604.

23) 後年芸術局が発行したタート廃止に関する資料集に，関連する布告などと共にダムロンのこの文章も収録された［Krom Sinlapakon 1944：1-21］。

24) ここでは中国や北米における奴隷の記述を欠く。なお *Bangkok Calendar*（1861）に添付されたタート法の英訳は，そのタイトルを Laws of Slavery と訳したが，7種のタートの説明など，条文では bond-servant や pawn という言葉が使われる。その後1880年にタート法の英訳を出版したスミスは，タイトルをはじめ全文にわたり slavery と訳し，後世の人々は，現国王を賢明でよき国王として賛美し記憶にとどめるであろうと評価した［Smith 1880］。

歴史に位置づけるナラティブは，後述する国際連盟における奴隷禁止をめぐる議論を経て，チュラーロンコーン王によるタートの廃止を高く評価する理解へとひきつがれていく。

他方，1890年代には1868年以降に生まれたタートが21歳に達して身価を免じられる時期を迎えたこともあり，タートと対比しながら雇い人を説明する文章も同誌に掲載されるようになる。例えば「タートを使うのがよいか，雇い人（luk čhang）を使うのがよいか」（1890年11月27日）と題された一文では，両者を直接比較し，その損得を検討する。まず，タートと雇い人を簡単に比較し，一見タートの方が有利だという大方の見解を次のように説明する[25]。

> みなすべてタートを使役した方が雇い人を使うよりも使うお金は少なくてすむことを知っている。なぜなら，贖ってくれば，ただで使役でき，適宜食事を与え，着る物を与え，住む場所を与えるだけでよいからだ。タートが［金主のもとに］居たくなければ，元金を調達して［借金を］完済する。一方雇い人は，住む場所を与え，食事も与え，その上に月給も支払わねばならない。どこかにいってしまっても雇い主は金を返してもらえない。これだけをみれば，われわれの多くが考えるようにタートの使役にかなうものはない。

続けてタートの労働力を使役して生活をし，生計をたてるものの数は多く，またタートになりがる気性やタートである人もいまだに残っていると述べ，タートを使うという気性は我々の間に深く浸透していると指摘した。

加えて貴族官僚などの下僕（kha）や代理人（thanai）も取りあげて，こうした人々は身価がないという点でタートとは異なるが，ただで使役され，また主人の代わりに処罰を受けるなど，主人の所有とみなされ，実質はタートと同じであると指摘した。ただし下僕については，タートに比べて主人がご機嫌をとる必要があるとも述べている。

続いて，人が自らタートになることを受け入れる道として，(1)下劣な性癖，悪行を行う人間が，例えば賭博や盗み，飲酒などで投獄されそうになり，（それを免れるべく）金を工面するため誰かのタートとなる，(2) 将来の災禍から免れるために，（王族や役人のもとに）身を献じ，庇護を受ける，(3) 誰か主人となる人のもとで使役され，将来の利益獲得をめざす，という3つを挙げた。

---

25) 以下 "Chai that di ru chai luk čhang di," *Wachirayan Wiset*, Vol. 6, No. 4：37-40.

このような説明後，今度はさほど金を使わずにすむという点を除き，雇い人の方がタートよりもすぐれていると主張する。その理由は，以下に示す概要から示唆されるように，タートの主体性の欠如や性根の悪さである。

> 一般に金主はタートを贖い，タートにさせるべき仕事があれば，水汲みから，米搗き，家の掃除など，すべてさせる。こうして使役できるタートをもっている人は幸せである。タートの労働力から幸福を得ている。(中略) しかし主人の幸福を支えるタートの身になれば，話しは別である。もともと何か不幸な事態のために金が必要となり，借金のかたに身売りをした。ただ金の必要性に駆られただけだ。必要に応じて金さえ得られれば幸せである。得られた金はすぐに使い果たし，商売の資本とするために借金する場合とは異なり，自分の意志でいくら働いても賃金は得られず，もし金主の気にいらなければ処罰されてしまう。(中略) こういう状況では，適当に咎められない程度に働き，あとは仕事を回避し自分の快楽を求めようとする。なぜなら，咎めがなければ，なぜわざわざただで疲れねばならないのか，ということになるからだ。往々にしてタートの性癖とはこういうものである。(中略) 金主が親切ならば怠け，残忍でしばしば鞭で打てば，最初は少々の効き目はあるが，長続きはしない。というのは，頑固で厳しい主人を嫌い，金を得て［身価を返却し］他人のところにいってしまうだろう。結局残るのは頑固で反抗的でだれも贖おうとしないタートで，追いだそうにも元金が惜しいし，使役しようとしても力に余る。(中略) 賭博に興じ，アヘンを吸うものが多いことは言うまでもない。

こうしてタートによい仕事をさせるのは困難であり，雇い人1～2人分の仕事に対して5～6人のタートが必要であると指摘した。他方，雇い人にはタートのような難しさはなく，賃金を得たいがため，失業を恐れ，雇い主の命じる仕事は進んで力いっぱい行うとしている。またもし雇い主が気に入らねば解雇が可能な一方，雇い人も辞めることができ，良い雇い人であればあまり反抗せず，雇い主も辞められることを恐れて過度に使役しなくなるため，双方にとって望ましいと説明する。

これらの条件からタートは雇い人にはかなわないという結論を導いたうえで，さらに「利子支払いタート」（プークドーク）についても言及し，債務の利子支払いのため他所で雇われて賃金を得るケースでは，利子を支払った後，タートの手元に給金が残るのであればよく働く可能性があることも指摘したが，金主が給金すべてをとりあげることもあり，その結果働きぶりが悪くなる例も目

にしたと述べる。そして結局タートを保有するという慣行は，悪徳であり，国や人々の繁栄に反するとして締めくくっている。

その後，1894年12月に『ワチラヤーン』誌に掲載された「稲作は，如何すればよい収穫を得られるか」という一文は[26]，米の取引の増大に伴い，稲作が急速に拡大し，その収量増加に対する関心の高まりに応えて，稲作農家の経営を議論し，経営規模，必要労働力，生産，収益を具体的な数字を挙げて検討しているが，やはりタートの使役には否定的であった。タートを使役する場合の問題点として，まず贖ったタートが逃亡すれば（持ち主は）困難に陥り欠損が生じること，そして，たとえ逃亡せずに田を耕作させたとしても，金主のための働きぶりは，タートが自分自身のことを行うのに比し勤勉さに劣り，さらに生まれつき性悪なものもいるため，収穫を見る前に，水牛や耕作用の道具が尽きることもあると指摘した。そして，収穫の際に金主が得られるのは全収穫の半分に満たず，タートの食費やその他必要な初期投資の元をとることはできないだろうとした。

その一方で，雇い人の使用についても否定的であった。しかしその理由は，働きぶりや人格的問題ではなく，まず十分な数の雇い人を確保するのが難しいこと，また確保できたところで経済的に見合わないという問題だった。そして雇用労働でも収益を得られないことを示すため，具体的に1,000ライ（1ライ＝0.16ha）の土地を購入し，70人を雇って稲作を行い，1ライあたり0.3クイエン（1クイエン＝約2,000リットル）の収量（並の作柄）をあげるという想定のもとに収支を計算し，結局，1,100バーツを超える赤字が生じるという結論を導いた。最後に大規模な土地を所有して小作に出した場合の収支を細かく計算し，結論として小規模自営農か，大規模地主の場合には小作にだすことを推奨した[27]。

3-2　自由で自立した「雇い人」像

怠惰や性癖劣悪を強調するタート像が語られるようになると，雇い人に関し

---

26) 以下 "Kanthamna cha dai phon di yangrai," *Wachirayan*, Vol. 3：265-274.
27) これに先立ち *Bangkok Times* 紙上では，奴隷制の廃止により米の輸出が停止したり，治安が悪化するか否かをめぐり議論が交わされた ["Slavery in Siam," *Bangkok Times*, 26 November 1892]。

て自立を強調する新たなナラティブが生まれた。1892年4月に『ワチラヤーンウィセート』誌に掲載された「雇い人とは何か」[28]という文章は，雇い人を，身体の力や言葉の力を交換する人と定義し，次の2種類があると説明した。まず（1）事務員や製材所の職人など，地位に応じて特定の職務を果たし，労働時間が規定され，仕事が終わると帰宅し，雇い主に養われる必要のない人々，そして（2）自分の能力や志望に応じて働き，賃金を支払う雇い主のところで起居し食事を得る人々で，例としてボーイや苦力などが挙げられている。いずれも契約によって賃金などの条件が定められ，生まれや家柄，身分にかかわらず，能力があれば雇い人となり，仕事の出来・不出来に応じて労賃を得るとしている。ただしビアワット（国王から下賜される年金）を4バーツ以上受け取る者は，王のための公務についているため，雇い人にはなれないとも述べる。

　自己の能力に応じて契約を結び労働に従事し，それにより得られた賃金は自由の根拠とみなされた。文部省教育局長の命により1900年に刊行された『タンマチャリア（Thammačhariya）』は「［少しづつお金を貯め］資産がある人は，喜びを以て世界をみることができ，苦しみはない。なぜならば，厄業が災禍をもたらしても，財産を頼りにして自らを苦から救うことができる［からだ］。」と述べ，蓄財を勧める。そして，「こういう人は一生心から快適に過ごすことができる。友人同胞に迷惑をかけて怒りを買うこともないばかりか，友を助け，チャート（国家・民族・国民）の威風を高めるからだ。年老いても自らを支える資本があるので困ることはない。すなわち自らをしてタイたらしむ人間である」として，「タイ」（thai）であることを強調した[29]。

　また「タイ」という言葉には注が付され，「タートでないこと，借金のないこと」との説明があり，「自らにおいてタイという状態を有する人」とは，「われわれタイの人々（khon thai rao ni）のように，誰のタートでもなく，誰にも借金を負っていない人間」という解説がつけられていた[30]。他方，同書においてタートは，「自己のための活動—自己管理」と題された章で自己を失った存在として表される。「自らの欲望を増大するままに放置すれば，欲望のターサー

---

28) "Luk chang khu arai," *Wachirayan Wiset*, Vol. 7, No. 27：317-318. 言葉の力を使う雇い人として事件の審判に雇われる弁護人の例も挙げる。

29) "Kit khong manut thi čha tong kratham samrap ton eng：Khwam kep hom rom rip"（人が自らのために行うべきこと—少しづつ貯めること）[Phaisansinlapasat 1900：92-100].

30) Phaisansinlapasat [1900：102]. ここで「借金のない人」と「タイ人」という2つの意味が重ねられているかは検討の余地がある。

（女性のタート）にならざるをえない。そうなれば，いつも怒鳴ったり鞭打ったり殴ったりする残酷な金主をもつよりも困苦に喘ぐことになる。この欲望というのは凶暴な主である」と指摘している［Phaisansinlapasat 1900：29］。

19世紀末以降，タートはいわゆる奴隷と同義とみなされ，賭博好きや怠惰，他者への依存など，個人としての資質や性癖を問題視する語りが生まれ，廃止に向けた法的措置が講じられた。その一方で，雇い人は自己規律を身につけ経済的に自立した自由な個人という側面が強調されることとなった。またそれは国家の独立，国家への貢献という文脈に位置づけられた新たな語り口でもあった。そしてこのようなタートと雇い人をめぐるナラティブは，その後もくり返されていく。

4　タートから雇い人へ

4-1　雇い人に対する暴力

さて怠惰で他者に依存したタート像が示される反面，雇い人の自立が主張されるようになったが，実際にはタートと雇い人の境界はあいまいで，また往々にして既存の身分的秩序が優先された。金主とタート双方が困窮せぬよう廃止に40年以上をかける緩慢な方法が採用され，その結果，廃止は混乱なく進んだと公定史は想定するが，多くの問題が生じていた。

中でも早い時期から問題になったのは，雇い人として前払いで賃金を受け取る契約をした娼婦たちである。それまでこうした女性たちは首都の巡察隊長の印を得て売買証書を作成していたが，1874年に制定された新身価法に基づき1868年以降に生まれたタートが21歳を迎えて身価を免じられる1890年代初頭に至り，新たな売買証書の作成が不可となり，実態は変えぬまま雇い人として契約書を作成するに至ったことが背景にある。契約書は港務左局（Krom Tha Sai）の役人のもとで作成することとなったが，娼婦に課された「道路開発税」を徴収した徴税請負人は，女性たちが徴税規定に従って警察で作成した売買証文を保有していなかったため，違法であるとして身柄を拘束して罰金をとりたて，問題となった[31]。結局，こうした契約が，身価の減免措置を避ける方策に

なっており，売春の強要も含めて多くのトラブルが発生していることが判明した。また契約書に捺印する港務左局の中国人役人が契約内容をチェックしていないと厳しい批判も表明された。議論の過程で自発的な雇用契約とタートの相違が明確になっていない点も問題となり，1895年，民事裁判所では，『三印法典』のタート法に基づき，金主がタートを叩き，監禁し，罰する行為は合法であるが，契約を結ぶ雇い人に対しては，契約内容に違反があっても雇い主はこれを勝手に処罰することはできず，法に基づき裁判所にて訴えを起こさねばならないとし，売春を強制する契約は違法であるとの見解が示された。だが結局旧来の売買証文と同様に巡察部隊の印を契約書に押す形に改める以上の措置はとられなかった。

　その後の状況をみると，雇い主が平民の場合には処罰されるケースがあるものの[32]，王族や役人の場合には雇い人の主張は認められず，雇い主の暴力は容認された。例えば1900年，260バーツの前渡し金を月々4バーツ返済するという契約で受領して，王族プラワート（ナコーンチャイシー親王の妻）の雇い人になったウォンという女性のケースをみてみよう。ウォンの言い分では，1900年10月19日午後，ウォンが外出から戻ると，プラワートに，なぜ彼女のための仕事をしないのかと咎められたので，自分の当番は夜の1時から5時であり，

---

31) NA.R.V.N.4.1/1に依拠する。タイ国立公文書館未公刊所蔵史料はNA.と略記し，続いて治世をR.とローマ数字で記した後，省の略号とカタログ番号をアルファベットと数字で示す。N.は首都省（Nakhonban）。

32) 売春を強制されているという訴えが多発する事態に対して，当初警察は，タートであれ，雇い人であれ，売春に至った経緯を詳細に聴取し，そこにかどわかしや，強制，暴力の痕跡が認められれば，不正義があったとして金主を処罰していた様子がうかがわれる [e.g. NA.R.V.N.8.12/2]。しかし20世紀初頭になると，官憲側の対応に変化がみられ，娼婦本人の意志を形式的に確認し，そこで「同意」「非同意」の返答を得られれば，あとは問わないという姿勢が顕著になるようにみえる。1908年以降，娼館，館主名，住所，娼婦の数を記した登録リストが作成され，娼婦は「同意し自分自身で稼ぐもの」「雇い人として契約したもの」「雇い人として館主と利益を分ける契約をしたもの」に形式的に分類され，数のみが記入された [e.g. NA.R.V.N.8.12/21；NA.R.V.N.8.12/24]。警察は，実は暴力的な状況の中で意に反し強制された場合もあることを知りつつ，保護を求めない限りは不問に付した [NA.R.V.N.8.12/20]。本人の意志を前提にする姿勢は，売春をめぐる法規定にもみてとれる。1906年に提案されながら制定に至らなかった「娼館・娼婦規制」と，1908年に施行された「性病予防法」を比較してみると，前者の法案段階では，娼婦は，雇われて男性との無差別な性交渉に身を委ねることを（屈服して）受け入れる女性と定義されたが，2年後に制定された法文においては「賃金（という利益）を受け取り淫行に従事する被雇用者」という表現になった [NA.R.V.N.8.12/19；*PKPS*, Vol. 21：345-354；NA.R.V.N.8.12/33]。なおこうした娼館経営は，中国人秘密結社とも関わりがあり，官憲の介入が難しかった。

その日の午後は非番だと答えたところ、直ちに捕らえられて40回鞭打たれたとのことであった。そこで、ウォンは、自分はただの雇い人であり、このように鞭打ちに処すべきではないと抗議し、プラワートに対する300バーツ余りの罰金と、64バーツ分の前渡し金の棒引きを求めて民事裁判所に訴えた。その後再び11月16日にも鞭打たれ監禁されたため、さらに130バーツあまりの罰金増額を要求する訴えも起こした。しかし、法相が国王に訴えを受理すべきか仰いだところ、国王は「とるにたらぬこと」だと述べ、結局宮内省内の裁判所で調停にて処理されることとなった[33]。

　また次にみるパオという女性の事例は、雇い主が役人であったが、ここでも国王が雇い人に対する雇い主の暴力を容認する姿勢がみてとれる [NA.R.V.Y.13.4/38；Loos 1998：54-56]。パオは、プラヤー・スラナートセーニーという役人夫婦から前借金をした雇い人であったが、夫婦は自分の子の使用人として王宮で働かせた。ところがその子が、パオの行いが悪いとして、木で叩いて負傷させたため、パオは、子の雇い人ではなく、不当に叩かれたと訴えた。一審の判決は、被告が雇い主の子であれば処罰する権限があるとしてパオの訴えを退けた。そこでパオはチュラーロンコーン王に直訴したが、王はこれを棄却すべしとし、タートであろうと、債務者であろうと、雇い人であろうと、原告は法律を楯に「イッサラ（itsara）」な振る舞いをし、主人をひどい目にあわせようとしているとして、人格に対する強い不信感と非難を表明した。当時「イッサラ」という言葉には「大なること（pen yai）」という意味があり [Bradley 1971（1873）：806；cf. Caswell 2001（1846）：757；Loos 1998]、雇い人は身分的に劣位におかれていたことがうかがわれる。

　王族の中でも比較的身分の低いものに対しては暴力的行為が容認されていた様をうかがわせる例もある。1900年、下級王族パーンが、ボーディンパイサーンソーポーン親王（三世王の第48子）により、鞭打ち・監禁され、お椀で頭を殴られ、靴で顔を3、4回叩かれたとして訴えたケースでは、パーンは自ら親王に身を売ったタートであると述べたが、裁判記録には使用人と記された。だ

---

33) NA.R.V.Y.13.4/22. 類似のケースとして、NA.R.V.Y.13.4/27を参照。ラマーイという女性が、鞭打ち、監禁の廉で王族女性を訴えている。王族に関わるケースということで、国王は宮内省の法廷で裁判を実施することを認めたが、その後の経過に関する文書は残っていない。ラマーイの証言によれば、彼女は賃金前払いを受けて調理関係の担当者の雇い人になり、1902年、王族女性に命じられて、鶏のスープを作った。ところが翌朝それが腐っていたため、竹の棒で70回余り叩かれたうえ、足で9-10回踏みつけられ、鎖に足をつながれて監禁されたという。

が結局, 親王は一族の中でも高位の有力者であり下僕を鞭で教戒する権力があるという理由を以て, この訴えは退けられた [NA.R.V.Y.13.4/23]。

さらにこうした暴力が死をもたらしたケースも記録に残る。1906年11月, トンブリーのプラドゥーナイ寺に不審な女性の遺体が埋葬されたという情報を得た警察が調べたところ, 全身に傷を負った25～6歳の女性の遺体が発見されたという事件では, 捜査の結果, 遺体は王宮の女官ターオ・ウォーラチャンの雇い人ヌーイであることが判明した。警察は鞭打ちや鎖による拘束などターオ・ウォーラチャン宅における暴力的な処罰による傷が死因と認め, 主人たるターオ・ウォーラチャンの責任は免れないと判断した。しかしその刑を量定するにあたっては身分位階が考慮され, ターオ・ウォーラチャンがサクディナー3000を与えられた高位の女官であることから, ヌーイの身価に応じた罰金を課すにとどめ, 2年の禁固刑は罰金で代替されることとした。他方, 実際に手を下したとされる使用人は禁固刑に服することとなった [NA.R.V.Y.13.4/41][34]。

以上は女性のケースであったが, 男性の場合も, 1890年代末に労働者の契約をめぐる訴えがあったことを確認できる。ただし船賃などを鉱床主に前借りしてプーケットにきて錫鉱床で働く中国人労働者が借金を返済せずに逃亡する

---

34) ヌーイは全身に傷を負い腹が腫れ上がった状態で, 王宮の3人の女官によりトーンディという女性の家に運び込まれ, そこで赤痢を発症したうえ流産し2週間後に死亡したため, トーンディは2名の男を雇って寺に搬送して埋葬した。直接の死因を特定できなかった警察は, 王宮内の女官や王族も含めた関係者への事情聴取の結果, ターオ・ウォーラチャンの家で使用人が鞭で打たれる音を聞いたという証言を得た。水を汚した, あるいは飯米を生煮えにしたといった理由でヌーイが鞭で打たれたと具体的に証言する女の使用人もいた。ターオ・ウォーラチャンは, ヌーイは320バーツをターオ・ウォーラチャンから借金した雇い人で, 逃亡後連れ戻したところ, 身体が腫れ上がり, 妊娠していたため, 療養のためにトーンディの家に送り看病させたと自らの関与を否定した。他方ターオ・ウォーラチャンの使用人は, ヌーイを鞭で打ったことを認め, 自分の判断だったと述べた。さらにヌーイの夫クルンの証言から, ヌーイは1903年に320バーツの借金をしてターオ・ウォーラチャンの使用人となり, 毎月4バーツの賃金を差し引くという契約書を作成したが, 1904年8月にクルンと一緒に生活するようになった状況が明らかになった。しかしターオ・ウォーラチャンは, ヌーイを捕えて鎖につないで拘束したため, クルンはヌーイの身柄を保証して借金を引き受ける証書を作成したという。その後ヌーイは身柄を解放され, ターオ・ウォーラチャンのところで使役されたりクルンのところに戻ったりしていたが, 1906年2月にクルンのもとに戻ったまま, クルンもターオ・ウォーラチャンからの借金の返済催促に対応しなかったため, ターオ・ウォーラチャンは警察に訴えたという。その結果, 7月末にヌーイの身柄はターオ・ウォーラチャンに引き渡されたが, クルンは, その時点でヌーイの身体に問題はなかったと述べた。

ケースが相次いだため，前貸しした船賃等を踏み倒されるのを恐れた雇い主側が窮状を訴えたというものだった。錫産業や関連分野からの税収はバンコクのエリートにとっても重大な関心事であったため，急ぎ閣議で対応が検討され，契約を保護する名目で新たに「ラタナコーシン暦117年契約違反令」（1898年）が公布された。その前文で，この法がタートの如く前借金をさせた雇い人を低賃金で使役する雇い主の不正行為の防止も意図していることが謳われた。しかし，主として想定された処罰の対象は，故意に契約に違反した雇い人であり，禁固刑や罰金刑を課すこととされた［NA.R.V.M.1.3/6］。

4-2　雇い人と身分関係

タートの売買証文を債務労働の契約証文に書き換えることは，官憲の眼を逃れ違法行為を隠ぺいする手段というよりは，半ば公然と認められていた方策といえるであろう。1905年に新タート法を公布するにあたり，賃金を前借金して贖う方法が使われているためにタートを廃止しても特に影響はないという見解も示されており［NA.R.V.M.1.3/8］，タートの廃止がさしたる混乱を招かなかったとすれば，それはこうした債務労働を温存したことにもよると考えられる[35]。

加えて雇い人や身価を免じられたタートが身分関係から逸脱できたわけではなかったことにも留意する必要があろう。先に述べたように，タートの廃止は1874年に公布されたタートの子の身価減免に関する布告に始まったが，この布告は，1868年以降に生まれたタートに限り，21歳になり身価がゼロになった段階で「身価を免じられたタート」として入墨登録することとしている。したがって身価を免じられてもタートの一カテゴリーにとどまっていたと考えられる。その後1905年に公布された新タート法では，金主はタートの身価を毎月4バーツ減じることを規定したが，身価がゼロになった段階での身分については言及されないままであった。また身価をゼロに減じられて「自由」（タイ）な雇い人となっても「大をなす自由」（イッサラ）とはみなされないという認識があったことも再確認する必要があろう[36]。

タートの廃止と並行して1902年に人頭税が，1905年に徴兵制が導入される。

---

35)　稲作においても，大農家では「普通ノ雇人少クシテ多クハ給金ヲ前貸シタル一種ノ奴隷」を使っていたことが報告される（「暹国稲作状況」『官報』第6441号，明治37年12月17日）。

人頭税は，王族，役人など14カテゴリーの免除該当者を除き18歳から60歳のすべての男子壮丁に一律年に6バーツが課され，タートについても，金主の家で使役される場合には金主が，他所で労働して利子を払う場合にはタート本人が人頭税を支払うこととされた。支払い能力がない場合には，地方役人の管理の下，30日以下の労務が課された［PKPS, Vol. 18：224-230］。ちなみに公務のための労役は，後に国際連盟で奴隷禁止が議論される中で，論点の1つとなった制度であった。他方1905年に導入された徴兵制では，これまでの平民の登録方法を踏襲し，現役として徴兵されれば，入墨をして登録されることになっていた［PKPS, Vol. 20：331-336］。また身分位階を示すサクディナーもより厳密で包括的な形に再編されており，借金を免じられた後は，こうした身分秩序のもとに組みこまれることとなった。

4-3　雇い人契約法にみるタートと雇い人の境界

同時代人の眼にうつる雇い人とタートとの境界があいまいであったことは，次の雇い人の契約に関する法案からもうかがわれる。1910年，当時法律顧問として民法編纂にあたっていたパドゥ（Georges Padoux）[37]は，「雇い人契約法（kotmai ruang sanya luk-čhang）」を起草し，草案を作成中の民法の一部に含めるか否か，法務大臣チャルーン親王に尋ねた[38]。

あわせて50条から構成されるこの草案は英語で記される。第1部「総則」において言葉の定義や契約書に記入されるべき項目とその内容，契約の成立，譲渡などに関する規定が示され，第2部では主人と奉公人の権利義務が，また第3部で契約の廃棄・終了の条件が規定され，第4部で権利の移譲が定められた。続く第5部は保証・担保，第6部は奉公を代替する利子支払い，第7部は罰則を規定した。

---

36)　平民のみならずタートに対する過度の暴力を制約する動きも一部みられたが，背景には国王の下におかれる聖なる領域たる王国の臣民に対し危害を加えることをよしとしない王権中心の発想があったと思われる［*Thammasat Samai*, Vol. 1（1897）：185-187］。

37)　フランス人外交官・法律家（1867-1960）。1904年2月に調印されたシャムとフランスとの間の協約をうけてシャムの立法顧問となり，1908年に制定された刑法の編纂では編纂委員会委員長を務めた。その後1914年に中華民国審計院顧問に任命され，続いて司法部顧問などを歴任した［Chalanthorn 2004：35-36；*Ratchakitčhanubeksa*, 1908, Vol. 25, Special Issue：208-210；Lo 1978：99, 436, 568-570］。

38)　この法案に関しては，特に断わりのない限り NA.R.VI.Y.2/4 による。

法案のタイトルの訳語として付されたタイ語「ルーク・チャーン」は雇い人を意味する言葉であるが，この法律の内容は特に債務労働に関するものであった。そしてその債務労働は，第1部第1条で規定される定義によれば，「債主 (debt master) が貸した金に対して，債務奉公人 (debt servant) が債務が完済されるまで労働を提供することに同意する契約」となっており，債務を前提にした主人 (master) と奉公人 (servant) 関係とみなされていた。基本的に債務者が債主の下に起居し，契約に定められた特定の，もしくはあらゆる種類の労働 (service) を行い，毎月4バーツ債務を減額されることになっていた。また労働奉仕の代わりに利子を現金で支払うことを認める一連の規定も含められる。すなわち旧タート法の慣行が追認されていたとみなすことができる。そして，債務奉公人が他の債主の債務奉公人と結婚する場合，自らの債主の許可を必要としたほか，不適切な振る舞いをなし，あるいは労働を拒否し，または逃亡を企てれば，債主による8日以内の監禁，もしくは2日以内の鎖による束縛を可としており，債権者の権力的立場が認められていた。

　パドゥ自身，この法律は使われたとしても一時的で，ゆくゆくは廃止されるとみており，従って当時編纂過程にあった民商法典とは別に制定すべきとの見解だった。またチャルーン親王も，かたやこれが旧タート法に似ていることから，民商法典の一部に含めれば，実はタートの維持を望んでいるとして諸外国の批判の対象になることを恐れ，かたやこのようなタートに似た方式は近々廃止されるだろうと予想して，これを民商法典に含めるべきではないとの見解を示し，1910年8月国王に上奏した。結局この法が公布された形跡はないが，この時点でこのような法案が作成されていたことは，当時雇い人とタートが重なると認識されていたことの反映と考えられる。

5　国際連盟と奴隷廃止

5-1　チュラーロンコーン王の偉業

　19世紀末，タートはいわゆる「奴隷」と同義であり，怠惰で邪悪な存在とみなすナラティブが生まれる中，国王チュラーロンコーンはこれを法的に廃止

した。他方，こうしたタート像と対照的な自立して国家にも貢献する雇い人像を強調するナラティブも生まれたが，雇い人が直面した現実をみれば，タートと雇い人との境界は同時代人の眼にもあいまいであった。このような状況の中から，いかにしてタートの廃止が自由な労働力の創出と結びつけられ，チュラーロンコーンの主要な事績として賞賛されるようになったのだろうか。

　一般に，チュラーロンコーン王によるタートの廃止の功績を示すことで知られるのは，即位40周年（1908年）を記念して建設されたアナンタサマーコム宮殿の天井に描かれるフレスコ画であろう。イタリア人画家ガリレオ・キニ（Galileo Chini）等の筆によるラタナコーシン朝の各治世を代表する事績をテーマとした画の1枚であり（図2），その後芸術局が編纂した資料集『五世王期におけるタートの廃止』[Krom Sinlapakon 1944] にもこの図版が挿入される。しかしながら，約10年の年月をかけて1915年に完成し，1917年に正式に使用が開始されたアナンタサマーコム宮殿は，その巨額な建設費が批判され，またこの画自体も「奴隷」の裸体姿が批判されるなどして必ずしも肯定的に受けとめられなかったという [Peleggi 2002: 94-104]。

　同時期，文部副大臣プラヤー・ウィスットスリヤサックが執筆し，1912年初めに出版された一般向けの読本『良き市民について（*Ruang phonlamuang di*）』では，故チュラーロンコーン王が「愛する大王（piya maharat）」と称されて人々から敬われるさまを説明し，市民として知っておくべき重要事項としてアナンタサマーコム宮殿の建設にも言及したが，タートの廃止についてはふれられていない [Wisutsuriyasak 1912: 84, 87]。ちなみに同書は，森から町に出てきた男子が，教育を受け，獲得した知識や技能により自立していく成功物語仕立てとなっているが，タートはそこに登場せず，雇い人の賃金や商品の値段などが市場の原理に則っているさまが描かれる。

　同じ頃，六世王ワチラーウットは，よく知られる「車輪に就いた泥（Khlon tit lo）」と題された文章を執筆し，『ピムタイ（*Phim Thai*）』紙に連載した。そしてその第10章で，シャムのタートは単なる債務者で，アメリカの奴隷とは大きく異なるものの，チュラーロンコーン王がこれを廃止する法律を公布したことは王の大きな功績であると述べている。ただしここでタートに言及した意図は，金めあてに娘を「隠し妻」などとして「売る」慣行を，タートよりもひどい境遇に陥るとして批判するところにあった [Vajiravudh 1951（1915）: 52-53]。

こうした中でシャム史の一環としてタートの廃止に言及したのは，先述したダムロン親王であった。自らの手で校訂出版した『御親筆本王朝年代記』[39]において，15世紀における（人口）登録に関わる「小暦860年，午年，ラーマーティボディ王が…初めて目録を作成する」という短い一節について付した解説の中で，アユタヤー時代末期にみられた貨幣による徭役の代納について，その額は「プライ・ルアン（王の民）」は年に18バーツ，「プライ・ソム（役人付き見習）」は6バーツ，「タート，チャルーイ（戦争捕虜）」は1.5バーツと定められていたが，その後混乱をきたし，1899年，チュラーロンコーン王は旧制度を廃止し，新たに徴兵法を発布したと説明する[40]。さらに，1920年代に入りダムロンは相次いで兵役・徭役制度の歴史に関する論考を発表したが，いずれもタートの廃止に対する評価は示されず，タートが非タイ人を対象にした慣行，あるいはクメールを起源とする慣習であるという点に関心がおかれていた[41]。

図2　アナンタサマーコム宮殿天井画のチュラーロンコーン王 [Lazara n.a. : 149].

「奴隷」廃止を積極的に評価した最初のシャム史の書は，英語で著された初めてのシャム通史を謳ったウッド（W.A.R.Wood）──当時駐チェンマイ・イギリス総領事──の『シャム史』（1926年）ではないかと思われる。ウッドはスコータイ朝期における奴隷の存在を否定する碑文や『三印法典』の「タート法」を「債務奴隷法」として紹介するとともに，チュラーロンコーンによる廃

---

39) *Phraratchaphongsawadan chabap phraratchahatthalekha*. 1912/3年に初めて公刊され，翌年，改訂された「史籍解題」と，「アユタヤー王国設立以前のシャム国史」および「注釈」を加えて再版された拙稿 [小泉 2006b：6-7]。

40) 詳細は拙稿 [小泉 2006b：6-10] を参照。

41) 1921年にはシャム古来の徴兵制度に関する研究「タイ徴兵史」を『年代記集成』の一部として公刊し [Damrong 1964 (1921)]，1924年にはチュラーロンコーン大学で行った連続講義をまとめて『シャム史講義』を出版した [Damrong 1925]。また1927年には「古来シャム国の統治制度」を発表している [Damrong 1973 (1927)]。いずれも「タイ」＝「自由」を強調し，タイ族は中国西南部から自由を求めて南下し建国したと指摘される。

止について，1905年に王国に残る奴隷制度の痕跡をきっぱり廃止したと述べ，長きにわたる治世の中でもっとも傑出した記憶すべき高貴なる行為として評価した［Wood 1926：60, 67-68, 185, 279］。ウッドの著作に続き，1931年には前述のランガによる『シャム古代法における私奴隷制』が出版された［Lingat 1931］[42]。この書でランガは，主に『三印法典』に基づき「奴隷」のカテゴリーや売買契約の特徴を詳細に検討し，最終章で，その廃止を文明化に向けた人道的行為として位置づけた。そしてチュラーロンコーンのイニシアティブに発した廃止過程を，法令に基づいて丁寧に追った。

5-2　国際連盟における奴隷禁止の動き

　この時期チュラーロンコーンによる奴隷の廃止を積極的に評価する著作が，英語やフランス語で刊行されたのは必ずしも偶然ではなく，第一次世界大戦後，国際連盟の要請への対応という形でタートをめぐる議論が再燃したことと関係していると思われる。1922年10月，国際連盟は同年9月に開催された総会で奴隷制度問題に関する決議（a Resolution on the Question of Slavery）を採択したことをシャム外務省に伝え，次の第4回総会においてこれを議題とするにあたり，当該問題に関するシャムの現状を国際連盟に報告するよう要請した。これに応えてシャム政府は，「王国政府は当然ながら何も提供すべき情報をもちあわせない。奴隷制度（slavery）はシャムにおいてすでに存在せず，したがって，この問題がわが国にあてはまる余地はなく，それ故，王国政府には伝えるべき情報はない」と全面的に否定する回答を，同年11月29日に外務大臣から連盟事務総長に宛てて送った［NA.KT.96.1.8.2/2］。

　翌1923年12月，国際連盟は第4回総会における討議と決議を踏まえ，シャム政府に再び奴隷制度に関する情報の提供を要請した。今度はかつて奴隷制度が存在した地域や国々に対して，その禁止を保証すべく講じられてきた法的，行政的，あるいはその他の措置と，その結果実現したとされる奴隷制度廃止に向けたプロセスについて，より具体的な情報提供を求めるものであった。これに対してシャム政府は，翌1924年5月23日付けの外務大臣から事務総長に宛てた返信において奴隷制度の禁止は法的措置によって実現し，立法措置の結果，

---

42)　この書はパリ大学法学部より優れた法学の論文に贈られるPaul Deschanel賞を受賞した（*Straits Times*, 3 September 1932）。

シャムでは完全に全面的に奴隷制度は禁止されていると明言し，奴隷制度廃止の経緯について次のように詳述した［NA.KT.96.1.8.2/3］。

まず廃止にむけた法的措置が開始される1874年以前の状況について説明し，シャムには（金主により）獲得される方法に応じて7種の奴隷（slaves）が存在したと述べ，男女それぞれ年齢に応じて増減される法定身価も具体的に記述した。続いて1874年に制定された法律により，1868年以降に出生した奴隷の子は21歳に達した時点で自由（free）とされ，奴隷制度の廃止に向けた一歩が踏み出されたと説明した。ただしこの法律では借金による債務奴隷を禁じていなかったことを認め，制度を完全に廃止すべく1905年4月に「奴隷制度廃止法（Law for the Abolition of Slavery）」が制定され，新たに奴隷となることが禁止されるとともに，既存の債務奴隷は，毎月身価（債務）を4バーツづつ減じられ，債務の額に応じて所定の期間を過ぎれば自由の身になることが定められたことを，法律の逐語英訳を掲載して詳述した。そして，現在シャム王国において奴隷は存在しないと断言した。

加えて，現行法では賃金の前貸しが認められ，債権者と債務者は，契約により「主人＝奉公人（master and servant）」関係を結ぶことができ，法律の下，合意した賃金を支払う以外に，前貸し金を毎月4バーツ減じなければならないと説明した。しかるにこのような奉公人の立場は，借金を返済し終えるまでは奉公を離れる自由をもたないという点を除けば通常の雇い人と同じであるとし，かくして奴隷制度は自動的に完全に禁じられたことがわかるであろうと報告を結んだ。

その後国際連盟において更に奴隷やその売買，そして奴隷に準ずる強制労働などの定義や範囲をめぐり議論がなされた後，1926年9月25日に国際連盟総会で「奴隷条約（Slavery Convention）」が締結され，各加盟国に対して批准・加盟が求められた。その過程で，奴隷に準ずる公共の目的以外の無償の労役義務や強制労働の有無についても説明を求められたが，シャム政府はその存在を否定した。だがシャムはこの条約に署名せず，その後も上記のような説明を繰り返すにとどまった［NA.KT.96.1.8.2/5；Hell 2010：253］。一貫して奴隷制度の廃止を主張していた一方で，必ずしも対応に積極的ではなかった政府の姿勢が浮かび上がる。

5-3 婦人及児童の売買禁止に関する国際条約と労働者

　また同時期，国際連盟が社会人道事業の一環として力を入れていた婦人児童の売買禁止と労働問題への対応も迫られたが，政府の姿勢は前向きとは言い難かった。前者については，1921年9月30日に婦人及児童の売買禁止に関する国際条約が第2回国際連盟総会で議定された際，シャムは署名国に名を連ね，翌1922年6月に批准した。しかしこの批准は，当時シャムを経由した英領マラヤへの中国人女性の人身売買に対する対応をイギリスが強く要請していたことに対する措置であり，またどこか東方の国々で他に参加する国があれば代表を派遣するという消極的対応の結果であった。さらには日本や英領インドとともに，承諾年齢については留保を付していた［NA.KT.96.1.8.1/3；Hell 2010：163-190］。また同時に国境管理を厳しくすべく出入国管理法の制定が議論されたが，中国人女性の入国は厳重に制限したい一方，中国人男性の入国は継続させたいという相反するニーズの間で難航した。1926年12月の閣議では，中国人男性に対しては治安維持の観点から上陸と同時に身柄の引き受け手があることが望ましいとみなされ，「奴隷slavery」と同義であると承知しながらも，負債によって拘束される年季労働（indenture labour）を奨励すべきという見解も示された。ただしこの言葉の使用はためらわれ，管理労働（controlled labour）という言葉が提案された［NA.R.VII.Y.2/15］。その後，1928年に婦人児童の売買に関する国内法が制定されるが，人身売買の被害者に対する保護の提供は盛り込まれず，国外退去措置とされることだけが規定された。

　また，政府は年季労働を容認する一方，国際連盟の下，国際労働理事会で議論されていた労働者の権利保護に関する種々の労働規約については，産業が未熟なシャムの状況には不適切であると主張した。さらに1920年代初頭からタイ人労働者も含む大規模な労働争議が発生していたにもかかわらず，労働者の多くが「外国人」（中国人）であることを理由に，労働に関する法律の制定によって政府にとって厄介な問題が生じ，労働者の組織設立につながる恐れがあるとして，対応には消極的であった［NA.KT.96.1.8.4/46］[43)]。

　こうした状況の傍ら，1920年代半ば，チュラーロンコーン王による奴隷廃止を称えるナラティブは，国際連盟における人道的関心に応え国際社会の一員として自らの立場を主張する中で成立していった。それは同時に依然残されて

いたタートと雇い人との境界のあいまいさについては不問にふしたまま，中国人を「外国人」として排除する一方で，中国人年季労働者は別扱いとして容認し，かつ婦人児童の人身売買については国際的取引に限り規制するという幾重もの政治的な排除と包摂を前提としてかろうじて成り立つものであった。

ただし王制に対する批判が高まっていった立憲革命前夜という事情もあってか，この時期出版された著作においてチュラーロンコーン王の奴隷廃止の功績が強調されたわけではなかったようである。1930年に刊行されたルアン・ウィチットワータカーンの大著『世界史（*Prawattisat Sakon*）』第7巻におけるチュラーロンコーンの治世の記述は短く，タートの廃止に関しては，残酷な処罰の廃止や道路・鉄道建設などと並んで，法律の公布が記されるにとどまる [Wičhitwathakan 1930：350-365]。また1910年代からダムロン親王により執筆が進められた『ラタナコーシン朝五世王期年代記』も五世王期初期の記述に限られ，この事績には言及がない [Damrong 1950]。

そのダムロンは1939年5月，亡命先のペナンから芸術局職員だったプラヤー・アヌマーンラーチャトーンに宛てた書簡において，チュラーロンコーンの功績であるタートの廃止に関する書をしたためたいという希望を表明し，プラヤー・アヌマーンラーチャトーンに執筆を勧め，自らも協力する意思があることを伝えた。その希望は実現しなかったが，ダムロンの死後，1944年，芸術局編『五世王期におけるタートの廃止』と題された資料集が，チュラーロンコーン王の娘プラウェートウォーラサマイ内親王の葬儀本として刊行された [Krom Sinlapakon 1944]。芸術局により記されたその前文には，タイ史におけるタートの重要性と五世王の偉業としてその廃止が指摘され，タートの廃止

---

43) 1920年代，1930年代における労働争議の記録からは，労働者のおかれた厳しい状況がうかがわれる。例えば，1932年，バンコクの路面電車の労働者たちが，月給，勤務時間，減給処分規定の3分野にわたり，その待遇の不当を訴えた [NA.R.VII.-R.VIII.8.2/8；末廣 1999]。訴えの中には，給与の不支給といった契約違反事項もみられたが，契約ではカバーされない項目も挙げられた。減給処分の対象として，飲食や排泄の条件（回数，時間，場所）なども含まれ，日常の身体的事柄まで事細かに管理・拘束されることに対して労働者たちは異議を申し立てた。従業員は，遅刻やさぼりのみならず，運転の仕方，接客態度，清潔な身なりに至るまで，詳細な規定の遵守が義務づけられ，違反者には罰金，あるいは免職といった処罰が課された。他方，1920年代の労働運動の中では，かつてタートと対になって使われた「カンマコーン（kammakon）」という言葉が使われており，両者の連続性を考える上で示唆的である。1923年に創刊された『労働者 *Kammakon*』第1号は，その前文で今日タートは存在しないというのは誤解であり，雇い人という仮名のもとに存在していると述べる [*Kammakon*, No. 1, 1923年1月]。

に関わる基本法令が，ダムロンの著作や書簡およびアナンタサマーコム宮殿の天井画とともに収録された。また『エンサイクロペディア・ブリタニカ』の「奴隷」の項のタイ語訳も収録されるなど，タートを世界の奴隷の中に位置づけ，その廃止を世界的功績と評価する姿勢が示された。以降，この資料集はタートの廃止に関する基本文献として参照され続けることとなる。

その一方，立憲革命（1932年）後の人民党政権は，ロイヤリズムとは一線を画した歴史の普及に努めた。1936年に宣伝局が刊行した『市民の手引き（*Khumu phonlamuang*）』は，第2章「市民」において市民とタートを対比して，市民は法の保護を受ける権利，職業や信教の自由，財産権などを亨受し，独立し自由（Thai）であるのに対し，タートは金主に依存する下僕で，自由や権利を有さず，金稼ぎの能力に欠け，国や自らの利益のために自己の能力を使うことができないと説明し，今日タートは存在しないと述べた。ここまでは19世紀末に成立したタートと雇い人を分別するナラティブの繰り返しであったが，今日タートが存在しない理由は，人々が教育を受け，知識を身につけ，自由を求め，タートが国の繁栄と人道主義に反することに気づいたためだと説明した［Samnakngan Khotsanakan 1936：16-20］。この手引きは，初版2万部，第2刷（1936年）3万部が発行され，1937年に第3刷が発行された。

ところが11年後に発行された第4刷では，ロイヤリスト復権の兆しを反映して，従来の記述が維持されつつも，新たにチュラーロンコーン王がタートの廃止を宣言し，以来すべてのタイ人は「タイ」の名にふさわしく「自由（thai）」になったという説明が挿入された［Krom Khotsanakan 1948：16-19］。

6　おわりに

タートの廃止を所与のものとし，それをチュラーロンコーン王の功績とし，そこに文明化や経済的合理性を見いだす理解は，今日受け入れられていると言えるだろう[44]。

しかし本章でみてきたように，19世紀末以降チュラーロンコーンにより廃止に向けた法的措置がとられたものの，経済合理性の観点から廃止が奨励されたわけでない。文明化を謳う背後では身分秩序が維持され，雇い人に対する暴力的強制も容認された。タートと雇い人との境界は同時代人の眼にもあいまい

だった中，チュラーロンコーン王による「奴隷」の廃止が所与の事実となっていく過程における重要な契機として，ダムロンによってタートがslaveと同義であると再定義（翻訳）された結果，その廃止に人類史的位置づけを与えることが可能となったこと，そして国際連盟という舞台で国際社会の一員として地位を確保するための主張として繰り返されたことがあるだろう。ランガの著作などの欧文書の刊行は，奴隷は廃止されたというシャム政府の主張を国際的に認知させるための後押しとなり，またその後の研究の基礎ともなったといえよう。そして政府の姿勢は消極的なまま，奴隷的年季契約労働も維持されていたにもかかわらず，雇い人は自由であるという前提は問われることなくタートの廃止は定説化していった。またチュラーロンコーン王による諸改革の中で特に人類史における人道的功績という位置づけが可能なこの事績は，戦後王権の復興とともに，さらに強調されていく。

こうした状況のより一般的背景として，チャクリー改革研究では，もっぱらチュラーロンコーン王の治世期における改革の導入が検討され，その後の状況が問われないという王朝史観の問題を指摘できよう。他方，労働に関する研究が乏しく，また中国人を「他者」とみなす傾向も否定できないだろう。女性の状況に対する無関心も，廃止を自明視する傾向を助長したといえる。

タイの労働史研究は，東南アジアの他地域と比較して本格的な研究が少ないことがつと指摘され，未開拓の領域が大きい［浅見 1991］。その要因として，植民地化を経験しなかったタイでは，支配者と被支配者が他の東南アジアの植民地と同様の形では分極化せず，またストライキや反乱などの史料が欠如しており，その結果植民地問題の理論的検討も不十分なものにとどまり，社会史や労働史が看過された［Reynolds 1994：77-78］。また研究関心が，政治史，政治事件史，政治思想史を中心とし，社会階層，経済構造，労働市場といった側面の分析が軽視されたこと，そしてその反面，労働史研究においては，労働運動史研究，なかんずく階級闘争や共産主義運動との関連に問題関心が集中し，運動の背景となる労働者の存在状況の分析が欠落してしまったことも指摘される［末廣 1999；浅見 1991］。

---

44) タートの廃止に触れた近年の研究として，Brummelhuis［2005：69］は，商業的稲作の展開が旧労働管理体制の廃止を可能にしたと述べ，Peleggi［2007：69］は，強制労働の廃止は1874年に法制化され，その後20年間にわたり段階的に実施されたこと，そのことにより経済的に非生産的な農奴（serf）が解放されて農業生産を増大させたと指摘する。

タイの政治史研究，労働運動史研究を考える上で，冷戦という時代条件に研究の視座が影響されたことにも目を向ける必要があろう。戦後タイ研究の本格的展開に先駆け，1940年代，太平洋問題調査会のヴァージニア・トンプソンは労働問題に関する一連の研究を公刊したが，主たる関心は，安定した資源の供給や，ナショナリズム運動，とりわけ共産主義，社会主義を包摂した運動の行方におかれていた。シャムについては，自営農を中心とした自給自足的農家と，中国人など移民労働者の動向，政府の不十分な政策などに触れ，革新的もしくは外国の集団の支配下におかれた組合によるより戦闘的な労働運動の拡大を防ぐべく，政府自身が受動的な労働運動を管理下におき温存しているという見解が示された［Thompson 1947］。そして1949年に中華人民共和国が成立すると，タイを含めた東南アジアが米ソどちらの陣営に組するかという関心がより鮮明に示された［Thompson and Adloff 1950］。

　その後1955年にはイングラムによる『1850年以降のタイにおける経済変化』が公刊された［Ingram 1955］。コーネル大学に提出された博士論文に加筆して刊行され，タイ経済・経済史研究の嚆矢であり基本書として参照され続けることになるこの著作は，西洋諸国と通商修好条約の締結された1850年代から1954年に至る約1世紀間のシャム（タイ）経済の展開を，米などの一次産品輸出と繊維製品を中心とする輸入の増加，国内産業の衰退を軸に描いた。奴隷制については，米の輸出拡大を論じた第3章中の"Note on the Development of Personal Freedom"と題された一節にて言及した。ランガの前述書も参照しつつ奴隷制度と苦役労働（covée）の廃止プロセスを振り返り，廃止によって人々は自由（free）となり，稲作の拡大に貢献したこと，そして身価逓減という形での廃止は持ち主にもほとんどコストを強いず，ましてや政府には全く負担がなく，内的軋轢なるコストを抑えつつ達成された優れた成果であったことが指摘され，改革を実現したチュラーロンコーンの手腕が高く評価された。

　同じくイングラムは「先の戦争以来，タイ政府は強力な反共政策をとった。今日タイ国は，東南アジアで唯一，共産主義がほとんど人々を掌握していない国である。この国は秩序だっており平和である」［Ingram 1955：3；Ingram 1952：6］とも述べており，この著作が冷戦下で重要な政策的課題となった経済発展の条件を検討したもので，その関心がスムースな経済成長にあったことを確認する必要があるだろう。他方，同時期のマルクス主義的アプローチの研究では，専ら発展段階論のタイへの適用の是非をめぐる議論の中に奴隷を位置

づけることに関心がおかれた [Reynolds and Hong 1983]。

　並行して，タートの廃止をチュラーロンコーン王の功績とする学術研究の動きが顕著になっていく。1954 年に刊行された『五世王期の改革』は，先述の 1944 年に刊行されたタートの廃止に関する資料集やダムロンの著作に依拠しつつ，タートの廃止をチュラーロンコーン王の功績として強調し，中庸を重んじる漸進的方法によりロシアやアメリカのような流血の事態に至らなかったと高く評価した [Sanguan 1954：2-35]。タマサート大学の修士論文を刊行したこの著作はチュラーロンコーン大学を受験する学生に配布するために出版されており，将来のエリート集団を読者として想定していたことがうかがわれる。さらに 1966 年にはタートの廃止自体をテーマにした著作も出版された [Wichai 1966]。その前言には著者がタマサート大学政治学部で学んでいた時に，アメリカの援助プログラムによりタマサート大学に設立された行政研究所にインディアナ大学から派遣されたキングズバリー（J.B. Kingsbury）のチュラーロンコーン王を評価する言葉に触発され，当該テーマを選んだことが記される。ちなみに同じくインディアナ大学から派遣されたリッグスも，その後長らくタイ政治分析に影響を与えた「官僚政体」を提起した著作の第 1 章で，上述のイングラムに依拠してタートの廃止を説明している [Riggs 1966：58-59]。

　本章では自由，自立，効率など，いわば近代のメタナラティブを問う視座から，タートの廃止を自由な労働者の創出と結びつけるナラティブの成立と継承を検討してきた。このような叙述の枠組みは，国際的人道主義にも支えられて確固たるものとなり，開発や経済発展を推進した冷戦構造の下で強固となったロイヤリズムと手を結び今日までうけつがれてきたといえるのではないか。冷戦期に生まれ今や古典となった研究がいかに位置づけられるのか，今改めて問われているように思われる[45]。

---

45) なお，奴隷制度はアメリカ経済史研究において，1970 年代にクリオメトリクスが興隆する過程で主な検討の対象の一つとなり，タイのタートに関する研究においても，その潮流を汲む研究がなされ，自由な労働の優位性が主張された [Feeny 1993]。（制度学派も含めたクリオメトリクスに対する批判が議論を巻き起こした Boldizzoni [2011] の問題提起も，あわせて参照されたい。）他方，戦後日本で最初にタートについて論じた石井もイングラムの著作から議論を起こしており，自らも含めて日本の研究もその中で見直すことが求められている。1963 年，設立直後の京都大学東南アジア研究センターにユネスコのフェローシップで滞在した Prachoom Chomchai による *Chulalongkorn the Great* が，東洋文庫におかれた The Centre for East Asian Cultural Studies から 1965 年に刊行されていることも，日本の研究がこうした動きと関係があった可能性を示唆していると思われる。

参考文献

I. 未公刊タイ語公文書史料
1. NL.タイ国立図書館所蔵史料
NL.CMH.R.III：三世王期文書
NL.CMH.R.IV：四世王期文書

2. NA.タイ国立公文書館所蔵史料
NA.R.V.M.：五世王期内務省文書
NA.R.V.N.：五世王期首都省文書
NA.R.V.Y.：五世王期法務省文書
NA.R.VI.M.：六世王期内務省文書
NA.R.VI.Y.：六世王期法務省文書
NA.R.VII.M.：七世王朝内務省文書
NA.R.VII-R.VIII：七世王-八世王期文書
NA.KT.：外務省文書

II. 定期刊行物
『官報』
Bangkok Calendar
Bangkok Times
Kammakon
Ratchakitčhanubeksa
Straits Times
Thammasat Samai
Wachirayan
Wachirayan Wiset

III. 著書・論文・資料集
1. 日本語
浅見靖仁. 1991.「タイの労働運動（1900年～1958年）——その成長の軌跡と政治経済的背景の変化——」『アジア経済』37 (2)：1-32.
粟屋利江・松本悠子編著. 2011.『人の移動と文化の交差』明石書店.
飯島明子・小泉順子. 2000.「『人を"タート"にしたくない』——タイ史のジェンダー化に向ける一試論」『東南アジア―歴史と文化―』29：123-152.
石井米雄. 1966.『タイにおける不自由労働制の解体』アジア経済研究所所内資料.
―――. 1967.「タイの奴隷制に関する覚え書」『東南アジア研究』5 (3)：167-180.
岸本美緒. 2013.「清末における『奴隷』論の構図」『お茶の水史学』56：179-214.
小泉順子. 1999.「徭役と人頭税・兵役の狭間」『上智アジア学』17：59-86.
―――. 2006a.「タイの中国人社会研究の歴史性と地域性——冷戦期アメリカにおける華僑・華人研究と地域研究に関する一考察——」『東南アジア研究』43 (4)：437-466.
―――. 2006b.『歴史叙述とナショナリズム——タイ近代史批判序説』東京大学出版会.
末廣 昭. 1999.「タイ労働史研究の試み」『上智アジア学』17：87-118.
森 建資. 1988.『雇用関係の生成——イギリス労働政策史序説』木鐸社.

2. その他の言語

Akin Rabibhadana. 1969. *The Organization of Thai Society in the Early Bangkok Period, 1782-1873*. Ithaca: Southeast Asia Program, Department. of Asian Studies, Cornell University.

Alpers, Edward, Gwyn Campbell and Michael Salman (eds.) 2005. *Slavery and Resistance in Africa and Asia*. London: Routledge.

Anderson, Benedict R.O'G. 1978. "Studies of the Thai State: The State of Thai Studies," in *The Study of Thailand : Analyses of Knowledge, Approaches and Prospects in Anthropology, Art History, Economics, History, and Political Science*, edited by Eliezer B. Ayal. Athens: Center for International Studies, Ohio University, 193-247.

Baker, Chris and Pasuk Phongpaichit. 2014. *A History of Thailand*. 3rd ed. Port Melbourne: Cambridge University Press.

Boldizzoni, Francesco. 2011. *The Poverty of Clio : Resurrecting Economic History*. Princeton: Princeton University Press.

Bowie, Katherine. 1996. "Slavery in Nineteenth-Century Northern Thailand: Archival Anecdotes and Village Voices," in *State Power and Culture in Thailand*, edited by E. Paul Durrenberger. New Haven: Yale University, Southeast Asia Studies, 100-138.

―――. 2006. "Of Corvée and Slavery: Historical Intricacies of the Division of Labor and State Power in Northern Thailand," in *Labor in Cross-Cultural Perspective*. Society for Economic Anthropology Monographs 23, edited by E. Paul Durrenberger and Judith E. Marti. Lanham, MD: AltaMira Press, 245-264.

Bradley, D. B. 1971 (1873) *Nangsu Akkharaphithansap : Dictionary of the Siamese Language*. Bangkok: Khurusapha.

Brummelhuis, Han ten. 2005. *King of the Waters : Homan van der Heide and the Origin of Modern Irrigation in Siam*. Leiden: KITLV Press.

The Bureau of Democracy, Human Rights, and Labor, U.S. Department of State. "Country Reports on Human Rights Practices." 2002, 2013, and 2015 (http://www.state.gov/j/drl/rls/hrrpt/2002/ ; http://www.state.gov/j/drl/rls/hrrpt/2013humanrightsreport/index.htm ; http://www.state.gov/j/drl/rls/hrrpt/humanrightsreport/index.htm, last accessed 2016年6月20日).

Campbell, Gwyn (ed.) 2004. *The Structure of Slavery in Indian Ocean Africa and Asia*. London: Frank Cass.

―――. (ed.) 2005. *Abolition and its Aftermath in Indian Ocean Africa and Asia*. London: Routledge.

Caswell, J. 2001 (1846). *A Dictionary of the Siamese Language*. Bangkok: Chulalongkorn University.

Chalanthorn Kidthang. 2004. "Georges Padoux: Le Code Pénal du Royaume de Siam (1908) et la Société Thaïe." M.A. thesis, Silpakorn University.

Chatchai Panananon. 1982. "Siamese 'Slavery': The Institution and its Abolition." Ph.D. dissertation, University of Michigan.

Chonlada Kophatta. 1990. "That kap kanplianplaeng thang setthakit lae sangkhom samai rattanakosin pho.so. 2325-2448" (Slaves and Socio-Economic Change during the Rattanakosin Period, 1782-1905). M.A. thesis, Chulalongkorn University.

Commercial Report by Her Majesty's Agent and Consul General in Siam for the Year 1880.

Damrong Rachanuphap, *Somdet Phračhaoboromawongthoe Krom Phraya*. 1925. *Sadaeng banyai phongsawadan sayam* (シャム史講義). Bangkok : Prasoetsamut.

―――. 1944 (1890). "That katha," in *Ruang loek that nai ratchakan thi 5, edited by Krom Sinlapakon*, 1–21.

―――. 1950. *Phraratchaphongsawadan krung rattanakosin ratchakan thi 5* (ラタナコーシン朝五世王期年代記). Bangkok : Krom Sinlapakon.

―――. 1964 (1921). "Tamnan kanken thahan thai" (タイ徴兵史), in *Prachum phongsawadan*, phak thi 23, lem 14, Bangkok : Khurusapha, 71–142.

―――. 1973 (1927). "Laksana kanpokkhrong prathet sayam tae boran" (古来シャム国の統治制度), in *Nangsu an prakop phunthan arayatham thai ton phunthan thang prawattisat sangkhom lae kanmuang*. Bangkok : Thammasat University Press, 1–29.

Feeny, David. 1993. "The Demise of Corvée and Slavery in Thailand, 1872–1913," in *Breaking the Chains : Slavery, Bondage, and Emancipation in Modern Africa and Asia*, edited by Martin A. Klein. Madison : University of Wisconsin Press, 83–111.

Graeber, David. 2012. *Debt : The First 5,000 Years*. Brooklyn and London : Melville House.

Hell, Stefan. 2010. *Siam and the League of Nations : Modernization, Sovereignty and Multilateral Diplomacy, 1920–1940*. Bangkok : River Books.

Ingram, James C. 1952. "Economic Change in Thailand, 1850–1950." Ph.D. dissertation, Cornell University.

―――. 1955. *Economic Change in Thailand since 1850*. Stanford : Stanford University Press.

Ishii, Yoneo. 1986. "The Thai Thammasat (with a Note on the Lao Thammasat)," in *Laws of South-East Asia*. Vol. 1 The Pre-Modern Texts, edited by M. B. Hooker, Singapore : Butterworth, 143–203.

Kelly, David and Anthony Reid (eds). 1998. *Asian Freedoms : The Idea of Freedom in East and Southeast Asia*. Cambridge and New York : Cambridge University Press.

Kotmai tra sam duang (三印法典). 1971. 5 Vols. Reprint. Bangkok : Khurusapha. (*KTSD* と略記)

Krom Khotsanakan. 1948. *Khumu phonlamuang* (市民の手引き). 4th print. Bangkok: Rungnakhon.

Krom Sinlapakon. (ed.) 1944. *Ruang loek that nai ratchakan thi 5* (五世王期におけるタートの廃止). Bangkok : Thaikasem (Phraongčhao Prawetworasamai の火葬儀本).

Kullada Kesboonchoo Mead. 2004. *The Rise and Decline of Thai Absolutism*. Oxford : RoutledgeCurzon.

Lazara, Leopoldo Ferri de, Paolo Piazzardi, and Alberto Cassio. n.a. *Italiani alla Corte del Siam, Italians at the Court of Siam, Chao italian nai ratchasamnak thai*. Bangkok : Amarin Printing.

Leonowens, Anna. 1873. *The Romance of the Harem*. Boston : James R. Osgood.

―――. 1954 (1870). *The English Governess at the Siamese Court : Being Recollections of Six Years in the Royal Palace at Bangkok*. London : Barker.

Lingat, Robert. 1931. *L'Esclavage Privé dans le Vieux Droit Siamois : Avec une Traduction des Anciennes Lois Siamoises sur l'Esclavage*. Paris : Les Éditions Domat-Montchrestien.

Lo, Hui-Min (ed.) 1978. *The Correspondence of G. E. Morrison*, Vol. 2 (1912–1920). Cambridge and New York: Cambridge University Press.
Loos, Tamara. 1998. "Issaraphap: Limits of Individual Liberty in Thai Jurisprudence." *Crossroads* 12 (1): 35–75.
Pallegoix, Jean-Baptiste. 1854. *Description du Royaume Thai ou Siam*. 2 Vols. Paris: Se vend au Profit de la Mission de Siam.
Pasuk Phongpaichit and Chris Baker. 1995. *Thailand: Economy and Politics*. Kuala Lumpur: Oxford University Press.
Pateman, Carole. 1988. *The Sexual Contract*. Stanford: Stanford University Press.
Pateman, Carole and Charles W. Mills. 2007. *Contract and Domination*. Cambridge: Polity.
Peleggi, Maurizio. 2002. *Lords of Things: The Fashioning of the Siamese Monarchy's Modern Image*. Honolulu: University of Hawai'i Press.
―――. 2007. *Thailand: The Worldly Kingdom*. Singapore: Talisman and Reaktion Books.
Phaisansinlapasat, Luang. 1900. *Thammachariya* (修身). Bangkok: Rongphim Phisanbannanit.
Phongnian Thongphongniam. 1983. "Kansuksa ruang that nai samai krung rattanakosin" (A study of Thai Slavery during the Bangkok Period). M.A. thesis, Chulalongkorn University.
Prachoom Chomchai. 1965. *Chulalongkorn the Great*. Tokyo: The Centre for East Asian Cultural Studies.
Prakash, Gyan. 1990. *Bonded Histories: Genealogies of Labor Servitude in Colonial India*. Cambridge and New York: Cambridge University Press.
Quirk, Joel. 2006. "The Anti-Slavery Project: Linking the Historical and Contemporary." *Human Rights Quarterly* 28 (3): 565–598.
Reid, Anthony. 1988. *Southeast Asia in the Age of Commerce 1450–1680*. Vol. 1, The Lands below the Winds. New Haven: Yale University Press.
―――. 2015. *A History of Southeast Asia: Critical Crossroads*. Chichester: Wiley Blackwell.
―――. (ed.) 1983. *Slavery, Bondage, and Dependency in Southeast Asia*. New York: St. Martin's Press; St. Lucia: University of Queensland Press.
Reynolds, Craig J. 1994. "Predicaments of Modern Thai History." *South East Asia Research* 2 (1): 64–90.
―――. 2010. "Thai Institutions of Slavery: Their Economic and Cultural Setting," in *Tracks and Traces: Thailand and the Work of Andrew Turton*, edited by Philip Hirsch and Nicholas Tapp. Amsterdam: Amsterdam University Press, 103–114.
Reynolds, Craig J. and Hong Lysa. 1983. "Marxism in Thai Historical Studies." *The Journal of Asian Studies* 43 (1): 77–104.
Riggs, Fred W. 1966. *Thailand: The Modernization of a Bureaucratic Polity*. Honolulu: East-West Center Press.
Rungsaeng Kittayapong. 1990. "The Origins of Thailand's Modern Ministry of Justice and its Early Development." Ph.D. dissertation, University of Bristol.
Salman, Michael. 1993. "The United States and the End of Slavery in the Philippines,

1898–1914: A Study of Imperialism, Ideology, and Nationalism." Ph.D. dissertation, Stanford University.

―――. 2001. *The Embarrassment of Slavery: Controversies over Bondage and Nationalism in the American Colonial Philippines*. Berkeley: University of California Press.

Samnakngan Khotsanakan. 1936. *Khumu phonlamuang* (市民の手引き). Bangkok: Rongphim Aksonniti.

Sanguan Leksakun. 1954. *Ruang ngan patirup nai ratchakan thi 5* (五世王期における改革). Bangkok: Krom Kansatsana.

Sathian Lailak et al (ed.) 1935–. *Prachum kotmai pracham sok* (年次別法令集). Various volumes. Bangkok: Delime. (*PKPS* と略記)

Smith, Samuel J. 1880. *Siamese Domestic Institutions: Old and New Laws on Slavery*, translated by Samuel J. Smith. Bangkok: S. J. Smith's Office.

Stengs, Irene. 2009. *Worshipping the Great Moderniser: King Chulalongkorn, Patron Saint of the Thai Middle Class*. Singapore: NUS Press.

Streckfuss, David. 2011. *Truth on Trial in Thailand: Defamation, Treason, and Lèse-majesté*. Abingdon, Oxon: Routledge.

Suriyanuwat, Phraya. 1975 (1911). *Sapphayasat* (財の学). 3rd. print. Bangkok: Rongphim Phikkanet.

Thammasakmontri, Čhaophraya. 1984 (1904?) *Thammačhariya* (修身). lem 4. Reprint. Bangkok: Rongphim Bannakit.

Thanet Aphornsuvan. 1998. "Slavery and Modernity: Freedom in the Making of Modern Siam," in *Asian Freedoms: The Idea of Freedom in East and Southeast Asia*, edited by David Kelly and Anthony Reid. Cambridge and New York: Cambridge University Press, 161–186.

Thompson, Virginia. 1947. *Labor Problems in Southeast Asia*. New Haven: Yale University Press.

Thompson, Virginia and Richard Adloff. 1950. *The Left Wing in Southeast Asia*. New York: William Sloane Associates.

Turton, Andrew. 1980. "Thai Institutions of Slavery," in *Asian and African Systems of Slavery*, edited by James L. Watson. Berkeley: University of California Press, 251–292.

Vajiravudh, King. (Asvabahu) 1951 (1915). "Khlon tit lo" (車輪についた泥), in *Pramuan bot phraratchaniphon nai phrabatsomdet phra mongkutklaočhaoyuhua phak pakinnaka*. Bangkok: Phračhan, 10–69.

Wales, H.G. Quaritch. 1965 (1934). *Ancient Siamese Government and Administration*. New York: Paragon Book Reprint.

Ward, Kerry. 2009. *Networks of Empire: Forced Migration in the Dutch East India Company*. Cambridge: Cambridge University Press.

Wichai Sewamat 1966. *Kanloek that nai ratchasamai khong phrabatsomdet phra čhunlačhomklaočhaoyuhua* (チュラーロンコーン王治世期のタートの廃止). Bangkok: Samnakwičhai sathaban bandit phatthanaborihansat.

Wičhitwathakan, *Luang*. 1930. *Prawattisat sakon* (世界史). Vol. 7. Bangkok: Wiriyanuphap Press.

―――. 1932. *Kanmuang kanphokkrong khong krung sayam* (シャムの政治と統治). Bangkok: Rongphim Thaimai.

Wisutsuriyasak, *Phraya*. 1912. *Ruang phonlamuang di*（良き市民について）. Bangkok: Rongphim Aksonnit.

Wood, W. A. R. 1926. *A History of Siam : From the Earliest Times to the Year A.D. 1781, with a Supplement Dealing with More Recent Events*. London: T. Fisher Unwin. (With 1924 preface)

Wyatt, David K. 1984. *Thailand : A Short History*. New Haven: Yale University Press.

第8章 前近代社会の「民族」
― エーヤーワディー流域コンバウン王国のカレン*

1 民族はいつも歴史のアクターだったか？

2 シッターンにみるカレンの分布

3 地方における課税方法

4 特産物税とカレン

5 視線と自覚

6 「民主化」圧力と民族問題

伊東利勝

1 民族はいつも歴史のアクターだったか？

　歴史を叙述するさい，民族を一つの政治単位と考え，これをアクターとする方法がよくとられる。エーヤーワディー川流域史の場合も例外ではない。1883年に出版されたフェイヤーの『ビルマ史』[Phayre 1883] にはじまり，ハーヴェイの『ビルマ史』[Harvey 1967]，それに現在でも東南アジア史のスタンダードな概説書として受け入れられているホールの『東南アジア史』[Hall 1955] や『ケンブリッジ東南アジア史』[Tarling 1999]，そして最新の『ミャンマー史』[Topich and Leitch 2013] にいたるまで，エーヤーワディー中流域に拠るビルマ[1]族と，その下流域に住むモン族や，東・北部山地に拠るシャン族などとの対立抗争の歴史として描かれている。これは何も西欧の歴史家に限ったことではない。1967年に出版された，ティンアウンの『ビルマ史』[Htin Aung 1967] でも，同一の構図が採用されている。

　「モン族の反乱」や，これに対する「ビルマ族の反撃」など，モン人によるモン族のための反乱，ビルマ人によるビルマ族のための反撃という，何よりも民族的同一性を紐帯とする集団意識が超歴史的に存在したかの如く。1988年以降の軍政時代には，ミャンマーにおける学校教育の歴史教科書にも，こうした傾向がより強く打ち出された。また，中国で1992年に出版された，賀聖達の『緬甸史』[賀圣达 1992] も，何ら変わるところがない。

　ミャンマー（ビルマ）史と銘打った通史は，現在までほぼ例外なく，こうしたアクターのもとに叙述されてきた。もうすこし詳しく見てみよう。1970年代以降，欧米の研究者によって，それまでの植民地主義的歴史観や単なる史料解説的手法[伊東 1989] から脱しようとする動きが出てくる。王国交代の法則性発見がおおまかな共通課題とされ，資源の配分をめぐる王室とサンガの，あるいは王室と支配エリート層の対立を軸として論じられた。後者の側に立っ

---

*本章は，ITO, Toshikatsu. 2007. "Karens and the Kon-baung Polity in Myanmar." *ACTA ASIATICA*, 92 : 89-108. を大幅に加筆・修正したものである。
1)　文中，史料の逐語訳にはミャンマーとあればミャンマーとするが，地域の名称としてはミャンマー，民族の名称としてはビルマを使用する。また「タライン」は，モンの蔑称とされるが，引用の場合は，史料の表記に従った。

たケーニッヒ（Koenig）は，『コンバウン時代の行政』という著作で，王国成立へ向けての政治動向を，

> 歴史を通じてみられるビルマ人の南へ向けての移動は，北方の混乱により加速され，同様に17世紀の終わりにはカレン人のデルタへの侵入が本格化した。その結果いまや南はモン，カレン，ビルマという明確に3つの民族集団が存在するにいたった［Koenig 1990：12］

と書く。そして，

> カレンの側としては，ビルマ王室に対して伝統的に敵意を抱いていた。反ビルマとしてもっとも活動的であったカレンは，カレンニーやカヤーを中心に，タウングーの東や東南に集中しており，ここからビルマ人を襲撃したり，ビルマ人の東方遠征に対してタイを積極的に援助したりした。ビルマ人はその報復として，たいした成果はあげえなかったが，様々な懲罰遠征軍をカレンに向けた。一貫したビルマ人の脅威は東西カレンにモンとの提携を考えさせることになる［Koenig 1990：64］

と続け，それぞれ特定の民族名で結びついたモン，カレン，ビルマという政治集団が古来一貫して存在し，これらの対立が歴史を動かしてきたとしている。しかもカレンニーやカヤーをカレンの一族とする意識が存在していたことが前提とされているとみてよい。

　もちろんこうした認識に対して，異を唱える考え方も存在している。リーバーマンは，早くも1970年代終わりに，前植民地時代の政治動向は民族や文化の違いでは説明できないことを指摘していた。すなわち，1740年代エーヤーワディー下流域で発生した反乱や，これに続くアラウンパヤー王（在位1752-1760）による流域全体の再統合化にみられるように，確かに文化の違いを共通のアイデンティティ形成に利用しようとする動きはあったが，

> 文化的即ち民族的アイデンティティと政治的忠誠との相互関係は，必ずしもそんなに明確ではなかった。これは同じ言語や文化を共有している集団が，地縁的関係によって分断されていたからであり，また支配組織の基本的様式は，宗教的世界観と人的半「封建的」忠義の観念に基づいており，文化的区分と本質的になじむものではなかった［Lieberman 1978：480］

として，民族や文化の違いを際立たせる 1947 年以後の内戦とは質的に異なると結論づけている。

このようにリーバーマンは，前近代社会において民族は，政治や行政のアクターでなかったことを指摘している。しかしこれは，ある一つの民族呼称でくくられる人たちの間には「文化的即ち民族的アイデンティティ」は存在していたが，当時の政治空間では意味をなさなかったといっているにすぎない。

またマイケル・アウン・トゥインとマイトリ・アウン・トゥインにしても，最近出版した通史『ミャンマー史』で，この 1740 年代反乱については，リーバーマンと同様，従来の単純なモン対ビルマという民族対立的図式で解明するには，史料的にみてもまた当時の状況から判断しても，事態はあまりにも錯綜しており，民族戦争という枠組みでは理解できないとしている [Aung-Thwin 2012：153]。14 世紀以来のミャンマー中央部の政体とデルタ地域のそれとの抗争を描くさいにも，アヴァに拠った政権やペグーという表現を用い，民族抗争史観を相対化しようという試みがみてとれる。

しかし，たとえば，パガン時代を描写するなかで，人口増加や経済発展が社会や文化に与えた影響として，

> 特に外部からの人口流入により，中心域に異文化が流れ込んだ。碑文には，インド人，スリランカ人，中国人，クメール人，タイ（シャン）人，カレン人，ラワ人，チン人，モン人，その他さまざまの民族集団（白インド人とかも含む）が王国に居住し仕事に従事していたことが記されている [Aung-Thwin 2012：96]

と述べている。これだと，パガン時代から，それぞれ異なる文化を有する，いわゆるインド人，カレン人，モン人などか存在し，これらの相互作用によって社会が構成されていたとなってしまう。たしかに碑文には，インド，カレン，モンなどという名詞はある。しかし，それを，カレン人，モン人などして，現在認識されている文化集団としての民族名とみなしてよいかどうかは，わからない。やはりリーバーマンと同様に，民族対立で歴史が動いてはこなかったとしたとしても，現代の民族意識が超歴史的に存在したという認識のなせるわざといわざるをえない。

民族意識の存在を前提とした歴史叙述がなされるのは，近代的なネイションが成立するについては，前近代における「共通の祖先・歴史・文化やある特定

の領域との結びつきをもち，内部での連帯感を有する，名前をもった人間集団」としてのエトニがその核となったという理解［スミス 1999：39］があるからにほかならない。また，前近代社会において「住民は，慣習，法，血統（時として言語が適合的であれば言語）によって統合された民を構成していると信じていた」［レイノルズ 1998：14］という思い込みがあるからであろう。つまり根源的紐帯なるものの存在を認めたうえでの記述といわねばならない。

　そもそも人を（あるいは自分たちを）いかにグループ化して名前をつけ，これを包括的に認識しようとするかは，その認識する主体が客体とされる対象のどのような要素に着目し，これをいかなる言語で際立たせ，纏め上げるかという，いわば要素の選択とその基準にかかっている。無定形の連続する事象の一部を切り取り，これをステレオタイプ化し，実体化しなければならない。そして何を，どういう基準で選択するかは，認識主体の政治的意図と，その対象が置かれた状況との相互作用に大きく規定される。そして，こうして形成された一定の認識が，同じ名前で呼ばれていた人たちの間に定着するについては，広い地域をカバーするコミュニケーション・メディアなどインフラが整備されているという要件が整っていなければならない。

　本章では，王国時代のエーヤーワディー流域地方において，リーバーマンがいうように「文化的即ち民族的アイデンティティ」を育む条件が存在していたかどうかを，カレンなる「民族」名をてがかりに考えてみたい。広範囲に特定の集団意識が成立するについては，当事者側の証言が必須であることはいうまでもない。しかし，カレンがカレンとして自らの言葉で史料を残すのは，19世紀後半になってからであるため，この点からの考察は困難がともなう。従ってさしあたりは，そうした意識が成立するに足る社会的条件が存在したか否かをここでは検討してみる。次いでカレンという語がどのような支配体制の中で使用されたかを点検し，これに共通した意味が込められていたかどうか探ってみる。そして当時の統治システムと，これを支えた情報メディア体制を通して，この言葉で呼ばれる人たちの中に，カレンとしての共通の意識が存在したといえるかどうかを明らかにしたい。

　18世紀後期から19世紀始めにかけて，地方のダヂー（首長，領主）が王室へ提出したシッターン（調書）にはカレンなる住民識別語がしばしば登場する。この文書は，提出者の有するダヂー権の正当性と，徴税を中心とする住民支配の方法について述べたもの[2]で，政府と住民の関係を知るには第一級の史料で

あるといってよい。本章ではこのシッターンに記録される徴税方法や税額などから，カレンと称された人の扱われ方を解明する。そして，前近代社会つまりここで取り上げるコンバウン王国時代前半（18世紀後期から19世紀初期）にあっては，ネイション意識が形成される社会的条件が整っていなかったことを示しつつ，現在では民族集団として政治的に使用されるカレンという語は，政治的な意味は有していなかったことを明らかにし，民族を所与のアクターとする近代の歴史叙述を相対化したい。

2 シッターンにみるカレンの分布

カレンと称される人々の存在に関する行政記録は，ミョウ（城市）の歴史を記した文書やシッターンに多い。例えば緬暦1145年ガソン月白分10日（1783年4月10日）付けでタウングーの書記官長レッヤーチョーディンが記した文書[3]には，ミョウの管轄域にカレンの部落が16存在しているとある［Taung-ngu myou Documents］。またデルタ地方から提出されたシッターンには，支配下

2）シッターン（調書）にはだいたい次のような項目についての報告が求められている。調書作成の（1）年月日，（2）その回答者名，（3）年齢，出生曜日，（4）当該領地の歴史，（5）地方領主の系譜，（6）領地の範囲，境界，（7）領地内の農地の種類，（8）公租賦課の種類，額（9）無主の牛，水牛の管理，帰属，（10）地域内で死んだ牛，水牛の肉の配分法，（11）戦争時に当地域より従軍すべき兵士の数，あるいは戦費負担，（12）窃盗，死亡，火災，出生の管理，（13）知行主が存在するとき，住民が提供すべき産品および労力，（14）国王即位式や定例の謁見式において地方領主が持参すべき王への贈り物と種類の数，（15）地方領主に王から与えられる下賜品の種類と数，（16）彼らの葬儀のさいに使用を許される飾り，様式など。以上のことがその土地の慣行に従って述べられる。

しかし，シッターンには，当該領地全体の徴税総額やその基礎となる田畑や水牛の総数，耕作に従事する労働者の総数，などは記されてはいないし，中央政府がこの数字を要求したふしも見当たらない。従って，地方領主が毎年どれだけの税金を徴収していたかは，中央政府に分からないし，関心もなかったようである。地方によって税の徴収方法や率が異なればなおさらのことで，王室側は地方領主の申告をそのまま信用するしかなかった。ただ，この調書と同時に住民台帳も提出させたので，人的資源の確保はある程度可能であったと考えられる。

調書は地方領主が交代するたびに提出させていたので，財源を調査し，地方領主の専横を排除することを意図したものというより，地方領主の認定と人的資源の確保のみ狙ったものであると考えることができる。地方の支配は彼らの裁量にまかせることにより，人的資源をより有効に利用しようとしていたに違いない。地方領主の既得権益を侵すことなく，ゆるい支配を行うことによって，地方領主の国王に対する忠誠をより広く獲得しつつ，王権を強化しようとするものであった［Trager and Koenig 1979 ; Ito 1995］。

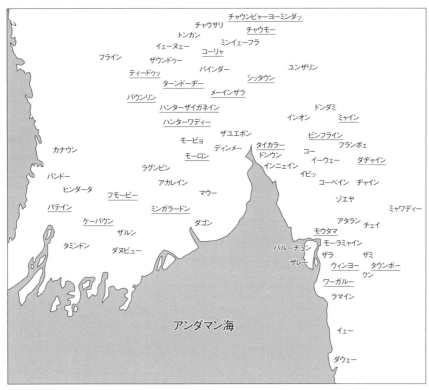

図1　19世紀初エーヤーワディー下流域のミョウ
（註　下線はカレンの存在が報告されていることを示す）

のミョウやユワー（村）にカレンが存在すること述べたものが少なくない。いま試みにその分布を示すと，図1のようになる。ミョウの位置関係は19世紀初期に提出されたシッターンから導きだされたもの［大野 1980］で，下線を付したミョウ，もしくはこの支配下にあるユワーは，そこにカレンが存在する

---

3)　本章ではタウングー関係文書として，主に「タウングー・ミョウ シッターン Taung-ngu myou sit-tan」（大英図書館蔵貝葉本）と「ボードーパヤー王治下タウングー・ミョウ区域シッターンを御蔵へ提出したタウングー・ミョウ史文書」（以下「タウングー・ミョウ史文書 Taung-ngu myou Documents」と略記）を使用する。前者は緬暦1220年ピャートウ月黒分12日（1859年1月30日），つまりタウングーが英領下に入ったのち，タウングー地方の「歴史資料として筆写」されたものである。そのためか，この写本には「緬暦1145年書記官長レッヤーチョーディンが提出した予備文書」というのが，挿入されており，これは後者のミャンマー考古局が所蔵する西洋紙筆写本「タウングー・ミョウ史文書」とほぼ同一である。大英図書館蔵貝葉本には省略があるが，両者を比較すると，それぞれ筆写の過程で生じた誤記の修正がある程度可能になる。

ことが明記されている。

　カレンについての記述は，エーヤーワディー下流域にかなりの密度で登場する。しかし中央部や北部のシッターンに，これを見出すことは不可能に近い。従って，当時の中央政府には，タウングー地方やハンターワディー地方，モウタマ地方，それに西のバセイン地方に，カレンが住んでいるという認識があったことが分かる。

　ただこうした認識は，18世紀末以降に生まれたようである。というのは，例えばモウタマ地方のダヂャイン・ミョウの1813年4月12日付けのシッターンには，ミョウの状況について，

> 〔今では〕辺境の町村になっております。人が敢えて住もうとしないため，タライン，ミャンマーは居ません。45年の表冊（sa-yin）にはタライン世帯が15掲載されています。現在町村には蠟税を納入するカレン9世帯が存在します [Mok-tama 32 myou sit-tan]

と記されている。ここで述べられている「45年の表冊」とは，緬暦1145年，つまり西暦1783年に提出された住民登録簿のことで，当時はタライン，今でいうモン人の世帯が15戸あった。しかしこの1813年シッターンが提出された段階の住民は，カレンの世帯9戸を数えるのみとなっていたというわけである。ダヂャイン・ミョウは，現在のタイ国境山地部に位置する町で，1766年1月4日付けで提出された「モウタマ・ミョウ地方のシッターン」に，その境界が八方にわたって示されているので，18世紀半ばに存在したことは確実である。そして緬暦1146年ワーゾー月白分13日（1784年7月29日）付けでダヂーのンガ・テーティッが提出したシッターンには，

> 私はダヂャイン・ミョウを支配する家系ではありませんが，36年にモウタマ・ミョウが崩壊した後，支配しております。ミョウの広さや境界は知っている人に尋ねて知りえたもので，東に行けば（中略）。以上の境域に廃村が13あります。これらの村には今，人が住んでおりません [Mok-tama 32 myou sit-tan]

とある。この段階で域内にいくつの村落が存在したかは不明であるが，廃村が13存在する。これは36年つまり1774年，モウタマ・ミョウをめぐる戦役[4]により，この地方が荒廃した結果であろう。そして残った住民の多くは1813年のシッターンに述べられていることからすれば，モンであった。ところが，1813

年になるとここには，カレンが住むようになっていたのである。同様の例として，ウィンヨー・ミョウ，タイカラー・ミョウ，ワーガルー・ミョウ，ビンライン・ミョウが存在する。いずれも1784年のシッターンには記載がないが，1813年に提出されたシッターンには，住民の中にカレンの存在が示されている。つまりこの30～40年の間に行われた再開発の過程で，カレンが流入したか，新たに支配下に組み込まれたことが，この二つの時点での比較によって理解できよう。

またハンターワディー地方においても，1802年9月5日付けコーリャ・ミョウのシッターンには，

> この4域8方内に他所の土地はありません。ココナツ，オオギヤシ園地もありません。コーリャ・ミョウ内のポーニー川，プウェダモー川，マヤン川，コーリャ川，パインダー川，プッチャー川，サッ川，チャー川などで生業(なりわい)を立てる，カレン，ザベイン[5]達は……（後略）[Han-tha-wadi 32 myou sit-tan]

として，カレン，ザベインが明記されているが，1784年1月12日付けのシッターンでは，

> 〔この領内には〕他所の土地はありません。氾濫原（kaing），中洲地（kywun），ココナツ，オオギヤシ園地もありません。池沼はアセインガレッに池1，アパガインに池1，カイエレッテツに小池5，計7池あります。この池で漁業を営む者は，1人につき基本税花銀（yun-ni）3チャ[6]，書記（sa-yei）に1マッ，ふれ役（a-hsaw）に1マッ，湿地で水田を営む者は，水牛1対につき基本税花銀2チャ，書記に1マッ，ふれ役に1マッ，ヤンゴン・ミョウの租税［長官］，租税書記官（ahkwun-sa-yei）に支払うことになっています [Han-tha-wadi 32 myou sit-tan]

とあり，カレンやザベインについては何も述べていない。従って，この場合も，1784年から1802年の間に，カレン，ザベインなどの識別がなされ，これが中

---

4) 1774年，シンビューシン王（在位 1763-1776）のアユタヤ遠征時，動員されたモン2,000人が，モウタマに駐屯していたミャンマーの部隊を突如襲撃し，逃走した知事を追って，ヤンゴンを占拠した。このモン反乱軍は鎮圧され，モウタマ城市に立て籠もったモン軍も敗走させられた[Tin 1967：494]。

5) 現在では言語学的分類により，カレン系民族のひとつに数えられている。史料にはザエインという表記でも登場する。

6) 重量の単位。1チャ＝4マッ＝10ムー＝20ペー＝1/100ペイター≒16グラム。

央に報告されるようになったと考えられる。

同じくターンドーヂー・ミョウの場合も，1802年9月8日付けのシッターンには，

> 曽祖父，祖父，父が亡くなり，自分が幼かったので，〔住民が〕四散していましたが，ハンターワディー・ミョウを南大臣のマハー・ティハトゥーラが再建支配した55年，森林が生い茂っていたのをミョウやユワーに蘇生させるべく，継承して再建しました。（中略）この4域8方で区切られる土地に住む庶民（hsin-ye-tha）のアティー[7]の家215，租税を負担するカレンの家122，租税を負担するザエインの家56，計363，息子・婿の世帯増加分124，分家増加分206，合計693，大男621，大女549，小男194，小女152，合計人口1,516が存在します〔Han-tha-wadi 32 myou sit-tan〕

とある。55年すなわち1793年にこの地域を統括するミョウとして，ハンターワディー・ミョウが再建され，付随してこのターンドーヂー・ミョウも再開発された。そこに住み着いた住民はアティーであるビルマに加え，カレンやザベインであったことが明記されている。

さらに，メーインザラ・ミョウの1802年8月3日付けシッターンにも

> 長い間深い草木に覆われていて，45年に提出されたシッターンに〔このミョウのこと〕は含まれておりません。崩壊して，管轄支配する者がいませんでしたので，租税長官（ahkwun-wun），租税書記官（ahkwun-sa-yei）達が，税金を納めよ，カレン，ザエイン達を統括し，繁栄に導くべく復興せよと依頼〔され〕，私が復興し支配しております〔Han-tha-wadi 32 myou sit-tan〕

とある。45（1783）年には人が住んでいなかったようであり，その後ミョウの再建過程でカレン，ザエイン達が集められたか，もしくは支配下に取り込まれていったことがこの文書から知りえよう。

以上の例から，18世紀後半，戦役等によってデルタ地方が荒廃し，その後の再開発が進む過程で，カレンやザベインが支配下に取り込まれてゆく過程がうかがえる。もちろんこの地方においても，タウングー地方と同様1784年のシッターンからカレンの記載があるものもある。デルタ地方西部の中心城市で

---

[7] 当時住民にはアティーとアフムダーンの区別があり，前者は平民で，後者は王務に従事した。

あるパテイン・ミョウの1784年5月8日付けシッターンには、税金の種類を列記した箇所に「カレン，チンは山畑の基本税は一人につき」[Pathein 32 myou sit-tan]とあるし、同じくこの地方にあるケーバウン・ミョウの1784年4月26日付けシッターンにも、「カレン達は大刀一振りで切り開く時」[Pathein 32 myou sit-tan]とある。従ってカレンの存在が、19世紀になってはじめて認識されたという訳ではない。

1752年エーヤーワディー流域中央部のシュエボー（コンバウン）にアラウンパヤーが覇権を打ちたて、南部のデルタ地域を掌中に収めるのは、1757年である。モウタマやハンターワディー地方で19世紀にはいってカレンやザエインの名がシッターン文書に登場するのは、18世紀末期における再開発の過程で、単なる住民としてではなく、カレンやザエインとして明確にまた広範に認識されはじめた結果であるといえよう。ただ、こうした視線の変化がどうして生じたのか、その要因を現在の段階で明確に説明することはできない。

3　地方における課税方法

それではコンバウン王国時代前期、カレンと呼ばれた人たちは、どのような社会環境のもとにおかれていたのであろうか。支配の有り様がもっとも如実にあらわれる課税についてみてみよう。コンバウン王国の徴税方法は、ミンドン王（在位1853-1878）による、全国一律の課税を目的としたタッタメーダ税の導入［伊東 2008；伊東 2009］以前まで、基本的に地方の裁量に委ねられていた。地方領主であるダヂーは、その土地の慣行に従って住民の生産、取引、輸送、裁判などに課税し、毎年一定額を中央政府に納入していたのである。従って地域によって課税対象、税率や税額はまちまちであった［Ito 1995；Ito 1996］。

ところが、18世紀末に再開発が進められたハンターワディー地方の場合、森林深草地となっていたハンターザイガネイン・ミョウを、ハンターワディー知事の命により59（1797）年に父ティリチョートゥが支配管理し、これを受け継いだダヂーのンガ・シュエピーは、1803年3月20日付けのシッターンで次のように王国政府に報告している。

知事（myou-wun），税関吏（yei-wun），租税長官，徴税長官（akauk-wun），方面軍司令官（sit-ke），御目付（na-hkan），書記長官（sa-yei-kyi），租税書記達が，租税を査定・徴収するにさいし，水牛1対につき税として籾米50籠を，ハンターワディー・ミョウの御蔵において納入することになりました。他にキンマを栽培する者は，1人につき租税として銀5チャ，チャイトー川で漁をする者は1人につき銀5チャ納入します。船着場税，市場税，関所税はありません。新年の謁見所開き，安居入り，安居明けの恭順式の贈り物については，建設したての町村であるため，奉呈いたしません。家を構えて居住する世帯の数については，ミャンマー，タライン，カラー，カレン，年齢，誕生曜日を大きな表にして遺漏なく記入し提出したものを，畏れ多くも陛下の御許でのお調べをお受け致します［Han-tha-wadi 32 myou sit-tan］。

再開発により，税率の決定が政府役人の指導のもとに行なわれ，ハンターワディー・ミョウの国庫に納入することになったという。ジャングルになって人が住んでいなかったため，それまでの慣行も失われたようで，中央からの役人主導で課税が行なわれたことをこのシッターンは示している。税率も「水牛1対につき税として籾米50籠」と，周辺のミョウにくらべかなり高い[8]。しかしここで着目すべきは，このミョウにはビルマ（史料ではミャンマー，以下同じ），タライン，カラー（インド人），カレンが住んでいたことである。つまり，このように区分される人たちが，中央の役人が指定したという徴税体系の中に，いちように組み込まれたことを示している。

また先に引用した，カレン，ザベインの住むメーインザラ・ミョウのシッターンにも，

> このミョウ域内には租税を納めているモーユンヂーの池，（中略）があります。これらの池で生業を立てる者は，1人につき租税銀5チャを納入しています。水

---

[8] 緬暦1164年白分15日（1802年6月29日）付けのチャウモー・ミョウのシッターンには，「水牛1対につき籾米10籠」［Han-tha-wadi 32 myou sit-tan］とある。この差を，土地の生産力によるものと考えることもできるが，5倍というはあまりにも大きい。高率の賦課を嫌って，逃亡する住民も存在したと思われる。1795年にこの地を訪れたサイムズが，宣教師から聞いた話として，「近年この人達（カレン）は，ビルマ人の地主（Birman landholders）により重い税をかけられ，圧迫されている。その結果，多くの人がアラカンの山中に逃避している」［Symes 1800：207］と記しているのは，このことを指しているかも知れない。しかし，収奪者を政府役人とせず，「地主」としているのは，インドのザミンダーリーが念頭にあるかも知れないが，やはり課税は基本的にダヂーによって行なわれると，現地では理解されていたからであると考えられる。

田を耕作する者は，水牛1対につき籾米50籠，ハンターワディー知事，税関吏，租税長官，徴税官，方面軍指令官，御目付，書記長官等の仰せに従い，ハンターワディー・ミョウの御蔵で，納入致します〔Han-tha-wadi 32 myou sit-tan〕

とあり，ここでも税額や税率が，関係役人の指導により決定されていた。池沼税が一人につき銀5チャ，水田税が水牛1対につき籾米50籠というのは，ハンターザイガネイン・ミョウと同じであり，ハンターワディー地方の再開発，再支配にさいして適用される税率であったことをうかがわせる。そして，中央から派遣された役人によって新たに定められたという税率にビルマ，カレンさらにはザベインの区別がなかった。古くから存在する他所の慣行からすれば高めであったが，少なくともビルマ，カレン，ザベインそれぞれに差別的税率が適用されていたようには読みとれない。

しかしこれが一般的傾向であったかどうかは分からない。この地方の中心城市として機能していたハンターワディー・ミョウの1802年9月5日付けのシッターンには，

領内での就労については，水牛については1対につき租税は籾米50〔籠〕を量り御蔵へ納入します。池沼小川での生業(なりわい)については，就労者1人につき5チャ，カレンは1人につき基本税9チャ，付加税として9ムー，主(あるじ)（ke）に4ムー1ペー，運搬手数料4ムー1ペーを納入します。ザベイン達はザベイン1人につき基本税10チャ，付加税1チャ・ケー[9]2マッ，運搬手数料2マッを納入します〔Han-tha-wadi 32 myou sit-tan〕

とあり，少なくともカレンとザベインでは基本税額が異なっていたことがわかる。また池沼小川税の「就労者1人」をビルマ，もしくはモン人と考えた[10]場合，これらとも区別があったことになる。

ただ，確かに基本税だけをみると差別税のようでもあるが，そこには徴税方法の違いがあったことを認めざるをえず，運搬税その他の付加税を加えた課税総額から判断すれば，単に差別税といえないふしもある。チャウンビャーヨーミンダッ・ミョウの1784年5月1日付けシッターンにも，

この8域内で生業(なりわい)を立てる者は水牛1対につき，基本税として籾米10籠，山畑

---

9) 銀の純度を示す指標。
10) このシッターンには集落名をモン語のザー（za）で記したものが多数ある。ただモンが居住していたことは，述べられていない。

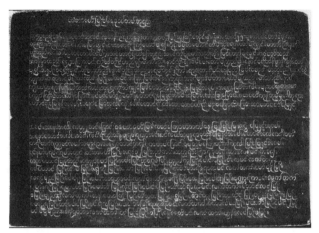

図2 ハンターワディー・ミョウ64（1802）年シッターン（部分）
（ミャンマー国立図書館所蔵折畳本 NL-740 鹿児島大学マイクロフィルム82（3）より）

(taung-ya) では2籠半，基本税10籠につき，ネズミの害 (kywet-sa) のため1籠，長官 (wun) のため1籠，書記 (yei) に半籠，蔵頭 (kyi-sou) に1籠，蔵の書記 (kyi-yei) に半籠，役所 (youn) に半籠，量人 (tin-hni) に1/4籠，（中略）山畑耕作を行うカレン人は1部屋 (hkan) につき籾米5籠，手数料 (a-hpo) として花銀1チャ。基本税10籠につき長官にたいして1籠，書記官に半籠，ふれ役 (a-hsaw) に1籠，倉庫番 (taik-sou) のために半籠を負担します［Han-tha-wadi 32 myou sit-tan］

とあって，山畑耕作ではカレンとその他では賦課基準が異なる。この場合は，耕作方法の違いを反映したもので，カレンの山畑はおそらく耕作に水牛を使用しない焼畑であったと考えられる。もしそうでなかったとしても，カレンは世帯単位，それ以外は水牛1対で課税されていたので，どちらが重かったどうかは，比べられない。

ただ先に引用した1802年コーリャ・ミョウのシッターンには，

コーリャ・ミョウ内のボーニー川，プエタモー川，マヤン川，コーリャ川，ワインター川，プッチャー川，サッ川，チャー川などで生業を立てる，カレン，ザベイン達は，1年に1世帯につきザベインは基本税10チャ，附課税，運搬税，長官書記分1チャ，カレンは基本税9チャ，附課税，運搬税，長官書記分9ムーになるようそれぞれ我らミョウ・ダヂーが督促徴収し，ヤンゴン・ミョウの役

第8章 前近代社会の「民族」 307

所にいる租税長官，租税書記官のもとに届けることになっております。[Han-tha-wadi 32 myou sit-tan]

とありザベインは 10+1=11 チャ，カレンは 9 チャ+9 ムー＝9.9 チャとなって，現実がそうであったとすれば後者が 1 割がた軽い。付加税の内容その他は変わらないので，このミョウで，ザベインは差別待遇を受けることが容認されていたことになろう。

　以上の如くハンターワディー・ミョウの支配が再開発地に及ぶに従い，全体として税額が重くなる中で，ビルマ，カレン，ザベイン等の租税額は同一というミョウもあれば，またその軽重は比較できないが，税率が三者で異なるところもあれば，カレンとザベイン区別し，後者に対する課税を相対的に重くする所もあった。ハンターワディー・ミョウ管轄内の再開発地における事例で三者が同一なのは，慣行が失われていたからであり，ハンターワディー・ミョウの場合はそれが残っていたからと判断することもできる。そうすると再開発地に中央の役人主導で差別税が導入されなかったのは，この三者を同じ住民として扱っていたからであると考えられなくもない。その意味で中央政府には，「民族」を差別的に扱おうとする意識はなかったものと考えられる。

　ただ税の徴収にこのような基準が設けられていたとしても，現実にはミョウやユワーの納税額はその総額が決められており，これを達成する限りにおいて，ダヂーは自らの地位を問題にされることはなかった[Ito 1996]。従って個々の住民に課される税額にまで，シッターンに示された基準が及んでいたかどうか定かでない。

　ともあれビルマ人，カレン人，ザベイン人ということで異なる税率が適用されるとしたのは確かである。これを，当時一般的であった地方的慣行に基づく現象と考えることができるとしても，それは中央における民族差別意識を反映したものだったのだろうか。この点をカレンに賦課されていた銀税や蠟税を参照しつつ，検討してみよう。

4　特産物税とカレン

　タウングー・ミョウの領内にあるカレン村とされたもののうちの一つ，チーダウン村の 1784 年 4 月 27 日付けシッターンによると，村内には銀税負担世帯

とされたものがあった。その住民は，銀を納入する代わりに自らが耕作する水田，畑，氾濫原，採集したウルシなどには課税されなかった。そしてこの世帯は世襲であり，銀税は頭(hkaung)が徴収し，関係筋へ納入していた。一方，その他の村民についてはダヂーの所管であり，例えば水牛1対を課税単位とした水田税などが徴収され，タウングー・ミョウの支配に服していたという［Taung-ngu myou Documents］。ここでダヂーの管轄下にある住民はビルマ人であるとみてまず間違いないので，当地のカレンには銀税のみが課され，それ以外の住民とは異なる体系で支配されていたことがわかる。

チーダウン村についてはこれに関連して，1805年1月6日付けの国務院裁定書が残されている。

> チーダウン村のミャンマー・カレン銀税を，私の祖父ンガ・シュエチョーが45年，シッターン表冊を提出し，印璽お墨付きをもって統轄しました。58年にンガ・シュエチョーは死去し（中略）私ンガ・ピューウインはもたらされる王務を遂行したくないので，チーダウン村の銀税表冊にある親類のンガ・パーに役職を譲りたい。私の祖父ンガ・シュエチョーは死去し，私の父は後継子孫であったので，祖父ンガ・シュエチョーの印でチーダウン村のミャンマー・カレンを，引き続き支配してきました。（中略）ンガ・パーを王妃用チーダウン・ミャンマー・カレン銀税の統轄官（kyo-thukyi）[11]に任ず［Shwei-pi U Ba Tin Collection：63］。

国務院は当時の最高決議機関で，支配域内で発生するダヂー権争いの裁定やその任免も扱っていた。ここに引用したのは，役職移譲の承認を求めた上奏に対する裁定書である。1784年のシッターンでは単にカレンであったが，本裁定文では「ミャンマー・カレン」（後にスゴー・カレンと称される）と表現され，別の識別名となっていることは注意しておく必要があろう。そして1805年には，「頭」という役職名が「統括官」に変化していたことや，かれらが引き続き支払ってきた銀税は皇后に直接納付されていたことがわかる。

また，ハンターワディー地方にあるモーロン・ミョウの1802年9月5日付けシッターンには，「銀税を負担するカレン世帯」が合計で67存在しているとあり，同じ日付をもつバウンリン・ミョウのシッターンには，銀税を負担する

---

11) チョー（kyo）はShanの藩侯ソウボワーの支配下にある町や村の長のことで，ここでは，シャンの用語がビルマ語と併用されている。理由は不明。

カレン，ザベインが存在することが述べられている［Han-tha-wadi 32 myou sit-tan］。

さらにはティードゥッ・ミョウの例でも，1803年3月20日付けのシッターンには

> 居住するカレン，ザエインは毎年途切れることなく皇宮銀税（nan-you ngwei hkwun）を，カレンの負担者は1人につき基本税9チャ，付加税（pou）9ムー，主に4ムー1ペー，運搬（hsaung）に1ムー1ペー，長官に9ムー，書記に9ムー，ザエイン人（lu-myou）の負担者は1人につき基本税10チャ，付加税1チャ，主に5ムー，運搬に5ムー，長官に1チャ，書記に1チャ，従来どおり，ハンターワディー・ミョウの役人達が通知した時，私がカレンの肝煎（so-ke），ザエインの長（a-kyi）とともにハンターワディー・ミョウの役所において，租税長官，租税書記官の御前で計量し支払います。租税の他に，軍役銀（taing-kyei taing-ngwei）を計量し支払ってきたことはありません［Han-tha-wadi 32 myou sit-tan］

とあり，このミョウのカレン，ザベインとも皇宮銀税なるもののみを納入し，それ以外の税金や賦役つまり軍役は負担していなかったことがわかる。

以上の如く，一部のカレン（やザベイン）は銀税という，決められた税金を納入するよう義務付けられていた。そしてこれらの銀税は，王妃銀とか皇宮銀と呼ばれていたのである。

そもそも皇宮銀は，『閻浮提総覧（Zam-bu-di-pa Ok-hsaung Kyan）』[12]に収録されている緬暦1041（1679）年の勅令によると，当時「シャン，エーヤーワディー川北部，下流部9村，上流部9村，およびダユインダインの地」［Than Tun 2005：128］が納入していた[13]。皇宮銀税は固定税（hkwun-thei）と変動税（hkwun-shin）の2種類があって，王都の金税長官（shwei hkwun wun），銀税長官（ngwei hkwun wun）が徴収することになっていたが，タウングーとモウタマは遠隔地ミョウに含まれるので，租税長官（ahkwun wun）が徴収に当たっていたとさ

[12) 緬暦1124年ワーガウン月白分5日（1762年7月25日）と同年同月黒分2日（同8月6日）に，過去の支配方法に関する断簡を編集筆写したもの。

[13) ただし，パガンの南に位置するダユインダイン・ミョウの1784年シッターン［Trager and Koenig 1979：280］によれば，1668年と1679年にアティーの集団が組織され，これらは銅を納入するよう義務づけられていたという。このアティーはビルマ人であったと考えられる。

れる［Tin 1970：286］。また1715年11月24日の勅令にも

> 皇宮銀長官，モウタマ租税長官，タウングー租税長官は，高祖皇宗以来代々途切れることなく存在してきた租税を収納せよ。タウングー，モウタマに租税長官が任命され，現在も存在している。これら租税長官が督励して納入させよ。銀税は上記賢君の御世以来督励納入させてきた様に，支配管轄して負担させよ。長官たちは，銀税長官，タウングー，モウタマ租税長官に伝えよ［閻浮提総覧（Than Tun 2005：143）］。

とあり，コンバウン王国成立以前から存在した制度であった。

『閻浮提総覧』によれば，この銀税が1679年には存在していたことがわかるが，「タウングー・ミョウ史文書」には早くも1637年にタウングー・ミョウの知事，方面軍司令官，目付け，租税長官，書記長官，蔵書記などが任命された折，「ユワープー知行主[14]バラタラをカレン16部落のカレン主幹（hmu）」に任じて，タウングーへ派遣したとある。ユワープーが何処にあったかは不明であるが，この地を知行していたバラタラという欽賜名を有する者がタウングー・ミョウの領域内に存在するカレン部落の主幹に任じられている。

この主幹であるが，緬暦1086（1724）年10月24日のものとされる王室文書には，

> 緬暦1086年ローカマルアウンダヤー（タニンガヌエ王：在位1714-1733）の御世，ダザウン月黒分9日火曜日（1724年10月28日）タウングー・ミョウの吉祥銀税（min-gala ngwei-hkwun）を租税長官ヤーザピンニャー，書記ティリゼーヤ達が，カレン主幹および12の血盟団（thwei-thauk）を任命し，租税を納入させるについて，カレン主幹ヘーザンチョー，木曜生，年齢66，ヘーカマンパイ，土曜生，年齢75などに土地田畑〔を与え？〕，表冊に従い遂行させた［閻浮提総覧（Than Tun 2005：144）］。

とあり，カレンの銀税納入を司っていた。ちなみにこの12の血盟団は本文書の後の方に「カレンの12の血盟団」とあるので，カレンによって形成された12のアフムダーン部隊のことで，バラタラのカレン16部落も，おなじく血盟団であった可能性が高い。つまりかれらは王務員として，国王に直結した存在であったことになる。

14）知行主（sa）も領主であるが，在地しない。

こうした銀税は，いま見た如くニャウンヤン王国時（1598–1752年）にあっては，担当官を特別に任命して徴収されていた。そして時代は下り1784年5月23日付けのシーピン村シッターンに，

> この村のダヂーの家系が途絶えたので，シンビューシン王の治世に兄のンガ・ノウが村を建て直し，支配してきました。ンガ・ノウがタウングー城下の村々にある銀税を監督支配することになった時，兄ンガ・ノウの〔ダヂーの〕地位を私が継いで，支配しております［Taung-ngu myou sit-tan］

と記されていることから判断すれば，コンバウン王国になっても同様の方式が踏襲されていたことが確認できる。

　ところが「タウングー・ミョウのシッターン」によれば，チーダウン地区の一部は，ある時点から銀税を納入するようになったという。

> チーダウン地区の大パンヌー，小パンヌーそれにメーバウのカレンは代々，モズの羽を納めていました。ところが父なるハンターワディー到来王以来，一部屋につき〔銀〕1チャあて，タウングーの租税長官，書記官が徴収し納入していました。そして御兄君シンビューシン王のみぎりから今上陛下にいたるまで皇宮向けとして納入いたすことになっております［Taung-ngu myou sit-tan］。

　ハンターワディー到来王とは，ニャウンヤン王国最後の王であるマハーダンマヤーザディパティ王（在位1733–1752年）のことで，この王の即位前はチーダウン地区の大パンヌー，小パンヌーそれにメーバウ区に住むカレンは，装飾用に使用される美しいモズの羽をあつめ，これを租税として納めていた。つまり特産物税の変更である。

　さらにモウタマ地方には，銀税ではなく，蠟税が課されているカレンもいた。1813年4月12日付けダヂャイン・ミョウのシッターンには

> 現在，町村に蠟税を納入するカレン9世帯が存在します。カレンの世帯は1世帯につき租税は蠟1ペイター，知事書記に50チャ，付加分として25チャ，カレン差配（ouk）カレンふれ役に納入しているのを聞知しております。私が通知し取り立てるようなことはしません［Mok-tama myou-ne sit-tan］

とあり，ここでは蜜蠟税がカレンの世帯に割り当てられ，徴収にあたってミョウ全体を管轄するダヂーの関与はなく，カレンの差配やその配下であるふれ役を通して行なわれていたことがわかる。ミャイン・ミョウのダヂーが1813年

312

4月15日に出したシッターンにも「カレンの世帯は一世帯につき，蠟税1ペイター，知事書記に50チャ，頭(かしら)へ付加分25チャ，計75チャを，カレンの差配，カレンのふれ役が通知して徴収し，その筋へ納入します」[Mok-tama myou-ne sit-tan]とあるように，ダヂャイン・ミョウと同じく蠟税をカレンの差配やふれ役が，賦課・徴収に当っていた。

1813年4月11日付けウインヨー・ミョウのシッターンも「カレンは1世帯につき蠟1ペイター，知事書記に50チャ，頭(かしら)に25チャ，この3つの合計蠟1〔ペイター〕75チャを数えて調べ，カレンの差配，カレンふれ役が知らせて納入します」[Mok-tama myou-ne sit-tan]とあり，同じ制度が採用されていたことがわかる。1813年4月14日付けのビンライン・ミョウのシッターンや1813年4月13日付けでタイカラー・ミョウのシッターンにも同様の記述がある。

確かにこの地方は蜜蠟の産地である。そしてこれらのミョウは，前述のごとく1774年のモウタマ戦役後に再開発され，1784年のシッターンにはカレンの存在が述べられていなかった。新たな支配にさいし，蠟税を導入し，カレンの中に差配やふれ役を任命したのであろう。

以上の如く，銀税，モズの羽税，蠟税などの特産物税を負担するカレンもいた。しかしこれはカレンに限ったことではない。先に引いた『閻浮提総覧』に収録せる1679年の勅令によれば，銀税は全国各地に割り振られている。例えば，シャン地方マインカイン・ミョウのヘークイ村の1784年1月27日付けシッターン[Tin 1970：291]では，シャン人にも賦課されている。また註13で指摘したように，銅税を課されたビルマ人もいた。従って，王国支配下のカレンのみに特産物税が賦課されたわけではなかったことは明らかである。

また，徴収を担当する役職名は所によって異なっており，主幹（hmu）や，統括官（kyou-thukyi），頭(かしら)（hkaung），肝煎（sou-ke），長（a-kyi）や差配（ouk）などと称されており，制度としてはかなり地方化されていたことがわかる。つまりカレンやザベインについても，当該の首長や世話役を通じ，その地での慣行に従って税が徴収されており，中央が一元的にこれらを管理していた訳ではない。要するに，税の種類や付加率が「民族」ごとに異なっていたとしても，これを中央政府の方針であったとすることにはやはり困難が伴う。

5　視線と自覚

　税制から，カレン（やザベイン）が一元的に差別されていることを明らかにすることはできなかった。それは税の徴収が，地方の慣行に基づき，積み上げ方式ではなく，総額固定制であり [Ito 1996]，かつその按分が当該グループの長によって行われたからである。しかもその種類や総額が，基本的には地方の特殊事情によって決定されていたことに鑑みれば，カレン総体に対して特別な感情が中央政府内に存在したとは考えにくい。これはニャウンヤン王国時代の事例ではあったが，タウングー地方ではアフムダーンの一翼をになう血盟団として取り立てられていたことからも確認できる。

　ところが歴史家や植民地官吏，欧米の宣教師の多くは，カレンに対するビルマ人の支配は苛酷であったとしてきた。例えばケーニッヒは，その「要因の一つは，1740年から1757年にかけて，旧ハンターワディー王国でカレンが重要な役割を果たしたという記憶にあったのかも知れない」[Koenig 1990: 63-64] という[15]。すなわち，1740年ハンターワディーで，ビルマ人知事によるニャウンヤン王室に対する反乱が発生した。この知事は，しかし，過酷な取立てを行なっていたこともあり，最終的には住民によって排除され，ここにスミントー・ブッダケティを中心とする強力な政権が成立する。そしてこの政権によって南部地方一帯が平定され，1746年バンニャダラが王位に就き，1752年アヴァが陥落しニャウンヤン王国が滅ぶという事態に発展した。「ビルマ」王国の崩壊をもたらしたこの出来事に，カレンが大きく与っていたので，ビルマはこれに対して敵愾心を持っていたというのである。

　確かに，1750年代末に書かれた『レッウエーノーヤタヤー年代記』には

> ハンターワディー・ミョウにおいても知事のミンイエーアウンナインは，ンガ・ターアウンと気脈を通じ，企てた者企てなかった者を選別することなく，ミョウに住むアフムダーンを尋問弾圧虐殺した。あまりに苛烈だったので，ハンターワディーの住民達が，ミンイエーアウンナインを謀殺したとき，アワインのカレン村のクイー・カレン達が，未来王が出現したといい，ハンターワディーの

---

15) これはすでにリーバーマンによって，民族的対立として理解することができないとして，論駁されているが，ここでは別の観点から検討してみる。

北, ボーナッチーのタイエタビンで, 大きな砦を築いて王位につけるべく集結
していることをハンターワディーの住民やアフムダーンが聞き及び……
[Let-we-naw-ya-hta Yazawin: 40-41]

として, カレンがこの反乱に大きく関わっていたという叙述がなされている。
 ところがボードーパヤー王（在位1782-1819年）の時代, 全国から碑文を集
め, 寺領地の正当性を調査する任にあったトゥインティンタイ長官マハーシー
トゥー・ウー・トゥンニョーが1798年に書いた『新年代記』[16]には,

　　ハンターワディー知事のミンイエーアウンナインも前知事ンガ・ターアウンと
　　同じく, タライン（モン）達を抑圧していたので, 〔モンに〕受け入れられず,
　　〔モンが〕ミンイエーアウンナインに反乱を起こしたとき, アヴァの南, カロウ
　　ンナンキンの地から, シャン国を放浪するも満たされず, パコウの北タイエタ
　　ビンに住まいしていたターフラという人をタメイントーという名で王位につけ,
　　やがて象と虎が直ちに相次いで献上され, 象虎主と呼ばれた。ミエドゥー・ミョ
　　ウでカテー軍に勝利したので, 帰還したすべてのタライン達も象虎主の配下に
　　なった [Htein 1997: 152]。

とあって, ここではモン人が反乱を起こしたという内容になっている[17]。もし
ケーニッヒが描くように, コンバウン朝成立時以来, 反カレン感情なるものが
王国政府要路に存在したとすれば, 施政の拠り所とされる王国年代記に, 政権
に敵対したとされていたカレンが登場しないのは不可解である[18]。やはり, 中
央政府内にカレンに対する統一的見解が存在し, カレンを弾圧していたと理解
することには困難が伴う。
 つまり王国政府はカレンを, それが共通に有する何かに着目し, これを際立
たせて, 一つの主体をもったものとして理解しようとしていたとは考えにくい。
確かにこれをとりまく個々の周辺住民には, カレンという語に対するある意味
付けがあったのかも知れない。しかし中央政府の中で, 各地のカレンを比較し,
そこから彼らに共通した性格なり政治的志向性なりを作り上げ, これを政策に

---

16) テキストは緬暦1164年ダザウンモン月黒分8日（1802年11月17日）筆写の貝葉本。
17) この抗争については鈴木・荻原［1977］も見よ。
18) ちなみに第一次英緬戦争後の1829年に編纂が開始され1832年に成った欽定年代記『玻璃宮
　 御年代記』では, レッウエーノーヤタヤー年代記の見解がそっくり採用されている。これは2節
　 で指摘したように, 統治者側の視線が変化しつつあったことと軌を一にした判断ではないかと考
　 えられる。

利用するようなことはなかったと考えられる。

　そもそも前近代社会にあっての地方行政体制は、一元化されておらず、地方における行政は領主の一存にかかっていた。もちろん地方領主の裁量にはいろいろ制約があったが、なかでも大きくこれを規制したものとして、場当たり的に出される王室の意向以外には、ミョウやユワーの慣行があった。徴税もこれをもとに行われており、一元的税制の欠如は全国一律の利害が遍在することを不可能にしていたものと考えられる。

　そうであればこそ、カレンの側にも地域横断的に共通の自己認識が存在したと想像することは困難になる。特に、まだこの段階で、文字をもたなかったカレンにあっては、なおのことである。また各地でカレンと呼ばれる人たちが、相互の事情を持ち寄って、鳥瞰的に自分たちの共通項を見出し、我々意識を形成することも不可能であったに違いない。つまりカレンと呼ばれる人たちが、一定のカレン像を押し付けられ、これに対応するかたちでカレンアイデンティティが形成されるようなインフラはいまだ整っていなかったからである。従って、自らを共通の血統と文化を有するひとつの政治的集団つまり民族と考えるにはいたっていなかったとみてよい。

　その証拠の一つとして、カレンの間には19世紀初期の段階で、共通の神観念や伝承が存在しなかったことがあげられる。すなわち、集団意識が形成されるために必要な「共通の祖先・歴史・文化」を有するという状態ではなかった。といっても、カレンは文字を持たなかったため、その神観念や歴史意識についてカレンの側から書きとめられた史料でこれを証明することはできない。さいわい当時外国からの使節や宣教師によってカレンの伝承なるものが聞き取られ、書き留められているので、これが手がかりになる。

　イギリス東インド会社によってコンバウン王室に派遣されたサイムズ少佐に同行したブカナン軍医が、1795年王都アマラプーラからの帰路、ヤンゴン付近にあったカレンの村で聞いたという「カレンの神話」がある。

　　自分たちの知識が不足していることを認めている人に尋ねたところ、その理由
　　を次のように述べた。神はみまかる時、法と言いつけを水牛の皮に書き付けら
　　れ、地上に住むすべての民族（nations）に、やって来て写し取るようにと呼び
　　かけられた。すべての民族はこれに従ったが、カレンだけは飲み食いのため忙
　　しく暇がなかったので、そうしなかった。その結果カレンは、その時以来無知
　　の状態に留まり、神のお召しを無視した時カレンが携わっていたこと以外にか

かわることができなくなった。またかつて神が川を渡ろうとして溺れそうになった時、よそ者（the Kulas or strangers）によって投げら与えられた縄で救われたので、この者に対して、その時以来ずっと富をお与え続けられてきたという。さらに続けて、カレンが死ぬと、再び女性のお腹の中にはいり、また生まれてくるが、良いことをしても悪いことをしても、未来永劫何の変化も起こらないと述べた［Buchanan's Burmah Journal. 243-244］

とあり、無知の状態にある理由を、「飲み食いのため忙しく暇がなかった」つまり生業に忙しかったため、神の教えに接することができなかったことにしている。また、ここで描かれている神はきわめて人間的であり、ブカナンはGodと書いているが、キリスト教徒のいう神とはかなり異なった存在である。加えて興味深いのは、ここで「よそ者」と訳されたKulaである。これはビルマ語でインド人もしくは西洋人を意味し、商業などでこの地に来ていたためか、ここのカレンには裕福な人たちという観念があったのであろう。

これに対し、ブカナンとヤンゴンで接触のあったローマン・カソリックの神父サンゼルマーノは、カレンの信仰形態について、

驚くことに〔ビルマ人とは〕違った宗教を信じている。これは森に住むという悪霊に対する崇敬というかもしろ畏怖によって出来上がっているもので、彼らが病気になったり災難に遭いそうなったりした時には、この悪霊にご飯やその他の食物を捧げるのである［Sangermano 1969：44］

と記している。いわゆるアニミストとしての状態にあったということで、特別な神観念があったとは記していない。このサンゼルマーノは、1783年から1808年までヤンゴンに滞在し、布教活動に従事していたので、ここに記述されているカレンは、たぶんブカナンがこの情報を得たカレン（タライン・カレン）と同一地域の住民であったと考えられる。

またこれより前の1755年、成立直後のコンバウン王国政府にイギリス東インド会社から派遣されたベーカー大尉は、その報告書の中で、カレンは

完璧な道徳性を保持しているが、はっきりした宗教を持たない。彼らに全能なる者の存在を信じるかどうか尋ねると、ビルマやペグーの仏僧はそうだと答えるが、この者達はそのことについて何も知らないという。カレンは、いつも死者を埋葬しその上にアヒルや鶏を供えるが、この意味について尋ねてもいつもそうしているからとのみ答える［Dalrymple 1793：100］

と記している。この内容は，西洋人の宣教師から情報に基づいていると推測され，どの地域のカレンにかかわるものであるか不明であるが，ここのカレンは，いわゆる神についての認識さえも有していなかったことが分かる。

　また，バプティスト派の宣教師メイソンによって，1833年にダウエー地方のカレンから採集された伝承は，かなり趣を異にする［Mason 1834］。これは断片的な詩句や言い伝えからなり，メイソンはこれらをキリスト教的観念で解釈し，カレンをヘブライ人の子孫だとする。その当否は別として，この伝承によれば，カレンは全知全能の神（Yu-wah）によって創造されたが，悪魔のことばに耳を傾け，神の言いつけに背いたため，罰を受け，本を持たないとされている。また同じくそのことにより王を持たないが，将来神の恩寵により王が現れ，繁栄と幸福をもたらすという。

　もちろん知識が不足していることと本が無いことや，言いつけを無視したので無知の状態にあることや罰を受けたことなどは，訊ね方，解釈の仕方による揺れと考えられなくもない。つまり現在の状態を，神に背いたことにより説明しようとするところは同じであるといえる。しかし，メイソンの採集した伝承とそれ以外では，全知全能の神の存在を認めるか否かで，大きな違いがある。かたや人間的で将来の救済など保証の限りではないが，かたや全知全能の神による福楽の世界への導きが約束されている。また前者には圧迫者ビルマ人の影は認められないが，ここには示さなかったものの，後者にはこれが色濃く表れている。

　以上の事例により，コンバウン王国下におけるカレンが，相互に共通の神話・伝承を有していたとは考えにくい。

　従って，あそこのカレンとここのカレンは，違った神観念や伝承の中に生きていたと考えられ，決して同一の文化を共有していたとはいえない。カレンと呼ばれた人たちの間でもポー・カレン（「タライン・カレン」）とスゴー・カレン（「ミャンマー・カレン」）では言葉が通じない。カレンと呼ばれなければ，同じ仲間とは考えなかったであろうし，風習や考え方が異なればなおさらである。我われカレン人という意識が形成されていたとは，とても考えられない。

6　「民主化」圧力と民族問題

　19世紀初期の段階で，エーヤーワディー流域を支配する中央政府は，いまだ住民を一元的に支配する体制を確立していなかった。地方のミョウやユワーは，基本的に世襲的領主の自律的支配に委ねられていたからである。権力の様式が端的に現われる徴税は，その土地ごとの慣行に規定され，住民への賦課は領主や徴税人の裁量権内にあった。つまり王国政府は支配下の住民全体に対して，共通の対応をすることはなかったのである。

　確かに行政文書や1830年代の欽定年代記などにおけるカレンという語の現れ方からすると，カレンに対する視線の変化が生じはじめていたことは窺い知れる。しかしまだこの段階では，あそこのカレンとここのカレンが同じ扱いを受けていようといまいと，そのようなことはどうでもよく，毎年決められた税金が当該町村から納入されれば，基本的にはそれ以外は問わなかった。すくなくとも19世紀はじめまでの王国支配者は，カレンを南の方，つまりエーヤーワディー下流域に住むモンやシャンとも違う人たちぐらいにしか見ていなかったと考えられる。「民族」名は，どちらかといえば，地域の名称に近かった［伊東 2015］。その意味については一致した見解もなく，これを全体として定義する情報にも関心を示していなかったのである。

　リーバーマンは，ビルマやモンやカレンごとに共通の文化なるものは存在したが，これが人を結び付ける基本要因とならなかったと書いた［Lieberman 1978：480］。しかし何をもって自分たちの文化とするかは，例えば王国政府によってカレンと呼ばれていた人たちが，広い範囲にわたって，ある事象は自分たちに特有のものであると，共通に認識したときに始めて存在するものである。確かに，行政単位とカレンの集住地が重なっている所は存在した。しかし，その中でも場所や生業形態によって支配や収奪の方法は異なっていたため，一つの政治体制の中であっても，同じ境遇のもとに投げ込まれているという感覚は生み出されてはいなかったはずである。制度的にみてこの段階で，共通の文化を有する「我われカレン」という意識が形成されていたとは考えられない。

　そもそも「文化的即ち民族的アイデンティティ」は存在したが，当時の支配体制のもとでは意味をなさなかったという考え方は自家撞着であり，このよう

な支配体制のもとでは「文化的即ち民族的アイデンティティ」は形成され得なかったとしなければならない。繰り返すが，カレンがカレンであったのは，周辺がそう呼んでいたからであり，だからといってそう呼ばれたものが広い範囲にわたって同じ出自をもつ者として意識していたとは限らない。呼ぶ側にしても，カレン，ミャンマー・カレン，ザベインなどが，一つのものに対するバリエーションであるとは考えていなかった。

中央政府はカレンを当該地域の中に存在するカレンの長を通じて支配していたが，これはカレンではなく住民の代表という程度のものにすぎなかった。当時は，どこでも個別コミュニティの代表が支配の末端に位置していたのである。つまり地方の有力者なりまとめ役が，中央政府によって把握されていたにすぎず，地域に形成されたコミュニティそのものの一体性さえも存在しなかった［伊東 2013］。

従って対王国との関係で事を構えるようなことがあると，リーバーマンも指摘しているように，これを動かすのは地域の利害であったであろう。地域にはビルマやモンやカレンが混在しており，地域住民が同じ利害で結束し，中央政府や外敵と長期に亘って対峙するようなことがあれば，ビルマやモンやカレンというようなものとは違った，たとえば現代のヤカイン人意識のような，新たなアイデンティティが生まれる可能性も存在していた[19]。5節で引用したレッウエーノーヤタヤー年代記の記述は，まさにそのことを示し，1856年に東部山地で発生した反乱でも，すくなくとも「カレン」と「シャン」が共闘を組んでいる［伊東 2012a］。

19世紀前半のコンバウン王国で成立した『玻璃宮御年代記』にも，14世紀から16世紀にかけてエーヤーワディー流域地方に存在する城市が，合従連衡を繰り返し中央政権に反抗したり，あるいは中央政権がこれらの一部と手を組み，遠交近攻政策をとって政権の安定に努めたりしていたことが描かれている。こうした城市は，現在の認識からすれば，モンの城市であったり，シャンの藩侯国であったりした。つまりビルマの一城市が，モンの城市と結託し，ビルマの他の城市を攻撃していたことになる。年代記には民族というより，地域の利害によって世の中が動くという認識が示されている。

19) ヤカイン語は，言語学的にはビルマ語とほぼ同一のものであるが，地理的にエーヤーワディー川流域地方とは隔たり，独自の王国が1784年まで存在し，その後1826年には英領下に入るなど，この地方は19世紀末までまったく別個の社会が形成されていた。

ファーニヴァルが早くに指摘した如く，住民は地域ごとに異なる支配システムによって分断されていた [Furnivall 1938]。住民同士の横のつながりが地域を越えて存在し，これらを一括して支配したというような形跡はみあたらない。シャンの支配にしろ，各地に分立するソウボワー（藩侯）を通じて行われたのであり，ソウボワーの代表が任じられ，これを通してシャンを一括支配するということはなかった。

　王国時代にあっては，ビルマ，モン，カレンなどという言葉によって，そのステレオタイプ化された性格を思い浮かべ，これによって個人を判断し，また自己の行動を規制することはなかったと考えてよい [伊東 2011a]。年代記が描くところによれば，14世紀以降の中央政権はいわゆるシャン三兄弟に連なるものであり，ビルマの血統ではない。さらに16世紀の中央政府にいたっては，北から進入したモー・シャンによって担われていた。従って，独立期以降の民族紛争的感覚からすれば，「ビルマ人」にとっては異民族によって支配された，由々しき時代となる。しかし年代記には，モー・シャンは仏教を軽んじたと批判はしても，ビルマの文化を冒涜したというようなことは書かれていない。

　ところが，エーヤーワディー流域地方の植民地化により，いわゆる「生物学的進化論」や社会科学的思考方法が定着しはじめ，支配の道具としての民族学や言語学や統計学が導入され，これによって社会が切り分けられ，統治されるようになると，エスニック・グループがそれぞれ一つの政治集団として姿を現す。そして続く独立時代，社会主義時代さらには現代にいたるまでこの統治手法が受け継がれたこともあり，ミャンマーの歴史や政治は，「ビルマ人」を中心とする国民統合と，これに異を唱えるエスニック・マイノリティーとの緊張関係の中で理解され，説明されるようになった。

　カレンは「無邪気で素朴な」平和を愛する人々である，という自画像がよく提示される。この定義は，18世紀後半イギリス東インド会社の出先機関がコンバウン王国政府によって攻撃されたことにより，「ビルマ人」の好戦的性格を描くために，イギリス人将校が中心となって生み出されたものであった。そして1824年以後両者が交戦状態にはいるにおよび，王国政府の政体や制度の「野蛮で非人間的性格」を浮かび上がらせるため，その支配下にあったカレンを無辜の民として描こうとする視点が重視されるようになる。一方キリスト教宣教師の場合は，当初カレンを教化すべき遅れた民族として描き出さんとする

とするところに，その主眼があった。しかし王国政府の脅威が取り払われ，同じキリスト教徒が支配する状況が齎されると，自らの活動を正当化するために，その性格が描きだされるようになった。すなわち無知蒙昧で純朴，つまり自然児としてのカレンである［伊東 2006］。

このカレン像は，現在タイとミャンマー国境付近に拠り，尊い犠牲を払いつつ「カレン人」の権利回復運動を展開しているカレン民族同盟（KNU: Karen National Union）が，自らを「実直で，穏やかで，控えめで平和を愛する人々であり，正直さ，純粋さ，同胞愛，相互扶助，誠実さに高い信を置くことを旨としている」[20]と描くところにつながる。カレンは，自らを共通の出自や文化や性格を有する，ひとつの集団として認識するについて，「交戦的非人道的」ビルマ族を意識しつつ歴史や伝説を紡ぎだしてきたように思えてならない。

エーヤーワディー流域地方に限ったことではないが，前近代史研究の多くが，近代になって形成された個別ネイションの存在を補強するという意図をもって始められた。そのため歴史が，意識的にもまた無意識的にも，民族を所与のアクターとして，つまりミャンマーの場合，ビルマ族とエスニック・マイノリティーとの間の緊張関係として描かれることになる。モンやカレンやシャンなどを，共通の血統と文化を有する政治的集団と考え，現ミャンマー政府の先祖である「ビルマ」王国が，支配下の諸民族に如何に過酷で非「人道的」な存在であったかを，現代のエスニック・マイノリティー問題に重ねて論じられてきた。

特に「西側」の論者は，ほぼ例外なく国内のエスニック・マイノリティー諸勢力を，「ビルマ式社会主義」や軍事政権の犠牲者とみなしつつ，民主化や人権運動の推進者と読み替え，これら諸勢力にどう対応しどう与するかによって，各国の対ミャンマー政策やアカデミック・コメンテーターの立場を評価しようとした。つまりエーヤーワディー流域地方における政権を，非民主的・非「自由主義的」国家として描きだすために，エスニック・マイノリティー問題が取り上げられてきたのである［伊東 2011b］。

そもそもは国民国家形成の過程で発生する文化的統一の問題が，いわゆる民族問題を提起し続けているのであるが，これが冷戦構造下においては「自由主義」対「社会主義」もしくは「独裁主義」の問題にすり替えられた。そして現

---

20) http://karennationalunion.net/index.php/burma/freedom/about-the-karen Karen History の項（2016 年 6 月 8 日）。

代のミャンマーをめぐっては,「自由主義」を自認する国家による「民主化」外交が,国内のエスニック・マイノリティーが置かれている状況を,人権問題として際立たせている。そのため歴史家も,ミャンマーの前近代社会を,民族間関係で描くことに何ら疑問をいだかない。

民族は前近代から存在したのか,それとも近代になってから形成されたかという問題は,誰の目にも見える証拠を提示し,再現可能なものとしてその当否を決着することは,おそらく不可能であろう。そう思えば存在するし,なかったとして接近すれば何も見えない。

ならばここで展開した議論は,何のためのものかということになる。決着が付かないとわかっていることに取り組み,議論して何になるのか。傍証を提示し,できるだけ合理的な解釈を提示しても,それがあったと考える人には受け入れてもらえない。

しかし,ある理解や解釈は,ひとつの政治的要請のもとになされることを忘れてはならない。ひとつの思考をすすめていく,もしくはそのように理解することが,現在の社会にどのような事態をもたらすか。そしてそうした事態を,自らは受け入れることができるかという視野のもとで,あらゆること考えることが必要であると思う。

そうした理解の行き着く先は何かを考えたうえで,「史実」の発掘につとめたい。真実,真理,客観的な史実を追求し,これを提示しているということで,自らの言説にひそむ政治性を不問に付し,責任逃れをするようなことは厳に慎みたい。

参考文献

I. 未刊行文書

Buchanan's Burmah Journal, in *India Office records, home miscellaneous series, 1600-1900*;687(1), Microfilm.

Han-tha-wadi 32 myou sit-tan: Han-tha-wadi 32 myou 45 hku 64 hku sit-tan(ハンターワディー 32 ミョウ 45 年 64 年シッターン), ミャンマー国立図書館蔵パラバイ(折畳本), 鹿児島大学マイクロフィルム 82(3)(4).

Let-we-no-ya-hta Yazawin(レッウエーノーヤタヤー年代記)ミャンマー歴史学研究センター所蔵(タイプ印刷).

Mok-tama 32 myou sit-tan: Mok-tama 32 myou 45 hku 64 hku sit-tan(モウタマ 32 ミョウ・シッターン:モウタマ 32 ミョウ 45 年 64 年シッターン), ミャンマー国立図書館所蔵パラバイ, 鹿児島大学マイクロフィルム 81(3)(4).

Mok-tama myou-ne sit-tan（モウタマ・ミョウ地域のシッターン）イーイー所蔵本（タイプ印刷）．

Pathein 32 myou sit-tan：Pathein 32 myou 45 hku 64 hku sit-tan（パテイン 32 ミョウ 45 年 64 年シッターン），ミャンマー国立図書館所蔵パラバイ（折畳本），鹿児島大学マイクロフィルム 81（2）．

Shwei-pi U Ba Tin Collection（シュエピー・ウー・バティン文書），ミャンマー大学歴史研究センター所蔵．

Taung-ngu myou Documents（タウングー・ミョウ史文書）ボードーパヤー王治下タウングー・ミョウ区域シッターンを御蔵へ提出したタウングー・ミョウ史文書，ミャンマー考古局所蔵，鹿児島大学マイクロフィルム 1（2）．

Taung-ngu myou sit-tan（タウングー・ミョウ　シッターン），大英図書館所蔵貝葉本，OR 3416．

II. 刊行文献
1. 日本語

伊東利勝．1989．「ビルマ式社会主義体制下に於ける国史学研究の現状」『通信』（東京外国語大学アジア・アフリカ言語文化研究所）65：1-11．

―――．2006．「「カレン」の発見――西洋人によるコンバウン朝ミャンマーのカレン像（一）（二）」『文學論叢』133-4：17-37, 23-48．

―――．2008．「マンダレー王朝によるタッタメーダ税制の導入とアフムダーン」『19世紀ミャンマーにおける一元的資源管理国家の成立に関する研究』（平成17～19年度科学研究費補助金（基盤研究（B）課題番号 17401022）研究成果報告書）：1-44．

―――．2009．「コンバウン朝ミャンマーにおける地租制度の導入について――タッタメーダ税に関する 1864 年法令を中心として――」『愛知大學文學論叢』139：47-78．

―――．2011a．「ビルマ古典歌謡カレン・オーダンの眼差し」『愛大史学』20：43-78．

―――．2011b．「官製民族世界の形成」伊東利勝編『ミャンマー概説』めこん：681-706．

―――．2012a．「1856～58 年「カレンの反乱」のカレンについて」『愛大史学』21：45-92．

―――．2012b．「ミャンマーと民族問題」『ワセダアジアレビュー』12：30-35．

―――．2013．「コンバウン王国前期における村落コミュニティについて」『愛知大學文學論叢』148：1-30．

―――．2015．「前近代ビルマ語世界における「百一の人種」の人種について」『愛知大學文學論叢』151：1-33．

レイノルズ，スーザン（鶴島博和監訳，谷口光男訳）．1998．「ナショナリズムとネイションの理念――近代もしくはそれ以前――」『歴史評論』584：5-22．

大野　徹．1980．「コンバウン王朝下の下ビルマ」山本達郎博士古稀記念論叢編集委員会編『山本達郎博士古稀記念　東南アジア・インドの社会と文化（上）』山川出版社：291-321．

スミス，アントニー D.（巣山靖司他訳）．1999．『ネイションとエスニシティ――歴史社会学的考察――』名古屋大学出版会．

鈴木中正・荻原弘明．1977．「貴家宮裡雁と清緬戦争」『鹿児島大学史録』10：1-40．

2. ビルマ語・英語・中国語

Aung-Thwin, Michael and Maitrii Aung-Thwin. 2012. *A History of Myanmar since Ancient Times : Traditions and Transformations.* London : Reaktion Books Ltd.

Dalrymple. 1793. *Oriental Repertory.* Vol. I. London : George Bigg.

Furnivall, J. S. 1938. *An Introduction to the Political Economy of Burma.* Rangoon : Burma Book Club Ltd.

Hall, D. G. E. 1955. *A History of South-East Asia.* London : Macmillan and Co.

Harvey, G. E. 1967. *History of Burma : From the Earliest Times to 10 March 1824, The Beginning of the English Conquest.* London : Frank Cass & Co.

Htein Hlaing. 1998. *Twin-thin-taik Wun Ma-ha-shi-thu U Htun-nyou. Maha Ya-zawin-htit*（トゥインティンタイ長官マハーシートゥー・ウー・トゥンニョー『新年代記』）. Vol. 3. Yangon : Myat mi hkin Wun tha yeikhkita Apwe.

Htin Aung (Maung). 1967. *A History of Burma.* New York and London : Columbia University Press.

贺圣达. 1992.『缅甸史』北京：人民出版社.

Ito, Toshikatsu. 1995. "*Thu-gyi* and *Sit-tan* : Rural Administration in Late 18th and Early 19th century Myanmar"『愛大史学』4：149-167.

―――. 1996. "Dathamabaga *Ngwe*-daw and *Thu-gyi*ship : Administrative System in the Middle Konbaung Period," in *Traditions in Current Perspective : Proceedings of the Conference on Myanmar and Southeast Asian Studies, 15-17 November 1995.* Yangon : Universities Historical Research Centre, 43-58.

Koenig, W. J. 1990. *The Burmese Polity, 1752-1819 : Politics, Administration, and Social Organization in the Early Kon-baung Period.* Ann Arbor : Center for South and Southeast Asian Studies, The University of Michigan.

Lieberman, Victor B. 1978. "Ethnic Politics in Eighteenth-Century Burma." *Modern Asian Studies* 12（3）：455-482.

Mason, Francis. 1834. "Traditions of the Karens." *Baptist Missionary Magazine*, 14：382-395.（この資料が利用できたのは，東南アジア研究所（当時）の速水洋子氏のご厚意による）.

Phayre, A. P. 1884. *History of Burma : Including Burma Proper, Pegu, Taungu, Tenasserim, and Arakan.* London : Trubner & Co.

Sangermano (Father). 1969. *A Description of the Burmese Empire Compiled Chiefly from Burmese Documents.* New York : Augustus M. Kelley Publishers (1st edition. Rome. The Oriental Translation Fund. 1833).

Symes, Michael. 1800. *An Account of an Embassy to the Kingdom of Ava, Sent by the Governor-General of India, in the Year 1795.* London : W. Bulmer and Co.

Tarling, Nicholas. (ed.) 1999. *The Cambridge History of Southeast Asia.* 4 Vols. Cambridge : Cambridge University Press.

Than Tun. 2005. *Zam-bu-di-pa Ok-hsaung Kyan. Yan-gon*（閻浮提総覧）. Yangon : Myanmar Historical Commission.

Tin (Mandalay U). 1967. *Konbaung-zet Maha Ya-za-win-daw-kyi*（コンバウン朝御年代記）. 1. Rangoon : Le-ti-man-daing Press.

Tin (Pagan U). 1970. *Myan-ma Min Ok-hkyouk-pon Sa-dan*（ミャンマー王行政録）. 4. Rangoon : Bahou Press.

Topich, William J. and Keith A. Leitich. 2013. *The History of Myanmar* (The Greenwood Histories of the Modern Nations). Santa Barbara: Greenwood, An Imprint of ABC-CIIO, LLC.

Trager, F. N. and W. J. Koenig. 1979. *Burmese Sit-tans 1764–1826 : Records of Rural Life and Administration.* Arizona: The University of Arizona Press.

あとがき

　本書は，最前線で学術研究を牽引するフィリピン史研究者として，フィリピン史研究の枠組みが大きく変わろうとする時代の動きの中で，国民の物語と階級史観という歴史認識の枠組みの相対化と，多義的解釈（ヘテログロッシア）など新たな考察と叙述の試みの必要性を切実に感じられた池端雪浦先生のイニシャティブで組織された以下の2つの共同研究を起点としている。すなわち「前近代東南アジアの「古典的物語」と歴史認識」（2000–1年度東京外国語大学アジア・アフリカ言語文化研究所共同研究プロジェクト，研究代表者青山亨），ならびに「東南アジア史のメタナラティブをめぐる総合的研究—国民国家の物語・ジェンダー・近代」（2001–3年度科学研究費基盤研究B（1），研究代表者小泉順子）である。

　2001年9月に東京外国語大学学長に就任され，多忙を極めておられた池端先生に代わり共同研究を運営することとなった編者の力不足により，紆余曲折を経ることとなり，本書の刊行までにずいぶんと長い時間がかかってしまったことを深く反省しつつ，ご指導・ご支援くださった池端先生に改めて心からのお礼を申し上げます。共同研究には青山亨氏，大橋厚子氏，飯島明子氏にもご参加いただき，専門を異にしつつ日本，韓国，中国，モンゴル，中央アジア，インド，フランスなど様々な地域を研究する方々との対話の場が設けられ，多くの刺激を受けた。ご多忙の中ご協力くださったみなさまに心より感謝の意を表します。本書の刊行までの間に，それぞれの執筆者は個々の問題意識を発展させて個別に論文や著書の形で成果を示しており，それらも参照していただきたい。

　今改めて振り返ると，歴史叙述の手法としての多義的解釈など当初の課題も残されているが，ここでは編集の任にあたりながら編者自身の個人的関心から感じたさらなる課題について若干補足したい。

　一つはジェンダーという課題の重要性である。この問題が指摘されてすでに久しいが，いまだ十分に議論されているとはいえない状況であることが本書で

も示される。確かに史料が得難く検討は容易ではない分野だが，それでもなお，ジェンダーにかかわることを看過していないか，女性を別枠でくくることでよしとしていないか，自らの迂闊さを戒める姿勢の必要性が引き続き問われると思われる。

　また民族が軸となる歴史叙述や宗教をめぐる合理と非合理など，現代政治の諸問題にもつながる思考の基点についても，植民地知とナショナリズムが相乗的に国民や国民国家に関わる認識の枠組みを構築していった過程が指摘され，両者の関係をより丁寧に見直す必要性を問いかけている。またこうした問題の歴史性は，研究の地域性という問題とも結びついており，現在の国境線や地域の境界を超える広がりに着目し，19世紀半ば以前にさかのぼる考察がなされることも重要であると感じている。

　他方，特に今世紀に入って冷戦研究が新たな展開をみており，1950年代以降興隆した地域研究や peasant studies などについて，アメリカを中心とする反共・開発政策の文脈において進められた研究の歴史的再検討が提起されている。かつて筆者は冷戦の文脈における華僑華人研究の再考を試みたが，本書に携わる過程で，冷戦と歴史研究についても考えされられた。

　こうした視点から，編者にとっていささかなじみのあるタイを例に，本書でも論じられている宗教に関する研究を見直してみると，冷戦期には仏教が反共政策の一翼を担う一方，ベトナム戦争への参戦や軍事政権下の暴力的状況によって護符などが興隆しており，そのような状況の中で生まれた研究も，改めて同時代史の文脈の中で再検討する必要があるのではないかと感じさせられた。ちなみにこの分野の先駆者のひとりであるタンバイアは，1954年にコーネル大学で博士号を取得し，その学位論文では，研究対象のセイロンは「東南アジア」として位置づけられ，またローリストン・シャープなども指導に関わっていたことが謝辞に記される。そして，1960年から63年までユネスコの教育プロジェクトの専門家としてタイに滞在した際に行った調査に基づいて，タイの宗教に関する最初の2冊の著作をまとめた。前近代の政体論として知られる「銀河系政体 (galactic polity)」や「マンダラ」の議論は，そのうちの一冊 *World Conqueror and World Renouncer* (1976) において，ウォルターズに先駆けて展開された。こうした時代背景をふまえれば，専ら歴史モデルとして議論される銀河系政体を，1960年代から70年代初頭の仏教，サンガ，王権，国家の関係というタンバイアの関心の中におきながら，冷戦期のタイという文脈から改

めて見直す必要性を感じる。また銀河系政体などの議論は日本の研究にも影響を与えていると思われ，日本における研究の再検討も必要ではないかと思われる。さらには，銀河系政体に限らず，この時代に生まれてすでに古典となった諸研究を，同時代の文脈の中での地政論的位置づけや学術をめぐる政治状況に照らして読み直すことも，今後の課題として残されていると思われる。

　最後に本書は京都大学東南アジア研究所の地域研究叢書の一冊として出版されるが，その過程で3名の査読者より大変鋭くかつ有益なコメントをいただいたことに感謝の意を表します。また京都大学学術出版会の鈴木哲也氏，渕上皓一朗氏にも，各章について多くの建設的な助言をいただいた。そして高垣重和氏には編集過程全般にわたり大変お世話になりました。心よりお礼申しあげます。

　　　　　　　　　　　　　　　　　　　　　　　　　　　　小泉順子

索　引

[あ]

アイデンティティ　87, 95, 104, 110–111, 118, 158, 160, 226, 320
アウコ　86–90
アッタカター　195, 208, 212–214
アブドゥル・ハディ，ハジ・ハサン（Abdul Hadi Haji Hasan）118–119, 133
アベンダノン（Abendanon, J. H.）36–37, 39, 40, 50–52, 54, 57, 61–66, 68
アメリカ　3, 4, 9, 32, 201, 285
アラウンパヤー　296, 304
アラブ人　131, 236, 243, 248
Anthology of Burmese Literature（『ビルマ語名選集』）203–204
イギリス東インド会社　316–317, 321
『イフヤ・ウルムディーン』234, 242
イングラム（Ingram, James C.）284
インド人　109–110, 129–131, 139, 182, 297, 305, 317
インドネシア・ラヤ（Indonesia Raya, 大インドネシア）112, 120, 123, 126–128, 131, 135–136, 138, 141–143
ウィルキンソン，R. J.（Wilkinson, R. J.）110, 133, 134, 137–138, 143
ウィンステッド，R. O.（Winstedt, R. O.）110, 117–119, 133–134, 137–138, 143
ウェイザー　168, 170, 172–173, 175–176, 186–187
ウンマ（umat，イスラーム共同体）115, 137
英領マラヤ　109–111, 113–115, 129, 134, 144, 280
エスニック・マイノリティー　321–323
『閻浮提総覧』310–311, 313
王師　208–209, 215, 218
オランダ領東インド　35, 225–227, 229, 230, 233, 238, 244→蘭領インド

[か]

カイロ　236–237, 243
ガイン　159, 168, 170–172, 176–181, 185–187
ガインの書　170, 177–178, 183
『各時代を通してのベトナムの女性』78, 95–102
ガザーリー（Abu Hamid al-Ghazali）234, 242
華人　65, 68, 109–111, 129–130, 139, 177→中国人
活版印刷　237
加藤朝鳥　40–42
カラー（インド人）305
カルティニの日　28, 44, 55, 57
カレンの神話　316
キターブ　229–230, 233–240, 242–243, 246, 248–249
決まり文句／クリシェ　61, 66
キヤイ　35, 47, 232, 238, 241
「近代」155–159, 169, 171, 178, 181, 186–187
近代化　3–5, 155, 194, 218
近代的経典運用　218
クラジャアン（Kerajaan, 王権共同体）115, 134, 137
クンバゴーサカの事跡，物語　195–196, 210
ケアリー，バートラム（Carey, Sir Bertram）長官　203
経済的合理性　257, 258, 282
ケーニッヒ（Koenig, W. J.）296, 314–315
血盟団　311, 314
皇宮銀　310
公定史　80, 84, 93, 95, 99, 102, 145, 159, 269
抗米戦争（ベトナム戦争）77–79, 82, 85, 87, 91–93, 95–96, 99–101, 103–104
「合理」155, 171, 176, 184–187
国際連盟　278–280
国史　57, 162, 249
国務院裁定書（ビルマ）309
国家英雄（インドネシア）25, 27–29, 51, 56, 66–67, 69
雇用契約　258–259, 270
コンバウン王国　299, 304, 320

[さ]

ザエイン　302, 304, 310→ザペイン
ザペイン　302–308, 310, 313–314, 320→ザエイン
サヤー・サン　169–170, 173
サリム・ナブハン　236, 238
サルトノ・カルトディルジョ（Sartono Kartodirdjo）227
『三印法典』260
サンゼルマーノ（Sangermano）317
三蔵憶持師　217

サントリ　232-234, 241
ジェンダー　10, 27, 79, 86-88, 95, 102-104, 259
シッターン　298, 299-313
シティスマンダリ・スロト（Sitisoemandari Soeroto）　46, 47, 51-54, 63
ジャウィ　227, 233, 235, 239
ジャワ語　33, 238-239
自由　258-259, 268-269, 273, 277, 279, 282, 284
シュエゲー報告書　159-160, 163-169, 187
「呪術」　156-157, 159, 167, 185
巡礼　35, 47, 227, 229, 231-232, 241-242, 246
娼婦　269-270
植民地史　109, 111, 116, 144
女子教育　28-29, 32, 34, 40, 43, 55, 57, 61, 63, 65-66
女性史　78-79, 86, 93-96, 99, 101-104
女性役割省（インドネシア）　56
シンガポール　121, 123, 126, 140, 233-240, 242, 248
人種　109-110, 114, 137-138
人身売買　259, 280-281
新秩序　26, 29, 43, 51, 54, 66-67
人道主義　42, 257
『新年代記』　315
スカルノ　25-27, 29, 46, 126, 144, 226
スヌック・フルフローニェ（C. Snouck Hurgronje）　35, 37, 232, 238, 247
スハルト　26-27, 29, 54-56, 67, 127
スマラン　24（地図）, 31, 34, 36, 235-236, 240, 242-243, 248
スラバヤ　232-233, 236-237, 242, 248
スルタン・イドリス教員養成カレッジ（Sultan Idris Training College：SITC）　117-118, 120-122, 128, 133-134, 140
聖典回帰，正統聖典の成立と回帰　215-216, 218
青年マレー人連盟（Kesatuan Melayu Muda：KMM）　109, 120-121
性病予防法（シャム，1907 年）　270
宣教師　305, 314, 316, 318, 321
占星術　165, 167-169, 177, 204
想像の共同体　225-226
ソウボワー　309, 321
植民地的知　4, 109, 111, 114, 144
ソレ・ダラット（サレ・ダラット）　35, 238-239, 241-248

[た]
ターダナバイン（サンガ主）　215-216
「対決」（Konfrontasi）　26→マレーシア対決政策
太平洋問題調査会　284
第六回仏典結集　217
タイン・セィ　160
タウングイン尊師　199
タウンダー（派，ガイン）　163, 168-170, 176, 185
タウンピーラー尊師　193, 195-196, 198, 206-207, 209
多妻婚　34, 46-47, 53-54, 57, 63-64
ダヂー　298, 301, 307-309, 312
ダムロン親王　264, 277
タライン　295, 301, 305, 315
タライン・カレン　317-318
ダンマパダ　195, 207, 214-215
地域研究　4, 66
チャン・クオック・ヴォン　78, 86, 93, 95, 98-99
中国人　68, 270, 272, 280-281, 283-284, 297→華人
チュラーロンコーン　256-257, 263-265, 276, 278, 280-285
超歴史的　295, 297
土屋健治　60-61
帝国精神（Imperial Idea）　203-204
「伝統」　155-161, 181-182, 187
転輪聖王　155, 172-174
ドイモイ　4, 83, 93, 102, 104
統一マレー人国民組織（United Malays National Organisation：UMNO）　145
東南アジア史　3-4, 8-9, 295
東南アジア　3-4, 10, 83, 86
特産物税　312-313
土着医療システム調査委員会　160, 163, 180, 185
富永泰代　61-66
奴隷条約（Slavery Convention, 1926）　279

[な]
ナサコム　26
ナショナリズム　3-4, 58, 60-61, 66, 103-104, 114-115, 143, 145, 169, 194, 205, 218, 225
ナショナルヒストリー　5, 77-80, 84-86, 90, 95-96, 102-104, 156
ナラティブ　7, 11, 79, 84-86, 90-91, 95, 156, 159, 181-182, 186-187, 193, 218, 257-258, 262, 265, 268, 276, 285
二重役割（女性の）　55, 67
年季労働　280
農民反乱　94, 155-158, 169, 171-173, 176, 185

[は]
バーダムダン運動　96, 100-101
バーナードライブラリー（バーナード無料図書館）　200-201
ハイバーチュン　82, 85, 90-92, 94-95, 98, 104
貝葉　197, 199-200, 202, 205-206
バウリング条約　258
ハッジ（ハジ）　47, 230-233
パドゥ（Padoux, Georges）　274
バプティスト　318
バプティストミッションプレス　201
パヨーガ　166-168, 170-171, 177-180, 182-184, 186
玻璃宮御年代記　315, 320
バンサ（bangsa, 民族）　114, 115, 137
ハンタワディ出版社　202-203, 206
汎マレー主義　112, 114, 119, 122, 127, 132, 138-139, 141
「非合理」　155-156, 169
ビルマ語仏教散文　193-194, 205, 218
『ビルマ文学史』　194-195, 205
ファーニヴァル（Furnivall, J. S.）　38, 205, 321
ブークドーク（利子支払いタート）　260, 262-263, 266
ブカナン（Buchanan, Francis）　316-317
プサントレン　232-233, 239, 241, 243
婦人及児童の売買禁止に関する国際条約（1921）　280
ブパティ　31, 33, 47
ブミプトラ（bumi putera）　137
プラムディヤ・アナンタ・トゥール（Pramoedya Ananta Toer）　45-52, 65
プリブミ　28, 37-38, 42, 47-51
プリヤイ　30-32, 36-37, 59, 227, 247-248
古田元夫　79, 80-83, 85-86
ブルハヌディン，アル・ヘルミ（Burhanuddin Al-Helmy）　111, 124, 126, 139
『ベトナム女性運動史』　101-102
別技篤彦　58-59
ベトナム共産党（労働党）　77, 79, 94
『ベトナム史』　77, 79-86, 89-91, 93-95, 102-103
ベトナム女性連合会　92, 101
『ベトナムの女性の伝統』　78, 92-95
ペリー，パトリシア（Pelley, Patricia）　79, 83-85, 92
奉公人　274-275, 279
ホー・チ・ミン　79, 81-82, 88-90, 92, 95
ホール, D. G. E.（Hall, D. G. E.）　4, 295

ポストコロニアル　79, 83-85, 92
ポスト・モダニスト　157
ポストモダン　9
ボンベイ　235, 238, 240, 242, 248

[ま]
『マジュリス（Majlis）』　120-121, 123, 130-132
マラヤ・マレー国民党（Partai Kebangsaan Melayu Malaya：PKMM）　125
マラヤ共産党（Malayan Communist Party：MCP）　120, 123, 125, 127
マレー語　114, 235-236, 239, 243
マレー史　109-111, 116, 136, 143-144
マレーシア　109, 112, 126-127, 144
マレーシア対決政策　26, 126-127, 144→「対決」
マレー諸州（negeri-negeri Melayu, Malay states）　139-141, 143
マレー諸州連邦（Federated Malay States）　129
マレー諸島　112, 117, 119, 123, 128, 130-131, 135, 138, 140-141
マレー人　109-111, 118, 120, 122-124, 127-132, 135-39, 141
マレー世界　109, 114, 119, 128, 132-137, 139-144
マレー半島　112, 117, 122, 127, 131
マレー民族（bangsa Melayu）　111, 131-132, 139-140, 144
ミャンマー・カレン　309, 318, 320
ミルナー，アントニー（Milner, A.）　115, 145
民間治療師　160, 163-165, 169, 180
民主化　28, 56-57, 69, 322-323
民族医学　156, 158-159, 161-162, 164-166, 169-170, 185-186
民族医学課　166
民族医学局　161, 166
『民族医学史』　159, 166, 168
民族医学大学　161
民族医療　156, 158, 160-161
民族解放闘争史観　77, 80-83
民族学校　160, 165
ムラユ（Melayu）　109, 117, 129, 139
ムラユ・ラヤ（Melayu Raya, 大マレー）　112, 123, 126-128, 131, 138-139, 141, 143
メイソン（Mason, Francis）　318,
メタナラティブ　7, 11, 109, 144, 155-156, 159, 185-187, 218, 285

索引　333

[や]
雇い人　258, 263, 265-268, 271
山本達郎　7-9
『闇を越えて光へ』　36, 38, 57, 61, 66
雄王　77, 80-82, 85-92, 94-95, 98, 101-102, 104

[ら]
ラクロンクアン　86, 88-89
ランガ（Lingat, Robert）　257, 278, 283-284
蘭領東インド　119-120, 124, 132, 139→オランダ領東インド
リアリズム手法　181
リーバーマン（Lieberman, Victor B.）　296-298, 314, 319-320
リプレイ（Ripley, Philip H.）　202-203, 206, 216
レ・ティ・ニャム・トゥエット　78, 86, 93, 95-97
冷戦　3-4, 6, 284, 322
『歴史研究』　80, 92
レッウェーノーヤター年代記　314-315, 320
蠟税　312-313
労働史　283
ロフ，ウィリアム R.（Roff, W. R.）　114-115, 121
論蔵　167, 169, 185, 187, 193

著者一覧（50音順，＊は編者）
伊東利勝　愛知大学文学部教授（歴史学）
片山須美子　立命館大学・桃山学院大学非常勤講師（ベトナム現代史）
＊小泉順子　京都大学東南アジア地域研究研究所教授（タイ近代史）
小林寧子　南山大学外国語学部教授（インドネシア近現代史）
菅原由美　大阪大学言語文化研究科准教授（インドネシア近代史）
左右田直規　東京外国語大学大学院総合国際学研究院准教授（東南アジア近現代史）
土佐桂子　東京外国語大学大学院総合国際学研究院教授（人類学，地域研究（ミャンマー））
原田正美　大阪大学外国語学部非常勤講師（仏教文化学）

歴史の生成─叙述と沈黙のヒストリオグラフィ
（地域研究叢書 33）　　　　　　　　　　　　　　Ⓒ Junko KOIZUMI et al. 2018

2018年2月28日　初版第一刷発行

編者　　小泉順子
発行人　　末原達郎

発行所　　京都大学学術出版会
京都市左京区吉田近衛町69番地
京都大学吉田南構内（〒606-8315）
電　話（075）761-6182
ＦＡＸ（075）761-6190
Home page http://www.kyoto-up.or.jp
振　替 01000-8-64677

ISBN 978-4-8140-0057-9　　　印刷・製本　亜細亜印刷株式会社
Printed in Japan　　　　　　　定価はカバーに表示してあります

本書のコピー，スキャン，デジタル化等の無断複製は著作権法上での例外を除き禁じられています。本書を代行業者等の第三者に依頼してスキャンやデジタル化することは，たとえ個人や家庭内での利用でも著作権法違反です。